宋代史研究会
研究報告第十一集

宋代史料への回帰と展開

汲古書院

宋代史料への回帰と展開　宋代史研究会報告第十一集

目　次

はじめに

梅村尚樹・小林　晃・小林隆道・藤本　猛

本書は「宋代史研究会研究報告」の第十一集に当たる。宋代史研究会ではこれまで不定期に論文集を編纂し、出版を重ねてきたが、そのテーマとして選ばれたものを振り返れば、一九八三年の第一集『宋代の社会と文化』以来、二〇〇一年の第七集『宋代人の認識——相互性と日常空間』まで、宋代社会、とりわけ知識階層のあり方を政治や思想、社会など様々な角度から問い直すものが多かった。戦後間もなくから一九七〇年代にかけて、日本の中国史研究には、中国史における歴史的発展の解明を目指すという「大きな物語」が存在したが、一九八三年はちょうどその解体が始まった時期に当たり、徐々に研究は個別分散化していった。しかしその中でも、社会における中間的知識階層の役割を解明しようとする取り組みは、欧米における社会史研究の影響も受けながら、日本の宋代史研究の流れを形作り、報告集にはその研究動向が一貫して反映されてきたのである。

近年の報告集でもまた、宋代史を取り巻く環境が強く意識され、第九集『『宋代中国』の相対化』では、「宋代」における重要なプレイヤーが宋王朝のみではなかった面に光が当てられ、第十集『中国伝統社会への視角』では、宋代から明清時代へとつらなる社会の連続性を再考する意図が込められている。いわば直近の二つの論集は「宋代」を空間軸と時間軸の上に位置づけなおそうとする試みであった。いずれも中国史研究全体が直面している課題を、宋代史の視点から問い直すものであったと言えよう。

本書はこの後を受けて企画され、二〇一五年の春、編集委員が集まって提案された課題が「史料」であった。歴史学、とくに文献史学においては、史料は常に拠って立つべき基盤であり、偉大な先達から現在の研究者まで、また宋代史に限らず全ての歴史研究者がその重要性を意識していることだろう。その点からすれば、改めてこの問題を取り上げる妥当性を問われるかもしれない。しかし現在の宋代史研究が直面する課題を最大公約数的に要約すれば、まさにこの「史料」の問題に行き着く、と考えたのである。

報告集第一集が刊行されてから三十年余りが経過しているが、その間、宋代史のみならず、中国史研究を取り巻く環境は激変した。史料の種類から言えば、簡牘・帛書や石刻・墓誌などの出土史料、徽州文書・檔案などの文書史料が大量に出現した。それら史料は、編纂・刊行されて容易に利用できるようになっただけでなく、中国が広く国際社会に開かれたことによって、日中間の往来が容易になり、積極的に現地の図書館や博物館で調査を行って、未刊行史料に接することすら可能になった。三十年以上前であれば、国内に存在する漢籍史料を利用するのが精一杯であったし、たとえ国内に存在していても、その多くは東京・京都といった限られた地域に集中して所蔵されていたため、それらにアクセスすることの難しい他地域の研究者は、その存在すら十分に把握できない場合が多かったのである。それが現在では、たとえ地方にあっても多数の史料を閲覧できるようになっただけでなく、日本に存在しない史料すらも気軽に手にとれるようになった。さらに、二〇〇〇年頃に現れた『四庫全書』などの大規模な電子テキストは、史料へのアクセス性に大きな変化をもたらし、漢籍史料の横断検索という新たなアプローチをも生み出した。

これら史料環境の変化は中国史研究全体で大きな進展をもたらしている。例えば大量の新出簡牘を得た先秦・秦漢史、墓誌史料を中心に新たな局面を切り開いた魏晉南北朝史、檔案史料によって豊かな事例を蓄積した清代史、さらに新史料が陸続と刊行される清末・民国史などは、それらを中心に研究を進展させてきたと言えるし、今後もしばらくは同様の傾向が続くことが予想される。それらに比して宋代史をめぐる史料状況はどうかといえば、明版『名公書判清明集』・『中興礼書』・『天聖令』などの漢籍史料や、新たに出土した墓誌・壙誌などの石刻史料、『黒水城文書』・『徐謂礼文書』といった文書史料の発見・公開があったとはいえ、新出史料の数量自体は、ほかの分野と比べて低水準にとどまったと言わざるを得ない。近年、宋代史研究の行き詰まりや、有用な史料の不足を指摘する声も時として耳にするが、それはこれら新出史料の量的な限界と無関係ではないのかもしれない。

しかしながら改めて強く認識されるべきは、先に見たように、現在の我々は、少なくとも史料へのアクセス環境や、活用できる史料の総量において、かつての先達よりもはるかに恵まれているという厳然たる事実である。にもかかわらず、研究の行き詰まりや史料の不足が感じられるとすれば、その原因はやはり我々の側に求められねばならない。すなわち、我々は本当に現在の恵まれた史料状況を十分に活かせているのか否か、それが改めて問われているのである。

Ｅ・Ｈ・カーが示したように、研究者がある史料と相対したとき、その史料が研究者に見せる歴史像の相貌は、その研究者の持つ問題関心に大きく左右される。たとえ同じ研究者が同じ史料に向き合ったとしても、学界の研究状況の進展や、政治・社会情勢の変化、その後の読書遍歴などによって研究者の問題関心や眼差しが変化していた場合、同じ史料が以前とは全く異なる事柄を語りかけてくることもある。今後の宋代史研究においては、大陸での新史料の探索や、新出史料の分析を継続的に積み重ねることはもちろんのこと、それらに限りがあればこそ、我々研究者の側が常に問題意識を更新しつつ、既存の史料に不断に向き合い続ける努力を払うことが、より大切になるのではないだろうか。

以上のような問題意識のもと、我々編集委員は、二〇一七年八月の宋代史研究会夏合宿で「史料」をテーマとしたシンポジウムを行い、また同じ年の九月に大阪市立大学と復旦大学の共同で開催された第二届宋遼金西夏研討会でも「史料」がテーマとして扱われた。これらの機会に報告された内容に、二〇一八年の宋代史研究会夏合宿などで報告された数篇の論考を加え、あわせて十一篇の寄稿を得ることによって、本報告集は編纂された。

Ⅰ「史料と認識」に収める二篇は、史料と方法論の関係や、そこから描き出される歴史像の偏りを問題としている。『全宋文』・『全元文』を素材として、文集史料の偏りを史料論・方法論から論じ、宋元代社会史研究の動向も含めて考察した梅村論文は、ある意味メタ研究とも言いうるものであろう。また、農業史の分野で用いられる「農書」概念の変遷とその普及状況を考察した市村論文は、農書をイデオロギー的に偏った特殊な史料と位置づけて、その利用に注意を喚起する。この二篇は、我々が日常的に利用している個々の史料を史料全体の中に位置づけたとき、いかなる問題が見えてくるのかを改めて問い直している。

Ⅱ「宋代史料のひろがり」では、それぞれ美術史や文学、版本学といった専門領域を持つ研究者による、狭義の文献史学には収まらない論考を集めた。植松論文は、宋代に重要な転機を迎えたと考えられる墨竹画を題材とし、宋代の作品であることが確定した絵画資料を欠く状況の中、後世の作品と宋代の文献史料とからその発展過程を復元している。林論文は、宋代を舞台として描かれた作品が多い元雑劇について、宋代社会史史料として用いる際の意義と問題について考えたものであり、これは文学研究において歴史学の成果をどのように生かすかという問題を、逆照射したものとも言えよう。松浦論文は、同じく宋代に題材をとる通俗文芸作品のうち、とくに岳飛の物語が、民間だけでなく明代の宮廷にまで広く受容されていたことを、版本学の手法を通じて精緻に実証している。

歴史研究での文学作品の利用は、近年『夷堅志』など物語史料を中心に盛んに行われるようになったが、曲譜に分類される元曲については、積極的な利用はいまだなされていない。本書には収められなかったが、詩や詞についても同様で、宋代を彩る重要な要素として、今後歴史研究にも組み込んでいく必要があるだろう。また、書画などの美術史料や、版本学的研究が対象とする書籍そのものも、視覚から当時の実像に迫りうる大きな可能性を秘めた史料群であり、それらを利用した本格的な研究が期待される。

これらの論考は、いずれも宋代以後を視野に入れている点にも特徴があり、宋代の歴史像が様々な媒体を通じてどのように形作られていったのかを意識したものである。現在の研究動向から見ても、また現実の史料状況と照らし合わせてみても、文化形成の歴史は宋代だけではなく、元明清を射程に含めて考えることが欠かせない。宋代に生まれた文化的価値が、いかにして後世の価値観の中で受容されていったのかは、元明清史にとって重要な課題であるだけでなく、そこに実際の宋代史像との乖離があるとすれば、逆に宋代の特徴を浮かび上がらせることにもつながるであろう。このような手法は、専門領域を超えた研究成果の往復が必須であり、迂遠な方法ではあるが、今後の着実な成果の蓄積を期待したい。

Ⅲ「政治史の視野と多様な史料」では、様々な史料をいかに利用して政治史を構築するか、それに挑んだ三つの論考を収めた。藤本論文は、道教に関わる徽宗の御書碑を題材に、当時の政治状況に照らし合わせてその位置づけを再考している。榎並論文は、神道碑という、墓誌や行状と類似しながらも、それらとは異なる意味合いを持つ史料をもとに、南宋期の政治状況を描き出した。小林晃論文は、南宋末から元に生きた地方官の手になり、局所的な水利事業について書かれた史料を主に利用し、南宋から引き続く政治経済構造の中に位置づけることによって、元代の基本的な政策に迫る。これは社会経済史で語られる問題を政治史の視点から回収しなおしたものと言える。

そもそも、あらゆる事象、とりわけ現在まで史料に残されているような事象で、政治的権力が一切関わらないことなど、およそ存在しない。そのため政治史の構築には、あらゆる分野の情報を知悉し、その重要性を比較考量して組み上げなければならない難しさがある。多くの場合、それは一研究者の能力を超えるし、より効率的に政治史を描くには、官撰に近い史料、あるいは中央要人の書いた文章を緻密に分析するのが王道であろう。かつては宋代史においてもそのような手法が中心であった。現在では、それだけでは描き切れない部分をどう復元するかに注目が集まっており、あらゆる史料が政治史の史料たり得るようになっている。これらの論考はその具体例としてふさわしかろう。

Ⅳ「文書史料と制度・運用」は、文書史料と呼ばれる、おおむね当時の姿をとどめる行政文書史料群を用いた論考を収めた。文書研究は、伊藤論文が「宋代文書研究は宋代史研究において最も活況を呈している分野の一つ」と述べるように、現在注目を集めている最前線の研究分野である。その特徴は、多くの場合史料の編纂によって失われてしまう書式や形式を分析することで、字句内容からだけではわからない情報を読み取り、当時の行政制度やその実態を明らかにしようとする点にある。日本中世史や近世史ではすでに一般的な研究手法となって久しいが、中国史の分野では編纂史料が豊富であったがゆえに、かえって立ち遅れていた分野である。

伊藤論文では、宋代文書研究の現状や問題などについて基本的な整理がなされ、その上で「劄」と呼ばれる文書群の発展過程を追い、その本質部分を考察している。とかく不明瞭な点の多い当該分野の入門としても有用な論考となっている。清水論文は、官僚身分を証明する告身文書の書式を手掛かりに、近年出土した新史料である『徐謂礼文書』を用い、南宋期の官僚制、および当時の政治体制にまでその考察が及んでいる。また小林隆道論文は、『道蔵』所収の複数の行政文書から、文書運用の実態という、文書研究における重要課題を突き付ける。一口に「文書史料」と言っても、これら三篇はそれぞれが個々の問題関心に合わせて、多様な情報源から議論を組み立てていることがわかるであろう。

以上、十一篇の論考を見て改めて思うのは、史料の問題とは、とりもなおさず方法論の問題なのだということである。宋代史に限らず、実証史学と称される近代歴史学は、史料の分析を通して過去の実態を描き出す。その際に、同一の史料を用い、同一の方法論で分析を行えば、おおむね同一の結論が導かれることで、その客観性が担保される。逆に言えば、同じ史料を同じ視角で分析していたのでは、当然のこととして新たな成果は生み出されない。重要史料が陸続とは追加されない状況にある以上、必然的に史料との向き合い方に相応の工夫が求められることになる。今回寄稿された各篇は、いずれも史料の利用方法やその特性を真剣に考えるものであり、従来とは異なる使い方を模索したものである。その意味で、執筆者一人一人が、それぞれ独自の史料との向き合い方、および方法論を提示したものといえるだろう。

第十一集となる本書も過去の報告集と同様、現時点における最新の宋代史研究の動向を反映させることを目指した。多数の論考から一つの事象を追うようなテーマ設定ではないものの、研究者個人が抱える課題を史料と方法論から浮かび上がらせる試みは、結果として各分野における最前線の営みを表現することに成功しているのではなかろうか。実際には収載できなかった重要分野も少なからずあるため、あらゆる領域に言及できているわけではないが、今後の宋代史を担うべき比較的若い世代が、どのような史料と方法で研究を行ってきたのか、あるいは今後行おうとしているのか。実例をもって示すことができたものと考える。

報告集として節目の十集を超え、十一集目の刊行にこぎつけることができたが、これが宋代史研究における新たな一里塚となれるか否かは、今後にかかっている。願わくば、本書をきっかけとして、宋代史やその隣接分野に関心を持つ後進が現れ、本書に重要な一章が付け加えられることを心から期待したい。

宋代史料への回帰と展開

I　史料と認識

文集史料の分布から見る宋元時代の地域史と断代史

梅村尚樹

はじめに

歴史学は史料に拠って立つ学問である以上、その研究動向は利用可能な史料の偏在状況に左右されざるを得ない。

そのことは、これまでの研究状況を包括的に観察すれば自明のこととして理解されるが、個々の研究者は研究対象を絞り込み、特定の対象について研究を進めるのが普通なので、しばしばそれを忘れがちである。

宋代史とそれに隣接する研究領域においても、元来史料の偏在は著しく、それが研究の動向や蓄積された結果に少なからぬ影響を与えていると言ってよい。本稿では宋代史研究をめぐる状況の中から、地域史叙述の隆盛という側面を取り上げ、それを文集史料の偏在の問題と結び付けて分析し、地域史と断代史の関係、地域史を統合して時代像を描く際の課題などを論じていく。

一　「士大夫」論と地域史叙述

本稿が文集史料全体をテーマとして取り上げる理由としては、近年、文集史料の利用が盛んになり、その存在が研究動向とも関わっている点が挙げられる。まずはその点を説明するため、「士大夫」研究と地域史叙述の関係について史料や方法論の観点からその動向を確認しておきたい。

近三十年ほどの宋代史研究において、いわゆる「士大夫」研究は主要なテーマの一つであった。日本では一九六〇年代以降、明清史の分野で「郷紳」研究が盛んになったが、田中正俊・小山正明・重田徳らの議論を経て、一九八〇年前後には森正夫が「士大夫」論への転換を訴えたことを契機として、宋代史研究にも影響を与えることとなった。(1)

一方で、欧米における一連の研究を見れば、現在に至るまでハートウェルの与えた影響が大きい。その代表的著作である Robert Hartwell, "Demographic, Political, and Social Transformations of China, 750-1550", *Harvard Journal of Asiatic Studies* 42 (1982) では、スキナーのマクロリージョン理論(2)を援用して中国を八つの地域に分割し、それをさらに二十一の小地域に分割して、戸口統計を用いた長期的な人口動態をデータ化した。さらに人口の増加に比して州県などの地方行政組織があまり増えていないことに着目して、長期にわたって中央権力が地方から後退していったという図式を描き、その権力の空白を埋めたのが地域エリート（local elite）や紳士（gentry）、すなわち郷紳と呼ばれる存在だったという主張を行った。ハートウェルがこの主張のために用いたのは、宋代を中心とした五五〇〇人分の伝記史料であり、南北宋の交替期にあたる一一〇〇年頃を境にして、彼らの婚姻戦略が、エリート間で超域的に婚姻を重ねる傾向から、地縁を重視して同地域内で婚姻を重ねる傾向に変化したと指摘したのである。

この婚姻戦略の変化に着目し、江西撫州に焦点を絞ってより実証的に論証したのがハイムズである。(3) ハイムズは他にも、郷紳的になった南宋のエリート層がどのように権力を維持したのか、科挙や公共事業についても検証を加えているが、「士大夫」から「郷紳」への転換を描く最も核心的な論証に婚姻関係の変化を据えており、その分析を通じてハートウェルの立論を支持し、「両宋画期論」を提唱したのである。ハートウェルからハイムズへと受け継がれたこの方法論は、アメリカのみならず、世界中の宋代史研究に大きな影響を与え、従来の唐宋変革論に対するアンチテーゼとして位置づけられることになる。

ハイムズの研究以後、江西撫州以外の地域でも同様の傾向が存在するかどうかの確認が、多くの研究者によって行われた。ところが、特定地域の婚姻関係を長期的なスパンで実証することは難しく、主に史料的な限界もあって、ハイムズの主張をはっきり否定できる例も多くはなかった一方で、積極的に裏づけることのできる結果もほぼ皆無であった。それにもかかわらず、ハイムズの主張は多くの研究者の心を捉え、学界に大きな影響を残し続けたのである。今日から想像すれば、婚姻関係という具体的な事実確認は困難でも、士大夫が「地域化」し、王朝国家よりも地域社会を重視するようになった、という主張そのものは、実際に史料に接している多くの研究者が共有する感覚に近かったのであろう。

ハイムズの影響はその主張のみならず、方法論の面でも見られ、以後地域を絞り込んで長期的変動を観察するタイプの士大夫研究が流行することになる。特にハーバード大学でピーター＝ボルに学んだ若い世代の中からは、士大夫と国家・地域の関係についての変遷を論じたものが多く現れ、特定地域の長期的変遷を取り上げた研究が目立つようになる。代表的な研究として、アンネ＝ヘリスンの江西吉州に関する研究(4)、陳松の四川に関する研究(5)、イ＝ソキの浙江明州に関する研究(6)があるが、ここで注目したいのはそれら研究が対象とした時期で、陳松がおもに北宋から南宋、アンネ＝ヘリスンとイ＝ソキが南宋から元あるいは明初を中心に研究を構成している点である。

このうち特にイ＝ソキの研究は、ハイムズへの批判を主題として書かれたものであった。イ＝ソキはハイムズが用いた方法論をほぼ踏襲し、現在の寧波に当たる浙江明州に焦点を当てて論じたが、明州における婚姻ではハイムズの示した傾向がないことを、撫州以上に多くの史料を用いて断言しただけでなく、ハイムズが撫州の婚姻を分析した際に、実は南宋期の分析のために元代の史料を多く用いていたことを指摘し、ハイムズの主張が単純には成り立たないことを証明した。また、ハイムズの用いた史料を再度精査することで、婚姻関係の転換は南宋末頃に起こっている可能性をも示唆しており、イ＝ソキ自身の明州における分析でもほぼ同様の結果が導かれるという。とはいえ、イ＝ソキによる明州の分析でも、利用可能な史料が南宋以降に集中しているという同種の問題が存在しているのは事実であり、史料の偏在が研究動向およびその結果に少なからぬ影響を及ぼしていることが確認できる。

二　宋元時代文集史料の位置づけ

ここまで述べた例からもわかるように、北宋から明へ、あるいはさらに長期にわたる社会変動を捉える際に、史料の問題は避けて通ることのできない大きな障害である。本来であれば、長期的な変化を観察するためには、性質の近い同種の史料が連続的に存在しなければその変化を正しく判断することは難しく、性質の異なる史料を用いて比較を行えば、それだけで結果が大きく歪められてしまう可能性がある。地域を絞って行う定点観測という手法は、あえて空間を限定することにより、時間による推移が明確になるが、その分、史料を揃えるのが困難になるというジレンマが常に存在する。特に宋代史料は時期的に質・量の両面で大きな偏りがあり、さらに地理的にも大きな偏りがあることは、多くの研究者が了解していることと思われる。しかし、その事実が存在すること自体は理解されていても、実際にどの程度の偏りが存在するのかということを客観的に把握している研究者はほとんどいないであろう。現実には、対象とする研究領域や研究対象によって状況が異なるため、突き詰めれば個々の研究者それぞれの印象に依存しているといえよう。

このような点を踏まえ、本稿では我々が利用可能な、すなわち現存する史料の偏りを具体的に可視化することを試みる。ここで強調しておきたいのは、あくまで本稿の分析は我々が現在利用可能な現存史料を対象とするものであって、同時代的にはもっと多様な史料が編纂され、生み出されていた。むろん我々がそれらを十分に活用できる状況にあれば、より偏りの少ない事実に近い歴史像が描けるはずだが、それは歴史学に常に課せられる制約であって、やむを得ない事情である。とはいえ、むしろその偏り自体が当時の状況を伝えてくれるという側面もあり、現存史料の全体像を把握しておく意味は大きい。

また、そのような偏りを前提としながら、長期的変動を視野に入れた地域史研究は成果の蓄積が進んでおり、個々の地域の展開は以前に比べて多くのことが明らかになっている。しかし一方で我々には、これらをいかに統合し、中国地域全体の時代像を描くのかという課題が突きつけられている。とりわけ多くの研究者が特定地域の史料を収集し、集中的に分析を進めることは、それによって理解が深まる半面、他地域との比較相対化が十分に行えなくなることにもつながっており、どうしても地域に限った結論が導かれ、それ以上の言及には慎重にならざるを得ないことが多い。これらの課題を克服する第一歩として、宋元代史料の限界と分布状況を明らかにすれば、研究対象とする地域を全体の中で位置づけやすくなるであろうし、またそのイメージを共有することは、総体的な議論の促進に寄与することとなろう。

具体的には、現存する宋元時代の文集史料に注目し、これらの時間的・空間的分布を示すこととする。文集史料を取り上げる理由としては、地域史研究において地方志(7)と並んで主要な情報源となっていることがまず挙げられ、その背景として通時的分析には文集史料を最大限活用せざるを得ないという事情がある。宋代史料は量的な面だけでなく、質的な面においても、時期によって残存状況に大きな差があり、まずはこの点をより具体的に可視化することから始めたい。

（1）　編年体史料および『全宋文』を用いた宋代史料の時期的分布

宋代史で用いられる史料の中で、様々な分野で幅広く用いられる汎用性の高い史料と言えば、『続資治通鑑長編』（以下『長編』）、『建炎以来繫年要録』（以下『要録』）、『宋会要輯稿』（以下『会要』）の三つが挙げられる。このうち編年史料として似たような体例を採用する前二者について、その内訳を示すと【表1】のようになる。この表は、皇帝ごとに割り当てられている巻数と在位年数、そこから割り出される一年あたりの巻数を示したものであり、一見してその偏りの程度が理解できる。ここからは神宗朝と哲宗朝が群を抜いて密度が高く、高宗朝がそれに続くことが読み取れ、原闕を除いた平均は約四・三であるから、英宗朝以前は全て平均以下であり、太祖・太宗朝が最低となっている。最も高い数値を示す神宗朝から哲宗朝の時期と、逆に最も低い太祖・太宗朝の時期では、実に十倍以上の開きがあり、その情報密度の差は歴然としている。『長編』・『要録』に含まれない南宋孝宗朝以降は、『宋史』本紀や『宋史全文』などの編年史料が存在するとは言え、その情報量は『長編』や『要録』と比べて圧倒的に少なく、これが北宋末や南宋中期以降の政治史が、北宋後期や南宋初期よりも相対的に困難であった理由である。しかも『長編』および『要録』は、政治史以外の分野においても大きな役割を果たしてきたから、両史料の存在が宋代史全体における研究状況を形作ってきたと言っても過言ではない。

【表1】『長編』と『要録』の巻数内訳

皇帝	巻数	在位年数	巻数/在位年数
李燾『続資治通鑑長編』　全520巻			
①太祖	16	16	1.0
②太宗	26	22	1.2
③真宗	57	25	2.3
④仁宗	100	41	2.4
⑤英宗	10	4（約1年原闕）	3.3
⑥神宗	154	18（約3年原闕）	10.3
⑦哲宗	157	15（約4年原闕）	14.3
⑧徽宗	原闕	25	--
⑨欽宗	原闕	1	--
李心伝『建炎以来繫年要録』			
❶高宗	200	36	5.6

次に編年体史料以外に目を向ければ、制度史史料として最も有用な『会要』が宋代史の屋台骨を支えてきたことは疑いないであろう。『会要』全体を見た史料の偏り、特に時期的な偏りについては、史料の性質上、具体的に数値化して分析することが困難なので、ここでは直接検討しないが、制度史料の分布に近いと思われる、それに代わる指標を用意した。用いるのは『全宋文』に立てられた皇帝の項目である。『全宋文』の性質、編纂方針などは後ほどまた言及するが、太祖以下皇帝の項目に収録されるのはほとんどが詔勅の類であり、『全宋文』に割り当てられた皇帝の巻数を、その在位年数で割ってみたのが、**【表2】**である。すなわちこの数は、おおむね現存する詔勅類の密度を示していると見なすことができ、制度とりわけ中央政治に関わる史料がどのような分布で現存しているかの目

【表2】『全宋文』における皇帝の占める巻数

皇帝	巻数	在位年数	巻数/在位年数
①太祖	8	16	0.5
②太宗	16	22	0.7
③真宗	55	25	2.2
④仁宗	45	41	1.1
⑤英宗	4	4	1.0
⑥神宗	88	18	4.9
⑦哲宗	42	15	2.8
⑧徽宗	89	25	3.6
⑨欽宗	13	1	13.0
❶高宗	119	36	3.3
❷孝宗	79	27	2.9
❸光宗	9	5	1.8
❹寧宗	22	30	0.7
❺理宗	16	40	0.4
❻度宗	3	10	0.3

安になるであろう。これによれば、在位一年のみの北宋最後の皇帝、欽宗だけが異常な数値となっているが、他はおおよそ宋代史料全体から受ける感覚に近い数字という印象がある。平均値はおよそ一・九で、北宋後期から南宋中期まで、神宗から孝宗まで一貫して平均を上回る他は、北宋の真宗が平均以上の数値となっている。基本的には編年体史料である『長編』・『要録』と似た傾向を示しているが、唯一意外なのは、真宗が仁宗の二倍近い数値を示している点である。仁宗朝は両宋を通じて最も長い四十一年にわたること、また仁宗朝以降、官僚の手になる文章、すなわち文集史料が急増することから起こる錯覚かもしれないが、我々の予想以上に真宗朝は史料が充実していると理解すべきかもしれない。また徽宗の数値は神宗に次いで高く、『長編』の欠如からくる史料不足のイメージとは逆の結果と言えるが、『会要』などを見れば徽宗朝の記述がかなり充実していることに気づかされるので、総じてこの表は史料に接した実感に近く、政治制度に関わる史料の分布状況を一定程度反映できていると考えられる。

それを踏まえた上で、南宋の状況を見れば、初代高宗と二代目孝宗は平均を上回り、北宋後期と同程度の高い水準にあるが、五年しかない三代目光宗を挟んで、寧宗以降の数値は急激に落ち込み、北宋初期の太祖・太宗と同程度の水準となる。寧宗朝以降は年数で言えば八十年にもおよび、南宋の過半を占めている。宋代史全体から見ても四分の一にも及ぶ長い期間について、制度史史料の圧倒的な不足を示唆するものである。編年史料の欠如とも併せれば、この時期の政治制度史の構築がいかに難しいものであるか、想像することができるであろう。すなわち南宋中期以前と同じ方法論、同じ密度での歴史叙述は、そもそも無理があると言わざるを得ず、これを補うために不可欠なのが本稿の主題となる文集史料なのである。

（2）文集史料と電子検索システム

まずそもそも一般に文集と呼ばれるものは何かと言えば、単行本として流通しなかった各種文章を、子孫や弟子などの後世の人が収集、編纂して出版したものを指し、あるいは本人が生前に編纂を前提とした史料整理を行っている場合や、実際に晩年になって本人が刊行したものも存在する。その内容は雑多であるため、本来一概に定義することは難しいが、外形的には、四部分類において集部別集類に分類されたものを文集と見なすことができる。伝統的な四部分類では、程頤・程顥の文章を収集した『河南程氏遺書』や、黄震の『黄氏日抄』が子部儒家類に分類されるなど、体例上では文集と大差のない史料が集部別集類に含まれない場合もあり、若干の問題もある。ただしこれら文集史料が、長期的スパンにおいてどのような分布を示しているかを確認するため、四庫全書の目録で集部別集類の項を参照すると【表3】の結果が得られる。まず注目すべきは、時代ごとの区分として漢から五代がひとまとめになっており、宋代は北宋と南宋の二つに分かれ、金元、そして明、国朝（すなわち清）と続いている点である。さらに北宋と南宋を合わせれば全体の半数近く（四七パーセント）を占め、特に南宋は明を上回る量が収録されていることがわかる。この数値は四庫全書に収録されたものに限られるため、清代はもちろん、明代の文集史料も、実際に現在我々が見ることのできるものはもっと多数に

【表3】　四庫全書集部別集類目録

漢至五代	112部	1518巻
北宋	122部	3370巻
南宋	277部	4978巻（附録1部6巻）
金元	175部	2112巻
明	240部	4254巻
国朝（清）	43部	1661巻

上るに違いないが、それでも南宋の約一五〇年間で、明の約二八〇年間を上回る量の文集史料を収録しており、両宋の約三二〇年間では明の約二倍に上ることには驚かされる。また金元のうち金代に含まれるのは五部一一巻にとどまっており、元代のみで約二〇〇〇巻を収録している。南宋の滅亡から明の成立までは約九十年間であり、その密度は南宋にこそ劣るものの、北宋や明を上回っている計算となる。相対的に見れば元代も豊富な文集史料を収録していると言え、この時期は南宋後半期と同様、編年史料や制度史史料など他の史料が乏しいことを考え合わせれば、南宋から元にかけてを「文集史料の時代」と言って差し支えないだろう。

しかし量的に豊富な文集史料にも大きな弱点が存在する。歴史的事実を確定する作業において、文集に収録される史料群は情報密度が低く、『長編』や『要録』の不足を十分に補えない、という点である。さらに言えば、歴史研究において有用な部分と、そうでない部分の差も激しく、有用な情報を引き出すには多くの労力を要する点も無視できない。従来、南宋史が北宋史に比べて全体的に立ち遅れていた原因として、この史料上の困難さがあったことは間違いないであろう。現在、その困難を一定程度克服する原動力となったものの一つに、電子検索システムの登場を含む史料へのアクセス性の変化が挙げられる。

電子文献は、小規模なものも含めれば現在多くの種類が存在するが、その代表的なものとしては、大型の叢書である『四庫全書』と『中国基本古籍庫』が挙げられ、宋代史料のうち両者に含まれないものは全体のごく僅かという状況である。実際には版本の問題、誤字の問題、異体字の問題など、利用に際して留意すべきことは多く、また『四庫全書』と『中国基本古籍庫』でもそれぞれ一長一短があるが、いずれにせよ瞬時に特定文字列の存在を把握できることの利点は計り知れない。しかしそれ以上に注目すべきなのは、電子文献の登場によって、研究における史料の利用方法、具体的にはアクセス性に大きな変化がもたらされた点である。従来の研究手法を考えれば、文集史料はある特定の人物研究を中心として、個別のテーマに関して深く理解する目的で用いられることが多かったが、電子検索システムの登場は、個別案件について広範囲にわたる悉皆調査を現実的に可能とした。また二〇〇六年に『全宋文』が刊行されたことにより、この研究手法はさらに容易となった。すなわちこれらの史料上の変革は、由来や性質が本来異なる複数の史料を横断的に利用することを可能とし、膨大な史料の集合が、あたかも一つの編纂史料として扱われる傾向を生んだ点にある。従来であれば、重要な史料と位置づけられているものほど出版、校勘が積極的に行われ、結果として多くの人が容易にアクセスできただけでなく、熟練した研究者ほど史料へアクセスを試みる順序が固定化されていたと言える。それが現在では、電子検索を通すことにより、ほぼ全ての史料へのアクセス性が均一化され、主観的な重要性による差異が最小化されるという結果がもたらされた。宋代史の分野では、電子検索システムに含まれない新出史料が少ないため、他の分野よりも相対的に大きな影響を持ったという事情もあり、近二十年における史料をめぐる最も大きな変化と言ってよいだろう。新出史料が少ないということは、逆に今後も長きにわたって、史料全体の構成が大きく変わらないということでもある。そうであれば、このような環境下で今我々が向き合っている総体としての史料がどのような分布を持っているのか、把握する必要が生じてきたと言える。例えば、特定の語彙や事柄を電子検索にかけると、史料上にどの程度存在するのかを瞬時に把握でき、同時にその分布が時期的・地理的に偏っていることに気づくことがある。ところが、その気づきが本当に有意な偏りであるのかは、史料全体の偏りを把握して始めて検証できるのであり、その前提としても史料分布を把握する必要性が認められるのである。

三　宋元代文集史料の分布分析

（1）分析の方法

そこで本稿では文集史料に焦点を絞って、時期的・地理的分布について具体的に明らかにすることを試みる。電子検索との接続性を問題にするならば、『四庫全書』や『中国基本古籍庫』を対象にすべきであるが、ここではいくつかの理由から『全宋文』・『全元文』・『全遼金文』を対象として調査を行った。

まず調査対象の基本的な書誌情報を述べておこう。『全宋文』（曽棗庄等編、上海辞書出版社・安徽教育出版社、二〇〇六年）は全三六〇冊に及ぶ大部の叢書で、全八三四五巻に区分けされており、その書誌情報によれば全部で一億字を超える。単行本を除き、著者のわかる宋人の文章を原則として全て収集する方針により編纂されたもので、『長編』や『資治通鑑』などの著書は含まれないものの、文集として『四庫全書』の集部別集類に分類されている内容は、ほぼ全て収録するほか、著者が特定できる文章であれば『長編』・『会要』のほか、各種地方志などからも収集しており、『四庫全書』などよりもその収録範囲は広い。また歴史学においてよく利用される上奏文・書簡・記文・墓誌などや皇帝の詔勅を含む一方、詩・詞・曲など韻文の多くは、既に『全宋詩』[8]として編纂済みのため含まれていない。[9]また単行本として流通していたと考えられる筆記史料は『全宋筆記』[10]として編纂されており、これらの内容も『全宋文』には含まれていない。詩・詞を含まないというのは『四庫全書』集部別集類とは異なる特徴であり、『四庫全書』には詩のみ、もしくは大部分が詩で構成される文集も存在している。今回の分析ではそれらが除外されることとなるが、歴史研究の対象として詩が用いられることは多くなく、むしろ他の諸史料からも収集しているという点を重視すれば、歴史研究者にとっての史料の全体像に近づくだろうと考えられる。『全元文』（李修生主編、江蘇古籍出版社〈鳳凰出版社〉、一九九七〜二〇〇五年）と『全遼金文』（閻鳳梧主編、山西古籍出版社、二〇〇二年）は『全宋文』よりも完成時期が早いが、基本的には『全宋文』と同様の方針で編纂されたものである。『全元文』の規模は全六十冊、全一八八〇巻、全二八四二万一千字とあり、冊数では『全宋文』の六分の一だが、一冊あたりの頁数が平均して『全宋文』より多いため、字数から換算すれば『全宋文』のほぼ四分の一の規模に匹敵する。『全遼金文』は全三冊の不分巻で、全二八一万五千字だから、規模的には『全元文』の十分の一程度であり、しかも『全宋文』・『全元文』との重複も多い上、著者不明の文章も多く収録している点が『全宋文』・『全元文』とは異なっている。

次にこれらを用いて行った作業について説明すれば、それぞれ一巻以上の分量を割り当てられている人物を抜き出し、その人物に割り当てられた巻数を数え[11]、それを時期的（時間）・地理的（空間）に分類した。『全宋文』・『全元文』はそのまま巻数に従い、不分巻の『全遼金文』では、前二者と対等な条件に近づけるため、二十頁を一巻相当に換算している。これによって抜き出された人数は、若干の重複を含むが『全宋文』で六〇八人、『全元文』で二一六人、『全遼金文』で二十二人に上り、これらは『全宋文』全体の約七九パーセントに相当する六六二九巻、『全元文』全体の約八二パーセントに相当する一五三四巻を占めている。なおこの七九パーセントおよび八二パーセントという数字は、今回の分析では除外されている宋代の皇帝十五人、六〇八巻と元代の皇帝八人、三十七巻を含めて計算したものであり[12]、これらを除いて計算すれば『全宋文』の八六パーセント、『全元文』の八三パーセントを占める。すなわち今回の分析では、全体のおよそ八割五分ほどをカバーできていることになる。

参考として『全宋文』・『全元文』・『全遼金文』のうち、巻数の多い上位五人を示したのが【表4】である。最も多い朱熹の二六三巻は、『全宋文』全体の約三パーセントを占めその巨大さを窺わせるが、この表に名前の挙がる人物が、

【表４】『全宋文』『全元文』『全遼金文』における巻数上位五名

『全宋文』	『全元文』	『全遼金文』＊
1．朱熹（263巻）	1．虞集（90巻）	1．元好問（約30巻相当）
2．周必大（192巻）	2．楊維楨（55巻）	2．李俊民（約5巻相当）
3．劉克荘（174巻）	3．黄溍（52巻）	3．王若虚（約3巻相当）
4．蘇軾（156巻）	4．呉澄（50巻）	
5．楼鑰（117巻）	5．王惲（40巻）	

＊『全遼金文』は頁数を『全宋文』の基準に20頁＝1巻として換算した数字。

実際の研究において大きな比重を占めているのは異論のないところであろう。ちなみに『全遼金文』にはまとまった量の文章が残る人物はほとんどおらず、上位にある元好問と李俊民は『全元文』にも重複して収録されているので、『全宋文』・『全元文』と併せて分析した際に、全体としてはほとんど影響を与えないと言ってよい。

次に、抽出された人物群を時間と空間によって分類する方法を述べれば以下のようになる。まず時期的区分については、著者の生まれた年を基準として四半世紀ごとに区切り、九世紀生まれの一人[13]を除き、十世紀の第一四半期（九〇一年～九二五年）から十四世紀の第二四半期（一三二六年～一三五〇年）の十八の区分を設けて分類した。この区分を以下では10a、10b、10cから14a、14bというように表記することとする。なお正確な生年が不明の人物は『全宋文』で一四二人、『全元文』で三十七人存在したが、ほとんどの人物は没年や進士登第年などの周辺情報から、およその生年が推測可能であり、全て十八の区分のいずれかに含めている。収録される文章量の多い人物ほど時期の特定が容易なため、これによって生じる誤差はごく小さいものであり、全体の分析に影響を与えることはほどんどないと言ってよい。

一方で、地理的分類については単純ではない問題がある。当然のことながら当時の人々も移住をすることが珍しくなく、出身地と言っても一義的に地域を特定することは困難だからである。そのため本稿では、その人物が生まれた時点で、その家族が本拠としていた場所を基準として採用し、それを現在の行政区画である省ごとに分類した。[14]宋代から元代を一貫して扱わなければならず、当時の行政区画は時期によって変更があることと、それ以上に小さく区分しても有意なデータがとりにくいことがその理由である。出身地の特定に当たっては、『全宋文』・『全元文』に書かれている略伝のほか、各種伝記資料索引(15)やCBDB(16)などを参照し、説が複数存在する場合には、それらの典拠となる伝記史料や墓誌・地方志・年譜等を確認して、上に定めた基準に照らして妥当と思われる地域を特定している。

具体的にどのように出身地を特定したか、『全宋文』と『全元文』でそれぞれ最大の巻数を持つ朱熹と虞集を例にとって説明すれば次のようになる。朱熹の場合、『宋史』の本伝では歙州婺源の人と書かれており、これは現在の江西省に含まれるが、これは朱熹の父の朱松が生まれ育った地であることを意味する。実際には、朱松は地方官として現在の福建省にある建州に赴任した際にその地に移住しており、朱熹が生まれたのはその後のこととなる。以上のような事情から、本稿では朱松は江西の人、朱熹は福建の人として分析を行った。一方の虞集は、一般に臨川崇仁の人とされ、これは江西省に含まれる。欧陽玄の書いた虞集の神道碑(17)が残されており、それによれば、虞集の祖父の代に崇仁に移住し、虞集の父が現在の湖南にある衡州黄岡に赴任していた時に虞集が生まれたという。しかし父は移住して黄岡の人になったわけではなく、任期を終えて崇仁に戻っているので、本稿では虞集を江西の人として数えている。

実際には様々な事情によって移動が行われており、これを截然と区別できない場合も少なからずある。また家族の動向を知ることのできる最も詳細な史料は、多くの場合墓誌史料であるため、墓誌が存在する人物とそうでない人物の間で、情報精度に差が生じてしまっている可能性も考えられる。このように、移動の実態と史料の扱いについては、統計情報の精度に関して改善の余地を残す課題であるが、現時点では利用可能な範囲の史料にもとづいて、可能な限り妥当と思われる判断を下して分類を行った。またそもそもの問題として、当時の官僚は地方官として移動することが多いため、出身地による分類が史料総体の分析としてどの程度意味があるかは議論の余地がある。現状、以下に示すデータは、どの地域に生まれた人によって書かれた史料が、現存史料のうちどの程度の割合を占めるのかを示すにとどまるが、この点に限っても明確な偏りを指摘することが可能であり、一定程度の意味があると考えている。

（2）　分析の結果

それでは上記の方法によって分類した結果を示したい。まず『全宋文』全体の時期区分について示せば【グラフ1】のようになる。南宋は一一二七年から始まるので、各人物が歴史の表舞台で活躍するのは五十歳前後を中心とすると考えれば、11ｃから11ｄの付近が両宋の画期となる。北宋では11ａと11ｂに全盛を迎え、11ｃはその前後の時期より少なくなっているが、これは戦乱による影響が考えられる。南宋では12ｂに高いピークがあるが、この時期の代表的な人物として朱熹・周必大・楼鑰らが挙げられ、十二世紀末、南宋中期の乾道・淳熙年間頃に活躍した人物群を示している。南宋の滅亡が一二七九年とすれば、宋元交代期に活躍した人物がおおむね13ａから13ｂに相当することになり、その前の12ｄの時期には南宋の第二のピークが現れる。この時期は劉克荘・魏了翁・真徳秀ら南宋後期の寧宗朝から理宗朝にかけて活躍した人物群が該当するが、いずれも南宋後期の研究においてその中心的対象となっており、このグラフを見れば近年の研究動向[18]に表れるように、この時期の研究を進めるだけの理由があることが納得できる。

【グラフ1】『全宋文』の時期的分布

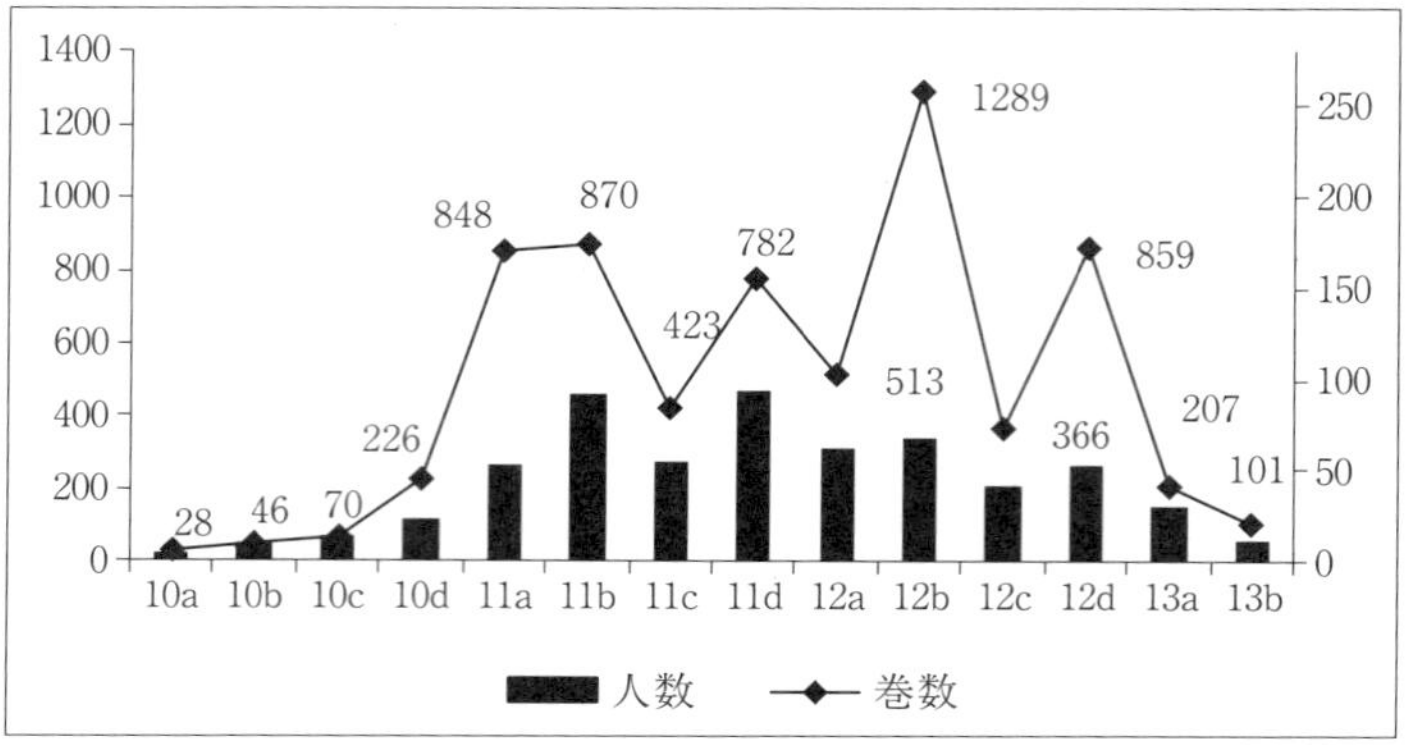

『全元文』で同様の分析を行った結果が【グラフ2】である。13ａから13ｂが宋元交代期に相当し、それ以前は金・南宋期なので13ａ以前は主に『全宋文』に含まれると考えてよく、また14ｂはすでに明初と言える時期なので、この両端を除けば、ほぼ平坦なグラフという印象を受ける。『全宋文』・『全元文』に『全遼金文』までを含めて合算したものが【グラフ3】となるが、宋元交替期以降、巻数の減少が確認できる一方で、人数ベースではさほど落ち込んでいないため、元代は南宋期に比べ、大部の文集が減ったという推測が可能である(19)。

次に地理的分布についての結果である。『全宋文』全体を通じた、地域別の分布が【表5】である。多い方から順に江西・浙江・福建であり、この三地域を合計するとおよそ五六パーセントとなって、全体の半数を超える。次に多いのが四川・江蘇で、それに河南以下が続いており、江蘇までの五地域で全体の八割以上を占める結果となった。なおこの表は現在の行政区画をもとに分類しているため、江西には当時の江南西路だけでなく、饒州・信州・歙州といった江南東路に属していた一部の州が含まれている。ただ後述のように、その比率はおよそ二割程度で、実際に江南西路だけに絞っても浙江や福建と同程度の水準にあることがわかる。一方で当時の両浙路は、南宋時期に臨安府・平江府を中心とする両浙西路と、紹興府・慶元府を中心とする両浙東路に分離するが、両浙西路の方は現浙江省のほかに現江蘇省の多くも含むため、行政区分の変化によって数字が大きく変動してしまう点には注意しておく必要がある。

【グラフ2】『全元文』の時期的分布

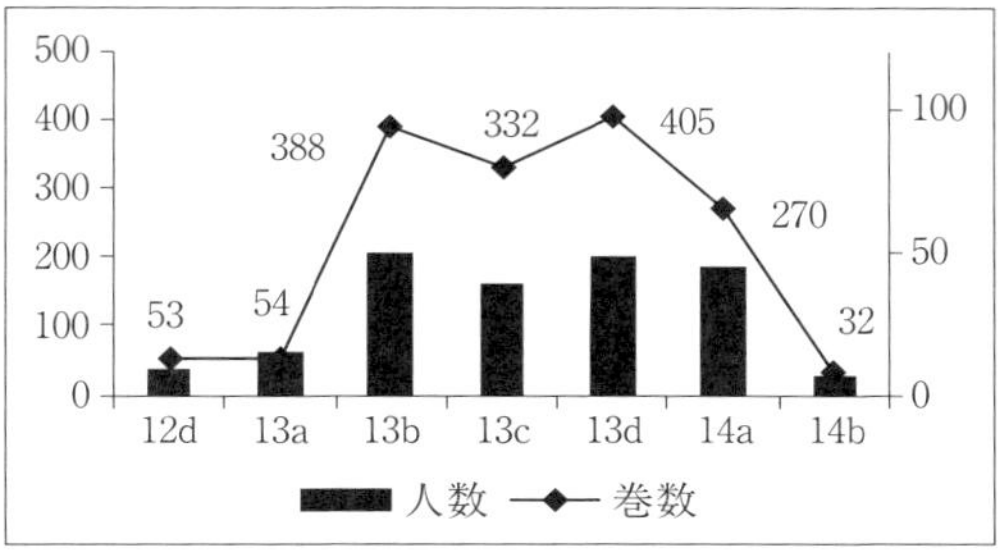

それに対して『全元文』による地理的分布は【表6】のようになった。上位二地域は江西と浙江で変化がなく、しかも両地域ともその比率を大幅に増やし、合計すれば

【グラフ3】　合算した時期的分布

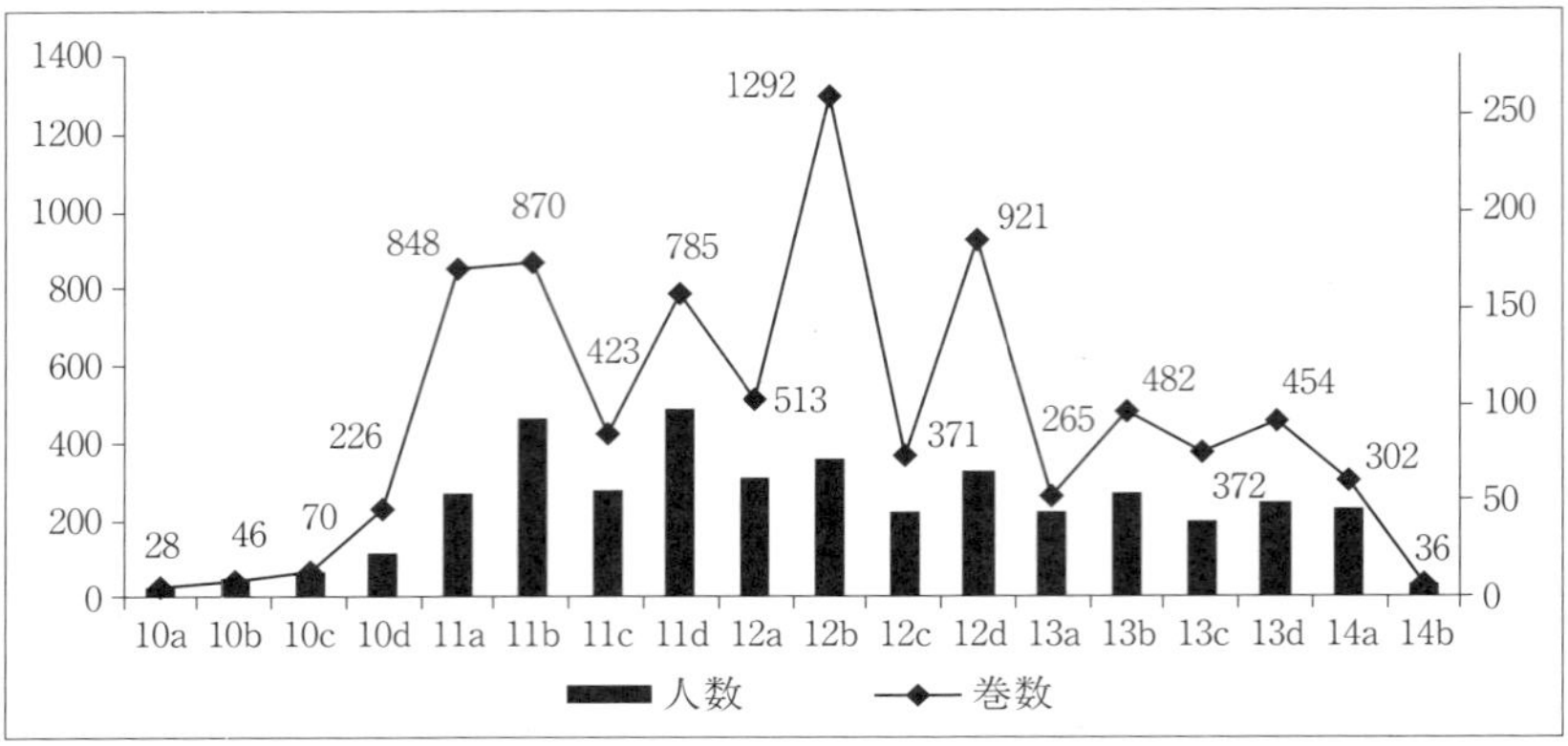

【表5】
『全宋文』の地理的分布（巻数）

江西	1348	20%
浙江	1195	18%
福建	1176	18%
四川	869	13%
江蘇	786	12%
河南	452	7%
山東	208	3%
安徽	196	3%
湖北	94	1%
山西	89	1%
河北	73	1%
湖南	43	1%
その他	97	1%

【表6】
『全元文』の地理的分布（巻数）

江西	432	28%
浙江	425	28%
河南	120	8%
河北	100	7%
安徽	98	6%
江蘇	66	4%
山東	62	4%
山西	59	4%
福建	54	4%
湖南	46	3%
その他	63	4%

全体の半数を超える五六パーセントを占めている。しかしそれに続くグループには変化があり、『全宋文』で大きな比重を占めていた江西・浙江に続く三地域は比率を下げ、江蘇は一二パーセントから四パーセントへ、福建は一八パーセントから四パーセントに、四川に至っては一三パーセントあったのがほぼ〇パーセントとなっている。かわって伸びた地域には北方の地域が目立ち、河南・河北が江西・浙江の次に位置して、安徽がこれに続いている。とは言え、河南・河北・安徽はいずれも六〜八パーセントに留まり、『全元文』では江西・浙江への集中がより目立つ結果となった。

【グラフ４】　江西・浙江

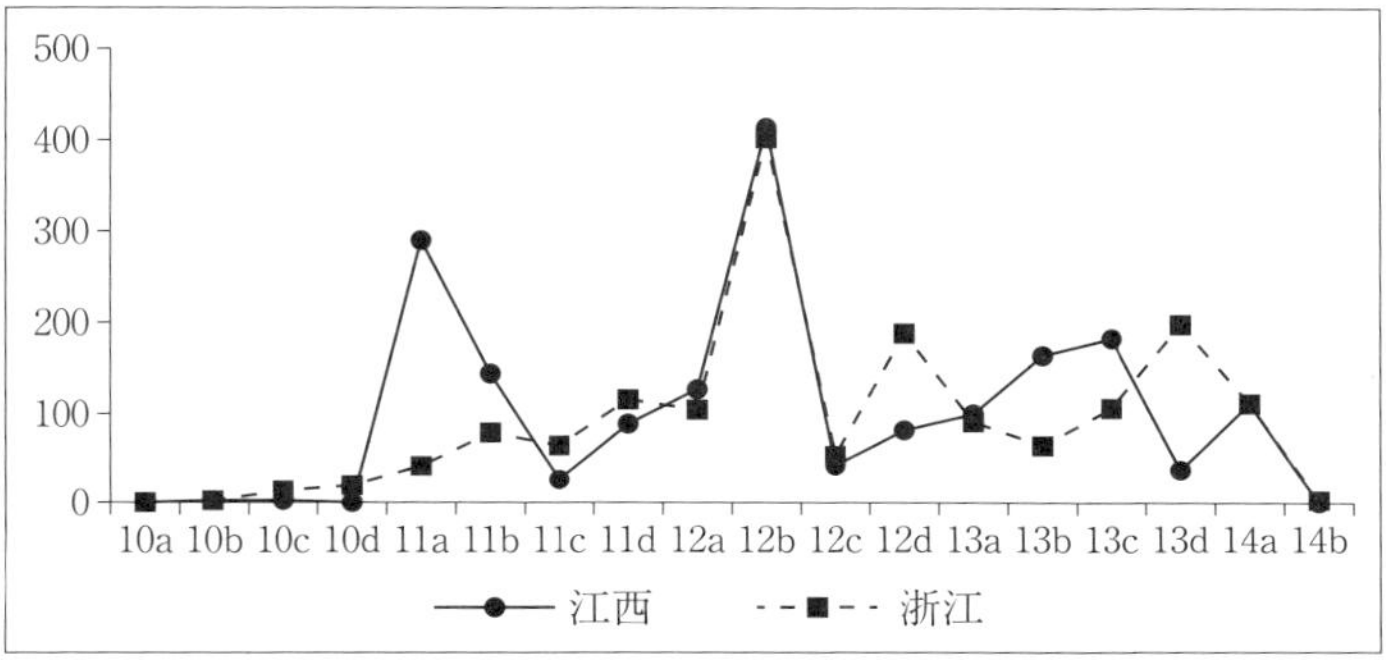

【グラフ５】　福建・四川・江蘇

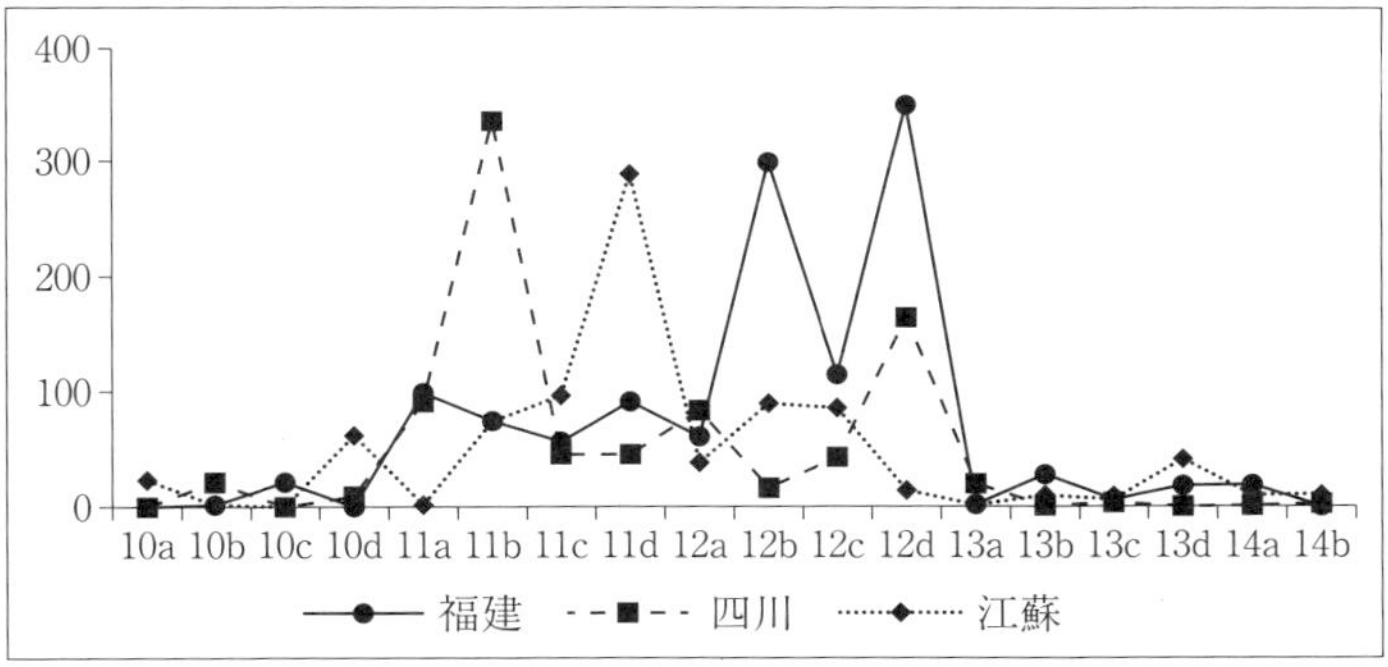

それでは次に時期的分布と地理的分布を組み合わせ、各主要地域における時期的変化を示すこととする。まず上位二地域の江西と浙江のグラフが【グラフ４】である。いずれもピークが12ｂにあり、その他の時期も比較的安定しているため、全体としては似た傾向を示しているが、江西の方がより時期の幅が広く、浙江は北宋期に少なくて南宋から元にかけて多くなるという、時系列的には後ろ寄りのグラフになっている。

宋代に江西・浙江に次いで多かった福建・四川・江蘇の三地域についてのグラフが【グラフ５】で、それぞれピークと全体の形が異なることが窺える。福建は北宋には少なく、南宋に高いピークがある形で、四川はむしろ北宋に多くて南宋で低調だが、12ｄすなわち南宋後半期に二つ目のピークがある形となっている。江蘇は南北宋交替期がピークとなる珍しい形で、南宋の後半期にはすでに大幅に落ち込んでいる。三者とも異なる特徴を持つが、13ａすなわち宋元交替期以降に激減している点は共通しており、その変化は劇的と言ってよい。次に河南と

【グラフ6】　河南・河北

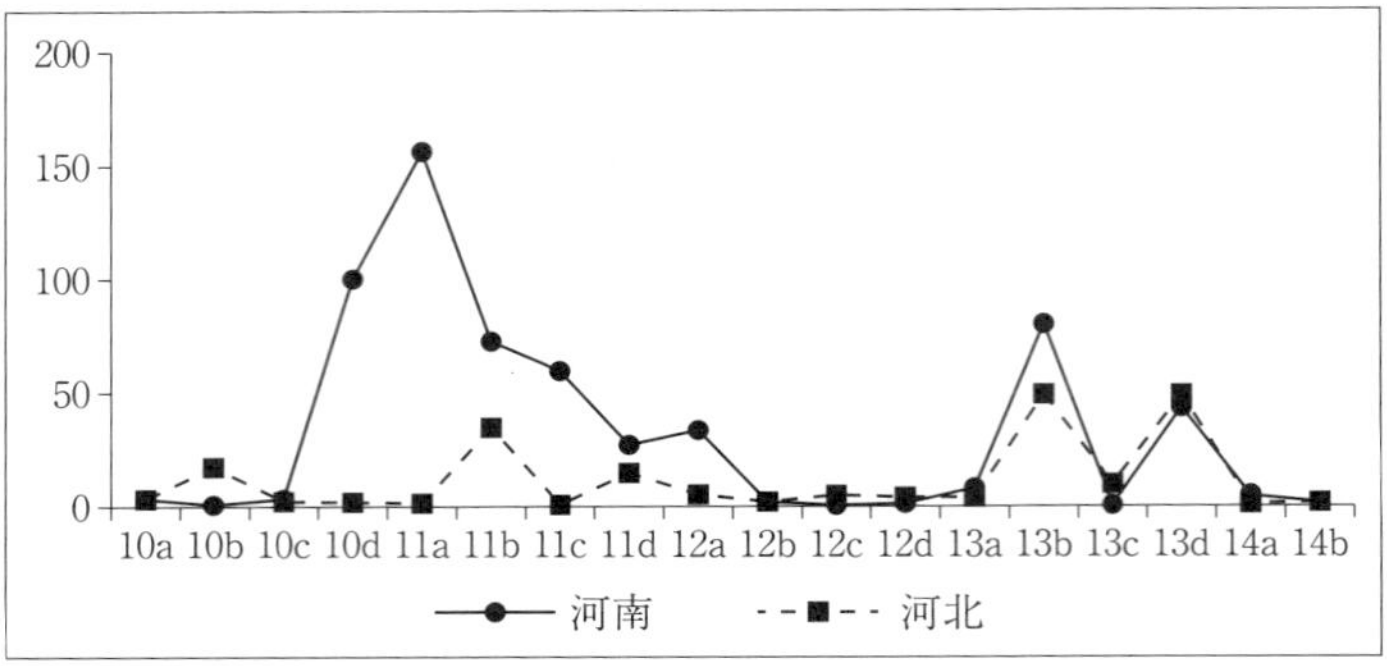

【グラフ7】　山東・山西

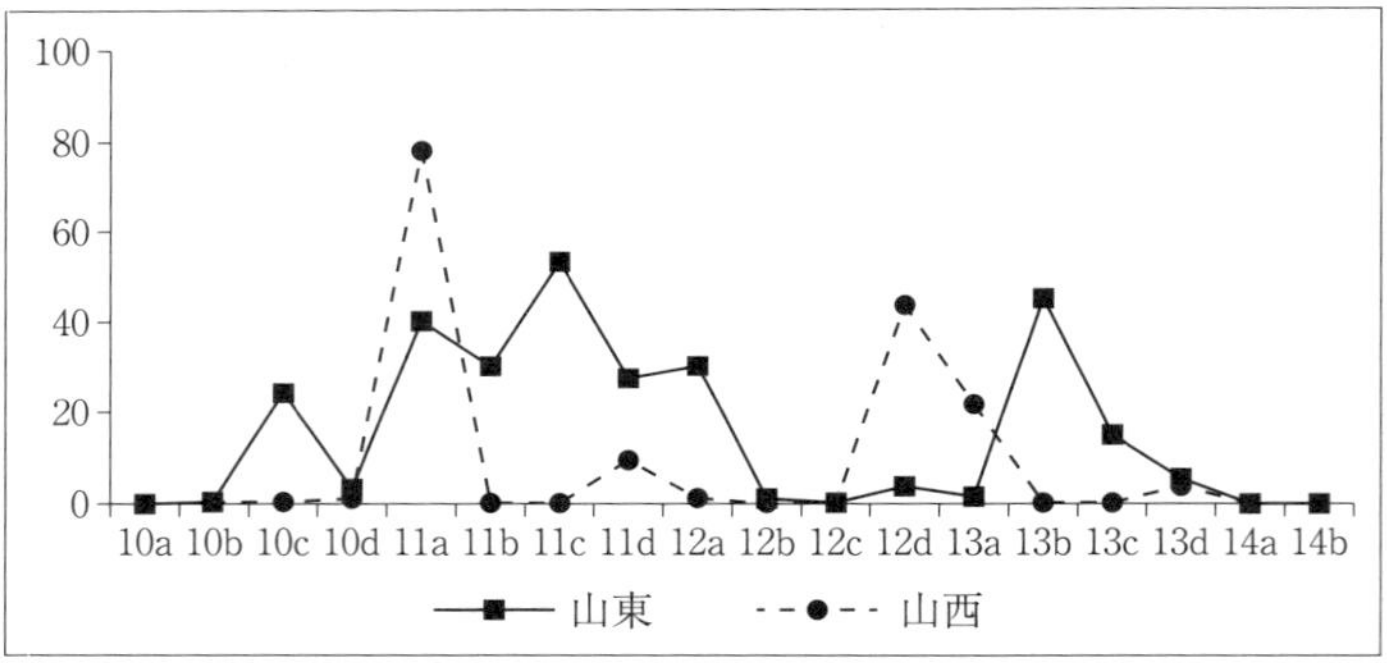

【グラフ8】　安徽・湖南・湖北

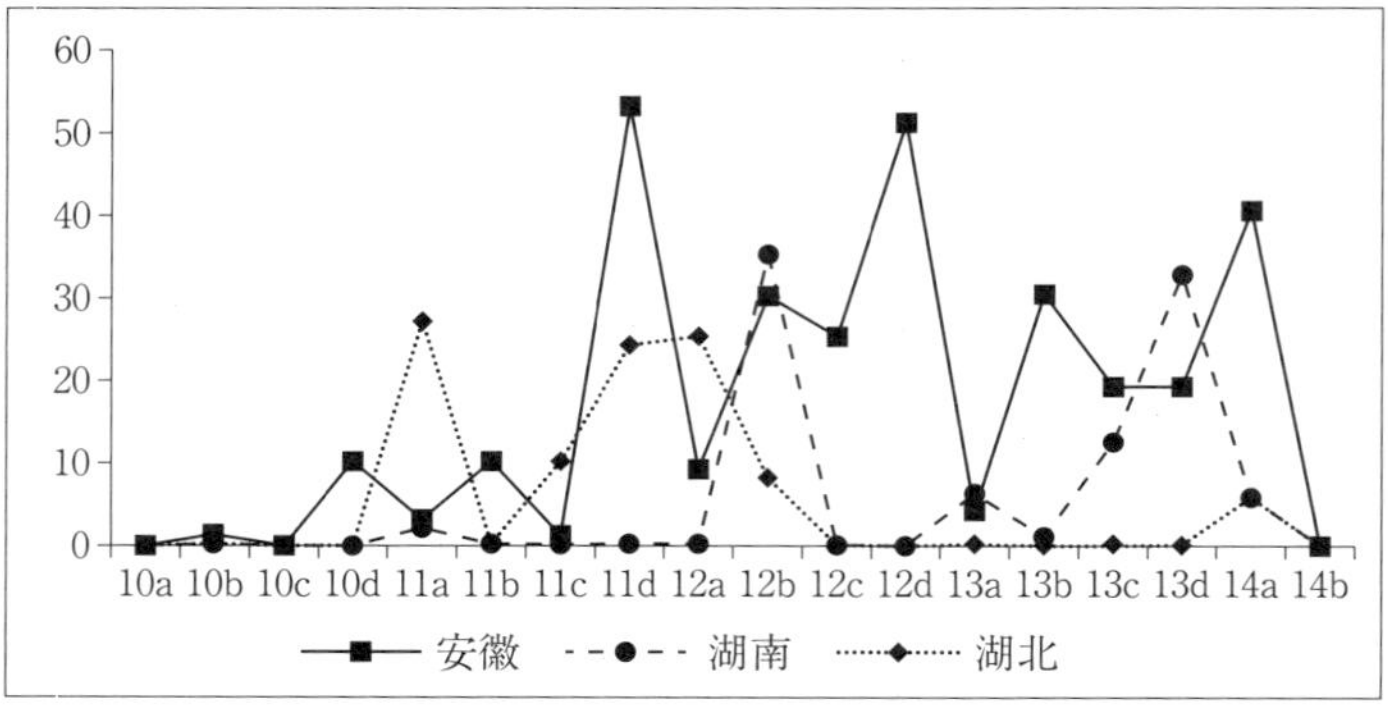

河北のグラフが【グラフ6】である。規模自体は上の五地域よりかなり縮小しているが、河南は北宋時期に高い数値を示し、金代には低調となって、元代に入って再び増加している。一方の河北は宋・金よりも元代の方が多くなっており、いずれも首都が置かれた時期に増加しているが、12ｂから13ａにかけて、すなわち金代には両地域とも非常に

低い数値となっており、この史料不足が通時的分析においては大きな障害となり得ることが確認できる。【グラフ7】は山東と山西のグラフである。山西は北宋の司馬光と金の元好問の二人に依存する割合が高く、その他は低調と言わざるを得ないが、山東の方は金代の時期が顕著に少ない、北方に典型的なグラフとなっている。【グラフ8】は長江中流域に位置する安徽・湖南・湖北のグラフである。湖北は北宋から南宋初期に集中している一方、湖南・安徽は逆に南宋以降の方が多く、特に安徽は元代まで比較的安定した数値が続いている。明代以降に開発の進むいわゆるフロンティア地域であり、もし明代以降のデータがとれればどうなるのか興味深いところではあるが、このグラフからもその片鱗を窺うことができよう。

最後に、宋元代を通じて文集史料の最も集中する江西と浙江の二大地域に関して、もう少し細かくその内訳を見ておきたい。江西地域を州レベルに区分し、『全宋文』と『全元文』を通じて合算した数値が【表7】である。江西では吉州が全体の3分の一を超える三六パーセントを占め、撫州が二〇パーセントで続き、饒州・洪州・建昌軍がさらにそれに続く結果となった。このうち三位の饒州、七位の信州、九位の歙州は、南宋の行政区画では江南東路に属しているが、逆に言えば圧倒的な存在感を示す吉州・撫州はともに江南西路に属している。吉州の数値は、例えば江蘇には及ばないものの河南全体に匹敵するほどであり、州レベルでは全土で見ても非常に高い水準にある。その吉州と撫州に限り、時期的分布を示したのが【グラフ9】であり、吉州の12bでは周必大（一九二）の影響で高いピークを示しているが、周必大を除いても他の時期と同程度の数値が続き、全体として元まで安定的に推移するグラフとなっている。これは通時的分析を行うための条件が最

【表7】　江西の内訳

吉州	651	36%
撫州	362	20%
饒州	184	10%
洪州	178	8%
建昌軍	148	6%
臨江軍	107	3%
信州	57	3%
筠州	45	2%
歙州	44	1%
南康軍	25	1%
その他	15	1%

【グラフ9】　吉州・撫州

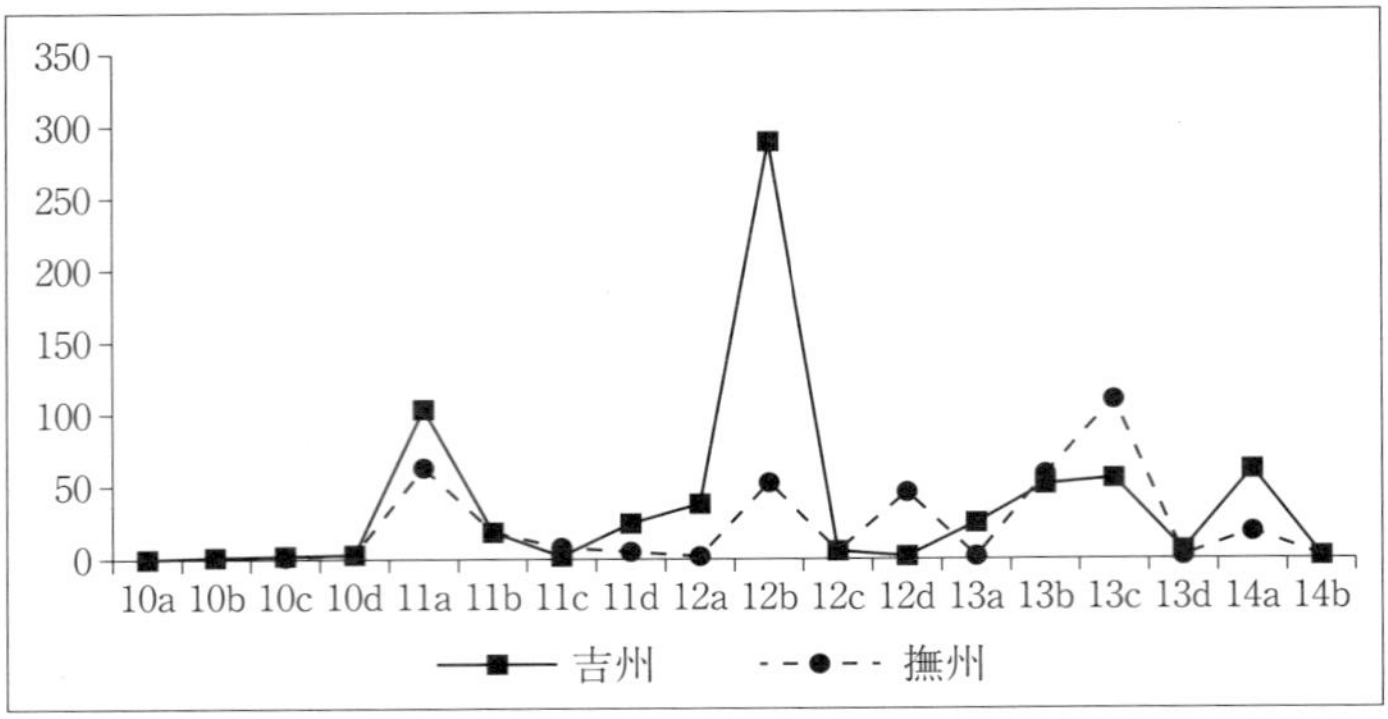

【表8】　浙江の内訳

明州	406	25%
婺州	331	20%
温州	224	14%
杭州	177	11%
越州	163	10%
湖州	90	5%
台州	82	5%
秀州	78	5%
衢州	45	3%
睦州	21	1%
処州	20	1%

も整っていることを示しており、ここに多くの研究者がこの地域に注目する理由があると言える。撫州も基本的には同様で、ハイムズが分析対象として撫州を選んだのは、おそらくハートウェルのデータを通じてこのような傾向を知っていたからだと推測できるが、グラフを注意深く見れば、撫州は実は南宋後半期よりも元の方が数値が大きくなっており、その点で全国的な傾向とは少しずれがある。前述のように、イ＝ソキは史料の扱いにおけるハイムズの過ちを指摘しているが、元代にむしろ豊富な史料があることを想定すれば、ハイムズが南北宋の比較を重視し過ぎたことによって、その分析が歪められた可能性が考えられる。

江西に次ぐ地域である浙江の内訳を示したのが【表8】である。これは江西同様、『全宋文』と『全元文』を合算した数値であるが、明州（慶元府）・婺州・温州・杭州（臨安府）・越州（紹興府）という順になった。このうち杭州を除けば、南宋では両浙東路に位置し、また婺州以外は沿海地域に集中していることがわかる。合計で半数近く、四五パーセントを占める上位二地域の明州と婺州について、時期的分布を示したのが【グラフ10】であるが、このグラフからは、その総量の大きさに比して北宋期がかなり低調であることが読み取れる。逆に言えば、南宋だけでなく元代においても充実した文集史料が存在することを示しており、他地域との相対的な比較をすれば、さらにその特徴が際立つことになる。すなわち、これらの地域は南宋から元にかけての通時的研究を行うための恵まれた条件が整っていることになり、またこれら地域を研究対象に選べば、必然的に南宋から元を中心に記述を進めることになる。実際に、本稿で例を挙げたイ＝ソキの研究は、南宋以降に充実した記述がある一方、北宋期に関しては相対的に記述が少なく、そのため条件的に南北宋の比較を十分に行えていないという印象を受ける。そのような記述にならざるを得ない理由が、このデータから垣間見えるのである。

【グラフ10】　明州・婺州

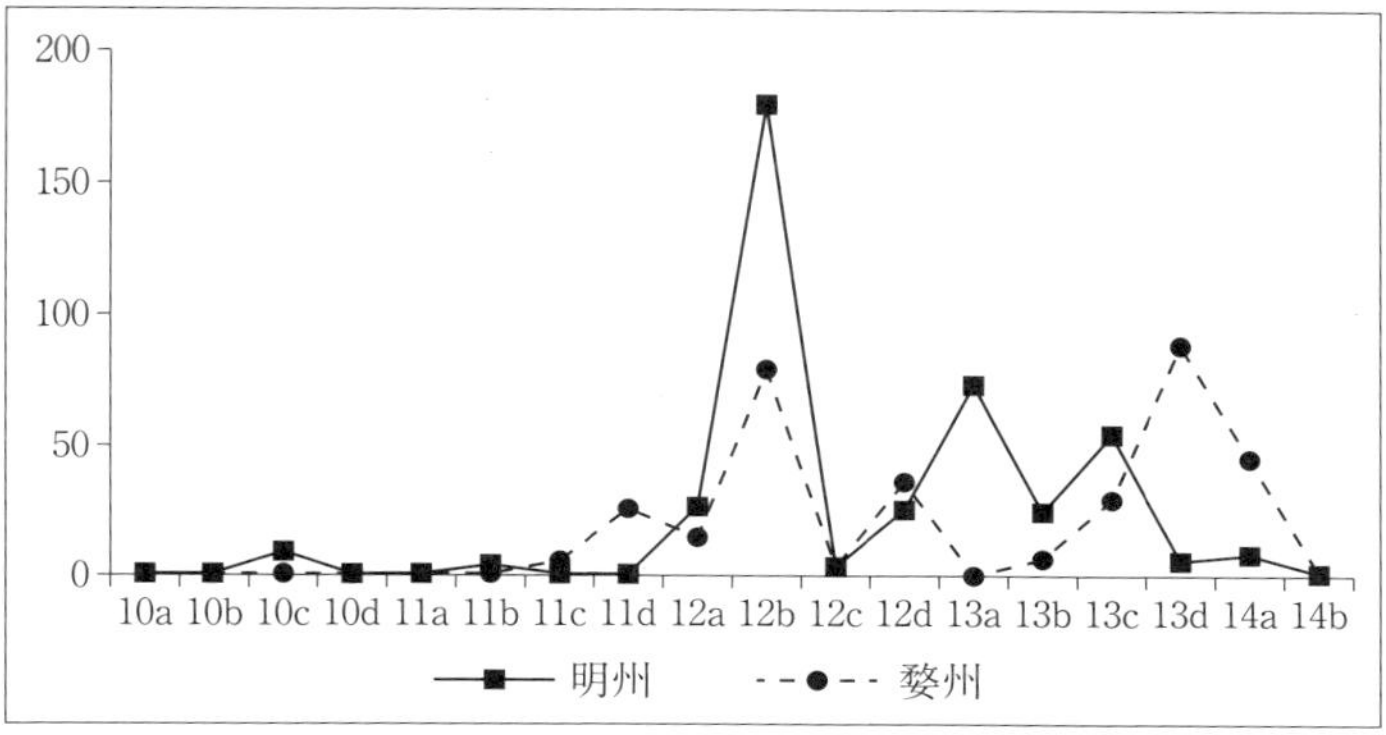

おわりに

以上が『全宋文』と『全元文』全体から見えてきた、宋元代文集史料の分布状況である。ここまで見れば、従来の地域史研究がいかにその史料状況、特に文集史料の有無に左右されてきたかが改めて確認できよう。南宋以降の研究では、政治史・制度史の体系的な史料を欠くために文集史料が多く活用されてきたが、そのために言説研究を取り入れた社会史研究など、特定分野の研究が盛んに行われる結果が生じている。地域史研究の盛行は豊富な文集史料をいかに活用するかという現実的な問題に対する、一つの解答でもあったと言える。

しかし本稿の分析を通じて、上記のような方法論にも注意せねばならない問題があることが見えてきた。時間・空間の両面においてこれほど史料分布が偏っているが故に、研究対象となる地域を選択した時点で、分析対象となる時期が概ね決定されることにつながり、場合によっては結論までもその影響を受けてしまうことがあり得る、という点である。豊かな研究結果を望むには、どうしても豊富な史料の存在する時代・地域を対象とせざるを得ないが、その選択によって何を明らかにすることができ、何が比較可能であるのかは予めよく考える必要がある。

また特定地域を選択して研究を進める研究者は、その地域の特異性に注目してそれを強調しがちな傾向にある。例えば、江西は特殊な地域という前提のもと研究が進められることは珍しくないが、むしろ江西地域は宋元代史料の中心に位置するという今回の結果を踏まえれば、何を標準として想定し、地域研究によって得られた結果をどのように位置づけるのか、明確に意識して述べなければ、宋元時代全体に対する誤ったイメージを抱いてしまう可能性がある。このように特定の地域史が時代像全体にどれだけ援用できるかという問題は、簡単に解決できるものではなく、今後も積極的に地域間の比較を行いながら模索を続けなければならないものであろう。

我々は常に史料を通して過去を観察しているため、史料の質的変化は、そこから見える歴史像に直接に影響を与える。社会が変化したから残存する史料の質が変化したのか、史料の質が変化したから社会が変化したように見えるのかは、これも解決できない問題であるが、いずれにせよ編年史料・制度史史料中心の北宋史から、文集史料中心とならざるを得ない南宋史・元史の間では、異なる世界が見えてくるのはむしろ当然であり、長期的な変遷を描く際には、この点をより意識して比較する必要があることを改めて考えさせられた。

本稿では、史料的偏りや史料的限界を一定程度可視化することができたと思うが、今後これをもとに、より踏み込んだ地域間の相対化と全体像の構築が進められることを期待したい。またデータの扱い等にも本稿はまだ改善の余地があり、さらに別の面からも分析すべき点が残されている。それらは次の課題としておきたい。

註

（1）「郷紳」論の特徴とこれら経緯については、森正夫「日本の明清時代史研究における郷紳論について」一・二・三（『歴史評論』三〇八・三一二・三一四、一九七五・一九七六年）および同「明代の郷紳――士大夫と地域社会との関連についての覚書――」（『名古屋大学文学部研究論集』七七、史学二六、一九八〇年）を参照。

（2）G. William Skinner "Regional Urbanization in nineteenth-century China", G. William Skinner ed. *The City in Late Imperial China*, Stanford, 1977.

（3）Robert P. Hymes, *Statesmen and Gentlemen: The Elite of Fu-chou, Chiang-hsi, in Northern and Southern Sung*, Cambridge, New York, 1986.

（4）Anne Gerritsen, *Ji'an Literati and the Local in Song-Yuan-Ming China*, Leiden, 2007.

（5）Chen Song, "Managing the Territories from Afar: The Imperial State and Elites in Sichuan, 755-1279," Ph.D. dissertation, Harvard University, 2011.

（6）Lee Sukhee, *Negotiated Power: The State, Elites, and Local Governance in Twelfth-to Fourteenth-Century China*, Cambridge, Mass., 2014.

（7）地方志史料もまた、地域によってその利用可能な史料の量に大きな差がある。宋元代に編纂された地方志を集めたものとして、例えば中華書局編輯部編『宋元方志叢刊』（中華書局、一九九〇年、全八冊）があり、その地域的偏りは一見して明らかである。また明清以降に編纂された地方志も重要な史料としてよく用いられるが、近年では『中国地方志集成』が一九九一年以降、主に地域ごとにシリーズとして上海書店出版社・巴蜀書社・鳳凰出版社（江蘇古籍出版社）から出版されており、それを見れば概ね地域的な偏りを見出すことができる。ただしそれは民国時期まで含む長期間に刊行されたものを可能な限り収集しているため、宋元時代に関する情報をどれほど含むかはまた別の問題となる。一方で、本稿で扱う『全宋文』『全元文』には、地方志からの採録も含まれ、情報源としての地方志は、一定程度本稿の分析中に反映されていることになる。

（8）傅璇琮等主編『全宋詩』（北京大学出版社、一九九一～九九年、全七十二冊）。

（9）ただし韻文でも賦は『全宋詩』で未採録のため、『全宋文』に含まれる。

（10）上海師範大学古籍整理研究所編『全宋筆記』（大象出版社、二〇〇三年～）は二〇一九年一月現在、第十編まで継続して刊行されている。

（11）『全宋文』では同一著者による文章量が一巻に満たない場合と、一巻以上で二巻に満たない場合のみ、複数の著者を同じ巻の中に収録する場合がある。ここでは一巻に満たない部分は全て切り捨てている。

（12）皇帝はその収録内容がほぼ詔勅で占められる上、時期的情報はともかく、地理的情報がほとんど意味を持たないためである。

（13）張昭。八九四年生まれで、河南省の濮州范県の人。『全宋文』巻九と巻十の一部（第一冊）に収録される。

（14）ただし現在の北京市は河北に、上海市は浙江に、重慶市は四川に含めた。いずれも数量的には小さく、これらが全体の分析に与える影響はほとんどない。

（15）昌彼得等編『宋人伝記資料索引』一～六（中華書局、一九八八年）、李国玲編『宋人伝記資料索引』補編一～三（四川大学出版社、一九九四年）、王徳毅・李栄村・潘柏澄編『元人伝記資料索引』（中華書局、一九八七年）。

（16）China Biographical Database Project。アメリカ、ハーバード大学と中国、北京大学が構築している前近代中国伝記史料のデータベースで、インターネット上に公開されている（https://projects.iq.harvard.edu/cbdb/home。このホームページアドレスは二〇一九年一月六日現在確認済。ただし本稿の分析に用いた情報は二〇一六年六月から八月にかけて閲覧したものである）。このデータベース中、「ハートウェルのデータによると」という注釈が散見され、前述のハートウェルの研究で集められたデータを基礎として構築されたものであることが窺える。

（17）欧陽玄『圭斎文集』巻九「元故奎章閣侍書学士翰林侍講学士通奉大夫虞雍公神道碑」。

(18) 台湾の黄寛重は、寧宗朝の後半期に当たる嘉定年間を重要な時期と捉え、「嘉定現象」という語で表している。黄寛重『政策・対策――宋代政治史探索』(聯経出版、二〇一二年)、一六四頁を参照。

(19) なお、『全宋文』と『全元文』では、書誌情報から計算した一巻あたりの文字数が同じではないため、『全元文』の一巻を『全宋文』の一・一二巻相当に換算している。

(20) 主に南宋の府・州・軍に準拠した。元代には区画の変更のほか、路へ昇級する場合もある。

中国農書と知識人

市村導人

はじめに

中国農業史研究において、農書が欠くべからざる重要な史料であることは言うまでもない。王毓瑚の『中国農学書録』には五四一種の農書（亡佚約二〇〇種）の紹介と解説がなされており、その後、北京大学図書館によってまとめられた『中国古農書聯合目録』には、六四三種の農書が載せられている。また、明清時代の農書も新しく見つかっており、今後の農業史研究のさらなる展開を期待させるものである。(1)

そもそも「農書」とは、辞書的な説明によれば「近代的農学が成立する以前の農業に関する書物をいう。主として農業技術をその内容とするが、農民の生活にかかわる万般にわたるものなどもある」(2)とあり、単に農業技術を指導する書物というだけではなく、語義に柔軟性を持たせている。さらに、農書をどのように捉えるかということは、農書をどのように分類するのかということと無縁ではない。中国農業史研究で最も早く、かつ最も影響力を持っている農書の分類は、王毓瑚が前掲書に挙げた九つの分類である。(3)

①総合的農書
②気象と農耕技術の関連を取り扱った農書
③各種専譜（花草／果木／蔬菜／竹／茶）
④蚕桑専書
⑤獣医書
⑥野菜専著
⑦治蝗書
⑧農家月令書（農事暦）
⑨農家百科全書的農書

この分類を見るかぎり、農書とは単に農業指導書というものではないことは確認できる。王毓瑚以後の農書分類に新視点を持ち込んだのは石声漢であろう。石声漢は王毓瑚の分類を基本的に継承するも、亡逸を除いた農書を対象とし、三種の分類方法を示した。第一に穀物・蔬菜・油料・繊維・特別栽培作物・果樹・蚕桑・牧畜・材木・花卉などを包括する総合的農書と、個々に扱う専業農書という分類、第二に官撰と私撰による分類、第三に全国性と地方性という分類である。(4) また、作物栽培と園芸栽培の別を重視する分類もあるが、王毓瑚と石声漢の分類と大差は無い。(5) したがって、現在の研究者にとって、農書の分類方法とは、王毓瑚と石声漢を前提にしたものと言ってよかろう。

王毓瑚と石声漢の農書分類は、言うまでもなく近代農学のまなざしである。このまなざしで農書を眺めてみると、農業生産に関わる書物であれば、積極的に農書と認める反面、農業に直接的に関わりがない内容（例えば、占卜、詩詞）は捨象する、あるいは軽視する傾向にある。すなわち、前近代人と現代の我々の間に存在する「農書とは何か」という認識のずれに言及することがないのである。

もう一つ指摘しておきたいのは、科学技術史を研究する者に多いが、前近代の書物を研究する際、技術の進歩を意識するあまり、一部分にのみ焦点をあて、書物の全体像の把握を怠る傾向にある。これは中国農業史を研究する筆者にとっての自戒でもある。少なくとも、前近代の人々から見て「農書」とはいかなる存在であったか確認しておかねばなるまい。

一方、農書それ自体を扱った研究は、版本研究、校注、訳注など多数の蓄積がある。版本研究に関しては中国農業史の泰斗である天野元之助の『中国古農書考』があって、数多くの農書を取り上げており、農書を研究する者にとって裨益するところが大きい。(6) また、中国では王毓瑚、石声漢、繆啓愉らによって、主に総合的農書の校注、訳注が数多く出版されている。(7) 我が国でも『氾勝之書』、『四民月令』、『斉民要術』、『四時纂要』、陳旉『農書』などの訳注成果がある。(8) 大澤正昭はこれまでの中国史研究の成果を活かしつつ、中国農業史の発展を年表にしている。(9) この年表には

「田植え法と中干法の記述（『斉民要術』）」、「陳旉の肥培管理の諸技術および「火糞」などの高度な施肥法」、「王禎による諸技術の交流と普及」、「各種肥料の総括的記述（『王禎農書』）」、「沈氏型の富農経営登場」などと、農書の記載内容をもとに諸技術を年表に配置している。

だが、この年表で注意すべきは農書の完成と、その内容が普及していたことを同一に扱っていることである。[10]先行研究による農書研究は、総じて「普及」に関する考察が不充分であり、農業技術がどのように発生し、普及し、工夫し、定着したかを問わなければならない。実際に耕地作業を行う農民たちに、農書の内容がどの程度伝わったか確認する必要があるだろう。とはいえ、実際に農業に従事していた人々の識字率が高いはずもなく、農書を読み、その内容を理解し得る「知識人」[11]を媒介することになろう。したがって、知識人にどの程度農書の内容が広まっていたかを検討することになる。

農書に書かれた農業技術の普及という点について、注意しておかなくてはならないのは「精耕細作」と「三宜」という観点である。「精耕細作」は輪作・間混作・多毛作などの土地高度利用に関する農業技術の発展を重視する観点であり、「三宜」は地に宜しき、時に宜しき、物に宜しきというように、土壌の個々の特質を知っていること、作業の適切なタイミングを知っていること、作付に適した作物を知ることといった、農学的知識の発展を評価する観点である。「精耕細作」と「三宜」は、中国農業史において伝統的に受け継がれてきたスローガンともいうべきものである。だが、長い伝統を重視するあまり、その分析に際して可能な限り農業技術の発生を、早期に見出そうとする傾向がある。そのため、農業技術の発生後、長い伝統の中でどのように普及していくのかという点の論証は不充分である。[12]

筆者は、農書普及の鍵となるのは知識人であり、彼らが農書をどのように捉えていたかに注目することが、農書の普及状況を知る上での手がかりになると考える。故に、分析対象となるのは以下の二点である。第一に前近代の知識人たちが、どのような書物を「農書」としていたのか、そしてその認識が知識人たちの間で通底していたのかという点。具体的には、農書が漢籍分類の歴史の中で、どのように位置づけられたか確認する。第二に実際にどの程度の農書が出版、流通し、国家あるいは知識人個人がどの程度所蔵していたのかという点である。具体的には国家や蔵書家たちの蔵書目録等を検討する。特に、木版印刷が盛行した宋代は、一つの画期となり得るので、宋代以降の農書出版に注目したい。

以上、本稿の目的は、農書の記載内容が同時代の農業にどの程度反映していたのかを確認するため、知識人に焦点を当て、農書が書物としてどのように位置づけられていたかを確認するとともに、実際の出版状況、蔵書状況を分析し、中国農書がその当時の農業技術を、どの程度反映し得るものなのか考察するものである。

一　農書分類の歴史から見た農書認識

（1）正史芸文志・経籍志に見る農書

中国における農書とは、伝統的な漢籍分類ではおおむね子部の農家類に分類する。農家類の上位分類である子部は複雑な構造を持っており、誰もが納得する定義づけは相当難しい。内藤湖南は、子部とは「一家言あるもの」といい、井波陵一は「立言（著者自身の主義主張）をまとめ、資料に対して主観的であるもの」、また「四部分類の中で便利屋的性格」という。さらに、農家の「家」とは、諸子百家以来、学問や技芸の流派のことであるという。[13]よって、子部に分類されている以上、農家類の書物は純粋な技術だけではなく、独立した思想を有しているという事になる。農家類にあたる書物は、始皇帝の焚書の際に、実用技術書として生き残っていながら、後述する『漢書』芸文志は、諸子百家の書物が分類される諸志略に入れている。宇佐美文理が指摘するように、当時の書物を学問と技術という分け方で理解することは難しいと言わねばならない[14]。農家類に分類される書物とは技術的側面だけでなく、学問的あるいは思想的側面も有しており、その系譜をたどることは、その全体像を考察する上でも重要である。

諸子百家の一家である農家として、その思想を最もはやく確認できるのは戦国期の許行であろう。許行は神農の道を信奉する者であり、彼の弟子の陳相が孟子と会見し、「賢者というものは、人民と相い並んで耕し働いて生計を立て、朝夕の食事は自分で作らなければならない」と師である許行の主張を表明している。一方、孟子は「心を労する者は人を治め、力を労する者は人に治められる。人に治められる者は人を養い、人を治める者は人に養われる。これは天下に通用する道理である」と自説を主張する[15]。許行の主張が「国民皆耕」であるのに対し、孟子の主張は秩序の元に支配層と被支配層を明確に分けており、支配的イデオロギーが明確である。

さて、農家の思想的側面をたどるのであれば、当時の書物を分析すべきであるが、漢代以前となれば一部を除いてほとんど残っていない。浦山きかは「医書」を分類する医家類の変遷に注目する。医書は一定の世界観をもとに医家類に分類されているはずで、当時の認識を反映するという。具体的には正史の芸文志と経籍志、あるいは四部分類では史部書目類など、いわゆる書物目録を活用している[16]。農家類と同じく子部に分類されるのであるから、浦山の方法を援用して農家類の変遷を考察することは有用であろう。本節ではまず、正史芸文志、あるいは経籍志を取り上げ、農家類がどのように分類されたか経過を見ていくことにしよう。

当時の認識を反映すると言う前提を設ける以上、亡失せずにその当時存在しており、目にすることが可能であった書物を分析対象とする。前代に書かれた書物が、長く農家類の思想的支柱を担っていることも充分に考えられ、その当時に完成した書物が、その時の農家類に対する当時の認識を反映するとは限らないからである。正史芸文志、あるいは経籍志の中で、当時存在が確認できるのは、『漢書』芸文志、『隋書』経籍志、『旧唐書』経籍志、『新唐書』芸文志、『宋史』芸文志であった。その他にも『明史』、『清史稿』もあるが、各代に編纂された農書のみを載せているので分析対象とせず、その他の正史は芸文志、あるいは経籍志を備えていないので取り上げないこととする。[17]

農家類の書物名が初めて確認できるのは『漢書』芸文志であって、九種の書物を確認することができる。


神農二十篇。六国時、諸子疾時於農業、道耕農事、託之神農。

野老十七篇。六国時、在斎、楚間。

宰氏十七篇。不知何世。

董安国十六篇。漢代内史、不知何帝時。

尹都尉十四篇。不知何世。

趙氏五篇。不知何世。

氾勝之十八篇。成帝時為議郎。

王氏六篇。不知何世。

蔡癸一篇。宣帝時、以言便宜、至弘農太守。

右農九家、百一十四篇。農家者流、蓋出於農稷之官。播百穀、勧耕桑、以足衣食。故八政一曰食、二曰貨。孔子曰「所重民食」。此其所長也。及鄙者為之、以為無所事聖王、欲使君臣並耕、誖上下之序。


（『漢書』巻三十、芸文志、諸子略、農家）

この中で『氾勝之』は後に逸文が集められたが、その他は現在散逸してしまっており、その記載内容については王毓瑚が検討を加えている。[18]『漢書』芸文志によれば、農家はもともと、農政官の思想から出発したという。「播百穀、勧耕桑、以足衣食」とあるから、その根本にあったのは所謂「勧課農桑（勧農）」であった。「鄙者」とはすなわち許行の「国民皆耕」の思想を奉ずる者である。食糧の重要性を説くとともに、誰もが等しく耕作するという思想を、秩序崩壊の原因として批判している。

孟子の批判と、『漢書』芸文志の批判は、支配的イデオロギーがどちらにも見られる。これは、儒教的イデオロギーと言った方がふさわしいかもしれない。儒家的イデオロギーのもと、農家類は分類項目として設けられたが、許行が学んだという『神農』が農家類に残っていることから、分類の過渡期であったのだろう。

『漢書』芸文志から、『隋書』経籍志までの分類の歴史は、四部、五部、六部、七部と未だ流動的であった。金文京によれば、部数の相違は子部にあたるものの扱いにより変化していたという[19]。また、興膳宏、川合康三は、『隋書』の子部は、先秦以来の諸子の学は新展開を見せず、徐々に「スペシアリスト」でないと扱えない技術系の著作が増加傾向にあるという[20]。

では、『隋書』経籍志の農家類を見てみよう。

氾勝之書二巻。漢議郎氾勝之撰。

四人月令一巻[21]。後漢大尚書崔寔撰。

禁苑実録一巻。

斉民要術十巻。賈思勰撰。

春秋済世六常擬議五巻。楊瑾撰。

右五部、一十九巻。農者、所以播五穀、芸桑麻、以供衣食者也。書叙八政、其一曰食、二曰貨。孔子曰「所重民食」。周官、冢宰「以九職任万民」、其一曰「三農生九穀」地官司稼「掌巡邦野之稼、而弁穜稑之種、周知其名与其所宜地、以為法而懸于邑閭」是也。鄙者為之、則棄君臣之義、徇耕稼之利、而乱上下之序。

（『隋書』巻三十四、経籍志三、子、農）

文脈を見るかぎり、漢書と同じ思想的背景を有している。『氾勝之』は残るものの、他の書物は見えず、既に『隋書』が著された時には散逸していた可能性がある。王毓瑚の農書分類では総合的農書にあたる『斉民要術』が加わるものの、農家類の書物数は『漢書』と『隋書』間に減少した。興膳らが指摘しているが、分類数は『漢書』芸文志の九種から、五種に減っており、農家類は子部の技術系増加の趨勢に乗れなかった。(22)許行の「国民皆耕」の思想は農家類の中に読み取ることができず、農家類の分類は儒教的イデオロギーが強く作用しているようである。

次いで『旧唐書』経籍志であるが、その後の『新唐書』芸文志、『宋史』芸文志と同様に、書名のみを挙げ、総論、総説にあたるものはない。したがって、書物の名称や分類された書物から思想的背景を類推するしか方法がない。内藤湖南は、各子目の総論、総説がないことを、目録学の退歩ととらえ、特に『宋史』芸文志はその後の知識人に長らく乱雑と攻撃されていたという。ここに至って、正史芸文志は行き詰まりを見せたというのが内藤の評価である。(23)

『旧唐書』経籍志（巻四十七、経籍志下、丁部子録、農家類）から掲載書物数は急増するので、書物名の引用は省略する。『旧唐書』経籍志によると、『隋書』経籍志から引き続き書名が確認できるのは、『氾勝之書』、『四民月令』、『禁苑実録』、『斉民要術』の四種である。掲載書物数は十九でありながら、「右農家二十部、凡一百九十二巻」とある。書物名が一つ抜け落ちた、あるいは「右農家十九部」が正しいかのどちらかではないかと考えられる。分類傾向として、譜録、獣医書が増加しており、曽雄生は「紀播種種芸」が農家類分類の原則であり、厳格な分類がなされていないという。(24)

次いで、『新唐書』芸文志（巻五十九、芸文志三、丙部子録、農家類）である。『旧唐書』経籍志より、さらに書物数は二十六に増加しており、『隋書』からの継承は『旧唐書』と同じく四種である。(25)掲載の書物の傾向をみると、専門農書が増えているとともに、歳時類が新たに農家類に入り、分類の基準が変化している。曽雄生は園芸に関わる書物の増加も指摘する。[26] この頃の農家類とは、本来分類が異なる書物が急増した結果、とにかくも書物を分類せざるを得ない状況に対応したものであったようである。すなわち、分類の便宜をはかるという側面とともに、農家類の儒教的イデオロギーの退歩という側面もあったのではなかろうか。

続く『宋史』芸文志（巻二〇五、芸文志四、子類一、農家類）の評価が論者によって分かれるのは、「右農家類一百七部、四百二十三巻、篇」とあるように、掲載書物数が一〇七種と急増したことが原因であろう。農業技術に関する書が次第に増加するが、農業技術に直接関係ない書物も増加している。『隋書』経籍志以来、子部が所収する書物は術技的な性格に変質していくが、[27] この趨勢に農家類も沿うようになったともいえよう。だが、農家類が有した思想的側面、すなわち勧課農桑の精神の形骸化が、本格化していくという側面も有していた。曽雄生は分類冊数の急増は農学の発展と主張するとともに、農書の範囲が拡大し、士大夫の隠居生活、農業政策から土地測量に関する書物にまで及ぶという。[28]「農なるもの」に関わる書物であれば、すべて農家類に入れたというのが、『宋史』芸文志の農家類であろう。分類基準が明確な『隋書』経籍志と比較すると大きな違いである。このような分類傾向は、農家類に対する当時の認識が曖昧になりはじめたことを示すものである。

以上、本節は正史の芸文志と経籍志に注目したが、疑問に思うのは農業に関係するものの、農書とは言い難い書物を、子部の中でも農家類に分類し、雑家類に分類しなかった点である。従来の分類では対応できない子部の書物が雑家類に分類されたようであるし、宇佐美文理は「「雑」という概念、あるいは考え方は、目録というものの持っている本質を言いあてた言葉」とも言っており、[29] この点は後に改めて検討する。

（2） 史部書目類に見る農書

本節では漢籍分類でいえば史部書目類公庫箸録之属に入る国家蔵書目録と、史部書目類家蔵知見之属に所収される知識人たちの個人蔵書目録を取り上げる。両者を比較しつつ、農家類がどのような分類傾向にあったか確認し、さらに、国家蔵書の分類基準と意図が、当時の知識人たちにも反映しているのか検討する。

正史の芸文志と経籍志を除き、総説、総論で農家類の分類基準が確認できるのは、宋代に登場する『崇文総目』からである。その後の書目類公庫箸録之属、家蔵知見之属に所収される書物は数多くあるものの、所蔵する書物名を載せるのみで総論、総説を持たない蔵書目録がほとんどである。農家類の分類傾向を知るためには、書名のみから分析を行うのではなく、総論、総説などの検討が必要である。本節では、検討対象として『崇文総目』、『郡斎読書志』、『直斎書録解題』、『四庫全書総目提要』を取り上げる。

まずは、『崇文総目』である。

農家類、共八部、計二十四巻。……農家者流、衣食之本原也。四民之業、其次曰「農稷播百穀、勤労天下」。功炳後世、著見書史。孟子聘列国、陳王道、未始不究耕桑之勧。漢興劭農勉人為之著令。今集其樹芸之説、庶取法焉。

（王堯臣等『崇文総目』巻三、農家類）

掲載するのはわずかに八種のみで、譜録類、歳時類にあたるものは入れず、『旧唐書』、『新唐書』『宋史』とは全く異なる分類である。傾向としては『隋書』経籍志に近い。「孟子聘列国、陳王道、未始不究耕桑之勧。漢興劭農勉人為之著令。今集其樹芸之説、庶取法焉」とあって、『崇文総目』は孟子以来続いてきた儒教的イデオロギー、すなわち勧課農桑の精神が受け継がれている。

内藤湖南が既に指摘するように、『崇文総目』は『欧陽文忠公集』から逸文を収集しているが、同じく欧陽脩が関わった『新唐書』芸文志との間に親和性が見られない。(30) 農家類の分類基準は公私の間に差異があった可能性がある。『崇文総目』と『四庫全書総目提要』は書目類公庫箸録之属であるが、『郡斎読書志』及び『直斎書録解題』は宋代にまとめられた家蔵知見之属に収められる個人の蔵書目録である。

晁公武の『郡斎読書志』に収められた書物数は合計で三十種に及ぶ。『郡斎読書志』は総論、総説を持たないが、書物ごとに各論をとるスタイルである。分類の筆頭におかれた『斉民要術』には、農家類の総論というべき内容がある。

農家者、本出於神農氏之学。孔子既称「礼義信足以化民、焉用稼」、以誚樊須、而告曽参以「用天之道、分地之利、為庶人之孝」。言非不同、意者、以躬稼非治国之術、乃一身之任也。然則士之倦游者、詎可不知乎。故今所取、皆種芸之書也。前世録史部中有歳時、子部中有農事、両類実不可分、今合之農家。又以『銭譜』宸其間、今以其不類、移附類書。

（晁公武『郡斎読書志』巻十二、農家類、斉民要術条）

晁公武は「前世録史部中有歳時、子部中有農事、両類実不可分、今合之農家」とあって、『崇文総目』が歳時類を史部に収めたことを批判する。(31) 農家類の分類不備について、前近代知識人の指摘は、管見のかぎりこれが初見である。晁公武は、史部の歳時類と子部の農家類は分けるべきでないので、もう一度一つに合わせて農家類に入れた。さらに、『銭譜』はどちらともいえないので類書に入れている。晁公武は伝統的な農家類の勧課農桑の精神を受け継ぐものの、農家類に分類する書物数と包括ジャンルは『崇文総目』に比べると広く、農家類の分類は時代の影響や個人的な判断によって差異がある。(32)

次に『直斎書録解題』である。

農家者流、本於農稷之官、勤耕桑以足衣食。神農之言、許行学之、漢世野老之書、不伝於後、而『唐志』著録、雑以歳時月令及相牛馬諸書、是猶薄有関於農者。至於銭譜・相貝・鷹鶴之属、於農何与焉。今既各従其類、而花果栽植之事、猶以農圃一体、附見於此。其実則浮末之病本者也。（陳振孫『直斎書録解題』巻十、農家類）

『直斎書録解題』は農家類に全三十七種の農書を載せ、『郡斎読書志』に比べ所載書物数が増えている。「『唐志』著録、雑以歳時月令及相牛馬諸書、是猶薄有関於農者」とあって、『旧唐書』の分類基準に対して批判を加える。歳時、月令、相牛馬（家畜医書）は農業には関連が薄いということで、農家類から排除している。[33]また、『銭譜』、『相貝経』、『鷹経』、『相鶴経』は農業とは無関係なので、ふさわしい分類に入れたとある。[34]一方、花卉果物は「農圃一体」として農家類に入れており、当時の社会中における園芸技術の高まりが反映していたのだろう。陳振孫は「其実則浮末之病本者也」と、浮末（園芸）が本（農業）を侵しており、実態に沿ってやむなく花卉果物を農家類に入れた。

晁公武、陳振孫どちらも、「農家之流」を継承しており、勧農の精神も受け継いでいる。しかしながら、農家類の分類基準は異にしており、それぞれのポリシーが見られる。宋代以降、元代を経て明代に至ると、ほとんどの書目類は各部ないし各類の総論、総説を欠く。内藤湖南によれば、書目類が書名のみ挙げる傾向は、鄭樵の著した『通志』芸文略の影響が大きいという。[35]清初に至ると、史部書目類に入れられる蔵書目録類も増加する。農家類の総論、総説は見られなくなり、各書物に対して個々に言及をおこなう記載スタイルをとるが、誤字、脱字に対する校訂を重視している。

また、蔵書傾向については、明末清初の著名な蔵書家である銭曽の『読書敏求記』の農家類コレクションを検討したところ総合的農書に偏重するという指摘がある。[36]知識人の間では、総合的農書が好まれたということも考えられる。だが、より広範な蔵書目録の検討が必要であろう。この点は第二章で詳しく検討する。

さて、清代に至ると蔵書目録史上で重要な、『四庫全書総目提要』（以下、『提要』と略称）が完成する。詳細な検討は先行研究に数多くあるものの、農家類に注目した研究は数が限られる。『提要』農家類におけるテキストの問題点を分析するもの[37]、あるいは紀昀ら編纂官の農業知識の不足を指摘するものがある[38]。特に後者が批判するのは、『提要』農家類に分類する書物数が十種類と少なすぎるという点である。分類書物数の多寡から、農業技術の発展を論ずることは検討すべき余地があるが、農家類とその分類のあり方に注目する以上、無視できない。

これまで取り上げた目録類の農家類掲載数を次にまとめた。

『漢書』芸文志………九種
『隋書』経籍志…………五種
『旧唐書』経籍志……十九種
『新唐書』芸文志…二十六種
『宋史』芸文志……一〇七種
『崇文総目』…………八種
『郡斎読書志』………三十種
『直斎書録解題』…三十七種
『提要』………………十種

おおむね時代が下ると分類数が増加傾向にある。最後に登場した『提要』の分類書物数が少ないのは目を引くが、画期的であるのは『提要』の農家類の分類基準、あるいは勧課農桑の精神のあり方である。管見のかぎり、この点に関する先行研究は無い。したがって、『提要』（子部十二）の農家類の総論、総説の全文を改めて検討する。

斉民要術十巻

農書三巻坿蚕書一巻
農桑輯要七巻
農桑衣食撮要二巻
農書二十二巻
救荒本草二巻
農政全書六十巻
泰西水法六巻
野菜博録四巻
欽定授時通考七十八巻

『四庫全書』農家類に所収される書物数は既述したように十種類で、成立時期にも新旧の偏りはない。次に編纂官の思想的背景を確認すべく、『提要』農家類の本論をあげるが、より詳細な検討を加えるべく、一文ごとに分ける。

農家条目、至為蕪雑、諸家著録、大抵輾転旁牽。

前節で『隋書』経籍志に見たような、儒教的イデオロギー、すなわち勧課農桑の精神を反映する書物が重視され、その代表は総合的農書であったのだろう。しかしながら、唐宋時代を経て、譜録、歳時、月令などの出入があって、知識人たちの蔵書目録も統一した分類傾向が見いだせなかったという。『提要』の言及は、本章の検討結果と一致している。

因耕而及『相牛経』、因『相牛経』、及『相馬経』、『相鶴経』、『鷹経』、『蟹録』、至於『相貝経』、而『香譜』、『銭譜』相随入矣。

『提要』以前の農家類の分類傾向は、関連内容を持つ書物であれば分類するという傾向であった。『提要』によれば、耕耘を牛が担うので、牛に関わる獣医書の『相牛経』が農家類に分類され、様々な動物を扱う書物から貝、香、銭といった農業と無関係な書物も分類されたという。『提要』はこのような分類を是とせず、農業に関連性が全くない書物とみると、農家類に入れず、譜録類や雑家類に入れた。

先述したが、正史芸文志・経籍志には、農家類ではなく雑家類に分類する方が適している書物も多数見受けられる。井波によれば、雑家類は史部との関係が深いという。(39) 子部において、史部との間に関連性が薄い書物は、雑家類に分類しにくく、やむなく農家類に分類したと考えられる。

これに対して『郡斎読書志』と『直斎書録解題』は、別の価値観で農家類の分類をおこない、農家類に分類しなかった書物は、歳時類などその他の類に移した。これが農家類の分類を混乱させた一因だったのであろう。ただし、農家類だけの問題ではなく、子部に分類される書物数の増加も大きな要因であろうし、子部全体の分類のあり方が変化し始めていたともいえよう。

因五穀而及『圃史』、因『圃史』而及『竹譜』、『荔支譜』、『橘譜』、至於『梅譜』、『菊譜』。而唐昌『玉蕊弁証』、『揚州瓊花譜』相随入矣。

「圃」とあるのでおそらくは蔬菜栽培、あるいは果実栽培の歴史を記したのが『圃史』であったと想像される。『直斎書録解題』が「農圃一体」と表現しているように、穀物生産と、野菜・果実栽培は分かちがたいというのが当時の発想であった。だが、その範疇を超え、食料とならない花卉園芸に関する書物まで農家類に入れるようになったという。

因蚕桑而及『茶経』、因『茶経』、及『酒史』、『糖霜譜』、至於『蔬食譜』而『易牙遺意』、『飲膳正要』相随入矣。

養蚕は農家類の中でも重要視されることは言うまでもない。だが、桑葉の栽培と茶葉の生産との関連づけにとどまらず、酒、砂糖の嗜好品にまで広がり、ついには飲食健康法に関する書物も農家類に入れられていた。

触類蔓延、将因『四民月令』而及算術・天文、因『田家五行』、而及『風角』、『鳥占』、因『救荒本草』而及『素問』、『霊枢』乎。

関連性があれば農家類に入れるという傾向を「類に触れて蔓延す」と表現しており、『提要』がこれまでとは違った思い切った分類をおこなったということを示している。月令に関わるものとして算術・天文の書物、五行に関わるものとして卜占の書物、本草に関わるとして本来であれば医家類に入れるべき書物も入れていたという。

今逐類汰除、惟存本業、用以見重農貴粟、其道至大、其義至深、庶幾不失豳風・無逸之初旨。

農家類に入れられた類似書物を淘汰し、農業にふさわしい書物のみを分類することをはっきりと表明している。「豳風」とは『詩経』国風にあり、農民の生活をうたっており、「無逸」とは『書経』周書にあり、周公旦が農作業に怠けないことを諭す内容である。『提要』編纂官たちにとって、農家類のイデオロギーとは「豳風・無逸」の精神に代表されるものであって、儒教的イデオロギーである勧課農桑の精神と親和性が高いともいえよう。

茶事一類与農家稍近。然龍団鳳餅之製、銀匙玉盌之華、終非耕織者所事。今亦別入譜録類、明不以末先本也。

茶に関する書物は、その生産過程は農家類の書物に近しいものがあるが、工芸作物の栽培であるだけでなく、その後の製造過程に主眼がある。一般の生産者にとって関わりの深いものではなかった。したがって、茶に関わるものは譜録類に分類されている。

本章の検討で、農家類の分類基準について、総じて指摘できるのは、儒教的イデオロギーというべき勧課農桑の精神は『漢書』芸文志以来、『提要』まで引き継がれたものの、次第に形骸化していき、『提要』の時代に一端表面化したことである。

また、分類される書物数から見ても、編纂者の意図が強く作用し、分類の基準が一貫していないのが歴史的傾向である。編纂者の漢籍分類は、その人の知識体系を反映するものであるから当然ではある。だが、動植物または気象関係に多少なりとも関係する書物は、目録の編纂者が農家類における勧課農桑の精神を重視しない場合、農家類に混入することがあった。これを批判したのが『提要』であった。では、『提要』は農家類をどのように捉えていたのであろうか。『提要』が重視している勧課農桑と、農業技術とは、必ずしも相互に影響し、扶助の関係にあるとは限らない(40)。次節ではこの点を分析する。

（3）『提要』編纂官の農書評価

『四庫全書』において農家類は子部の中でも上位に分類されている。これは『提要』編纂官たちが農家類を重視しているものとも見なせようが、分類された書物を、彼らがどのように理解していたか明らかではない。『提要』以外に農家類に対する編纂官たちの見方を知る手がかりとして、編纂官の一人であり、中心的人物でもあった紀昀の遺集を挙げよう。

余校録四庫全書、子部凡分十四家、儒家第一、兵家第二、法家第三、所謂礼・楽・兵・刑、国之大柄也。農家・医家、旧史多退於末簡。余独以農家居四而其五為医家。農者民命之所関、医雖一技、亦民命之所関、故升諸他芸術之上。（紀昀『紀文達公遺集』巻八、済衆新編序）

人命に関わることとして、儒家類、兵家類、法家類に次ぎ、農家類は子部で四番目に置かれている。『四庫全書』以外の目録類は農家類を子部の後方に配列しており、当時の農家類に対する扱いの悪さを反映しているともいえよう。

四庫全書に所収された十種から排除された書物の中にも、『提要』のいう「本業のみを存し」ており、「豳風・無逸」の精神を含むものもあるように思える。想定される排除の基準は、①勧課農桑の精神から外れる、②不合理な内容あるいは迷信が含まれる、③禁忌の内容が含まれる、という三点である。この点を明らかにするため、『提要』で農家類に分類された書物の言及の検討を試み、農家類と見なす要因、あるいは『提要』編纂者たちがどのような書物が農家類にふさわしいと考えていたか再確認してみよう。(41)

其自序又称「此書非騰口空言、誇張盗名、如『斉民要術』・『四時纂要』迂疎不適用之比」其自命殊高。今観其書、上巻泛言農事、中巻論養牛、下巻論養蚕、大抵泛陳大要、引経史以証明之。虚論多而実事少、殊不及『斉民要術』之典核詳明。遽詆前人、殊不自量。然所言亦頗有入理者。

（『提要』子部十二、農家類、農書〔陳旉〕条）

陳旉は南宋の人であり、著作の『農書』は特に水稲作の農業技術が高く評価されている。陳旉自身は士大夫であること以外、出身地がある程度確認できるものの、その他は不詳である。(42) 陳旉によると、「如『斉民要術』・『四時纂要』迂疎不適用之比」とあり、『斉民要術』と『四時纂要』は「迂疎」とあるのでわかりにくく、回りくどい内容であり、用いるに足りないという。(43) だが、『提要』の評価によれば「虚論多而実事少、殊不及『斉民要術』之典核詳明」とあり、陳旉の『農書』は虚論が多く実際には行えることも少なく、『斉民要術』に比べ根拠が不明確という。

蓋有元一代、以是書為経国要務也。書凡分典訓・耕墾・播種・栽桑・養蚕・瓜菜・果実・竹木・薬草・孳畜十門。大致以斉民要術為藍本、芟除其浮文瑣事、而雑採他書、以附益之、詳而不蕪、簡而有要、於農家之中、最為善本。当時著為功令、亦非漫然矣。

（『提要』子部十二、農家類、農桑輯要条）

元代の官撰農書である『農桑輯要』は農家類の中で最も善本という評価である。『農桑輯要』は体裁や数多くの藍本引用など、先行研究ではいずれも高く評価されていると言って良かろう。(44)『提要』も『斉民要術』の無駄なところが省かれ、さらに、その他の書物から引用されていることも評価されている。また、「著して功令となさしむ」とあり、功令たり得る体裁も評価につながったのであろう。

元人農書、存於今者参本。農桑輯要・農桑衣食撮要二書、一弁物産、一明時令、皆取其通俗易行。惟楨此書引拠賅洽、文章爾雅、絵画亦皆工緻、可謂華実兼資。（『提要』子部十二、農家類、農書〔王禎〕条）

王禎の『農書』は引用する出典が広範であること、文章が優雅であることが高く評価されるとともに、図画も評価されている。王禎の『農書』はその内容が「農桑通訣」、「百穀譜」、「農器図譜」に三分されているが、中でも「農器図譜」は様々な農具のイラストを載せており、以後の農書でもほぼ同じイラストが継承されていく。

以上、『四庫全書』に載せられた各書物の解説から、編纂官たちの農家類にふさわしい書物の判断基準をまとめると、堅実でかつ広範な出典引用をしていること、文章が優れており体裁が整っていること、実行し得る農作業を載せていることの三つである。基本的には勧課農桑のような儒教的イデオロギーを有していることを重視していない。表面上はともかく、結局『提要』の編纂官たちですら、農家類を選ぶ基準として、勧課農桑の精神を重視する姿勢は形骸化していたようである。

二　農書の出版状況と普及した農書

（1）　国家による農書頒行

農書に関わらず、書物はどういった形態で流通していたのか、まずは確認しておきたい。いうまでもなく、当初は手書きの「鈔本（抄本あるいは写本とも呼ばれる）」が流通した。その後、木版印刷が増加するとともに、出版元の多様化

により、「監本」、「官刻」、「家刻」、「坊刻」が現れる。(45)

経典の木版印刷による監本出版が五代から始まり、宋代に至っても盛んであった。出版された書物の種類は、『史記』、『漢書』といった史書、『老子』、『荘子』や医書、『文選』に至ったという。また、宋から明に至るまで坊刻本も多く出版され、とりわけ福建路建陽県の「建本」、「麻沙本」は有名である。これらは文字の誤りが多いが、価格の安さと科挙受験の参考書という需要から売れるが、購買層は士大夫に限定されていたという。北宋の段階における書物の流通状況を総じて言うと、監本、官刻は高価で手に入りにくく、鈔本と刊本の価格差は大きくないことから、刊本が大量に流通していたとは考えられない。南宋の段階でも宮中蔵書の刊本率は二〇パーセントほどであるから、刊本の出版状況は大きく変わらなかった。(46)

次に、農書の出版状況を確認しておこう。本節では最も出版の機会が多かった国家の農書頒行を取り上げる。先行研究の中には、宋代の木版印刷の盛行と関連づけて農書が数多く出版されたという見方が存在する。(47)このような見方が正しければ、宋代は農書出版の画期である。さらに、蔵書目録に農書が数多く確認できれば、その主張の根拠となり得るだろう。しかしながら、宋代の出版状況は上述のとおり盛んとは言えず、書物の出版数が決定的に増加するのは明末清初である。この点は後述する。

農書が流通した可能性がある最もはやい事例は、則天武后が垂拱二年（六八六）に頒賜した『兆人本業』であろう。この農書は、貞元六年（七九〇）の中和節（二月一日）に百官が進め、後に大和二年（八二八）に写本が各地に頒行される。(48)写本というから、各地に頒行されたのは鈔本である。

次に、出版には至らなかったが、国家レベルにおける出版の上奏がなされた最も早い例を見てみよう。

儼字望之、幼能属文。既冠、挙晉天福六年進士。……会詔中外臣僚、有所聞見、並許上章論議……又以為……請於『斉民要術』及『四時纂要』・『韋氏月録』中、采其関於田桑園圃之事、集為一巻、鏤板頒行、使之流布」。疏奏不報。

（『宋史』巻二六二、竇儼伝）

竇儼は後晉、後周、北宋に仕えた人であるが、この上奏は北周世祖朝の時のものである。『斉民要術』、『四時纂要』、『韋氏月録』(49)から作物、養蚕、園芸に関わる箇所を抜粋し、一冊にして刊本すなわち木版印刷して広めようとしたが、実行されなかった。さらに、実際に出版された事例として、北宋時代の『四時纂要』と『斉民要術』の頒行がある。

癸卯、利州路転運使李防、請彫印『四時纂要』・『斉民要術』付諸道勧農司、以勗。従之。

（『続資治通鑑長編』巻九十五、天禧四年、夏四月）

印刷史に関する著作の多くは、この天禧四年（一〇二〇）の『斉民要術』の刊本出版を象徴的な事例として紹介している。(50)なお、葛祐が後序を付した『斉民要術』は紹興十四年（一一四四）に刊行された「南宋紹興本」で、天聖年間の崇文院版本である「北宋天聖本」に依っている。この「北宋天聖本」は然るべき地位にある人でなければ、本来見ることができなかったというから、刊本であっても『斉民要術』が普及したとはいえないようである。(51)

南宋時代になると、陳旉の『農書』が紹興十九年（一一四九）、嘉定七年（一二一四）の二回刊行されており、いずれも官刻である。周藤吉之はここから陳旉の『農書』は広く読まれたと判断しているが、普及の実態に言及していない。(52)なお、紹興十九年には「諸農書を郡邑に頒す」という記事があるが、頒行された書物名は不明である。(53)

以上、北宋から南宋に至る官刻農書の刊本出版状況を確認したが、どのように流通、所蔵したかと言う点も考察すれば、人々が農書を目にする機会があったかどうかを知ることができる。すなわち、農書の記載内容が農業知識として、どの程度普遍的なものであったか判断できるだろう。さらに、『斉民要術』の宋代の普及状況について、『文献通考』には注目すべき言及がある。

本朝天禧四年、詔並刻二書以賜勧農使者、然其書与律令倶蔵、衆弗得習、市人輒抄『要術』之浅近者摹印。相師用才一二、此有志於民者所当惜也。（『文献通考』巻二一八、経籍考四十五、子、農家、斉民要術条）

天禧四年に『四時纂要』・『斉民要術』が頒行されたことは既に確認したが、律令とともに保管されており、人々は目にすることができなかった。民間では『斉民要術』のダイジェスト版が刊行されたことからも、その内容の全体像を充分に知ることができなかったようである。つまり、国家の勧農の目的と、民間の農書に対するニーズは一致していないということになる。

王国維の「五代両宋監本考」を確認すると、天禧四年の頒行をとりあげるのみである。(54) 同じく王国維の「両浙古刊本考」では、両浙地域における宋代の農書刊行はなく、明代に『農桑輯要』が江浙行省において刊行されたことのみ挙げている。(55) 宋代に農書が広く読まれたのか、やはり疑問が残る。

では、明代の農書である『農桑輯要』の刊行数を確認してみよう。宮紀子の集計を参考とし、『農桑輯要』のみを抽出すると、以下の通りである。(56)

至元十年（一二七三）……………………………？部
至元二十三年（一二八六）以降 …………………八五〇〇部
延祐元年（一三一四）～延祐三年（一三一六）…………一五〇〇部
延祐七年（一三二〇）～至治二年（一三二二）…………一五〇〇部
天暦二年（一三二九）～至順三年（一三三二）…………三〇〇〇部
至元五年（一三三九）～至正二年（一三四二）…………三〇〇〇部
合計……………………………………………一万七五〇〇部＋不明分

宮によれば合計部数は約二万部と推定しているが、この部数は出版部数として多いのか否かについて、または民間にどの程度広まったかについては言及していない。(57) 宮は『農桑輯要』のそのものが普及したのではなく、類書である『事林広記』に摘録された『農桑輯要』の内容が、民間に普及したと考えているようである。(58)

本節では監本または官刻の農書出版状況を考察したが、民間での出版状況はダイジェスト版や類書に摘録されていた可能性も確認できた。そこで、原本の状態での農書刊行は希少であったのか検討するとともに、知識人たちが所蔵していた農書の状況を次節で検討する。

（2）民間における農書の出版と所蔵事情

宋代から明代にかけての国家による農書頒行は、鈔本にせよ、刊本にせよ盛んであったとは断定し難いのは前節で見たとおりである。井上進によれば、元、明初は出版数が少なかったものの、嘉靖年間の後半から刊刻の経費の減少と、紙の生産と消費が飛躍的に伸びたことによって、出版数が増加したという。(59) このような明代後期の出版盛行の中、当然農書の刊行数も増加したと考えられるのだが、民間の農書に対する関心、就中知識人たちの農書に対する関心が低いのであれば、それに影響された刊行状況を示すはずである。

明代における農書の刊行状況を確認するに際し、杜信孚らによってまとめられた『明代版刻総録』を参考とする。本書は明代における出版物の刊刻年と刊刻元を網羅的に記録したものである。勝山稔の集計によれば、本書掲載の出版件数は合計五二五一件、内訳は官刻本三二三件、寺院の刊行は三十二件、家刻本二三八七件、坊刻本二五〇九件である。(60) 杜信孚らには明代の各省ごとの刊行状況を集めた『全明分省分県刻書考』もあり、『明代版刻総録』では確認できなかった書物も散見する。試みに王毓瑚が総合的農書と考えた農書を中心にして、両書から明代に刊行されたものを抽出した。

明代刊行の総合的農書の出版状況(61)

斉民要術

①馬紀（鈞陽人、正徳十二年進士、九江知府）、嘉靖二年刊

②沈竹東（詳細不明）、嘉靖年間刊

王禎農書

①顧応祥（長興人、弘治十八年進士、南京刑部尚書）、嘉靖年間刊

②山東布政使、嘉靖九年刊

③章邱県、万暦二年刊

農桑撮要

①重慶府、弘治二年刊

便民図纂

①鄺璠（著者、任邱人、弘治六年進士、瑞・徽州知州）、弘治十六年刊

②王貞吉（詳細不明）、嘉靖二十二年刊

③于永清（清城人、万暦十一年進士、湖広御史）、万暦二十年刊

宝坻勧農書

①双峰堂（余象斗、建安人）、万暦二十三年刊

農政全書

①方岳貢（谷城人、天啓二年進士、松江知府）、崇禎十二年刊
②張国維（東陽人、天啓二年進士、巡按応天等十府）、崇禎年間刊
③平露堂（陳子龍、華亭人、崇禎十年進士）、崇禎年間刊

茶経（参考）

①柯喬（青陽人、嘉靖八年進士、貴州道監察御史）、嘉靖二十一年刊
②呉旦（南海人、嘉靖挙人）、嘉靖三十一年刊
③鄭熜（詳細不明）、嘉靖年間刊
④竹素園（程福生、玉山人）、万暦十六年刊
⑤孫大綬（新都人）、万暦十六年刊
⑥岳元声（嘉興人、万暦進士、南京刑部侍郎）、万暦年間刊
⑦汪志賢（婺源人、鉛山県令）、万暦年間刊
⑧宣和堂（詳細不明）、万暦年間刊

出版数の比較のために、農家類と譜録類との間で分類がゆれた『茶経』を参考として載せている。王禎の『農書』が山東布政使と章邱県によって官刻されていることと、『農桑撮要』（『農桑衣食撮要』）が重慶府で出されていることを除き、ほとんどが家刻あるいは坊刻である。『茶経』の出版数はこの中では最も多く、譜録類は総合的農書に比べ出版機会が多かった。それぞれの刊行部数は明らかではないが、明代は農書の出版に対して積極的ではなかったようである。

また、前掲した『農桑輯要』は、明代の刊行は確認できず、元代のテキストが民間に流通していたのであれば、記

載内容が広く普及したか疑わしい。鄺璠が自著の『便民図纂』を自ら家刻したことを除くと、すべて嘉靖年間以後の出版で、低調ながら前掲した明代後期の出版事情に沿っている。

さらに、刊行書物全体の中で、農書の出版数はどの程度の比率を占めたのであろうか。ルシール・チアは麻沙本の本拠地である建陽の出版事情を検討している。特筆すべきは、宋より明に至る期間に建陽で出版された、官公庁以外の全ての出版物を可能なかぎり調査し、年代区分をし、詳細な四部分類を行い、統計的処理を施した点である(62)。チアの統計から子部のみを抽出した。

宋より明に至る建陽の出版物

子部	宋代四十六点	元代六十点	明代七六〇点
儒家	宋代九点	元代六点	明代六十七点
兵家	宋代〇点	元代〇点	明代〇点
法家	宋代二点	元代〇点	明代四点
農家	宋代一点	元代〇点	明代〇点
医家	宋代九点	元代十九点	明代二四四点
天文算法	宋代〇点	元代〇点	明代十三点
術数	宋代〇点	元代一点	明代九十二点
芸術	宋代〇点	元代〇点	明代十点
譜録	宋代一点	元代〇点	明代二点
雑家	宋代四点	元代一点	明代三十五点

類書	宋代九点	元代二十八点	明代二三二点
小説	宋代四点	元代一点	明代十七点
釈家	宋代二点	元代一点	明代二点
道家	宋代五点	元代三点	明代二十七点
叢書	宋代〇点	元代〇点	明代六点

子部全体の増加が著しいとともに、中でも医家類と類書類の増加傾向があきらかであった。そして、宋、元、明と時代が下るとともに、建陽の民間出版全体も増加傾向にあったといえよう。農家類に注目すると、宋代にわずか一度のみ刊行されたようである。民間出版は世の中の需要に敏感であろう。このような農書の刊行状況は、農書に対する世の中の需要が低いことを反映している。また、叢書類にどのような農書が所収されていたかチアの統計ではあきらかではない。

さらに、農書の中でもどのようなものが、その内容を普及させ得たかのか検討する必要がある。なぜならば、実際に目にするチャンスがあった農書が何であったのかを明らかにしなければ、用い得た農学的内容も明らかにできないからである。農書の刊行が低調であったことはもはや否定しえないが、どのような農書が民間の需要にマッチしていたか、知識人たちの蔵書から検討してみたい。宋・明・清代の書目類家蔵知見之属に分類された蔵書目録から、王毓瑚がいうところの総合的農書に絞って表にした。

宋明清の蔵書目録に見る農書

○ 所蔵あり
〔 〕作者不明等により断定難
数字は該当の農書の掲載順位

	宋代			明代									清代			
	尤袤『遂初堂書目』巻一農家類	晁公武『郡斎読書志』巻十二農家類	陳振孫『直斎書録解題』巻十農家類	葉盛『菉竹堂書目』農圃	高儒『百川書志』巻十子農家	阮元『天一閣書目』巻三之一子部農家類	晁瑮『宝文堂書目』巻三農圃	朱睦㮮『万巻堂書目』	祁承㸁『澹生堂蔵書目』巻四子部一農家	徐𤊹『徐氏家蔵書目』巻三子部農圃類	毛扆『汲古閣珍蔵秘本書目』	銭謙益『絳雲楼書目』巻二子農家	黄虞稷『千頃堂書目』巻十一農家類	銭曽『述古堂蔵書目』巻六農家	銭曽『読書敏求記』巻三子農家	徐乾学『伝是楼書目』巻三子部露字二格農家
斉民要術	⑤	①	①	①	①	①	⑥	④	①	(111)		②		①	①	①
陳旉農書			⑧	〔⑭〕							①			③		
農桑輯要				③			①			④		⑳		②	③	③
農桑衣食撮要							④	⑧								
王禎農書				〔⑭〕	②	②	③	①	②	①		㉚			②	②
便民図纂							⑤	②		(101)		④	①	⑥	④	
農説									⑦				③			
宝坻勧農書									⑨	(114)						
農政全書													⑪			④
沈氏農書																

清代									
姚際恒『好古堂書目』史部食貨	黄丕烈『蕘圃蔵書題識』巻四子類一	周中孚『鄭堂読書記』巻四十子部四農家類	沈復粲『鳴野山房書目』子之七雑家一	瞿鏞『鉄琴銅剣楼蔵書目』巻十四子部農家類	莫友芝『郘亭知見伝本書目』巻七子部四農家	丁日昌『持静斎書目』巻三子部四農家類	丁丙『八千巻楼書目』巻十子部農家類	陸心源『皕宋楼蔵書志』巻四十二子部	合計
	①	①		①	①	①	①	①	21
		③			②	③	③	②	7
				②	③	④	⑤		11
		⑥			④	⑤	⑥		6
①					⑤	⑥	⑦	④	15
					⑨	⑦			9
		⑦							3
							⑰		4
		⑧	①		⑦		⑨		6
		⑨			⑩		⑳		3

この表を見るかぎり、最古の総合的農書である『斉民要術』が、いつの時代でも多く、農書の中でも別格である。『農桑輯要』は元代に約二万部頒行されるも、既に確認したように明代の刊行はなく、明代の蔵書傾向を見ると、人気は今ひとつであった。明代の蔵書傾向で『斉民要術』とともに人気があったのは王禎『農書』であった。明代に最も読まれるチャンスがあったのは、蔵書例からすれば『斉民要術』と王禎『農書』になる。

もう一つ見出せる傾向として、清代後半になると農書の掲載順位が各蔵書目録の間で共通することである。すなわち、古い農書から新しい農書という順位で蔵書目録に書かれるようになっている。おそらく、このような記載順位を可能とするほど、この時代は多くの農書が刊行されたのであろう。

また、先行研究ではあまり重視されておらず、所蔵数が多い農書が『便民図纂』である。『便民図纂』は、『提要』では農家類ではなく雑家類に分類されるとともに、雑家類存目に辛うじて載せられた書物である。

如末巻載「辟鬼魅法」、用桃枝灑雄黄水。蓋拠『本草』桃枝殺鬼、雄黄殺精魅之説、已為迂闊。又有「怯狐狸法」、云妖狸能変形、惟千百年枯木能照之。可尋得年久枯木撃之。其形自見、則拠張華然華表照斑狸事、衍為此法。殆近児戯矣。其書本農家者流、然旁及祈福択日及諸格言、不名一家、故附之雑家類焉。

（『提要』子部四十、雑家類存目七、便民図纂）

『提要』は『四庫全書』に載せる書物には、体裁を重んじていたことは既に見たとおりだが、『便民図纂』はその基準をクリアできず、そもそも農家類として扱われなかった。それは「其書本農家者流、然旁及祈福択日及諸格言、不名一家、故附之雑家類焉」と言われていることから見ても明らかで、国家が重視する農書と、あくまで知識人を通してではあるが、民間が重視する農書には認識のずれがあると言わざるを得ない。

おわりに

本稿の目的は二点であった。一つ目は農家類の漢籍分類を検討し、知識人の農書認識を明らかにすることである。『漢書』芸文志から農家類が設けられているが、分類の基準は儒教的イデオロギーが強くはたらいており、所謂「勧課農桑」の精神にかなうものであった。だが、『隋書』経籍志以降は、農家類に分類される書物数は増加し、農業生産とは本来的には無関係の書物が分類されるようになった。だが、『提要』に至ると、農家類の分類書物数は激減し、勧課農桑と同じ思想的背景である「豳風・無逸」の精神にかなうものを重視していたが、実際は堅実でかつ広範な出典引用をしていること、文章が優れていること、実行し得る農作業を載せていることが、農家類に分類される決め手であった。

また、知識人たちの個人蔵書目録の分類を見るかぎり、国家蔵書目録と通底するとは言えない。本来は雑家類、歳時類（あるいは時令類）、譜録類などに分類される書物であっても、知識人によっては農家類に分類するということがあり、知識人たちの間に一貫した農書の分類は見いだしにくいが、体裁の整った、王毓瑚がいうところの総合的農書が好まれたと指摘できる。そもそも農書に対する評価の低さが前提となっているのではではなかろうか。

もう一つの目的は、農書の出版、流通、所蔵の状況から見た、農書の普及実態の検討である。漢籍は木版印刷が盛んになった宋代から出版数が増加するという見方があるが、民間の家刻、坊刻も未だ低調であり、官公署の監本、官刻も容易に閲覧できるものではなかった。出版数の増加と、民間での普及は明末清初を待たなくてはならず、出版物のほとんどがこのような状況であるならば、農書はいうまでもない。したがって、農書を媒体として農業知識が広まるという歴史的状況を想定するのであれば、明末清初以降であれば可能性はあるが、それ以前の時代は問題外である。

宋代には『斉民要術』などが官刻され、州県に頒賜されたが、やはり容易に閲覧できるものでなく、民間ではダイジェスト版が作られており、『斉民要術』の内容が普及したとしても不完全なものであった。また、元代に編まれ官刻され、出版数の多さと体裁が評価された『農桑輯要』は、明代に新たな刊行は見られず、元代でも王禎『農書』の刊行機会の方が多かった。だが、王禎『農書』も『茶経』と比較すれば刊行機会は少なく、多数の農書が流通していたとは考えにくい。さらに、蔵書目録の統計を見るかぎり、最多は『斉民要術』であり、明代では王禎『農書』の蔵書数も多かった。国家編纂の農書である『農桑輯要』が、民間で最も受容されたとは言いがたい。

以上、本稿の考察から生じた疑問とは、明末清初以降ならばともかく、それ以前の知識人達ですら、容易に目に出来なかった農書の内容が、はたして広範に農民達に伝えられたのかということである。例えば、北魏に完成した総合的農書の『斉民要術』の農業技術を、宋代に『斉民要術』が刊行された記録があるということから、ただちに、宋代にその農業技術が全土に広まっていたとは考えにくい。仮に広まったとしても、ごく一部のものではなかったかということである。そうであるならば、『斉民要術』からはじまり、『農桑輯要』に至る国家的イデオロギーを反映した農書の農業技術の知識の系譜だけでなく、その他の農業技術の知識の系譜も想定しておくべきであろう。

最後に展望として、『便民図纂』について言及しておきたい。『提要』では、雑家類として存目のみ載せられており、農書として扱われなかった。だが、明代での三度の刊行は王禎『農書』と同数であるとともに、知識人たちにも比較的多く蔵書されていたのである。

国家に好まれない農書が、民間に受容されたことを知る手がかりとして類書がある。前掲したように宮紀子は、『農桑輯要』普及の機会は類書である『事林広記』の普及に見ていた。また、大澤正昭は日用類書『居家必用』には『斉民要術』と『四時纂要』の間の農業技術の発展を補完する内容がみられるという(63)。

したがって、刊行された農書を入手する、あるいは閲覧することができなくとも、日用類書に所収されていれば、農書の内容を見る機会があったといえる。中国社会科学院歴史研究所文化室が編纂する『明代通俗日用類書集刊』は明末を中心に四十二種類の日用類書を所収しており、『便民図纂』も収められている(64)。このうち、農業の内容を載せる「農桑門」を持つものは八種類であり、『新鍥全補天下四民利用便観五車抜錦』巻二十八と、『鼎鋟崇文閣彙纂士民万用正宗不求人全編』巻九は、『便民図纂』と全く同じ内容を載せている(65)。便民図纂が民間の需要に合致したことをうかがわせるものであり、『便民図纂』とその他の日用類書との関係を通して、日用類書と農業知識の普及を考察する一助となるだろう。

また、本稿では刊本の農書を中心に扱ったので、鈔本の農書を充分に扱えなかった。清代の農書には鈔本も多いので、無視することは出来ない問題であり、今後の課題としたい。

註

（1）曽雄生『中国農学史』（福建人民出版社、二〇一二年）二五頁。

（2）『世界大百科事典（改訂版）』二十二巻「農書」米田賢次郎著（平凡社、二〇〇五年）一八六頁。

（3）王毓瑚『中国農学書録』（中華書局、一九五七年）三五四～三五五頁。

（4）石声漢著、渡部武訳『中国農書が語る二一〇〇年：中国古代農書評介』（思索社、一九八四年）一三、一五～一七頁。

（5）北京農業大学図書館「中国農書及其分類系統」『中国農史』一九八三年第三期。

（6）天野元之助『中国古農書考』（龍渓書舎、一九七五年）。

（7）王毓瑚校註『農桑衣食撮要』（農業出版社、一九六二年）、石声漢校釈『斉民要術今釈』一～四（科学出版社、一九五七～五八年）、同ほか校注『便民図纂』（農業出版社、一九五九年）、同校注『四民月令校注』（中華書局、一九六五年）、同校注『農政全書校注』上中下（上海古籍出版社、一九七九年）、同校注『農桑輯要校注』（農業出版社、一九八二年）、繆啓愉校釈『四時纂要校釈』農業出版社、一九八一年）、同訳注『東魯王氏農書訳注』（上海古籍出版社、一九九四年）。

（8）石声漢編・英訳、岡島秀夫ほか日訳『氾勝之書——中国最古の農書——』（農山漁村文化協会、一九八六年）、渡部武訳注『四民月令——漢代の歳時と農事——』東洋文庫四六七（平凡社、一九八七年）、西山武一・熊代幸雄ほか訳『校訂訳注斉民要術』上下（東京大学出版会、一九五七年）、渡部武著『『四時纂要』訳注稿——中国古歳時記の研究その二——』（安田学園、一九八二年）、大澤正昭『陳旉農書の研究——一二世紀東アジア稲作の到達点』（農山漁村文化協会、一九九三年）。

（9）大澤前掲九四～九五頁。

（10）「（農書に書かれた内容は）当時の農民が一般的に共有したものではない。この点を考慮しないと評価は一面的になり、農業生産力発展段階に対する認識も不正確になる」と大澤自身も言っている（同上九三頁）。

（11）「知識人」という語は、様々な定義を有しているが、本稿では「書物を読み、内容を理解し得る人」である「読書人」だけでなく、書物を執筆し出版する人々も加えた、より広範囲の人々を「知識人」と呼ぶ。

（12）郭文韜ほか著、渡部武訳『中国農業の伝統と近代』（農山漁村文化協会、一九八九年）四二～四八頁。

(13) 内藤湖南「支那目録学」『内藤湖南全集』十二（筑摩書房、一九七六年）、井波陵一『知の座標――中国目録学――』（白帝社、二〇〇三年）一三一頁。

(14) 宇佐美文理「子部について」京都大学人文科学研究所附属東アジア人文情報学研究センター編『目録学に親しむ――漢籍を知る手引き――』（研文出版、二〇一七年）。

(15) 『孟子』滕文公篇上。

(16) 浦山きか「歴代史志書目における医書の範疇と評価」『中国医書の文献学的研究』（汲古書院、二〇一四年）。

(17) 『元史芸文志補』などがあって、芸文志や経籍志を持たぬ正史を補っている。元代の『農桑輯要』や王禎の『農書』などは、確かに元代に出版されていることが確認できるが、元代以前の書物は、あくまでも元朝が保有していた可能性がある。したがって、ここでは参考としない。

(18) 王毓瑚前掲一一頁。

(19) 金文京「中国目録学史上における子部の意義――六朝期目録の再検討」『斯道文庫論集』三三、一九九九年。

(20) 興膳宏・川合康三『隋書経籍志詳攷』（汲古書院、一九九五年）三九頁。

(21) 『四人月令』とは、『四民月令』のことであろう。唐代では避諱で「民」を「人」にしていることは陳垣『史諱挙例』でも確認でき、王毓瑚も前掲書で指摘している。

(22) 興膳・川合前掲三九頁。

(23) 内藤前掲。

(24) 曽雄生前掲一八頁。

(25) 「右農家類十九、二十六部、二百三十五巻。失姓名六家、王方慶以下不著録十一家、六十六巻」とあって、『相馬経』（三巻）、『相馬経』（六十巻）、『禁苑実録』、『鷹経』、『蚕経』、『相貝経』の計六種は著者名が不明という。また、掲載書名の総数は三十七であるが、王方慶『園庭草木疏』以下の十一種は著録せずとあって、『四時纂要』を除き、その後の『宋史』芸文志に書名を見ない。

(26)　曽雄生前掲載一八頁。
(27)　興膳・川合前掲四三頁。
(28)　曽雄生前掲一九頁。
(29)　宇佐美前掲。
(30)　内藤前掲。
(31)　「前世録」とは『郡斎読書志』以前の書物であろう。だが、晁公武がどの書物を指していたかよくわからない。『郡斎読書志』では農家類に分類されている『荊楚歳時記』は、『旧唐書』芸文志は子部雑家類、『新唐書』芸文志は子部農家類、『崇文総目』は史部歳時類であるから、晁公武が「前世録」というのは『崇文総目』であろう。
(32)　書名を挙げるのみで、総説総論を持たないが、尤袤『遂初堂書目』は子部に譜録類を設け、農家類から独立させている。なお、農家類に所収されたのは十九種である。『郡斎読書志』と同様に、歳時類を農家類に収めることは共通するものの、譜録類の扱いは異なり、知識人の間には農家類に対する共通の分類認識が存在していなかった事を示しているのであろう。
(33)　ただし、陳振孫は「雖曰歳時之書、然皆為農事也」（陳振孫『直斎書録解題』巻十、農家類、四時纂要条）とも言っており、歳時類に分類されることが多い『四時纂要』は農家類に残している。
(34)　『直斎書録解題』は『相貝経』と『相鶴経』を巻十二形法類に入れ、『銭譜』と『鷹経』は所載がない。
(35)　内藤前掲。
(36)　譚光万・馮風「『読書敏求記』著作農書之考察」『農業考古』二〇〇八年第三期。
(37)　黄淑美「対『四庫全書総目』中幾種古農書的弁証」『中国農史』第一六巻第二期、一九九七年。
(38)　北京農業大学図書館前掲。
(39)　井波前掲一三二頁。
(40)　宮澤知之によると、南宋の勧農書は、陳旉『農書』に通底するような、先進地帯である浙東地域の農業技術の実行を勧めているという（宮澤知之「南宋勧農論――農民支配のイデオロギー」中国史研究会編『中国史像の再構成――国家と農民――』

文理閣、一九八五年）。ただし、このような内容の勧農書は南宋にのみ見られるものであって、それ以後の明清時代に、このような内容の勧農書は見られない。勧農文を出す側の主目的は「勧課」であって、どのような農業技術を農民たちが用いるかは、問題とならなかったと考える。

(41)『提要』には、書物名のみ残されたいわゆる「存目」（『四庫全書総目提要』子部十二　農家類、存目）がある。全九種であるが、各々の解説には、存目に入れられた排除の基準が見られず、本稿では取りあげない。

(42) 天野前掲一七一頁。

(43) 陳旉に批判されている『四時纂要』であるが、著者の韓鄂もまた『斉民要術』を批判している。先代の農書を尊重しないこれらの態度は、南北出身格差、地域主義などといった感情論的問題を含んでいるかも知れない。

(44) 天野元之助「『農桑輯要』と棉作の展開（上）」『東洋学報』三七―一、一九五四年、後に『（増補版）中国農業史研究』（御茶の水書房、一九七九年）所収などを参照。

(45) 漢籍の形態に関しては、京都大学人文科学研究所附属漢字情報研究センター編『漢籍目録：カードのとりかた――京都大学人文科学研究所漢籍目録カード作成要領――』（朋友書店、二〇〇五年）、および、程千帆・徐有富著、向嶋成美ほか訳『中国古典学への招待――目録学入門』研文選書一二五（研文出版、二〇一六年）を参照のこと。

(46) 井上進『中国出版文化史――書物世界と知の風景――』（名古屋大学出版会、二〇〇二年）一〇九～一一〇頁。

(47) 宋代以降の農書出版が多いと考える先行研究は、張紹勛著、高津孝訳『中国の書物と印刷』（日本エディタースクール出版部、一九九九年）四三頁、T・F・カーター著、藪内清ほか訳注『中国の印刷術――その発明と西伝――』第一巻、東洋文庫三一五（平凡社、一九七七年）一四五頁、銭存訓著、鄭如斯編、久米康生訳『中国の紙と印刷の文化史』（法政大学出版局、二〇〇七年）一六〇頁などに見る。

(48) 中村裕一『中国古代の年中行事（春）』（汲古書院、二〇〇九年）三〇三～三〇五頁。

(49) なお、『韋氏月録』は尤袤『遂初堂書目』にのみ書名を見る。

(50) 前註（47）。

(51) 蓋此書乃天聖中崇文院版本、非朝廷要人不可得。使君得之、刊于州治、欲使天下之人、皆知務農重穀之道（『斉民要術』葛祐後序）。
(52) 周藤吉之「南宋の農書とその性格──特に王禎「農書」の成立と関連して」『東洋文化研究所紀要』一四、一九五八年、後に『宋代経済史研究』（東京大学出版会、一九六二年）所収。
(53) 『宋史』巻三十、高宗紀、紹興十九年秋七月壬寅。
(54) 謝維揚・房鑫亮『王国維全集』七（浙江教育出版社、二〇〇九年）二五〇頁。
(55) 同上八二頁。
(56) 宮紀子「『農桑輯要』からみた大元ウルスの勧農政策（中）」『人文学報』九五、二〇〇七年。
(57) 宮『モンゴル時代の出版文化』（名古屋大学出版会、二〇〇六年）一五頁。
(58) 宮「『農桑輯要』からみた大元ウルスの勧農政策（下）」『人文学報』九六、二〇〇八年。
(59) 井上前掲二二一～二二六頁。
(60) 勝山稔「明代における坊刻本の出版状況について──明代全般の出版数から見る建陽坊刻本について」『東アジア出版文化研究』（二玄社、二〇〇四年）。
(61) 杜信孚ほか纂輯、周光培・蔣孝達参校『明代版刻綜録』（江蘇広陵古籍刻印社、一九八三年）、杜信孚・杜同書作『全明分省分県刻書考』（線装書局、二〇〇一年）。二書とも叢書類所収の農書については載せていない。
(62) ルシール・チア「麻沙本」高津孝編訳『中国書籍史のパースペクティブ──出版・流通への新しいアプローチ』（勉誠出版、二〇一五年）。
(63) 大澤正昭「『居家必用事類全集』所引唐・王旻撰『山居録』について」『上智史学』五五、二〇一一年。
(64) 中国社会科学院歴史研究所文化室編『明代通俗日用類書集刊』（東方出版社、二〇一一年）。
(65) 『便民図纂』巻一は「題農務女紅之図」からはじまり、「竹枝詞」と、『耕織図』のイラストを載せ、巻二から本論に入る。『新鍥全補天下四民利用便観五車抜錦』と、『鼎鋟崇文閣彙纂士民万用正宗不求人全編』は、「題農務女紅之図」からはじまり、上段に本論、中段に『耕織図』のイラスト、下段に「竹枝詞」を配置する。なお、『新刻全補士民備覧便用文林彙錦万書淵海』はイラストに違いがあるものの、その他は『便民図纂』と合致する。『新刻翰苑広記補訂四民捷用学海群玉』は巻二十に農桑門を収めるが、『明代通俗日用類書集刊』は原欠であった。

Ⅱ　宋代史料のひろがり

「異形の竹」絵画化の系譜——文同を中心に——

植松瑞希

はじめに

竹は東洋人にとってなじみ深い植物である。その絵画化には長い歴史があり[1]、文献の上でも現存作例の上でも、南北朝時代には、道釈人物画の背景や花鳥画の一部として竹が描かれていたことが証明されている。唐代になると、竹の持つ文化的意味への関心が高まって、竹を独立した主題とする作例や、特に画竹を得意とした画家に関する記録が出現するようになる。

唐から五代にかけての画竹の歴史においては、文人士大夫が竹を描いていること、樹石画を得意とした画家が、竹も手がけていることが注目されている。君子の象徴として松を描く樹石画は、八世紀後半頃に文人士大夫好みの絵画主題として成立したと考えられている[2]。また、当時流行した、墨をかなり粗放に用いる画風で竹が表されることもあったようで、特に蜀の地域にこの伝統があったことも、この地が後述する文同・蘇軾の出身地であることから重要とされる。これらはいずれも、北宋時代に、文人士大夫が君子の象徴として墨による草々とした画竹を作るようになった、すなわち、文人画における代表的な主題として墨竹が誕生した土壌と考えられている。

北宋時代に墨竹をよく描いたという文同（一〇一八～七九）と、卓越した批評によってその作品の価値を喧伝した蘇軾（一〇三六～一一〇一）は、画竹の歴史を考える上で、また文人画の歴史を考える上で、最も重要な一対である[3]。文同は梓州（四川省）の人で、字は与可、皇祐元年（一〇四九）の進士、没する直前に知湖州を任命されたため、文湖州とも呼ばれ、その墨竹を慕う画派は、後世、湖州竹派と称された。蘇軾は眉州（四川省）の人で、嘉祐二年（一〇五七）の進士、王安石（一〇二一～八六）の新法に反対して、地方官を歴任、元豊二年（一〇七九）には筆禍事件を受けて黄州（湖北省）に流された。哲宗（位一〇八五～九九）即位による旧法党の復権に伴い、中央官界に復帰して礼部尚書に至るが、再び新法党が権力を握ると、恵州（広東省）、さらに海南島に流される。徽宗朝（一一〇〇～一二五）の大赦によって、大陸に戻ることが許されるも、ほどなくして常州（江蘇省）で客死した。文同と蘇軾はともに蜀の出身であり、浮沈の激しい官界において、互いの芸術をよく理解しあって篤い友誼を結んだと考えられている。

画竹の歴史における文同の重要性は、蘇軾という理解者を得て、形似の否定、詩画の一致、書法の応用といった価値観を定着させ、そのような画竹は職業画家でなく、文人士大夫によってなされるのだ、ある意味で、その作品には画家の為人を投影させて鑑賞することができるのだ、と認めさせた点にあると説明されてきた。職業画家が「形」だけを似せようとしているのに対し、文同のような優れた徳のある人は「理」を表すのだと評する蘇軾「浄因院画記」や、節や葉一枚一枚を描いていく精緻な画竹を否定し、文同のように下から一気に伸び上がる竹の勢い、その本質を「胸中」につかみ、それをすばやく表現すべきとした蘇軾「文与可画篔簹谷偃竹記」、竹の徳を文同の徳と重ねて語る蘇軾「書晁補之所蔵与可画竹三首（第一首）」は、いずれもよく知られた文章である。

これに対し、本稿で注目したいのは、文同およびその周辺でたびたび「異形の竹」が描かれていたという点である。文献や現存作例に残される、南北朝から宋代にかけての画竹は、原則として「直」、すなわちまっすぐ上に伸びるように表されているが、文同およびその周辺では、それとは異なり、「紆竹」「偃竹」「横竹」と呼ばれるような、曲がった、寝そべった、あるいは横たわった竹がしばしば絵画化されていた。これらの竹は、どのような歴史的背景から生まれ、後世にどのように受け止められたのか、その史的意義を考えてみたい。

一　画竹と「直」

『詩経』「小雅・斯干」に「秩秩たる斯の干、幽幽たる南山。竹の苞るが如く、松の茂るが如し。兄及び弟よ、式《もっ》て相い好《よ》みせよ、相い猶《にく》むこと無かれ」と一族あるいは王朝の繁栄がうたわれるように、(4)古来、竹は筍から次々と成長して群生する生命力の強さに吉祥性が認められている。また、『礼記』「礼器」に「其の（礼の）人に在るや、竹箭の筠有るが如く、松柏の心有るが如し。二者天下の大端に居る、故に四時を貫きて柯を改め葉を易えず」とあるように、(5)四季を通じて常に緑を保つ竹を、君子の象徴とみることも古くから行われてきた。

他の樹木が時には曲がりながら伸びるのに対し、竹は元来「直」であってまっすぐ上に成長するものだ、という認識は、例えば『孔子家語』巻五「子路」の「南山に竹有り、揉《た》めずして自《おのづか》ら直し」という一節にみえ、(6)広く共有されていたことが推測される。「子路」では、孔子と子路の間でなぜ学問が必要なのかという問答がなされるが、樹木が墨縄を受けて初めてまっすぐになるように、人は学ぶことで徳を備えていくのだ、と説く孔子に対して、竹がもとからまっすぐで様々な用途に使えるように、学ぶ必要がない人間もいるのではないか、と子路が反駁している。

さらに唐代に入り、竹が君子の象徴であること、その特質が人の美徳と重なることへの関心が高まると、「直」は竹の重要な性格の一つとして語られるようになる。例えば、白居易（七七二～八四六）「養竹記」では、竹が「賢」である所以として、固いこと、中が空洞であること、節があることと並んで、「直」であることが挙げられ、竹の本質はまっすぐであり、曲がらずに生きていこうとする、君子はそれをみて中庸の姿勢を思うのだ、とその理由が説かれる。(7)劉岩夫も「植竹記」の中で、徳のある君子を竹に喩え、中が空洞でまっすぐに伸びる竹は、何も隠すものがないという

図1　捨身飼虎図（「玉虫厨子」須弥座側面）　法隆寺蔵

図2　章懐太子李賢墓後室東壁（部分）

点で、忠を体現しているのだ、と称賛する。[8]

以上のような価値観に基づき、美術作品上でも、南北朝から唐代にかけて、竹は、ややしなりつつも基本的には上に向かってまっすぐに伸びる姿で表されてきたようである。その標準的な形は、南北朝時代の絵画様式に則った「捨身飼虎図（「玉虫厨子」須弥座側面）」（七世紀、法隆寺蔵）【図1】や、唐代の章懐太子李賢墓の壁画（七〇六年）【図2】などで確認できるだろう。

一方で、北宋時代以前、「直」の原則からはずれた画竹が作られることもあったようである。例えば、風にあおられて湾曲した竹、風竹は、北宋に人気の画題となったようで、郭若虚『図画見聞志』（一〇八一年頃）や徽宗朝の宮廷収蔵品を列挙した『宣和画譜』などの画史書には、風竹を描いたという唐・五代の画家の記録が散見され、同時代の画家としてこれを得意とした僧侶・夢休が挙げられる。(9) また、十一世紀後半に活躍した崔白「双喜図軸」（台北・国立故宮博物院蔵）にも、見事な風竹が描かれている。しかし、風竹はあくまで気候条件によって本来の形が変わっているだけで、風がやめば「直」に戻るものである。また、五代の花鳥画家・徐熙に始まる折枝画の流行を受け、(10) 北宋時代にかけて枝先のみを切り取った画竹が作られた。前出の『図画見聞志』や『宣和画譜』には折枝の画竹が多く著録されている。(11) 折枝の画竹は、時には画面水平方向に伸びたり、重力を受けて下にたわんだりすることもあったであろうが、これも画面の外にある幹が「直」であることは否定していない。

本稿では、風竹や折枝の竹ではないのにまっすぐ上に伸びていない竹を「異形の竹」と呼ぶ。この絵画化例としては、米芾（一〇五一～一一〇七）が『画史』に記す、北宋・王鞏所蔵の「唐竹図（唐代の竹の図）」中の「横竹」が挙げられる。(12) また、『宣和画譜』巻十七も、南唐の花鳥画家である唐希雅筆の「横竹図」三件を著録している。『宣和画譜』はさらに、十世紀後半から十一世紀前半頃の水墨花鳥画家である劉夢松が「紆竹図」、すなわち途中で曲がりくねった竹の図を得意としていたことを特記する。(13) この条にみられる紆竹図批判は、文同の墨竹制作を受けて形成されたと考えられ、興味深い内容を含むが、これについては後述したい。いずれにせよ、文同に先立ち、主に花鳥画家たちによって、横に伸びた、あるいは横たわった竹、曲がった竹が描かれることがあったと記録されている点に注意したい。

現存作例をみると、北宋時代と伝わる「梅竹聚禽図軸」（台北・国立故宮博物院蔵）では、百花に先駆けて花開く梅や、後世宮殿に集う百官の象徴となった様々な番の鳥と一緒に、S字状に曲がって伸びる竹が描かれている。北宋・恵崇の伝承を持つ南宋時代の「秋野盤雕図頁」（台北・国立故宮博物院蔵）【図3】でも、邪気を祓うという桃や平安の鳥である鳩とともに曲がった竹の姿がみえる。(14) 南宋の宮廷画家である馬遠の款記を持つ「竹燕図軸」（大和文華館蔵）【図4】に

図３　伝恵崇筆　秋野盤雕図頁（芸苑蔵真冊の内）　絹本墨画淡彩　23.7×24.9cm　台北・国立故宮博物院蔵

図５　伝趙昌筆　竹虫図軸　絹本着色　100.0×54.3cm　東京国立博物館蔵

図４　馬遠款　竹燕図軸　絹本墨画淡彩　64.3×32.2cm　大和文華館蔵

は、おそらくは晩春から初夏にかけて、子宝を授けるという燕が竹のまわりで交歓するさまが表されるが、この竹もS字状である。またやや下った作例ではあるが、元代の王淵が五代の画家・黄筌に倣って描いたという「竹雀図軸」（大阪市立美術館蔵）にも、根元から逆U字型に曲がった後、再び頭をもたげるように伸びる竹と、立身出世の象徴である雀が表される。花鳥画は基本的に吉祥モチーフから構成されており、[15] 生命力の強さを愛でられた竹は、唐代以降たびたびその中に採用されてきた。以上に挙げてきた異形の竹も、その根拠は未だ不明だが、竹本来の吉祥性から大きく逸脱することなく鑑賞されてきたとしてよいだろう。[16] 花鳥画同様、吉祥モチーフを集める草虫図では、南宋時代の作である伝趙昌筆「竹虫図軸」（東京国立博物館蔵）【図5】に、子孫繁栄を象徴する瓜、立身出世を意味する鶏頭花と一緒に、一回転しながら伸びる竹が表されている。

このような、職業画家が技巧を凝らし、一般にめでたい意味で受け止められるように表したであろう異形の竹に対し、文人画の主題として、君子と通ずる「直」という美徳をより重視したはずの、文同およびその周辺では、どのように異形の竹が絵画化され、どのように鑑賞されたのだろうか。以下、この問題について検討してみたい。

二　文同による異形の竹

（1）　文同の画業を語る資料

五代・北宋までの絵画の現存作例、特に文人によるそれは極めて少なく、文同についていえば、現代の美術史学界で真筆と等しく認められているものは皆無といってよいかもしれない。台北・国立故宮博物院が所蔵する「墨竹図軸」【図6】は、最も著名な伝文同筆の現存作例であり、右上に「静閑書室」白文方印と「文同与可」朱文方印を有するが、これについても研究者の見解はわかれている。[17]特に、濃淡のコントラストを強調した鋭い形の葉が、柯九思（一二九〇～一三四三）の表現に類似することを具体的に指摘し、これを元画とした古原宏伸氏の見解は重要であろう。文人による画竹の古例としては別に、金代における文同の継承者とされる王庭筠（一一五五～一二〇二）の「幽竹枯槎図巻」（藤井斉成会有鄰館蔵）【図7】が認められているが、大きな節と、一枚一枚広がった細長い葉を特徴とする台北本の表現が、

図6　文同印　墨竹図軸　絹本墨画　131.6×105.4cm
台北・国立故宮博物院蔵

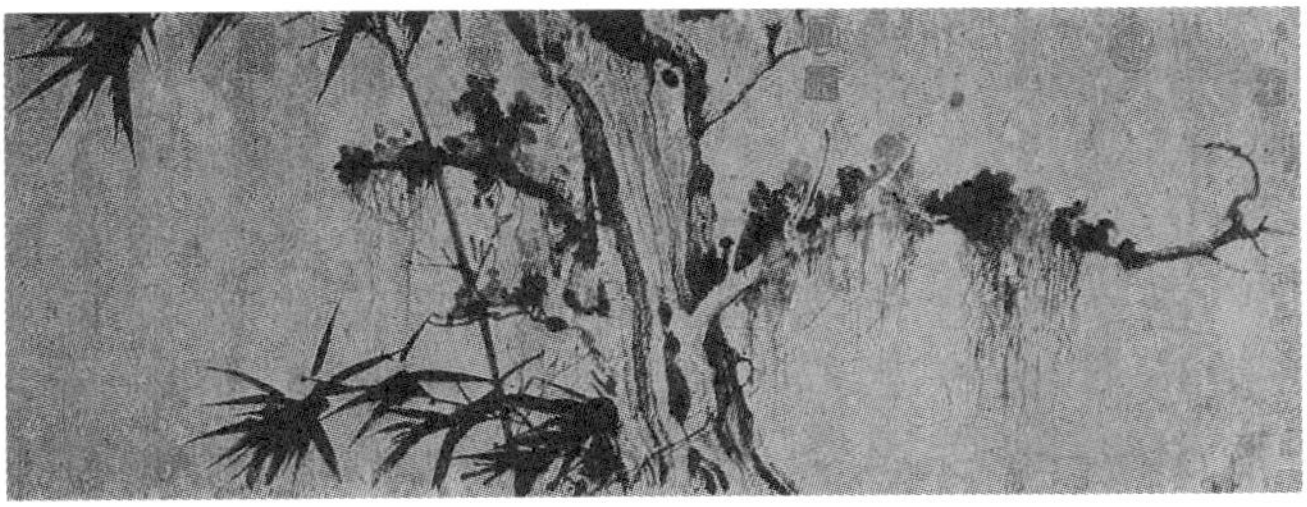

図7　王庭筠筆　幽竹枯槎図巻（部分）　紙本墨画　38.1×277.7cm
藤井斉成会有鄰館蔵

図８　李衎筆　四季平安図軸（部分）　絹本墨画
131.4×51.1cm　台北・国立故宮博物院蔵

これより、李衎（一二四五～一三二〇）【図8】や柯九思らによる元代の墨竹に近いことは否定できない。また、台北本の葉における濃淡のコントラストは、元代の墨竹の感覚に近いだけでなく、奥行の表現としても表裏の表現としてもやや不合理であり、これが模本である可能性を示す。信頼できる北宋時代の文人による墨竹が存在しない状況で台北本の真贋を確定するのは困難であるが、以上のことから、本稿ではまず、絵画の現存作例ではなく文同の社交圏に属していた文人士大夫たちの言葉を資料として、その異形の竹絵画化の様相を考えてみたい。台北本の図様の重要性については、後述する。

文同が「直」に限らない、様々な形の竹を描いていたことは、まず、蘇軾「墨君堂記」からうかがえる。「墨君堂記」は、文同が竹の「賢」たる所以をよく知っており、くつろぎ、談笑しながら、勢いよく筆をふるって竹の「徳」を見事に表現するという。そして、若竹・壮竹・枯竹・老竹それぞれの姿や、立ったり折れたり伏せたり起きたりする伸び方を描き、激しい風雪にさらすことによって、あるいは峻厳な山石の中におくことによって、その節操を示す。竹は志を得て繁茂していても驕らず、志を得ず病み衰えても恥じることはない、と説く[18]。竹の「立ったり折れたり伏せたり起きたりする伸び方（披折偃仰之勢）」に類する表現は、同じく蘇軾による「浄因院画記」（一〇七〇年）中の、描写対象の「形」でなく「理」を追求せよ、という一節にもみえる。蘇軾は文同が、竹・石・枯木を描くときにはその本質を会得し、どのように生え、どのように死に至るか、どのように痩せてねじれ屈まり、どのように枝を伸ばして繁茂するかを見事に表すと説くが、[19] ここでも文同の描く竹が、時には「痩せてねじれ屈まる（攣拳瘠蹙）」と表現されている。「披折偃仰」あるいは「攣拳瘠蹙」たる画竹にはどのようなものがあったのだろうか。以下、もう少し具体的な証言を拾っていきたい。

（2）断崖の竹と紆竹――唐代樹石画の伝統――

まず、文同没後の元祐二年（一〇八七）作とされる、晁補之（一〇五三～一一一〇）所蔵の文同作品に蘇軾が題した「書晁補之所蔵与可画竹三首」をみてみたい。[20] 第一首は、文同が竹を描く時の忘我の境地をうたった「其の身竹と化して、無窮に清新を出だす」という句で有名である。第二首は冒頭で、「若《こ》の人は今已に無し、此の竹寧ろ復た有り」と、文同はすでに亡くなり、その分身のような画竹が残っていることへの感慨を述べ、続けて表現内容についても語っていく。「那ぞ春蚓の筆を将て、風中の柳を画作せんや」とあるのは、所謂ミミズののたくったような筆で、風に柔らかくそよぐ柳の葉を表したようなものではない、力強く勢いのある竹であったということだろう。そして、姿については「君看るや断崖の上、痩節蛟蛇の走るを」と詠む。文同の墨竹は、切り立った崖に、竜の一種である蛟や蛇のように、曲がりくねって伸びる痩竹だったというのである。

険しい崖に沿って生える痩竹という詩的イメージは、厳しい環境で育った竹を楽器にすると悲壮な音を奏でる、という形で、王褒（?～前六一）「洞簫賦」や、馬融（七九～一六六）「長笛賦」にすでに登場している。五代・南唐の丁謙が描いていた「倒崖」の竹が、あるいはその絵画化の先例といえるかもしれない。[21] ただ、蘇軾が「蛟蛇」と評するような、竜や蛇のように力強く曲がりくねった形については、唐代樹石画における松の表現との影響関係が濃厚であろう。例えば、杜甫（七一二～七七〇）が乾元元年（七五八）にみた松林図衝立には、「陰崖却って承く霜雪の幹、偃蓋反って走らす蚪竜の形」というように、日の当たらない崖に沿って竜蛇のように曲がりくねって生える松が描かれていた[22]し、皇甫冉（七一八～七七一）は畢宏筆松石図中の「巖間の松」を「蟠り」と形容している[23]。このような厳しい環境で力強く捻じ曲がる松は、西晋の左思が「鬱鬱たり澗底の松、離離たり山上の苗。彼の径寸の茎を以て、此の百尺の条を蔭う。世冑は高位を躡み、英俊は下僚に沈む」とうたう「澗底の松」のイメージと関連して、困難な状況にあらがおうとする高士の姿を連想させるものだったと解釈されている[24]。蘇軾は「墨君堂記」の中で、文同の描く竹は「志を得ざれば瘁瘠するも辱とせず」というが、晁補之所蔵の墨竹図はまさに、苦境にあって痩せ衰えてはいても活力は失っていない竹の姿を、樹石画の伝統を転用し、曲がりくねった姿で写したものといえるだろう。

文同が自分の描いた墨竹に題したと伝わる「紆竹記」（一〇七二年）は、厳しい環境におかれたため、竹が本来の「直」である性質を全うできなくなったという因果関係を、より明確に述べた文章である[25]。文同は母の服喪を終えて中央官に復帰するが、新法党が優遇される情勢下、熙寧四年（一〇七一）、知陵州（四川省）に出、翌年十月、公邸の北側の崖に生えている「紆竹（曲がった竹）」をみつける。早くに木喰い虫の被害にあって三つに分かれ、わずか三尺（九〇センチメートル）ほどしかない。その内の一本はさらに成長しようとするも、岩壁に阻まれ、空間を求めてねじ曲がり、這いつくばるような姿になっていた。そうであっても、節は強く清らかに盛り上がり、葉は細長く茂っていて、苦難を乗り越えて育ってきた感嘆すべき植物であるという。文同は、この竹が不幸にしてあるべき場所にないため、「気」が内面にのびやかに広がらず、「勢」も外見上行き詰ってしまったが、それはいかんともしがたいことであるとし、これを「紆竹」と名付けて、絹地に墨を用いて写し、以上の経緯を題したという。この紆竹図をめぐっては、蘇軾が文同没後その模本を入手し、これを後世に伝えるため石刻させた際に書いたという跋も伝わっている[26]。

「紆竹記」の話の原型は、前出の白居易「養竹記」後半部分に認められる。白居易は、貞元十九年（八〇三）、長安で関播（七一九〜七九七）の旧宅を借りたが、関播が手ずから植えた竹林が、その後手入れされずに痛めつけられているのをみて、賢人が理解ある君主に用いられないのと同じだと嘆き、これを世話して蘇らせた。(27) 一方、文同のみた竹はこれを起き上がらせようとしても、かたくなに屈曲して、身を縮ませて地面に近づいたままであったという。

この点で、文同の描いた「紆竹図」は、陸亀蒙（?〜八八二頃）のみた樹石画である「怪松図」に近い。その「怪松図賛幷序」(28)は、「澗底の松」のイメージをさらに発展させ、不幸にして岩穴の中に生え出で、曲がりくねった奇怪な形になってしまった松を表した絵画への題である。陸亀蒙は、とある道士からこの画を示され、凡庸な樹木ならそもそも伸びようともしなかったであろうが、高潔な性質を持つ松だからこそ何とか成長しようと苦闘した結果と分析した。そしてここに天賦の才能があっても世に受け入れられない人間の生き方を重ね合わせて鑑賞し、その感慨を記したという。文同と陸亀蒙はともに、植物の異形の姿にある種の価値を認めているのである。

「紆竹記」は、文同の文集『丹淵集』の拾遺に収録されるが、これは慶元元年（一一九五）、文同の子孫である文誠之が当時集め得た遺文から成る巻であり、正しく文同自身の言葉を伝えているかについては判断を保留したい。ただ、蘇軾「墨君堂記」「浄因院画記」にいうように、「披折偃仰」「攣拳瘠蹙」たる竹を表し、峻厳な山石の中において竹の節操を示すことをもしていた文同、晁補之所蔵の墨竹図のような断崖の竹を描いていた文同が、「紆竹記」に記されるような画竹を実際に制作していた可能性は否定できない。文同が「紆竹」を周囲の知人にたびたび描き贈っていたという記事は、米芾『画史』にもみえる。(29) 唐代樹石画の伝統を継承し、困難な状況にあってねじ曲がってしまった竹を描いた作品が、遅くとも南宋時代には文同筆として認められていたという意味でも、この文章は重要であろう。

（3）偃竹と横竹――「胸中」への関心の高まり――

文同の描いた異形の竹には他に、「偃竹」と呼ばれる寝そべった竹がある。蘇軾「文与可画篔簹谷偃竹記」[30]は、元豊二年（一〇七九）七月七日、筆禍事件の直前、蘇軾が知湖州にある時の文章である。この日、蘇軾は収蔵の書画を虫干ししていて、同年一月二十日に逝去した文同から贈られた篔簹谷偃竹図巻を目にした。篔簹谷は洋州（陝西省）にある谷で、篔簹という種類の竹が多く生えていることからそう名付けられたと推測されている。篔簹谷偃竹図巻が蘇軾に贈られた経緯は次のとおりである。

文同は熙寧十年（一〇七七）冬に知洋州の任から戻り、知徐州にあった蘇軾に、私のところに墨竹を描いてくれと士大夫たちが殺到して閉口しているので、君のところに行くようにと告げている、という内容の手紙を送った。この手紙の末尾には、一段（約六メートル）の鵞谿絹（現在の四川省塩亭県辺りに産する良絹）が手に入ったら、筆を揮って寒中に伸びる万尺（約三千メートル）もの竹の梢を描きたいのに、という意の詩が添えてあった。これに蘇軾が、あなたの竹は一万尺もあるというなら、これを描くには二五〇匹（約三千メートル）の絹が必要でしょう。そのような良絹が手に入って、あなたの創作意欲が湧くことを願っています、と返したところ、文同が、結局世の中に万尺の竹などないのだ、というので、蘇軾は、月が落ちれば庭の竹の影は千尋に伸びる、という意の詩を贈った。文同は笑って、なるほど、しかし二五〇匹の絹が手に入ったら、これを売り、その金で田畑を買って隠居しよう、と答え、しばらくして、この竹は数尺しかないが、万尺の勢があるのだ、と送ってきたのが、知洋州の任にあった時たびたび訪れていた篔簹谷に生える偃竹の絵画であった。

以上のやりとりから、元豊元年（一〇七八）頃、蘇軾に贈られた篔簹谷偃竹図巻は[31]、数尺（一尺は約三〇センチメートルなので長くても二メートル程度か）の絹本に、水平方向に伸びる竹一本を表した画巻であったと推測される。「万尺の勢あり」という文同の言葉、また「文与可画篔簹谷偃竹記」冒頭に蘇軾が記す、胸中の成竹をとらえ、それを素早く画面に写すのだ、という文同の教えから、粗放な速い筆致による墨画と推測される。

文同が偃竹を描いていたことは、米芾『画史』も記録しているが、これについては、古原宏伸氏が、南宋の鄧椿『画継』の修正記事をもとに、米芾の事実誤認を指摘している。[32] 以下、氏の考証に従って、『画史』『画継』の記事の内容を整理する。米芾によれば、文同はよく画竹を人に贈っていたという。例えば、張潜（一〇二五～一一〇五）に紆竹図が、蘇軾には一尺余りの着色の偃竹図巻が贈られている。蘇軾が南昌（江西省）を通過した際（一〇九四年頃か）、黄庭堅（一〇四五～一一〇五）がその偃竹図巻を借り、黄庭堅の舅にあたる李常（一〇二七～九〇）の妹、李氏がこれを臨模した。彼女は松竹や木石を描くことを得意としていた。それから数年後（一一〇一～〇二年頃か）、米芾は赴任先の真州（江蘇省）で黄庭堅から李氏の作品を示され、文同の原画と非常によく似ていることに驚き、倒れねじ曲がっている（「偃蹇たる」）竹の姿を「蛟」に例える詩を詠んでいる。

ここでは米芾が「紆竹」とは区別して「偃竹」と呼んでいる作品について検討する。この画巻は一尺余りの着色画というので、米芾の記憶が正しければ、篔簹谷偃竹図巻とは別本であり、文同は偃竹を描いた作品を複数回蘇軾に贈っていたということになろう。李夫人筆偃竹図巻に対する評価を読むと、その原画である文同筆偃竹図巻もまた、ただ横たわっているだけでなく、竜蛇のようにねじ曲がっていたと推測される。

米芾のみたものと同作品かどうかは不明だが、李夫人の描いた偃竹については、黄庭堅とその甥にあたる洪朋（一〇七二～一一〇九）もそれぞれ詩を作っており、[33] いずれも、米芾と同様、倒れねじ曲がった（「偃蹇たる」）形、竜蛇のようにうごめく姿を詠んでいる。洪朋はさらに、李夫人作品を「篔簹谷裏千秋の臥竜」に喩えており、米芾『画史』にいう、着色一尺の文同筆偃竹図巻のみならず、水墨数尺の篔簹谷偃竹図巻もまた、同種の姿であったことが推測される。

さて、ここまでは「偃竹」と記される作品についての資料をみてきたが、黄庭堅が元符二年（一〇九九）に題を記す黄斌老筆の「横竹」の図もまた、[34]「臥竜偃蹇として」と形容されており、偃竹図に類似した図様の作品と考えられる。黄斌老は文同の妻の甥にあたる墨竹画家であり、文同の描いていた偃竹の影響を受けて横竹図を制作したのだろう。黄庭堅「次韻黄斌老所画横竹」によれば、黄斌老は酒を飲んでも胸の内が平らかにならず、その高ぶりを墨竹として吐き出していた（「酒澆がるるも胸次平らかなる能わず、蒼竹を吐き出し歳は崢嶸たり」）。その横竹は、臥した竜がねじ曲がり、雷鳴にも驚かないような姿であり、黄庭堅はこの作品においては、黄斌老も竹も、自分の形を忘れる境地に至っていると慨嘆する。

「次韻黄斌老所画横竹」では、横竹が描かれた理由について、平らかならざる黄斌老の胸の内が外に表された結果、ねじ曲がった竹になったのだとほのめかされている。黄庭堅はこれに類する言い回しを、「酔時吐き出す胸中の墨」というように、蘇軾筆の竹石図に題した詩でも使っている。[35]吐き出された胸中の思いが墨竹となるという鑑賞法は、彼の中で定着していたものなのだろう。ここで想起されるのは、蘇軾が描いた屈曲して奇怪な様子（「蚪屈無端」）の枯木が、その胸中のわだかまってふさぎ込んだ思い（「胸中盤鬱」）のようだと述べた米芾の言葉である。[36]「文与可画篔簹谷偃竹記」において、文同自身は篔簹谷に生えていた偃竹を描いた、とのみ述べ、蘇軾もその形については特別の思いを語っていないが、一連の偃竹図・横竹図は、彼らの教えを受けた次世代の北宋文人たちには、作者の心の状態の表れと解釈されることもあったと推測できる。北宋時代には胸中と絵画の関係をめぐり様々な議論が交わされていた。[37]文同が描く異形の竹をめぐっては、断崖の竹や紆竹にみられるような、植物のおかれた環境への注意喚起と、偃竹や横竹にみられるような、作者の胸中への関心の高まりが交錯しているのが興味深い。

三　文同の異形の竹への評価

（1）　北宋末期における批判

文同による異形の竹の絵画化は、その交遊圏に属さない人々からはどのように受け止められたのだろうか。これについて興味深い見解を示すのが『宣和画譜』である。画竹の研究上、『宣和画譜』は初めて「墨竹門」という分類を設けて、墨のみで竹を描くという画題を独立させ、その叙で、墨竹が職業画家ではなく文人士大夫による絵画であると明言したことで注目されている。[38]近年この書物は、北宋時代に宮中で正式に編集刊行されたものではなく、徽宗朝内府の覚書のような目録が伝えられ、元代に全体の序と各門の叙を加筆して出版されたものとの指摘がなされたが、本文が北宋末期の一般的な士大夫の絵画観を反映したものであることは認められている。[39]

この『宣和画譜』「墨竹門」は、江南出身で水墨の花鳥画を巧みに描いた劉夢松の「雪鵲図」一件、「紆竹図」一件が内府に所蔵されていたことを記し、特に「紆竹図」について次のように批評する。[40]

思うに竹はもともとまっすぐであるのを上とし、長い竹が力強く伸び、雪や霜に耐えていてこそ、意義のあるものだ。それなのに今、劉夢松は屈曲した竹を描いていて、一般的な竹の良さに適合していない。これは、造物主がこの竹に形を与える時に、完全な姿を与えられていないのかもしれないし、また制約があって本来の性質を全うできていないのかもしれない。そしてあるべき場所に生えていないが故に屈曲しているのかもしれない。これらはみな対象が不幸な状態にあるもので、戒めとして表そうとしているのだろう。

『宣和画譜』は、白居易「養竹記」を踏襲して「竹は本と直を以て上と為す」と述べており、その異形の竹に対する論評は、竹が君子の象徴であり、その特質は人の美徳と重なることを前提としている。これは、文人士大夫がその心を託すべき主題として「墨竹」を独立させた、「墨竹門」全体の意向とも合致するだろう。(41) その上で先天的に、あるいは何らかの条件・環境によって屈曲してしまった竹、すなわちそのような不幸な人間には、なるべきでないと説く。

このように『宣和画譜』は文人画としての異形の竹を否定的にとらえるが、その作者として、劉夢松はあまり適切な画家ではない。前述したように、劉夢松は十世紀後半から十一世紀前半に活動し、おそらくは五代の江南を代表する花鳥画家・徐熙の系譜に連なる、水墨花鳥画をよくした職業画家である。(42)『宣和画譜』にいうような文人画としての異形の竹を描いた画家として第一に挙げるべきは、やはり文同であろう。しかし『宣和画譜』は、文同の篔簹谷での画作に言及しつつ、それが偃竹であったことは無視している。

このようなねじれが生じた理由は、蘇軾や晁補之ら周囲の友人に贈られた文同による異形の竹、またその交友圏で複製・鑑賞されたその流派作に、蘇軾一派の不満が表明されていると解釈されていたためではないか。画竹は、それぞれ遠方の任地にあって、なかなか実際に会うことができなかった文人士大夫同士が友誼を確認しあうための紐帯として機能していたと考えられる。徽宗朝の鑑賞者は、画中の竹を屈曲せしめた困難な状況、あるいはその作者の胸中に鬱屈を生じさせた要因は、いずれも文同・蘇軾らが活動した時期の新法党優位の官界であると読み解いたのだろう。『宣和画譜』の内容には、旧法党を排した徽宗朝の政治情勢が反映され、画家・批評家として重要であった蘇軾の名前が各所から消去されたことは早くから指摘されている。(43)「墨竹門」も例外でないが、文人画としての墨竹を語る上で、文同をも削除することはできず、彼のみが孤立した状態で記載された。しかしそこから新法党への批判を連想させる要素は注意深く排除されたのだろう。一方で、北宋時代末期においては、文同・蘇軾周辺から始まった文人による異形の竹の絵画化も否定的に論じて流行を牽制する必要があり、その主張が劉夢松の条を借りて成されたと考えたい。

(2) 元代における共感

北宋滅亡後、文同・蘇軾周辺の画竹は、南宋よりも金に多くの追随者を生んだというが、(44) 南宋および金における、異形の竹に関する文献・絵画資料には調査が及ばなかった。一方、文人画家による画竹は元代にさらに盛行し、文献・絵画資料の数も格段に増加する。この中では、文同と王庭筠に学んで画竹をよくしたという元代初期の文人画家・李衎が異形の竹を描いていたことが注目される。李衎は薊丘(北京市)の人で、元朝の下、吏部尚書、集賢殿大学士に至った。画竹の教科書ともいえる『竹譜詳録』を記したことでも知られる。(45) その友人でやはり元に仕えた趙孟頫(一二五四〜一三二二)に、李衎の描いた野竹図を評した文章がある。(46) 趙孟頫は、実際の竹をよく観察・研究した李衎の制作態度を称賛し、その野竹図の精緻な描写を記録するが、この野竹図には、この竹が不適切な場所に生育したために、押さえつけられて折れ曲がってしまった(「屈抑盤蹜」)のを悲しむ李衎の自題があったという。趙孟頫はこれに対し、『荘子』「外篇・天地」にいう百年の木が切り倒されて酒器にされた話を持ち出し、隆起して湾曲している(「擁腫拳曲」)からこそ天寿を全うできるので、かえって幸せでないかと述べ、「偃蹇は高人の意、蕭踈は曠士の風。無心にして霄漢に上り、混迹して蒿蓬に向かう」と詩を付した。

「屈抑盤蹜」「擁腫拳曲」あるいは「偃蹇蕭踈」と形容されるこの野竹図は、文同のそれを継承して異形の竹を描いた作品としてよいだろう。また「直」にならなかった理由については、「根を託するに其の地を得ざる」と明確に述べられているので、これが唐代樹石画の「澗底の松」の系譜に連なる画竹であることも確認できる。そして作者である李衎はこの竹に同情し、鑑賞者である趙孟頫は「偃蹇蕭踈」になるのは高士・大人であるからこそだと励ましている。いずれにせよ、ここに見られるのは異形の竹に象徴される生き方に対する共感である。

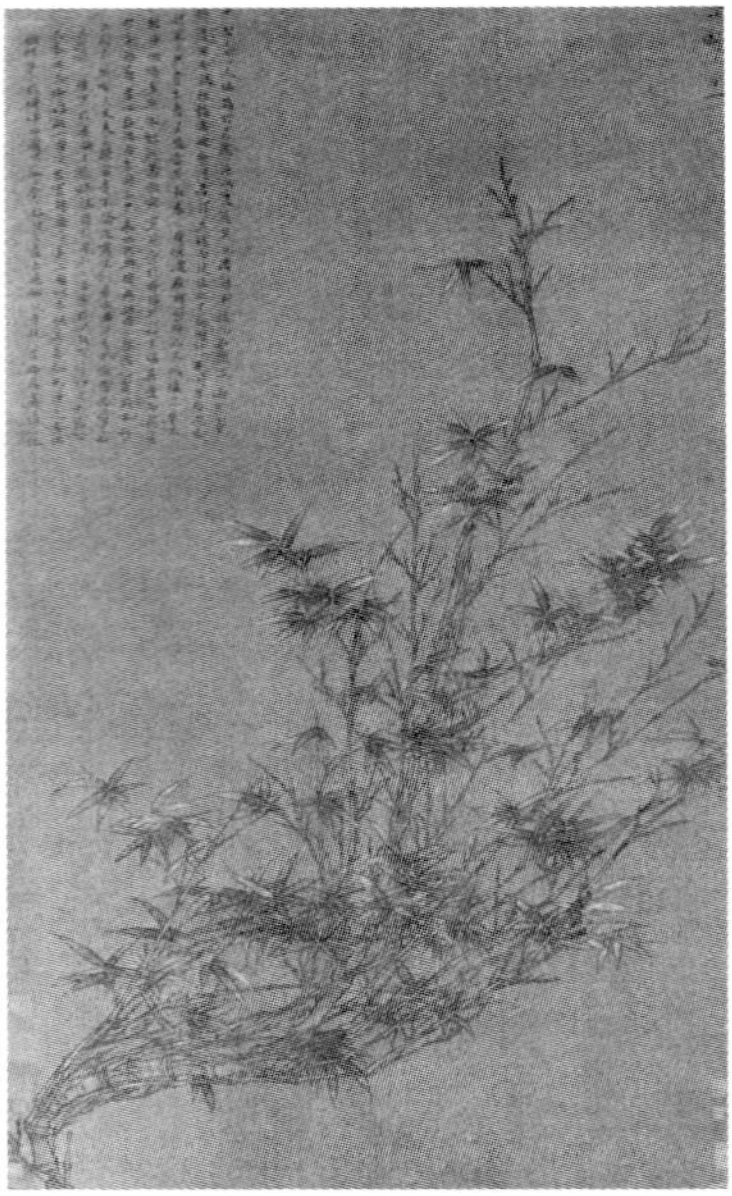

図９　李衎筆　紆竹図軸
絹本着色　139.0×79.0cm
広州芸術博物院蔵

広州芸術博物院に所蔵される、李衎筆「紆竹図軸」（一三一八年）【図９】は、趙孟頫のみた野竹図の類作であり、文人士大夫の描いた異形の竹の図様とそれへの言説がともに現存している貴重な例である。(47) 無背景に、彩色の鉤勒竹一本を精緻に表すが、画面左下からいったん上に向かった竹は途中で大きく右に湾曲し、そこから再び垂直に伸び上がっている。葉は先端が変色し多くが枝から落ちているが、これは新たに筍を伸ばす初夏にみられる現象で、通常の植物とは逆に、竹の強靭な生命力を伝えている。(48)

李衎は自ら「紆竹図第一」と題し、長文の跋を書く。これによれば、虎落を作るために農民に編まれた竹がそのままになっているのを憐れんでほどいてやったところ、一カ月後には、折れ曲がった姿ではあるものの生き生きとしていた。李衎は「外は其の憂いに堪えざるが若しと雖も、霜筠は雪色、勁節は虚心、諸を内に存するは、固より少しく衰えざるなり。猗なるかな。偉なるかな」と、苦境に置かれてもなお高潔さを保つ竹の徳を称え、これを世に伝えるべく何度か絵画化し知人に贈ったが、その内の一作が本図であるという。この「紆竹図軸」自跋の内容は、明らかに文同の「紆竹記」を踏襲している。文同による異形の竹をめぐる言説が、李衎やその周囲の元代文人たちによって倣うべき古典として継承されていたことが確認できるだろう。ただし、元朝の下で栄達した李衎や趙孟頫に、異形の竹を切実な自己の問題としてとらえようという気持ちは少なかったかもしれない。

また、文同から蘇軾に贈られた篔簹谷偃竹図巻についても、元代末期にはこれが偃竹であることに注目した論考がなされていた。著名な文学者であった楊維楨（一二九六～一三七〇）は、『図絵宝鑑』の著者として知られる夏文彦（一三二二頃～七〇頃）の応接室のために「文竹軒記」を贈り(49)、「文竹軒」の名は収蔵家としても著名であった夏文彦自慢の文同筆墨竹図に由来するという。楊維楨の筆は、この墨竹図から篔簹谷偃竹図巻に及び、文同の胸中には巨大な「奇気」があり、蘇軾に贈られたわずか数尺の偃竹には、「万尺の勢の偃すべからざる者」が表れていたはずだ、と述べる。そして、夏文彦の所蔵品も、かの篔簹谷偃竹図巻のように、臥せった外形を強いられても、内在する動勢は決して力なく臥せってはいない、そういう画竹であり、夏文彦の志もまた、現在のびやかに発揮されてはいないので、この墨竹図を特別に思うのだろうと説く。ここにも、異形となった画中の竹に作者の内心の思いを読み取り、そこに共感を寄せる鑑賞態度がみられるのである。

四　図様の継承

ここまで、宋代絵画資料の不足から、主に文献資料を用いて、文同の異形の竹の制作と鑑賞を論じてきた。元代以降、文人による画竹の遺品は増加し、「直」でない竹を主題に選び、単独で描いた現存作例も散見されるようになる。これらの絵画資料からは、文同の描いた異形の竹の内、断崖の竹の図様が注目され、これが一つの型となって継承されていく様相がみえてくる。

前述した李衎の「紆竹図軸」は、画面下から上へほぼ直角に曲がりながら伸びる竹を描き、文同「紆竹記」を踏まえた題を記す。ただ、このような図様の類例は少なく(50)、これが文同の異形の竹の典型として普及することはなかった

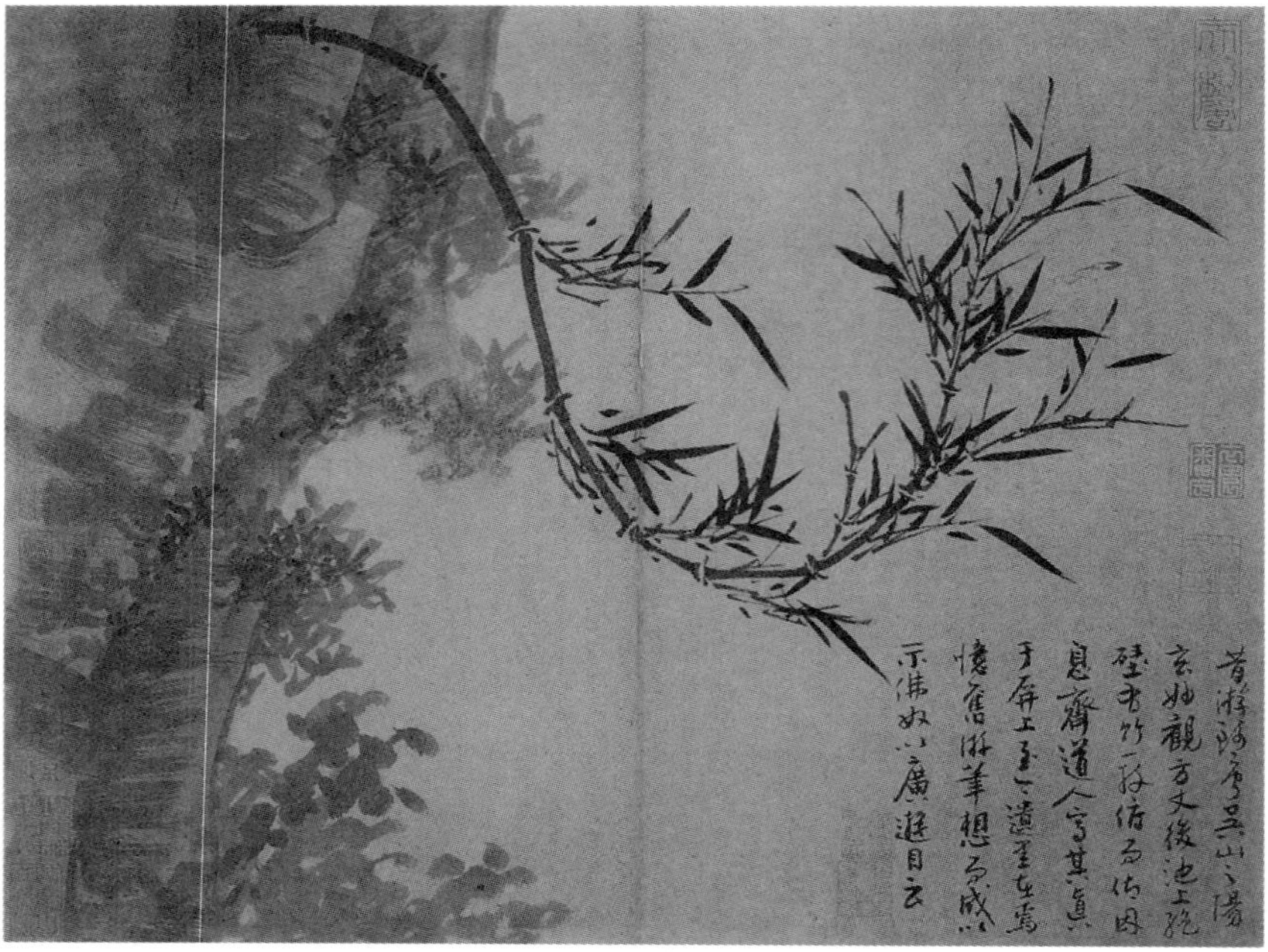

図10　呉鎮筆　玄妙観竹図頁（「墨竹譜冊」第十九図）　紙本墨画　40.3×52.0cm
台北・国立故宮博物院蔵

ようである。その意味でより重要な李衎の作例は、杭州（浙江省）の呉山にあった玄妙観に描かれていたという画竹衝立であろう。この作品は、呉鎮（一二八〇～一三五四）の模写として伝わっている。呉鎮は嘉興（浙江省）の人で、生涯仕官せず、この一帯で自適の生活を送った文人画家である。漁父図と墨竹図を得意としたと伝わる。その「玄妙観竹図頁（「墨竹譜冊」第十九図）」（一三五〇年、台北・国立故宮博物院蔵）【図10】自題は、玄妙観方丈裏の池の絶壁に「俯して仰す」ように生えた竹を李衎が衝立上に写し、それを呉鎮が玄妙観に遊んだ際にみて模写したといい[51]、画面左に切り立つ岩壁を配し、そこから右方向へ生える竹を描く。注目すべきは、いったんは重力に逆らえずにうなだれるように頭を下げるも、そこから竜蛇のように身をくねらせて再び上に伸びていく、その曲線の力強さであろう。これは、蘇軾「書晁補之所蔵与可画竹三首」に「君看るや断崖の上、瘦節蛟蛇の走るを」と称された文同作品を連想させる画竹である。

「玄妙観竹図頁」の制作には、当時文同由来と理解されていた竹の図様が参照されたと推測される。李衎にやや遅れて活動する美術史家の湯垕（一二六二頃～一三三二頃）は、張受益邸で「熙寧二年己酉（一〇六九）冬至日巴郡文同与可戯墨」の題のある、逆さまに描かれた竹の衝立をみたことがあったという。[52] この「熙寧二年」画竹については、柯九思

図11　柯九思筆　臨文同墨竹図軸　絹本墨画　107.6×47.6cm　メトロポリタン美術館蔵

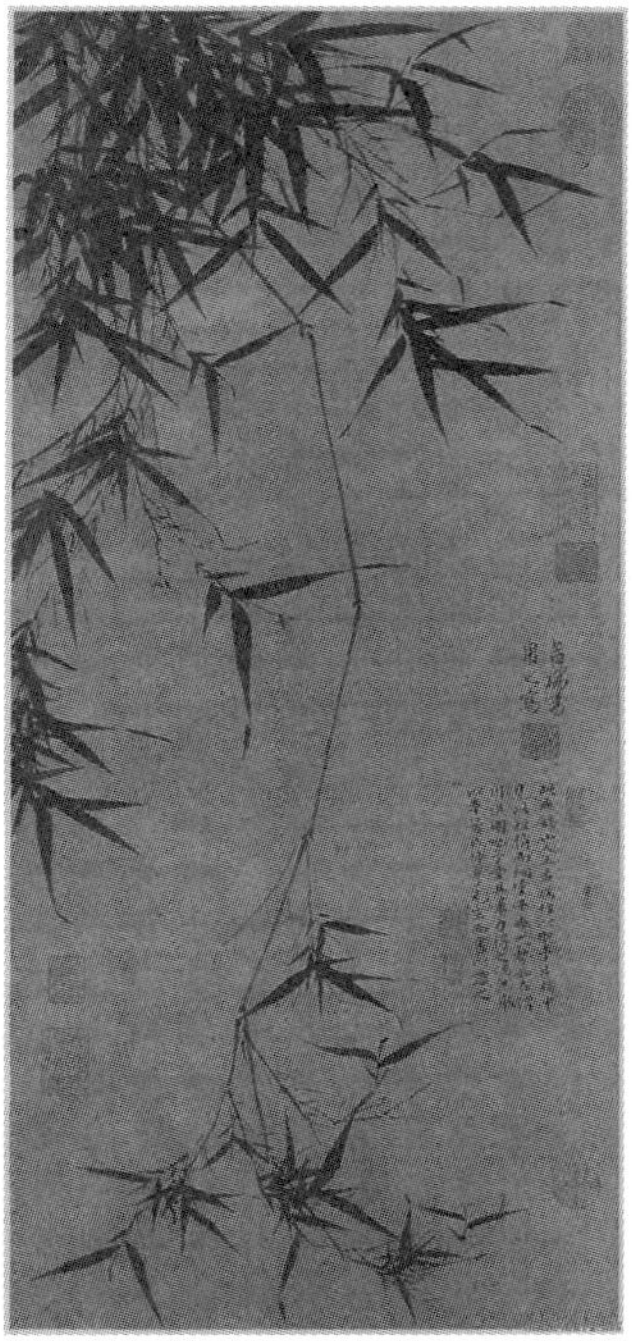

図12　王紱筆　淇渭図軸　絹本墨画　78.2×34.5cm　台北・国立故宮博物院蔵

が模写を残している。[53] 柯九思は台州（浙江省）の名家に生まれ、父の柯謙は李衎の友人であった。文宗（位一三二九～三二）の信任を得、奎章閣学士院鑑書博士となって内府収蔵品の鑑識を行った。湯垕が『画鑑』を著すにあたって柯九思の助言を求めたことでも知られる。「熙寧己酉冬至日、巴郡文同与可。至正癸未端陽節、丹丘柯九思臨」と題された「臨文同墨竹図軸」（一三四三年、メトロポリタン美術館蔵）**【図11】**は、右上から左下に、大きな節が特徴的な幹を伸ばし、先端をU字型に屈曲させた竹の図様

図13　夏景筆　朝陽舞鳳図軸　絹本墨画
133.5×78.5cm　根津美術館蔵

図14　魯得之筆　竹石図軸　絹本墨画
160.3×47.6cm　東京国立博物館蔵

を伝える。無背景ではあるが、左右によく枝を広げ、葉を茂らせていることから、障害のない空中に伸びた竹であり、画面右上外に位置する懸崖から生えているものと想定できる。湯垕は「奇作」と称賛した張受益邸の衝立以外に、同題同図様の絹画の贋作三本に出会ったという。[54] 前述した台北本の文同印「墨竹図軸」や、呉栄光（一七七三〜一八四三）が順徳温から譲り受けたという広州芸術博物院所蔵の文同款のある「墨竹図軸」も、基本的に柯九思筆「臨文同墨竹図軸」の図様を反転したものであり、「熙寧二年」画竹の人気を物語る資料と位置づけられる。十四世紀初頭には、曲がりくねった断崖の竹が、文同に由来する図様として広く普及していたとすれば、それにやや先立って玄妙観に竹の衝立を描いた李衎が、「熙寧二年」画竹の別本の一つをみていた可能性は高いといえる。後にそれを模写した呉鎮も当然、文同の異形の竹の系譜は意識していただろう。

以後、断崖の竹の図様は、たびたび絵画化されていく。王紱（一三六二～一四一六）筆「淇渭図軸」（台北・国立故宮博物院蔵）【図12】、夏昶（一三八八～一四七〇）筆「朝陽舞鳳図軸」（根津美術館蔵）【図13】、やや下るが十七世紀に活躍した魯得之による「竹石図軸」（東京国立博物館蔵）【図14】等はその例である。王紱は無錫（江蘇省）出身の貢生で、能書をもって翰林院に入り中書舎人となった。夏昶は崑山（江蘇省）の人、永楽十三年（一四一五）の進士で翰林院庶吉士から、書芸を評価されて中書舎人に移り、太常寺卿に至って退官し、蘇州一帯で文雅の生活を送った。いずれも明を代表する墨竹画家として知られている。

ここで改めて、文同による異形の竹は、断崖の竹であれ紆竹、偃竹、横竹であれ、形状や筆勢における力強さを失っていないものと記されてきたことを確認しておきたい。呉鎮が李衎を模した「玄妙観竹図頁」や台北本の文同印「墨竹図軸」においても、作者は異形の竹を同様に表現しており、画中ではいったん下に向かった竹が、弾力を保ちながら急な角度で上昇している。ここに逆境に屈しないという強い意志を感じとることができるだろう。一方で、柯九思の描く竹は同様の型に倣って、下に向かった後、上昇しているが、その曲がり方はより優美で軽やかである。このような傾向は、王紱、夏昶、魯得之といった明代の作品に継承されていく。ここには文同の異形の竹の意味の変容、あるいは新たな意味づけが反映されていると考えるが、(55) これについては稿を改めて論じたい。

おわりに

竹は、他に比べ「直」であることが重視される植物である。本稿は、墨竹の祖と評される文同が「直」でない、竜蛇のように曲がりくねった異形の竹をたびたび描いていたという事実に注目し、まず、彼の交友圏に属していた文人士大夫の言葉を資料として、断崖の竹、紆竹、偃竹、横竹といったその作例を紹介した。ここには、唐代樹石画の伝統を継承した、竹の姿を屈曲させる厳しい環境への関心が指摘できるが、より若い世代は、作者の鬱屈した胸中の思いの具現化という文脈でもこれを鑑賞していたと推測される。文同は異形の竹を描いた作品を、蘇軾を始めとする友人たちに贈っており、文同・蘇軾を慕う人々の間でこれに倣った画竹制作も行われた。このため、蘇軾ら旧法党を排斥した徽宗朝には、異形の竹を描くことは新法への不満を示すものとして否定されたと考えられる。後、元代文人画家の間で異形の竹は再び関心を集めるようになる。元代以降増加する絵画資料から、文同由来と理解され、異形の竹の典型となったのは、崖から逆さまに生え、途中で屈曲して頭をもたげる図様であったことがわかる。これは明代以降も継承されていったのである。

以上、文同を中心に、異形の竹絵画化の系譜を述べてきた。信頼できる文同自身の言葉の欠如や現存作例の不足など資料上の制限から、断片的かつ類推の多い考察ではあるが、北宋から明代に至るまで、「直」でない竹に対して文人画家たちが一定の関心を寄せていたことは明らかになった。ただ、蘇軾「文与可画篔簹谷偃竹記」が、文人士大夫の画竹を語る際に頻繁に引用される重要な資料となった一方で、その偃竹図巻を彷彿とさせるような絵画の遺品は乏しく、図様として残ったのは断崖の竹のそれのみである。この事実に象徴されるように、画竹の歴史全体からみれば、異形の竹は傍流にとどまったようであり、その理由についてはさらなる検討が必要であろう。本稿における素描の補強、明代以降の展開と併せて、今後の課題としたい。

〔付記〕　本稿の内容は、二〇一八年七月十八日の中国美術研究会（京都大学人文科学研究所）での発表「屈曲する竹――文同・李衎・呉鎮・夏㫤を中心に」、および二〇一八年八月八日の宋代史研究会での発表「曲がり竹をえがく――文同・李衎・呉鎮・夏㫤を中心に」に基づくものです。両研究会でご質問・ご意見くださった参加者各位に感謝します。また、個々の文献資料の読解にあたっては、東京国立博物館で毎月開催している題跋研究会の参加者各位にご助言いただきました。ここに深く感謝いたします。

註

（1）中国における宋代までの画竹の歴史についての先行研究は数多いが、本稿では主に以下の文献を参照した。
・戸田禎佑「五代・北宋の墨竹」『美術史』四六、一九六二年。
・Michael Sullivan, *Chinese Landscape Painting in the Sui and T'ang Dynasties*, Oakland, Calif.: University of California Press, 1980, pp. 101-104, 150-151.
・古原宏伸「墨竹史略」『特別展　橋本コレクション　中国の墨竹』東京：渋谷区立松濤美術館、一九八七年。

（2）唐代の樹石画については、主に以下の文献を参照した。
・宗像清彦「中国における樹石図の発生とその意義」『哲学』五三、一九六八年。
・李霖燦「松石画格之研究和松泉盤石図」『中国名画研究』台北：芸文印書館、一九七三年。
・古田真一「中唐に於ける樹石画の展開について」『京都市立芸術大学美術学部研究紀要』二九、一九八五年。
・竹浪遠「唐代の樹石画について――松石図を中心に（上）（下）」『古文化研究』五・七、二〇〇六・二〇〇八年。

（3）文同の墨竹制作と蘇軾の批評の史的意義についても多くの研究があるが、基本的見解をまとめるにあたっては主に以下の文献を参照した。
・前掲註（1）戸田禎佑「五代・北宋の墨竹」。
・戸田禎佑「湖州竹派について――宋代文人画研究二」『美術研究』二三六、一九六五年。
・横山伊勢雄「蘇軾の『墨戯』――文人画の形成」『中国文化』五三、一九九五年。

・湯浅陽子「蘇軾の絵画論——文同を中心に」『中国文化論叢』五、一九九六年。
・青木優子「蘇軾の絵画論」『立命館文学』五五七、一九九八年。
・衣若芬『蘇軾題画文学研究』台北：文津出版社、一九九九年、一八〇～二〇一頁。
・西上勝「墨竹と文学」『東北大学中国語学文学論集』一四、二〇〇九年。
・韋賓「墨竹与宋元士大夫」『宋元画学研究』蘭州：甘粛人民出版社、二〇〇九年。
・井上枝里子「文同の絵画観——詩画一律の成立における影響」『九州中国学会報』五二、二〇一四年。
・Peter C. Sturman, "The Subject in Wen Tong's *Ink Bamboo*," 浙江大学芸術与考古研究中心編『浙江大学芸術与考古研究（特輯一）宋画国際学術会議論文集』杭州：浙江大学出版社、二〇一七年。

（4）「秩秩斯干、幽幽南山。如竹苞矣、如松茂矣。兄及弟矣、式相好矣、無相猶矣」『詩経』「小雅・斯干」。

（5）「其在人也、如竹箭之有筠也、如松柏之有心也。二者居天下之大端矣、故貫四時而不改柯易葉」『礼記』「礼器」。

（6）「（前略）子路曰、学豈益也哉。孔子曰、夫人君而無諫臣則失正、士而無教友則失聴。御狂馬不釈策、操弓不反檠。木受縄則直、人受諫則聖、受学重問、孰不順哉。毀仁悪士、必近於刑。君子不可不学。子路曰、南山有竹、不揉自直、斬而用之、達于犀革。以此言之、何学之有。孔子曰、括而羽之、鏃而礪之、其入之不亦深乎。子路再拝曰、敬而受教」『孔子家語』巻五「子路初見」。

（7）「竹似賢。何哉。竹本固、固以樹徳、君子見其本、則思善建不抜者。竹性直、直以立身、君子見其性、則思中立不倚者。竹心空、空以体道、君子見其心、則思応用虚受者。竹節貞、貞以立志、君子見其節、則思砥礪名行夷険一致者。（後略）」白居易「養竹記」『白氏長慶集』（四部叢刊本）巻二十六。

（8）「（前略）君子比徳於竹焉、原夫勁本堅節、不受霜雪、剛也。緑葉凄凄、翠筠浮浮、柔也。虚心而直、無所隠蔽、忠也。不孤根以挺聳、必相依以林秀、義也。雖春陽気王、終不与衆木闘栄、謙也。四時一貫、栄衰不殊、恒也。垂蕡実以遅鳳、楽賢也。歳擢筍以成幹、進徳也。（後略）」劉岩夫「植竹記」李昉等編『文苑英華』（四庫全書本）巻八二九。

（9）宋の画史書に載る唐から五代にかけての風竹の作例については、郭若虚『図画見聞志』巻二「劉彦斉」「李坡」、『宣和画譜』

巻十五「蕭悦」、巻十六「黄筌」、巻十七「李煜」を参照。また、『宣和画譜』巻二十「僧夢休」はその「風竹図」十四幅を著録する。

（10）前掲註（3）Peter C. Sturman, "The Subject in Wen Tong's *Ink Bamboo*".

（11）郭若虚『図画見聞志』巻二「史璠」、『宣和画譜』巻二十の墨竹門参照。

（12）「王鞏字定国、（略）又収唐竹図、著色亦好、一横竹、比他竹大龐也」米芾『画史』。米芾『画史』の校訂および解釈については、古原宏伸『米芾『画史』註解』上・下（東京：中央公論美術出版、二〇〇九・二〇一〇年）を参照した。

（13）「劉夢松、江南人。善以水墨作花鳥、於浅深之間、分顔色軽重之態、互相映発、雖綵絵無以加也、自成一種気格耳。又作紆竹図甚精緻。（後略）」『宣和画譜』（画史叢書本）巻二十。

（14）「秋野盤雕」の名で通行しているが、実際には桃と鳩を描く春の景である。譚怡令「（作品解説）秋野盤雕」（『文芸紹興——南宋芸術与文化　書画巻』台北：国立故宮博物院、二〇一〇年）参照。

（15）花鳥画の吉祥性については、野崎誠近『吉祥図案解題——支那風俗の一研究』（東京：平凡社、一九四〇年）、宮崎法子『花鳥・山水画を読み解く——中国絵画の意味』（東京：角川書店、二〇〇三年）、Hou-mei Sung, *Decoded Messages: The Symbolic Language of Chinese Animal Painting* (New Haven: Yale University Press, 2009) 等を参照した。

（16）曲がった竹は、仙人もしくは羅漢の杖を連想させるという意味で吉祥性が指摘できるかもしれない。古くは、費長房が壺公について修行し、公から贈られた竹杖に騎乗して家に帰り、その杖を葛陂に捨て置いたところ、青竜に変化したという故事が知られ（葛洪『神仙伝』巻九「壺公」）、南宋時代の方志には仙人が杖を植えたところ、そこから曲がった竹が生えるようになったとの記録もある（潜説友『咸淳臨安志』巻八十一「安隠院」）。実際に生えていた「曲竹」「羅漢杖竹」については、元・李衎『竹譜詳録』（巻五）が記す。なお、羅漢図にも時に曲がった竹の杖が登場する（元・蔡山筆「羅漢図軸」東京国立博物館蔵など）。

　また、宮崎法子氏は、連綿と続く子孫繁栄を象徴する蔓性植物への愛好が、中国美術作品の表現において、本来蔓性でない植物の姿を変容させた可能性を指摘する（前掲註（15）同氏『花鳥・山水画を読み解く』一九八〜二〇〇頁）。竹を蔓のように描く伝趙昌筆「竹虫図軸」（東京国立博物館蔵）にもそのような嗜好が反映されているかもしれない。

(17) 現存する一連の伝文同作品については、主に以下の文献を参照した。

・夏玉琛「記蘇軾枯木竹石文同墨竹合巻」『文物』一九六五—八、一九六五年。
・李霖燦「中国墨竹画法的断代研究」『故宮季刊』一—四、一九六七年。
・李霖燦「文同墨竹的双包案」『故宮文物月刊』一—三、一九七三年。
・史樹青「論文同墨竹」『美術』一九八〇—七、一九八〇年。
・前掲註（1）古原宏伸「墨竹史略」。
・譚怡令「（作品解説）墨竹　文同」『大観——北宋書画特展』台北：国立故宮博物院、二〇〇六年。
・前掲註（3）Peter C. Sturman, "The Subject in Wen Tong's *Ink Bamboo*".

台北・国立故宮博物院所蔵の「墨竹図軸」については、李霖燦氏やピーター・スターマン（Peter C. Sturman）氏らが文同の真蹟と位置づける一方で、史樹青氏や古原宏伸氏はこれを元代絵画であると論じる。また、概説書等で北宋時代の墨竹を論じつつ、台北本について言及しないことで、これに対して疑義が示されてきたことはスターマン氏の指摘にあるとおり。

(18)「凡人相与号呼者、貴之則曰公、賢之則曰君、自其下則爾汝之。雖公卿之貴、天下貌畏而心不服、則進而君公、退而爾汝者多矣。独王子猷謂竹君、天下従而君之無異辞。今与可又能以墨象君之形容、作堂以居君、而属余為文、以頌君徳、則与可之於君、信厚矣。

与可之為人也、端静而文、明哲而忠、士之修潔博習、朝夕磨治洗濯、以求交於与可者、非一人也。而独厚君如此。君又疎簡抗勁、無声色臭味可以娯悦人之耳目鼻口、則与可之厚君也、其必有以賢君矣。世之能寒燠人者、其気焰亦未至若雪霜風雨之切於肌膚也、而士鮮不以為欣戚喪其所守。自植物而言之、四時之変亦大矣、而君独不顧。雖微与可、天下其孰不賢之。然与可独能得君之深、而知君之所以賢。雍容談笑、揮灑奮迅而尽君之徳。稚壮枯老之容、披折偃仰之勢、風雪凌厲以観其操、崖石犖确以致其節。得志、遂茂而不驕、不得志、瘁瘠而不辱。群居不倚、独立不懼。与可之於君、可謂得其情而尽其性矣。

余雖不足以知君、願従与可求君之昆弟子孫族属朋友之象、而蔵於吾室、以為君之別館云」蘇軾「墨君堂記」『東坡集』（東京：

汲古書院、一九九一年）巻三十一。

(19)「余嘗論画、以為人禽宮室器用皆有常形。至於山石竹木、水波煙雲、雖無常形、而有常理。常形之失、人皆知之。常理之不当、雖暁画者有不知。故凡可以欺世而取名者、必託於無常形者也。雖然、常形之失、止於所失、而不能病其全、若常理之不当、則挙廃之矣。以其形之無常、是以其理不可不謹也。世之工人、或能曲尽其形、而至於其理、非高人逸才不能弁。

与可之於竹石枯木、真可謂得其理者矣。如是而生、如是而死、如是而攣拳瘠蹙、如是而条達遂茂、根茎節葉、牙角脈縷、千変万化、未始相襲、而各当其処。合於天造、厭於人意。蓋達士之所寓也歟。昔歳嘗画両叢竹於浄因之方丈、其後出守陵陽而西也、余与之偕別長老道臻師、又画両竹梢一枯木於其東斎。臻方治四壁於法堂、而請於与可、与可既許之矣、故余并為記之。必有明於理而深観之者、然後知余言之不妄」蘇軾「浄因院画記」『東坡集』巻三十一。

(20)「与可画竹時、見竹不見人。豈独不見人、嗒然遺其身。其身与竹化、無窮出清新。荘周世無有、誰知此凝神。

若人今已無、此竹寧復有。那将春蚓筆、画作風中柳。君看断崖上、痩節蛟蛇走。何時此霜竿、復入江湖手。

晁子拙生事、挙家聞食粥。朝来又絶倒、諛墓得霜竹。可憐先生槃、朝日照苜蓿。吾詩固云爾、可使食無肉」蘇軾「書晁補之所蔵与可画竹三首」『東坡集』巻十六。

(21)興膳宏「枯木にさく詩——詩的イメージの一系譜」『中国文学報』四一、一九九〇年。「丁謙、晉陵義興人、始師蕭説雑画、後専写生竹、時号第一。予嘗覧謙画倒崖及病竹、筆法快利、根痩節縮、誠得危掛凋瘁之状、可列能品」劉道醇『五代名画補遺』（画品叢書本）「花竹翎毛門」。

(22)「老夫清晨梳白頭、玄都道士来相訪。握髪呼児延入戸、手提新画青松障。障子松林静杳冥、憑軒忽若無丹青。陰崖却承霜雪幹、偃蓋反走虬竜形。老夫平生好奇古、対此興与精霊聚。已知仙客意相親、更覚良工心独苦。松下丈人巾履同、偶坐似是商山翁。悵望聊歌紫芝曲、時危惨淡来悲風」杜甫「題李尊師松樹障子歌」『杜工部集』（上海：商務印書館、一九五七年）巻四。

(23)「海嶠微茫那得到、楚関迢遰心空憶。夕郎善画巌間松、遠意幽姿此何極。千条万葉粉異状、虎伏螭盤争勁力。扶疎半映晩天青、凝澹全和曙雲黒。煙籠月照安可道、雨湿風吹未曾息。能将積雪弁晴光、毎与運峰作寒色。竜楼不競繁花吐、騎省偏宜遙夜直。羅浮道士訪移来、少室山僧旧応識。掖垣深沈昼無事、終日亭亭在人側。古槐衰柳寧足論、還対罘罳列行植」皇甫冉「同韓給事観畢給事画松石」、王安石編『唐百家詩選』（四庫全書本）巻十一。

(24)「鬱鬱澗底松、離離山上苗。以彼径寸茎、蔭此百尺条。世冑躡高位、英俊沈下僚。地勢使之然、由来非一朝。金張藉旧業、七葉珥漢貂。馮公豈不偉、白首不見招」左思「詠史詩八首（第二首）」『文選』巻二十一。樹石画と「澗底の松」の関係については、前掲註（2）宗像清彦「中国における樹石図の発生とその意義」、竹浪遠「唐代の樹石画について――松石図を中心に（上）」を参照。

(25) 文同「紆竹記」（『丹淵集』〈宋集珍本叢刊本〉拾遺巻下）の全文は次のとおり。解釈については、前掲註（3）西上勝「墨竹と文学」、Peter C. Sturman, "The Subject in Wen Tong's *Ink Bamboo*" を参考にした。

紆竹生於陵陽守居之北崖、其始、共本以出、去土未幾、而遽分其三。裁三尺、倮然無他枝、乃栟蓋其顚。未脱籜時、蝎害之使然爾。其一既独盛、将挺起、為垂巖所軋、力不得競、乃求虚以伸。所趣觗礙無所容、屈己自保、生意愈艱。蟠空繚隙、拳局以進、伏碻礅、蔽蓊薉、曽莫知其歴寒暑之何許也。

余采薬過其下、見之、命瞽鬻二童奴撥荒榛、除腐蔓、扶起而支持之、則已堅彊偃蹇、宛骫附地、若不欲使人加哀憐於其不得遂諸生理者。然観其抱節也、剛潔而隆高、其布葉也、痩瘠而修長。是所謂戦風日、傲氷霜、凌突四時、磨轢万草之奇植也。

余歎視良久、瞽者進而言曰、是将以瑞而名之、可乎。曰、瑞生于人所易見、俾得以致此。独処窮僻、非瑞也。鬻者進而言曰、是将以怪而名之、可乎。曰、怪起於不常、有物体自効、以見駭於世、此因地而然、非怪也。然則何名而可。曰、天之生物、概授以生、其各有所得失之者、莫不常繫乎其所託。竹之為物、乃草木之中甚賢者。今此不幸、不得其地以完其生、上蔽旁鬩、不使自通、遂至於質状如此。然其天之所与、雖不能奮迅条達、以尽其性、而其所得短長巨細之分、当亦縁理而浸長之。故其気不能暢茂於其内、而其勢所以促蹙於其外也。且其所以若是者、夫豈得已哉。今也就其所以不得已者、而名之曰紆、庶使後之人、知其得名之由、以不得已而取之也。於是瞽鬻並進而言曰、公名之、既聞命矣。公平居常好戯為此者、盍摹之以示於人乎。余許之、使瞽者裂素、鬻者漬墨、清暁上平雲閣、為濡毫而揮灑之。自卯至辰而就、乃言此題其下、熙寧壬子孟冬辛丑、与可記。

(26)「紆竹生於陵陽守居之北崖、蓋岐竹也。其一未脱籜、為蠍所傷、其一困於嵌巖、是以為此状也。吾亡友文与可為陵陽守、見而異之、以墨図其形。余得其摹本以遺玉冊官祁永、使刻之石、以為好事者動心駭目詭特之観、且以想見亡友之風節、其屈而不撓者、蓋如此云」蘇軾「跋与可紆竹」『蘇軾文集』（北京：中華書局、一九八六年）巻七十。

(27)「（前略）貞元十九年春、居易以抜萃選及第、授校書郎。始於長安求仮居処、得常楽里故関相国私第之東亭而処之。明日、履及于亭之東南隅、見叢竹於斯。枝葉殄瘁、無声無色。詢於関氏之老、則曰、此相国之手植者。自相国捐館、他人仮居。由是筐篚者斬焉、篲箒者刈焉。刑余之材、長無尋焉、数無百焉。又有凡草木雑生其中、榛茸薈鬱、有無竹之心焉。居易、惜其嘗経長者之手、而見賤俗人之目、翦棄若是、本性猶存。乃芟蘙薈、除糞壌、疏其間、封其下、不終日而畢。於是日出有清陰、風来有清声。依依然、欣欣然、若有情於感遇也。

嗟乎、竹、植物也、於人何有哉。以其有似於賢、而人猶愛惜之、封植之。況其真賢者乎。然則竹之於草木、猶賢之於衆庶。嗚呼、竹不能自異、惟人異之。賢不能自異、惟用賢者異之。故作養竹記、書于亭之壁、以貽其後之居斯者、亦欲以聞於今之用賢者云」白居易「養竹記」『白氏長慶集』巻二十六。

(28)「有道人自天台来、示予怪松図。（略）今不幸出於巌穴之内、脞脆者則磔然其牙伏死其下矣。何自奮之能焉。是松也、雖稚気初拆、而正性不辱。及其壮也、力与石鬭、乗陽之威、悲己之軋、抜而将昇、卒不勝其圧。擁勇鬱遏、坌憤激訐、然後大醜彰於形質。天下指之為怪木。吁、豈異人乎哉。（後略）」陸亀蒙「怪松図賛幷序」『唐甫里先生文集』（四部叢刊本）巻十八。全原文と内容は、前掲註（2）竹浪遠「唐代の樹石画について――松石図を中心に（上）」に紹介される。文同「紆竹記」と陸亀蒙「怪松図賛幷序」の類似についても竹浪氏にご助言いただいた。

(29)「朝議大夫王之才妻、南昌県君、李尚書公択之妹、能臨松竹木石画、見本即為之、難卒弁。文与可毎作竹以貺人。一朝士張潜、迂疎修謹、文作紆竹以贈之、如是不一。又作横絹丈余著色偃竹、以貺子瞻。南昌過黄、借得以効臨之。後数年、会余真州、求詩、非自陳不能弁也。余曰、偃蹇宜如李、揮毫已逼翁。衛書無曲妙、琰恵有遺工。乍睹虬如物、初披颯有風。願蔵惟謹鑰、化去或難窮」米芾『画史』。

(30)蘇軾「文与可画篔簹谷偃竹記」（『東坡集』巻三十二）全文は次のとおり。訳注は、小川環樹・山本和義『中国文明選　第二

巻
蘇東坡集』（東京：朝日新聞社、一九七三年）を参照した。

竹之始生、一寸之萌耳、而節葉具焉。自蜩腹蛇蚹以至于剣抜十尋者、生而有之也。今画者、乃節節而為之、葉葉而累之。豈復有竹乎。故画竹必先得成竹於胸中、執筆熟視。乃見其所欲画者、急起従之、振筆直遂、以追其所見、如兎起鶻落、少縦則逝矣。与可之教予如此。予不能然也。而心識其所以然。夫既心識其所以然、而不能然者、内外不一、心手不相応、不学之過也。故凡有見於中而操之不熟者、平居自視了然、而臨事忽焉喪之、豈独竹乎。

子由為墨竹賦以遺与可曰、庖丁、解牛者也、而養生者取之。輪扁、斲輪者也、而読書者与之。今夫夫子之託於斯竹也、而予以為有道者、則非耶。子由未嘗画也、故得其意而已。若予者、豈独得其意、并得其法。

与可画竹、初不自貴重、四方之人持縑素而請者、足相躡於其門。与可厭之、投諸地而罵曰、吾将以為韤。士大夫伝之以為口実。及与可自洋州還、而余為徐州。与可以書遺余曰、近語士大夫、吾墨竹一派、近在彭城、可往求之。韤材当萃於子矣。書尾復写一詩、其略曰、擬将一段鵞谿絹、掃取寒梢万尺長。予謂与可、竹長万尺、当用絹二百五十匹、知公倦於筆硯、願得此絹而已。与可無以答、則曰、吾言妄矣、世豈有万尺竹哉。余因而実之、答其詩曰、世間亦有千尋竹、月落庭空影許長。与可笑曰、蘇子弁則弁矣。然二百五十匹、吾将買田而帰老焉。因以所画篔簹谷偃竹遺予、曰、此竹数尺耳、而有万尺之勢。篔簹谷在洋州、与可嘗令、予作洋州三十詠、篔簹谷其一也。予詩云、漢川修竹賤如蓬、斤斧何曽赦籜竜、料得清貧饞太守、渭浜千畝在胸中。与可是日与其妻游谷中、焼筍晩食、発函得詩、失笑噴飯満案。

元豊二年正月二十日与可没於陳州、是歳七月七日、予在湖州曝書画、見此竹、廃巻而哭失声、昔曹孟徳祭橋公文、有車過腹痛之語、而予亦載与可疇昔戯笑之言者、以見与可於予親厚無間如此也。

(31) 「篔簹谷偃竹図巻」は、熙寧十年（一〇七七）冬に始まる手紙のやりとりの後、文同から蘇軾に贈られた。劉正成主編『中国書法全集／巻三十三・三十四』（北京：栄宝斎、一九九一年）には、元豊元年（一〇七八）一月二十八日付の蘇軾の文同宛書状である「偃竹帖」（乾道四年〈一一六八〉汪応辰刻「西楼蘇帖」〈北京市文物商店蔵〉の内）が収録されており、「蒙寄恵偃竹、真可為古今之冠」と、偃竹図を贈られたことへの礼が述べられている。

（32）米芾『画史』の全文は、註（29）参照。鄧椿『画継』〈画史叢書本〉巻五「李氏」の全文は次のとおり。

朝議大夫王之才妻崇徳郡君李氏、公択之妹也。能臨松竹木石、見本即為之、卒難弁。又与可毎作竹以貺人、一朝士張潜、迂疏修謹、作紆竹以贈之、如是不一。又作一横絹丈余著色偃竹、以貺子瞻、過南昌、山谷借而李臨之、後数年、示米元章于真州。元章云、非魯直自陳、不能弁也。作詩曰、偃蹇宜如李、揮毫已逼翁。衛書無遺妙、琰慧有余工。熟視疑非筆、初披颯有風。固蔵惟謹鑰、化去或難究。山谷亦有題姨母李夫人墨竹、偃竹及墨竹図歌、詩載集中。

古原宏伸氏は前掲註（12）『米芾『画史』註解』上四二二～四二九頁の中で、『画史』に「南昌県君」とあるのは誤りで正しくは、『画継』にいう「崇徳郡君」、また、『画史』が、李氏自身が黄州に赴いて蘇軾から文同画竹を借り、数年後、真州で米芾に会った、とするのは誤りで、『画継』のいうように、黄庭堅が南昌で蘇軾に、真州で米芾に会ったとすべきと説く。本稿はその見解を踏襲した。

（33）黄庭堅「題李夫人偃竹」（史容注『山谷外集詩注』〈四部叢刊本〉巻八）に「孤根偃蹇非傲世、勁節癯枝万壑風。閨中白髪翰墨手、落筆乃与天同功」とあり、洪朋「李夫人偃竹歌」（『洪亀夫集』〈四庫全書本〉巻上）に、「袖中欻忽生糸竹、眼底鮮飆起寒緑。（原欠二字）誰能写此真、偃蹇一枝生気足。夫人故有林下風、歳寒落落此君同。映窓得意偶揮麗、写出篔簹谷裏千秋之臥竜。夜来風雨吹倒屋、但恐踊躍変化入水渺無湘蹤」とある。

（34）黄庭堅「次韻黄斌老所画横竹」（任淵注『山谷内集詩注』〈四庫全書本〉巻十二）に、「酒澆胸次不能平、吐出蒼竹歳峥嵘。臥竜偃蹇雷不驚、石（君）与此君俱忘形。晴窓影落石泓処、松煤浅染飽霜兔。中安三石使屈蟠。亦恐形全便飛去」とある。

（35）黄庭堅「題子瞻画竹石」（任淵注『山谷内集詩注』巻十五）に「風枝雨葉瘠土竹、竜蹲虎踞蒼蘚石。東坡老人翰林公、酔時吐出胸中墨」とある。

（36）「子瞻作枯木、枝幹虬屈無端、石皴硬亦怪怪奇奇無端、如其胸中盤鬱也」米芾『画史』。

（37）胸中をめぐる黄庭堅と米芾の絵画鑑賞法については、前掲註（3）西上勝「墨竹と文学」、宇佐美文理『中国芸術理論史研究』（東京：創文社、二〇一五年）七〇～一一三頁を参照した。

（38）前掲註（1）戸田禎佑「五代・北宋の墨竹」。

(39)　韋賓「『宣和画譜』名出金元説――兼論『宣和画譜』与徽宗絵画思想無関」「『宣和画譜』対以前文献的点竄曲解」前掲註（3）『宋元画学研究』。

(40)　「劉夢松、江南人。善以水墨作花鳥、於浅深之間、分顔色軽重之態、互相映発、雖綵絵無以加也、自成一種気格耳。又作紆竹図甚精緻。蓋竹本以直為上、修篁高勁、架雪凌霜、始有取焉。今夢松乃作紆曲之竹、不得其所矣。或造物賦形、不与之完、或有所拘閡、而不遂其性、又或以所託非其地而致此、皆物之不幸者、将以著戒焉。今御府所蔵三。雪鵲図一。紆竹図一」『宣和画譜』巻二十「墨竹門」。

(41)　例えば、五代の墨竹画家・李頗について「（前略）蓋竹昔人以謂不可一日無、而子猷見竹則造門、不問誰氏。袁粲遇竹輒留。七賢六逸皆以竹隠。詞人墨卿高世之士所眷意焉。頗不習他技、独有得於竹、知其胸中故自超絶（後略）」と述べている（『宣和画譜』巻二十「墨竹門」）。

(42)　他に劉道醇『聖朝名画評』（一〇五七年）が「花竹翎毛門」に劉夢松伝を載せるが、「水墨翎毛」「草木花竹」をよくし、「墨竹」も精緻に描いたというのみである。教養や身分については言及がないので職業画家としてよいだろう。「劉夢松、江南人、善画水墨翎毛及草木花竹等、亦精於墨竹。今普安院長老有夢松花竹図、花得洛陽之盛、竹有江上之異、皆可愛也」劉道醇『聖朝名画評』（画品叢書本）巻三「花竹翎毛門」。

(43)　余紹宋『書画書録解題』（一九三二年）巻六、前掲注（1）戸田禎佑「五代・北宋の墨竹」、前掲註（3）戸田禎佑「湖州竹派について」。談生広氏は、方回（一二二七～一三〇六）の「丹青歌贈王春陽用其神丹歌韻」を引用しつつ、元時代にはすでに、『宣和画譜』が蘇軾に関する記述を排除しているとみなされていたと論じる。談生広「従王庭筠『墨竹枯槎図』看宋金及元初蘇軾体系墨竹的伝承」（南京師範大学碩士論文、二〇〇三年）参照。

(44)　前掲註（41）談生広「従王庭筠『墨竹枯槎図』看宋金及元初蘇軾体系墨竹的伝承」。

(45)　李衎の画竹については以下の文献を参照。
・李霖燦「古木竹石画系的研究」前掲註（2）『中国名画研究』。
・張光賓「李衎――湖州竹派的中興者」『元朝書画芸術研究集』台北：国立故宮博物院、一九七九年。

・Kao, Arthur Mu-sen, "The Life and Art of Li K'an," Ph.D. diss. University of Kansas, 1979.
・宮崎法子「元代の花鳥画と墨竹画」海老根聰郎・西岡康宏編『世界美術大全集　東洋編七・元』東京：小学館、一九九九年。
・林宛儒「遊走於文士与皇族之間——李衎画竹与『四季平安』墨竹軸」『故宮文物月刊』四〇三、二〇一六年。
・小林宏光『中国版画史論』東京：勉誠出版、二〇一七年、四六一～四六七頁。

（46）「吾友李仲賓為此君写真、窮捜極討、蓋欲尽得竹之情状。二百年来以画竹称者、皆未必能用意精深如仲賓也。此野竹図尤詭怪奇崛、窮竹之変、枝葉繁而不乱、可謂毫髪無遺恨矣。然観其所題語、則若悲此竹之託根不得其地、故有屈抑盤躃之嘆。夫羲尊青黄、木之災也。擁腫拳曲、乃不夭於斧斤、由是観之、安知其非福耶。因賦詩以寄意云。偃蹇高人意、蕭踈曠士風。無心上霄漢、混迹向蒿蓬」趙孟頫「題李仲賓野竹図幷序」『趙子昂詩集』（中華再造善本本）巻三。

（47）李衎の自題全文は次のとおり。

東嘉之野人、編籬竹為虎落、以護蔬果。既殖獲則捨而弗顧。予過其傍、憐無罪而就桎梏者、迺命従者、釈其縛而扶植之、不勝困悴。再閲月而視之、則芃芃然有生意矣。噫、当其長養之時、横遭屈抑盤擗已久。傴僂者卒不能伸、偃頬者卒不能起、蕭条寂寞見棄於時。雖外若不堪其憂、而霜筠雪色、勁節虚心、存諸内者、固不少衰也。猗与。偉与。此君之盛徳也、貧賤不移、威武不屈、有大丈夫之操、富貴不驕、阨窮不憫、有古君子之風。憶絵而伝之好事、抑亦化彊梁於委順之境、拯懦弱於卓爾之途、其於世教、或有助云。

大徳乙巳為廉大卿作此一図、次為盧疏斎作第二図、似未愜其意。今元帥走書、以徴拙筆、故併作四図、以答拳拳好竹之意云。

延祐戊午秋八月晦息斎道人記。

同文が、呉栄光（一七七三～一八四三）『辛丑消夏記』（一八四一年）巻四に著録される。

（48）十世紀前半に活動した黄居寀筆と伝わる「山鵲棘雀図軸」（台北・国立故宮博物院蔵）など、花鳥画においては古くから枯葉を落とした竹が描かれている。

（49）楊維楨「文竹軒記」（『東維子文集』巻十五）の全文は次のとおり。『東維子文集』は四部叢刊本により、一部、李修生主編『全元文』（南京：江蘇古籍出版社、一九九七～二〇〇五年）の校訂に従い、字を改めた。

潼川文同氏、自館職乞外調、屢歴郡守、有治状、官至司封員外、充秘閣校理。其高情曠度、類神仙人。文章有丹淵集、不在一時疇輩下、顧以画竹知名、伎掩其人、君子所惜。在洋州時、搆亭篔簹谷為游息地、故於画竹益工。時作古槎老枿、淡墨出神、謂之墨林、蓋非丹青家所能匹也。評其妙者、謂其胸有奇気圧十万丈夫者、非繆。

雲間義門夏士良氏、博雅好古、蓄書万巻外、古名流迹墨、舍（もと「含」。四庫全書本により改）金購之弗悋。於文人才士之図写、尤所珍重。居之西偏、有粛客軒名之曰文竹者、有文同氏墨君之手沢也。士良蓄画凡百十家、而独名文竹於軒、非文氏之墨君可貴、三百年之清風雅節可詠耳。雖然、篔谷多偃竹、同特愛之、嘗画以遺子瞻氏、曰、偃竹数尺而有万尺之勢。其詩曰、待将一段鵝渓絹、掃取寒梢万尺長。偃竹有不可偃者如此、与可以之、子瞻以之、士良之所蔵、作於篔谷不篔谷不問、顧亦問只尺之素有万（もと「方」。四庫全書本により改）尺之勢不可偃者何如耳。士良仕志（もと「忠」。四庫全書本により改）未伸、必有得於此者。不然、軒之外林林然麻生而棘立者、皆篔簹物耳、何独以画為貴哉。抑吾聞夏先人止知公有義荊図、兵余、図与堂倶燬、士良更命荊以侶竹、則又弗隊其先緒云。

（50）李衎筆「紆竹図軸」（広州芸術博物院蔵）に類似した曲がり方の竹として、東京国立博物館所蔵の管道昇（一二六二～一三一九）款「墨竹図巻」中の一本が挙げられる。

（51）「昔游銭塘呉山之陽、玄妙観方丈後池上絶壁、有竹一枝、俯而仰。因息斎道人写其真于屛上。至今遺墨在焉。憶旧游筆想而成、以示仏奴、以広遊目云」呉鎮「玄妙観竹図頁（「墨竹譜冊」第十九図）」（台北・国立故宮博物院蔵）自題。

呉鎮「墨竹譜冊」については、主に以下の文献を参照した。

・Han, Sungmi, “Wu Chen’s ‘Mo-chu P’u’: Literati Painter’s Manual on Ink Bamboo”, Ph.D. diss., Princeton University, 1983.

・Maxwell K. Hearn, “The Artist as Hero”, Wen C. Fong, James C. Y. Watt et al., *Possessing the Past: Treasures from the National Parace Museum, Taipei*, New York: Metropolitan Museum of Art, Taipei: National Palace Museum, 1996, pp. 309-311.

（52）「文与可竹、真者甚少、平生止見五本、偽者三十本。往見張受益古斎泥壁屏上倒垂枝、上題熙寧二年己酉冬至日巴郡文同与可戯墨、奇作也。後見絹画三本一一如此題、筆墨皆相似。天地間未見者尚多。豈与可一日間能作此和本耶。然真偽一見自可弁」湯垕『画鑑』（画品叢書本）。

（53）ホノルル美術館と大阪市立美術館にも類作がある。柯九思の画竹については、主に以下の文献を参照した。

・Maxwell K. Hearn, Wen C. Fong, *Along the Riverbank: Chinese Painting from the C. C. Wang Family Collection*, New York : Metropolitan Museum of Art, 1999, pp. 100–105.

・Maxwell Hearn, "Painting and Calligraphy under the Mongols", James C.Y. Watt et al. *The World of Khubilai Khan: Chinese Art in the Yuan Dynasty*, New York : Metropolitan Museum of Art, 2010, pp. 225–227.

（54）文同が衝立のような大画面を手がける画家であったことは、郭若虚『図画見聞誌』（画史叢書本）巻三に「復愛于素屏高壁状枯槎老枿」とあるとおり。史樹青氏は、「熙寧二年己酉冬至日巴郡文同与可戯墨」と題された、縦二四五・五、横一一〇・〇センチメートルの絹本墨画の現存作例（中国歴史博物館蔵）を報告している。前掲註（17）史樹青「論文同墨竹」参照。

（55）柯九思作品に題した、元・成廷珪「題羅成之蔵柯敬仲懸崖竹」（『居竹軒詩集』巻二）と、文同印「墨竹図軸」（台北・国立故宮博物院蔵）の王直（一三七九～一四六二）跋には、逆さまに伸び、曲がりくねった竹の姿を、鳳凰の尾に喩える表現がみえる。また夏昶は根津美術館所蔵の作品に自ら「朝陽舞鳳」という、鳳凰にちなむ題をつけている。異形の竹の意味変遷を語る上で、古来竹と結びつけられてきた鳳凰のイメージは重要な役割を果たしていると考える。

挿図出典

図1 『秘宝　第二巻　法隆寺　下』東京：講談社、一九七〇年。
図2 羅世平主編『中国美術全集　墓室壁画　二』合肥：黄山書社、二〇一〇年。
図3 何伝馨主編『文芸紹興——南宋芸術与文化』台北：国立故宮博物院、二〇一〇年。
図4 大和文華館編『大和文華館名品図録』奈良：大和文華館、二〇一〇年。

図6　林柏亭主編『大観——北宋書画特展』台北：国立故宮博物院、二〇〇六年。
図7　有鄰館学芸部編『有鄰館精華』京都：藤井斉成会有鄰館、二〇〇〇年。
図8　陳韻如主編『公主的雅集——蒙元皇室与書画鑑蔵文化特展』台北：国立故宮博物院、二〇一六年。
図9　中国古代書画鑑定組編『中国絵画全集　第七巻　元二』北京：文物出版社、杭州：浙江人民美術出版社、一九九九年。
図10　『故宮書画図録』二十二、台北：国立故宮博物院、二〇〇三年。
図12　『故宮書画図録』六、台北：国立故宮博物院、一九九一年。
図13　根津美術館編『明代絵画と雪舟』東京：根津美術館、二〇〇五年。

元雑劇作品に描かれた宋代社会のイメージ

林　雅清

はじめに

元・明代に盛んに創作されはじめた戯曲や白話小説などの通俗文芸・文学作品には、様々な階層の人々の生活や風俗が描写されている。もちろん、それらの文芸・文学作品は娯楽であり、描かれた物語はフィクション、すなわち虚構である場合が多いが、仮に作品中の物語がすべて虚構であったとしても、そこに描かれた人物像や価値観、風俗などまで全て虚構と断ずることはできない。少なくとも元・明代に実在した当該作品の作者が認識していた、前時代の歴史や伝承、あるいは創作当時の文化的・社会的背景などが、各作品中に相当程度反映されていると考えるのが妥当である。

また、史書や経書、あるいは詩文などとは異なり、通俗文芸・文学作品の受容対象は、より広範囲の階層に亙る。それゆえ、そこに描かれた歴史や伝承・風習などについては、ひとり作者のみならず、作品の成立・出版ないし上演当時の読者や観衆、つまり都市部を中心とした非知識人を含む一般大衆にも、ある程度の共通認識があったと考えられる。そういった観点から小説作品を一種の「史料」として扱う研究は、これまでも数多くなされてきた。ただ、当時の識字層を中心に受容されてきた小説よりも、舞台芸術としてより広範囲の人々に受容されたであろう戯曲作品の描写の方が、「歴史の共通認識」（史実かどうかは別にして）が顕著に表れるものと筆者は考える。

よって本稿では、宋代および一部唐末を舞台としていると考えられる元雑劇作品の中から、公案物（裁判劇）の「勘頭巾」、才子佳人物の「瀟湘雨」と「鴛鴦被」、水滸物語を題材にした「李逵負荊」と「双献功」、世話物の「東堂老」、神仙道化劇に分類される仏教劇「忍字記」などの通俗的な作品の一部を取り上げ、その描写を「史料」という観点から検証すると共に、歴史的事実を描いていない文芸・文学作品を一種の「史料」として読み解く意義についても考えたい。

一　元雑劇の特徴と題材

（1）「雑劇」の形成と展開

本論に入る前に、本稿で扱う作品のジャンル「元雑劇」について概観しておきたい。

元雑劇は、元代初期に総合的な舞台芸術として完成された中国初の本格的な演劇である。それ以前にも「演劇」に分類されるものとしては、金の院本、宋の雑劇、唐の参軍戯、漢代に始まる散楽における滑稽劇や歌舞劇、さらには古代より祭祀や追儺儀礼の際に行われてきた儺戯と呼ばれる仮面劇なども挙げられようが、いずれも高度な文学性と芸術性を有した総合芸術としての演劇とはいえない。

宋代に流行したといわれる「雑劇」の発生は唐代に遡るが、演劇というより「雑戯」、すなわち滑稽劇や傀儡、あるいは雑技や遊戯まで含むものであったようである。「雑劇」について記された最も早い史料に、釈道宣が貞観十一年（六三七）に著した『量処軽重儀』という律書がある。「蕩逸之具」として戒めるべき、歌舞音曲や遊戯の用具について記された箇所に、次のようにある。

五諸雑楽具其例有四初謂八音之楽一金楽。謂鍾鈴等。二石楽。謂磬等。三糸楽。謂琴瑟等。四竹楽。謂笙笛等。五匏楽。謂箜篌等。六土楽。即塤等。七革楽。謂鼓等。八木楽。即上音柷敔者也二所用戯具謂傀儡戯面竿橈影舞師子白馬俳優伝述衆像変現之像也三服飾之具謂花冠帕索裙帔袍襦纒束雑彩衆宝綺錯之属也四雑劇戯具謂蒱博碁奕投壷牽道六甲行成。幷所須骰子馬局之属

（『大正新脩大蔵経』第四十五巻八四二頁）

四種目の「雑劇戯具」に挙げられているのは賭博の用具であり、二種目の「戯具」には芝居や傀儡劇の道具が挙げ

られている。唐代では主に宮中で「雑戯」という芸能が上演されたようで、『旧唐書』巻十六、穆宗本紀の元和十五年（八二〇）二月の条に、

二月癸酉朔。丁丑、御丹鳳楼、大赦天下。宣制畢、陳俳優百戯於丹鳳門内、上縦観之。丁亥、幸左神策軍観角抵及雑戯、日昃而罷。（句読点は筆者、以下同様）

とある。同じく『旧唐書』巻十七下、文宗本紀の大和六年（八三二）二月の条に、

己丑、寒食節、上宴群臣於麟徳殿。是日、雑戯人弄孔子、帝曰、「孔子、古今之師、安得侮瀆」。亟命駆出。

とあることから、「雑戯」は多分に滑稽的要素を含んだ寸劇のようなものと理解できる。ただ、唐代の「雑劇」がこの「雑戯」と全くの同義であったかどうか定かではない。むしろ、「雑劇」のほうが、滑稽劇や歌舞劇、傀儡劇のほか、雑技や相撲、幻術、奇術なども含む「百戯」（いわゆる「散楽」）と同義であるかもしれない[1]。『宋史』巻一四二、楽志十七の「雲韶部」の条にも、

雲韶部者、黄門楽也。開宝中平嶺表、択広州内臣之聡警者、得八十人、令於教坊習楽芸、賜名簫韶部。雍熙初、改曰雲韶、毎上元観灯、上巳、端午観水嬉、皆命作楽於宮中。遇南至、元正、清明、春秋分社之節、親王内中宴射、則亦用之。……楽用琵琶、箏、笙、觱栗、笛、方響、杖鼓、羯鼓、大鼓、拍板。雑劇用傀儡、後不復補。

とあり、宋初以前には「雑劇」に傀儡が用いられていたことがわかる。

しかし、宋代に流行する「雑劇」および金朝の「院本」は、唐代の雑戯の流れをくむ「参軍戯」から発展した、一種の演劇形態を指す用語として登場する。

玄宗が教坊を充実させ歌舞音曲を奨励しはじめたのと時期を同じくして、「参軍戯」が生まれる。主人役の「参軍」と相手役（従者）の「蒼鶻」の掛け合いによる滑稽劇で、わが国の狂言に近いものである。開元年間に、掛け合い芝居

を得意とした李仙鶴という俳優が、玄宗から韶州同正参軍に任ぜられたことから「参軍戯」と呼ばれるようになる。時代が下り宋代になると、宮中や寺院境内で行われていた「雑劇」と称される演芸（芝居）が、宮中はもとより都市の盛り場であった瓦舎（瓦子・瓦市・瓦肆）でも頻繁に上演されるようになる。

『東京夢華録』や『夢粱録』、『都城紀勝』などの宋代の都市繁盛記の類にも「雑劇」の語が散見されるが、「雑劇」がどういう演芸であったか、『都城紀勝』の「瓦舎衆伎」の項に次のように記されている。

雑劇中、末泥為長、毎四人或五人為一場、先做尋常熟事一段、名曰艶段。次做正雑劇、通名為両段。末泥色主張、引戯色分付、副浄色発喬、副末色打諢、又或添一人装孤。其吹曲破断送者、謂之把色。大抵全以故事世務為滑稽、本是鑑戒、或隠為諫諍也。故従便跣露、謂之無過虫。

『夢粱録』にも「妓楽」の項目にほぼ同様の記述があるが、ここから、「雑劇」が音曲を伴い数人で演じる風刺の効いた滑稽劇であったことがわかる。特に、「副浄」がとぼけて「副末」がつっこむという漫才ないしコントのような構図が見られるが、これが「院本」と同形式であり、「参軍戯」の流れを汲むといわれる所以である。

元の至正二十六年（一三六六）に刊行された陶宗儀の随筆『南村輟耕録』の巻二十五「院本名目」では、院本について次のように紹介されている。

院本則五人。一曰副浄、古謂之参軍。一曰副末、古謂之蒼鶻、鶻能撃禽鳥、末可打副浄、故云。一曰引戯、一曰末泥、一曰孤装。又謂之五花爨弄。或曰、宋徽宗見爨国人来朝、衣装鞋履巾裹、傅粉墨、挙動如此、使優人効之以為戯。又有焰段、亦院本之意、但差简耳、取其如火焰、易明而易滅也。其間副浄有散説、有道念、有筋斗、有科汎、教坊色長魏、武、劉三人、鼎新編輯。魏長於念誦、武長於筋斗、劉長於科汎、至今楽人皆宗之。偶得院本名目、載于此、以資博識者之一覧。

「副浄」が参軍戯におけるボケ役の主人「参軍」、「副末」がツッコミ役の従者「蒼鶻」の流れを汲んでいるということがわかる。その他の役柄は、「引戯」が最初に登場して劇の内容を説明する役、「末泥」が座長で演出を担当し、「装孤」は必ず登場するわけではないが、役人の役柄という意味である。また、「副浄」が「散説（せりふ）」・「道念（節回し）」・「筋斗（とんぼ返り）」・「科汎（しぐさ）」などを演じていたことも窺える。

これが「元雑劇」になると、役者の人数・種類も増え、高度な芸術性を有する歌舞劇となるのであるが、唐代の参軍戯からの滑稽寸劇の要素や、宋の雑劇あるいは院本における配役や演じ方などは色濃く残されている。[2]

（2）元雑劇の特徴

宋の「雑劇」や同種の滑稽劇である金の「院本」が芝居としての発展を遂げ、より文学的な物語を上演するようになり、同じく宋・金代に語り物風の歌曲演芸として流行した「諸宮調」や、宋詞を基に諸宮調の影響などを受けて形成された「元曲（北曲）」と呼ばれる北方系歌曲などを取り込む形で、より近代的な歌舞劇として完成されたものが、元雑劇である。[3]

元雑劇は「元曲」とも呼ばれるが、元曲とは本来、戯曲作品としての元雑劇に用いられる曲辞（歌詞）部分のことを指し、その曲辞の部分と同形式の単独のうた「散曲」を合わせた、唐詩・宋詞に次ぐ元代を代表する韻文文学の一大ジャンル「曲」を指す名称である。このことから、「元曲」という呼称が、それをうたう戯曲のジャンルである「元雑劇」と同義で用いられる場合もある。

さて、元雑劇作品の内容を論じるには、ある程度元雑劇の特徴を理解しておく必要があるのだが、まず元雑劇の演技は、前代の「雑劇」あるいは「院本」の演技形態を発展させた形での、「白（せりふ）」「曲（うた）」「科（しぐさ）」の要素で構成される。それに、「打筋斗（とんぼ返り）」という軽業・雑技的要素も含まれていたと考えられているが、一番の見せ所は「うた」である。それゆえ、「元曲」とも呼ばれる。ただ、幕や舞台装置などはなく、道具もほとんど用いない象徴劇であったため、せりふ中で場面や動作の説明がなされたり、ト書きに象徴的なしぐさが書かれていたりする。よって、うた・せりふ・しぐさそれぞれに、当時の文化的背景を見ることができる。

次に、元雑劇の一作品は四つの「折」（現代劇の「幕」に相当）で構成され、「楔子」と呼ばれる短い一場が入る場合もある。まれに五折プラス楔子といった作品もあるが、原則は四折構成である。元雑劇はすでに演じられなくなって久しいが、台本となる元雑劇のテキストを読む限り、仮に上演したならば、およそ二時間から三時間で一作品を観終えられる分量であり、大衆が娯楽として観劇するにも適した長さであったと思われる。

また元雑劇では、俳優の役柄が固定されており、それを「脚色」という。男役の「末」と女役の「旦」がその代表であるが、それぞれ主役を担う「正末」「正旦」、脇役の「外末」「外旦」、老け役の「老末」「老旦」、若者役の「小末」「小旦」などがある。また、宋の雑劇（金の院本）での「引戯」に当たる「冲末」や、道化女や悪女を演じる「搽旦」の登場頻度は高い。そのほか、男性の敵役・道化役の「浄」は必ず登場し、重要な役を演じるのであるが、これが後に悪役の「浄」と道化役の「丑」に分けられ、二人で滑稽な劇中劇を演じる場合が多い。参軍戯からの流れが存在する証左である。そのため、仮に物語が悲劇であっても、元雑劇は喜劇的要素の強い娯楽作品として完成されている。また、宋の雑劇に同じく、登場人物によって社会風刺や皮肉も多分に描かれている。

ところで、劇中で音楽に乗せて歌われる「曲」（元曲）は、「詞」のような定型の韻文であり、これを歌うのは原則正末か正旦のいずれかである。正末・正旦は各作品につき一人しかおらず、仮に途中で演じる役柄が変わっても役者は変わらない。これを「一人独唱」といい、元雑劇の大きな特徴でもある。なお、南戯をはじめとするその後の中国の伝統演劇では、複数の役者が「曲」を歌う。

「曲」について少し説明すると、元曲では「宮調」と呼ばれる調と、それぞれに属する「曲牌」と呼ばれる楽曲名が定められている。明の朱権が著した『太和正音譜』によると、宮調は「六宮」と「十一調」の合わせて十七種あるが、元雑劇で実際に使われている宮調は、仙呂宮・南呂宮・中呂宮・黄鍾宮・正宮・大石調・小石調・般渉調・商調・商角調・双調・越調の十二種である。またその下位の楽曲は三三五種あったといい、「端正好」や「点絳唇」などという「曲牌」の名が付けられており、それぞれに句数や各句の字数、平仄、韻字の場所などが決められている。つまり、先に旋律があってそれに合うよう歌詞が作られていくということになる。ただ、詩詞よりも制限が緩やかで、「襯字」と呼ばれる字余りを任意で添えることも許されている。なお、押韻は『中原音韻』の十九韻に基づいており、元雑劇では一折中の曲は全て同韻で統一しなければならないという「一韻到底」という規則もある。

先に引用した『宋史』巻一四二の楽志十七「雲韶部」の原文中、省略した箇所に次の文章がある。

奏大曲十三、一曰中呂宮万年歓、二曰黄鍾宮中和楽、三曰南呂宮普天献寿、此曲亦太宗所製、四曰正宮梁州、五曰林鍾商汎清波、六曰双調大定楽、七曰小石調喜新春、八曰越調胡渭州、九曰大石調清平楽、十曰般渉調長寿仙、十一曰高平調罷金鉦、十二曰中呂調緑腰、十三曰仙呂調綵雲帰。

元雑劇の宮調もこれに符合するものが多く、古くは雅楽・俗楽に由来する名称も多いが、ここでは詳述しない。

最後に、元雑劇作品の文学的特徴について少し触れておく。元雑劇に始まる戯曲は、小説と双璧をなす近世白話文学の代表格として研究されてきているが、元雑劇の文学的価値の高さには、上述した「曲」の発展とあわせ、元という時代背景に由来する知識人の戯曲創作への関与が影響していると考えられている。吉川幸次郎氏は、「元初という時期には、……教養あり門地ある士人が、雑劇の制作に参加することになった。雑劇の文学の飛躍的な充実は、ここにこそ原因すると思われる」と指摘しているが、小松謙氏はそれに加え、元代には「役者や芸者に対する偏見が比較的少なく、彼らは一部の知識人とは対等に近い立場で交流することすら可能だった」と述べている[4]。

（3）元雑劇の題材

宮中のみならず民間でも上演されることが想定されたためか、知識人が創作したと思われる元雑劇作品中においても、市井の庶民の生活が描かれた作品も散見される。一般に「世話物」と分類される作品である。主に都市部の商人の生活が描かれ、夫婦や親子の問題をテーマとした作品が多く、時代は宋代を想定したものが多い。「公案物」あるいは「公案劇」と呼ばれる裁判物には、包拯（包待制・包公）をはじめとする宋代の名判官の裁き（伝承・創作含む）が描かれており、娯楽的な勧善懲悪の要素が強い。都市部の人々だけでなく、道化的に描かれる場合が多いが田舎者ややくざ者なども登場する。世話物とあわせて庶民の生活が生き生きと描写される作品が多い。

その他、男女の恋愛を描いた「才子佳人劇」、歴史的事件を描いた「歴史劇」、三国志物語の一場面を描いた「三国劇」や水滸物語に取材した「水滸劇」、道教や仏教の指導者が民間人の中から才能ある者を見出して悟りへと導く「神仙道化劇」などが、物語の題材の分類として挙げられる。これらに分類される作品には、唐代以前が舞台となっているものも多く存在するが、元雑劇作品を百種収録する『元曲選』に収められた作品の半数近くは唐末から宋代が舞台と考えられる。

元雑劇作品の最も古いテキストとして、「元刊本」と呼ばれる元代に刊行されたものが三十種発見されているが、この版本には「せりふ」がほとんど記されておらず、台本として完成されたものとはいえない。その後、明の時代になると様々なテキストが出てくるが、中でも明末に江南で活躍した臧懋循（字は晋叔、浙江省長興県出身、万暦八年〔一五八〇）の進士）が、優れた元雑劇作品を百種選んで一部読み物として改編し、万暦四十三年から四十四年（一六一五～一六一六）にかけて刊行した『元曲選』全二十巻が、せりふ・しぐさ共に体系的に完成されたテキストとして知られている。ただ、レーゼドラマ、すなわち読み物としての戯曲に改編されたとの定説により、原作の内容が損ねられているとの批判もある。しかし、全ての作品の物語が大幅に改編されているわけではなく、現存する明代の他のテキストとも大差がない作品も多い。また、明末以降現代に至るまで何度も出版されているテキストであることから、その作品に描かれた描写には、創作当初の元代はもとより、広く一般読者を想定して改編したであろう明代後期における、作品に描かれた時代のイメージが色濃く反映されていると考えられる。さらには、各作品を同じ俎上で論じる目的からも、本稿では、共通してテキストの存在する元曲選本を引用する。

以上、元雑劇の概要を網羅したところで、宋代を舞台とした元雑劇作品の中から、市井の人物が描かれた作品を七点選び、それぞれの描写を物語の内容と共に分析してみたい。

二　元雑劇の人物描写に見られる価値観
――「勘頭巾」・「瀟湘雨」・「鴛鴦被」の描写から――

（1）「河南府張鼎勘頭巾」劇における役人像

公案物の「河南府張鼎勘頭巾」劇（略称「勘頭巾」）の作者は孫仲章。ただ、鍾継先（字は嗣成）が至順元年（一三三〇）に著した元曲作家の略伝『録鬼簿』には、「大都人、或云李仲章」としか記されておらず、孫仲章の作品として「勘頭巾」の名は挙げられていない。一方、後の陸登善の作品として「張鼎勘頭巾」の名があるが、本作品である確証はない。[5] 作者がいずれであれ、元代の作品であることに違いはない。

「勘頭巾」の作品における描写を見るに際し、まず劇全体の梗概を示しておく。

――王小二という貧乏人が金貸しの劉員外の家に物乞いに行き、出てきた劉員外の妻に難癖をつけて劉員外と口論になる。劉員外の妻は間男の太清庵道士、王知観を唆して劉員外を殺させ、その罪を王小二に着せて役所に突き出す。劉員外の妻に金をつかまされた役人の趙令史は、王小二を犯人として河南府尹に裁かせる。投獄された王小二を痛めつける牢番の張千のもとに田舎者が藁代を取り立てに来たところ、趙令史が現れたため張千は田舎者も投獄する。劉員外の頭巾（劉員外の妻への証明として王知観が盗んだもの）を隠した場所について、趙令史が王小二を拷問して嘘の自白をさせるところを目撃した田舎者は、趙令史に見つかってついでに打たれ、その後牢から出されて逃げる途中、王知観にぶつかって牢内での様子を話す。王知観は王小二が自白した場所に頭巾を隠し、その後張千が頭巾を見つけ、劉員外殺しの証拠とする。女真族の新府尹が着任し、事件の真相を疑う。無実を訴え続ける王小二が気になった六案都孔目の張鼎は、事件を再調査して真相を明らかにし、計略によって劉員外の妻と王知観に自白させ、新府尹が二人と趙令史を処罰する――

著名な名裁判官の包拯が裁く公案劇が多いのは理解できようが、「六案都孔目」という胥吏が府尹を差し置いて罪を裁くという設定には、多少違和感を覚えるかもしれない。ただ、本劇では事件の真相を再調査して暴くのは胥吏の張鼎であり、旧府尹は趙令史の、新府尹は張鼎の言いなりという設定である。なお、この張鼎は架空の人物である可能性が高いが、孟漢卿撰「張孔目智勘魔合羅」劇など、孔目の張鼎が事件を解決する元雑劇作品は他にも見られる。

また、官が暗愚で吏が賢明という描写は、元雑劇のみならず『水滸伝』などの宋代を舞台とした小説でも多々見られる。元人もしくは明人の、宋代の役人像、もしくは、創作当時（元・明）の役人のイメージを宋代に仮託した結果の描写ということも考えられる。

第二折において、賄賂を受け取った趙令史を責める張鼎のうたに、

【牧羊関】我跟前休胡諱。那其間必受私。既不沙怎無個放捨悲慈。常言道、飽食傷心、忠言逆耳。且休説受苞苴是窮民血、便那請俸祿也是痩民脂。咱則合分解民冤枉、怎下的将平人去刀下死。

（私の前ででたらめ言うな。必ずや、袖の下をば受け入れたはず。さもなくば、何ゆえかように憐れみなきや。たらふく食えば心が腐り、忠言耳に逆らうとか。きさまの受けたその賄賂、貧しき民の血であるぞ。そればかりでない、俸祿さえも痩せた庶民の脂であろう。民草の、不平を解くのがわれらの務め、どうしてかように無辜の民をば斬り捨てるなどできようか）(6)

とある。賄賂を受け取り依怙贔屓する役人に対する作者や庶民の憤りを、張鼎という理想の役人に語らせた描写と考えられるが、同時に、理想の役人すなわちヒーローも人間的に悩むという描写も存在する。第三折冒頭の、王小二を尋問する前の心境を吐露した張鼎のうたである。

【商調集賢賓】没来由惹這場間是非。親自問殺人賊。全不論清廉正直。倒不如懵懂愚痴。為別人受怕躭驚、没来由廃寝忘食。則俺那不明白該死的在那裏。好教我悶懨懨蹙損双眉。則為我一言容易出、今日個駟馬却難追。

（いたずらに、こんな面倒引き寄せて、人殺しめを自ら尋問する羽目に。こんなことなら清廉や、正直などは構わずに、ぼけっと無知を貫くがまし。他人のために心配事を背負い込んで、むざむざと、夜も眠れず食事も喉を通らぬほど。我はただ、真に罪を受くべき者がどこにいるのかわからぬゆえ、心は悶々、両の眉に皺寄せる。うっかり口を挟んだばかりに、今となっては後の祭よ）

人間性が重視されはじめた近世白話文学の特徴的な心理描写である。

なお、こういった役人の心情描写のほかに、役所の案件や裁きの段取りなども細かく描写されていることから、作者は役人であったか、役人に知り合いがいる人物であった可能性も考えられるが、あるいは宋代の役人の実情を、元雑劇の作者たちは何らかの形で詳細に知り得た可能性もあろう。

（2）「臨江駅瀟湘秋夜雨」劇に描かれた佳人像

才子佳人劇に分類される「臨江駅瀟湘秋夜雨」（一名「臨江駅瀟湘夜雨」、略称「瀟湘雨」）の作者は楊顕之、『録鬼簿』によると彼は大都の人で、金末から元初にかけて活躍した元曲の大家関漢卿と「莫逆之交」を結ぶ友人であったという。現存する作品は本劇と「酷寒亭」（「鄭孔目風雪酷寒亭」劇）の二種であるが、いずれも優れた作品として知られる。

「瀟湘雨」劇のあらすじは次の通り。

――讒言により江州への左遷となった北宋末の諫議大夫、張天覚が、娘の翠鸞を連れて任地に赴く途中、淮河で船が転覆し生き別れる。翠鸞は漁師の崔文遠に救われ養女になる。張天覚は娘を引き取り世話してくれた者に銀子十両の謝金を出すとの触れ文を残し江州へ赴く。河南の書生崔通が科挙受験のため上京中、伯父の崔文遠の家を訪れ、翠鸞と出会い一目惚れする。崔文遠は翠鸞を崔通に嫁がせ、崔通は上京して科挙を受験、試験官の趙銭に気に入られその娘を娶り、秦川知県になる。翠鸞は崔通を尋ねるが、崔通は家財を盗んで逃亡した下女だと言って翠鸞を打ち据え、沙門島へ流刑に処す。復権した張天覚は、廉訪使となり臨江駅の役所に宿泊。そこに翠鸞と護送役人も同宿しており、翠鸞と再会した張天覚は事の顛末を知り、翠鸞に崔通と趙銭の娘を捕らえに行かせ、崔通を処刑しようとするが、現れた崔文遠の執り成しによって翠鸞が怒りを収めたため、翠鸞を再び崔通の妻とし、崔文遠を恩人として張家に迎え、趙銭の娘を翠鸞の下女とすることで団円する――

才子佳人劇の「才子」は主に科挙を受験する書生、「佳人」は深窓の令嬢であるバージョンと、妓女であるバージョンがある。令嬢バージョンでは、『西廂記』に代表されるように、才子と佳人が相思相愛になり、科挙に合格することで結婚を許されるというパターンが多いが、本劇では才子が一旦結婚した佳人を裏切って都で別の女性と重婚し、佳人は才子によって貶められ処罰されるにもかかわらず、最後は元の鞘に納まる。その納まり方が、現代の感覚では尋常な描写と思えない。

第三折で、枷を付けられ鎖に繋がれた翠鸞は、護送役人に棍棒で打たれながら、大雨でぬかるむ道を行く羽目になる。結局第四折で、翠鸞は復権した父親に再会して救われ、崔通らを捕らえて処刑しようとするが、崔文遠の再三の執り成しによって崔通を許してしまう。その許し方も、「若殺了崔通、難道好教児又招一個。只是把他那婦人臉上也刺潑婦両字、打做梅香伏侍我便了（崔通を殺したところで、ほかの男を婿に迎えることはできませんし。ただ、あの女の顔に「あばずれ」と入れ墨をし、下女としてわたくしに仕えさせてもらえれば結構です）」という妥協案を示すのだが、父親の張天覚はそれを聞くと、「這也説的有理。左右、将那廝拿過来。看崔文遠面上、饒免死罪。将恩人請至老夫家中、養贍到老。小姐還与崔通為妻。那婦人也看他父親趙礼部面上、饒了刺字、只打做梅香、伏侍小姐（それもそうじゃな。者ども、やつらを連れてまいれ。崔文遠どのの顔に免じて死罪を許す。恩人どのはわが家に招き、終生養って進ぜよう。娘は再び崔通の妻とする。その女も父上の趙礼部どのの顔に免じて入れ墨を許し、下女として娘に仕えさせせん）」と、娘の希望を半分しか容れずに復縁させる。そして、崔通は元の秦川知県に返り咲く。このように不義理で残忍な才子が、本劇では当の被害者本人である佳人によってたちどころに許され、その上被害者の佳人と加害者の才子が復縁するという結末を迎え、それを大団円としている。主人公である佳人の翠鸞は、最後の二曲で、復縁がしぶしぶである旨と、それでも恨みを忘れて才子たる夫の崔通に尽くそうとする決心を歌う。

【酔太平】不争你虧心的解元。又打着我薄命的嬋娟。険些児做楽昌鏡破不重円。乾受了這場罪譴。爹爹呵、另巍巍穏掌着森羅殿。崔通呵、喜孜孜還帰去秦川県。我翠鸞呵、生刺刺硬踹入武陵源。也都是蒼天可憐。

（いかんせん、良心のない解元が、薄幸の佳人打ったため、あやうくも、楽昌公主の割れた鏡が二度と円やかにはならず、むざむざ罪を着せられただけとなるところ。父上は、高々とした森羅殿を掌握し、崔通は、いそいそとして秦川県に帰りゆき、翠鸞は、嫌々ながら武陵源へと踏み入るの。これもみな、天が憐れみたもうた結果）

【尾煞】従今後鳴琴鼓瑟開歓宴。再休題冒雨湯風苦万千。抵多少待得鸞膠続断絃。把背飛鳥紐回成交頸鴛。隔墻花攀将做並蒂蓮。你若肯不負文君頭白篇。我情願挙案斉眉共百年。也非俺只記歓娯不記冤。到底是女孩児的心腸十分様軟。

（これからは、琴瑟鳴らして祝宴開き、雨と風とに晒された、千苦万労、もう口にせず。二人さながら、鸞膠で、断たれた弦を繋ぎ合わせ、別れた鳥が交頸の、鴛鴦ならんと舞い戻り、籬を隔つ花伸びて、並蒂の蓮というところ。もしもあなたが、卓文君の「白頭吟」に背かないなら、わたくしも、台を捧げて百まで共に暮らしましょう。愉しいことだけ記憶して、恨みを忘れるわけじゃないけど、女心は実に移ろいやすいもの）

これは先の「勘頭巾」で見た人間性の描写とは真逆の、封建的女性観による描写とも受け取れる。貞節を守り、理不尽な父や夫にさえ従順な佳人像・良妻像であるが、これは佳人像というより、宋代ないし元代の才子像の裏返しではなかろうか。一つは、元代の才子（楊顕之が才子であったかどうか不明だが）が作成した作品であるゆえその才子の願望が反映されているという可能性、この点についてはかつて論じたことがある[7]が、もう一つは、宋代の才子がこのような女性を求めていたという「宋代の才子像」の反映という可能性も考えられる。仮にそうであったなら、この俗な欲求は通俗文学ならではの描写であり、演劇としての視覚的効果を伴って当時の観衆（特に書生の類）の心にある種の憧憬を抱かせたかもしれない。しかし、「風刺の効いた滑稽劇」の要素を色濃く引き継ぐ元雑劇の作品としては、そういった現実にはあり得ない才子の理想を、愚かな妄想に過ぎないと嘲笑う意図が含まれているとも考えられる。その意味では、「瀟湘雨」劇の才子崔通は、『西廂記』の張生のような好青年ではなく、単なる道化に過ぎないのかもしれない。

（3）「玉清庵錯送鴛鴦被」劇に見る夫婦像

同じく才子佳人劇の「玉清庵錯送鴛鴦被」（略称「鴛鴦被」）は、作者未詳であり、内容も人物像も「瀟湘雨」劇と大きく異なっている。なお、都が長安であることから、舞台は唐代の可能性が高い（架空の物語であろう）が、「瀟湘雨」劇との比較も兼ねるため、ここで取り上げたい。

本劇のあらすじは以下の通り。

――洛陽府尹の李彦実は、讒言により長安へ召喚されることとなり、旅費を工面するため、玉清庵の劉道姑の伝手で員外（金持ち）の劉彦明から金を借りる。一年後、劉員外は、劉道姑を李彦実の娘の玉英の所に借金の取り立てに行かせ、借金を帳消しにするから妻になれと迫る。玉英は劉道姑に説得され、玉清庵で劉員外と会う約束をする。その夜、所用で外出した劉道姑から密会の件を言い含められた弟子の若い道姑は、先に訪ねて来た姑蘇の書生で上京中の張瑞卿を劉員外と勘違いし、庵に引き入れる。張瑞卿は庵での密会を察知し、劉員外の振りをして後から来た玉英と契りを交わす。正体を明かした張瑞卿は、科挙に合格したら迎えに来ると約束し、鴛鴦の布団を証にもらい上京。劉員外はその夜、賊と間違えられ夜番に捕らえられていたのだが、玉英が別の男と契ったと知って強引に娶ろうとし、応じない玉英を酒場で働かせる。状元となった張瑞卿は洛陽に赴任、身分を隠して玉英を探していたところ、酒場で玉英に再会。張瑞卿は玉英に、二十年前に家を出た玉英の兄と偽って同居し、鴛鴦の掛布団を置いたまま外出する。玉英は張瑞卿の正体に気づき、結ばれる。劉員外がやって来て騒ぎ立てたところへ、河南府尹として復権した李彦実が通りかかり、劉員外を棒打ちに処して役所へ引っ立て、張瑞卿を屋敷に迎えて玉英と結婚させる——

「鴛鴦被」の張瑞卿は、先の「瀟湘雨」とは異なり、科挙に合格すると約束を違えず佳人の玉英を迎えに戻り結婚する、才子佳人劇の典型的な才子であるが、出会いの場面が気になる。一夜の宿を借りた道教寺院で他人に成りすまし、相思相愛どころか別人の振りをして見ず知らずの佳人と契りを交わす。結果、佳人の玉英は、騙して操を奪った相手である張瑞卿を「才子」と認めて相思相愛となる。第二折の当該場面における玉英のせりふはこうである。

……我今夜到此等候、不想遇着秀才、成了這場親事。既然我随順了你、難道又去嫁他。我只専心一意等候着你便了。……秀才你暁得這鴛鴦被児麽。是我親手繍的、繍着両個交頸鴛鴦児。你如今収了去、久後見這鴛鴦被呵、便是俺夫妻毎団円也。

(……今夜ここで待っていたら、はからずも秀才さまと出会い、夫婦の契りを交わすことになってしまいました。あなたに身を任せたからには、劉員外のところに嫁ぐことなどできません。ただひたすらあなたをお待ち申し上げております。……秀才さま、この鴛鴦の布団がわかりますか。私自ら刺繍したもので、首を交えた二羽のおしどりを刺繍しております。どうぞこれをお持ちになって。いつかこの鴛鴦の布団を目にすることができれば、私たち夫婦は一緒になれますわ)

張瑞卿に操を立て、借金の形とはいえ一度は嫁ぐと決めた劉員外を受け入れず、どんな仕打ちを受けてもひたすら張瑞卿が迎えに来るのを待ち続ける玉英の形象、これも才子の理想の佳人像である。騙して操を奪った張瑞卿が受け入れられ、「瀟湘雨」の才子崔通に比べるとほとんど悪事らしい悪事を働いていない劉員外が受け入れられないのは、前者が才子で、後者がただの金持ちだからである。

本劇のゆがんだ佳人像もまた、「瀟湘雨」の佳人像と同じく、現実にせよ皮肉にせよ、「才子の願望」の一面の表象であろう。

三　元雑劇に描かれた庶民社会と文化
――「李逵負荊」・「双献功」・「東堂老」の描写から――

（1）「梁山泊李逵負荊」劇における社会的習慣の描写

水滸劇の代表格である「梁山泊李逵負荊」（一名「梁山泊黒旋風負荊」、略称「李逵負荊」）は、元初に活躍した山東出身の康進之の作であり、現存する水滸劇の中でも唯一、小説『水滸伝』とプロットを同じくする劇である。その物語は以下の通りである。

――梁山泊の好漢の一人、黒旋風李逵は、清明節の休暇中に杏花荘の王林の店に酒を飲みに行ったところ、娘の満堂嬌が宋江と魯智深に攫われたと嘆く酒屋の主、王林の話を聞いて怒り、梁山泊に戻って首領の宋江と花和尚魯智深を責め、梁山泊の象徴である「替天行道」の杏黄旗を斧で斬り倒し、自身の首を賭けて宋江と魯智深を伴って王林に面通しさせたところ、結局別人の仕業だったと判明する。李逵は荊を負って宋江に謝罪するが許されず、呉学究の執り成しによって、宋江らの名を騙ったごろつきの宋剛と魯智恩を、魯智深と共に捕らえて来ることで許され、一件落着となる――

本劇および次節で述べる「黒旋風双献功」劇の文学性や人物形象については、すでに多数出されている先行研究に(8)譲るとして、ここではその文化的・社会的習慣に関する描写を数点挙げておきたい。

第一折冒頭、冲末が演じる宋江の開場時のせりふにおいて、梁山泊の威勢と自身が頭領になった経緯を述べた後、次のように本劇の背景が述べられる。

某喜的是両箇節令、清明三月三、重陽九月九。如今遇這清明三月三、放衆弟兄下山、上墳祭掃。三日已了、都要上山、若違令者、必当斬首。

（それがしは、三月三日の清明節と九月九日の重陽節、この二つの節句が好きなのだが、今日はちょうど三月三日の清明節である。兄弟たちに暇をやり、山を下りて墓参りにでも行かせるとしよう。ただし三日が経てば、揃って山に戻らねばならぬ。もし命令に背く者があれば、打ち首に処す）

小説『水滸伝』第七十三回に類似のプロットがあるが、小説では魯智深の立ち位置に柴進が配されており、被害者の名も王林ではなく劉太公となっており、地名なども異なるという違いがあるが、物語の設定における大きな違いは、小説では李逵が東京開封府で暴れた後たまたま立ち寄った村での出来事という設定であるのに比べ、本劇では宋江が梁山泊の好漢たちに清明節の墓参のための休暇を与えるという設定になっている点である。李逵はこの後、墓参りなどはせず桃の花を愛でながら山を下り、酒を飲みに行く。

『東京夢華録』巻之七の「清明節」の項には、その時期の開封府における風俗の詳細が次のように記されている。

……凡新墳皆用此日拝掃。都城人出郊。禁中前半月、発宮人車馬朝陵、宗室南班近親、亦分遣詣諸陵墳享祀、従人皆紫衫、白絹三角子青行纏、皆係官給。節日亦禁中出車馬、詣奉先寺道者院、祀諸宮人墳、莫非金装紺幰、錦額珠簾、繡扇双遮、紗籠前導。士庶闐塞、諸門紙馬鋪、皆於当街、用紙袞畳成楼閣之状。四野如市、往往就芳樹之下、或園囿之間、羅列杯盤、互相勧酬。都城之歌児舞女、遍満園亭、抵暮而帰。各携棗錮、炊餅、黄胖、掉刀、名花異果、山亭戯具、鴨卵鶏雛、謂之門外土儀。轎子即以楊柳雑花装簇頂上、四垂遮映。自此三日、皆出城上墳、但一百五日最盛。節日坊市売稠餳、麦餻、乳酪、乳餅之類。緩入都門、斜陽御柳、酔帰院落、明月梨花。諸軍禁衛、各成隊伍、跨馬作楽四出、謂之摔脚。其旗旄鮮明、軍容雄壮、人馬精鋭、又別為一景也。

『清明上河図』でも知られる北宋の都開封が最も華やぐ時期の一つであるが、都城ではなく山賊の集団においても都の人々同様に清明節を楽しむという設定は、小説には見られない戯曲ならではの描写である。少なくとも観客はその設定に違和感を覚えなかったのであろう。この設定は、同じ水滸劇の李文蔚撰「同楽院燕青博魚」劇にも用いられている。

また、第一折の後半、宋江と魯智深を名乗る人物が酒を飲みに来たので娘に酌をさせた結果、娘が頭領夫人として連れて行かれたという事情を李逵に説明する王林のせりふに、次のような描写がある。

我叫出我那女孩児来、与那宋江、魯智深逓了三杯酒、那宋江也回逓了我三鍾酒、他又把紅搭膊揣在我懐裡。那魯智深説、這三鍾酒是肯酒、這紅褡膊是紅定。俺宋江哥哥有一百八箇頭領、単只少一箇人哩。你将這十八歳的満堂嬌与俺哥哥做箇圧寨夫人。則今日好日辰、俺両箇便上梁山泊去也。許我三日之後、便送女孩児来家。他両箇説罷、就将女孩児領去了。

（わしは娘を呼んでその宋江と魯智深にお酒を三杯勧めたところ、宋江もわしに三杯返してきたのです。そして宋江が赤いしごき帯をわしの懐に押し込むと、すかさず魯智深が、「さっきの三杯の酒は固めの杯、その赤いしごき帯は結納の品だ。宋江の兄貴のもとに頭目は百八人揃っているが、一人だけ足りねえだろ。おめえの十八になる満堂嬌を兄貴に差し出して頭領夫人にするんだ。今日は日柄もいいから、俺たちが梁山泊へ連れて行ってやるよ。三日経ったら娘を送り返してやる」って言ってきたんです。そう言うと、二人は娘を連れて行ってしまいました）

ここでは、酒を三杯飲み交わすと新郎新婦の杯事（日本風に言えば三々九度）になり、結納には赤い品物を送る風習があるということが、作者と当時の観衆ないし読者との間に共通認識として存在する前提で描かれている。小説『水滸伝』ではこういう描写は存在せず、ただ宋江と名乗る盗賊が娘をかどわかして行ったと説明されるのみである。

（２）「黒旋風双献功」劇に描かれた社会的背景と庶民の生活

「李逵負荊」と同じく李逵が主人公の水滸劇「黒旋風双献功」（一名「黒旋風双献頭」、略称「双献功」）は、水滸劇を得意とした高文秀の作である。高文秀は山東東平府の学生員で、関漢卿に次ぐ分量の元雑劇作品を残したが早世したため、人々から「小漢卿」と称えられた。モンゴル帝国の憲宗の時代（一二五一～五九）には在世していたとされる。

「双献功」劇のあらすじは次の通り。

――泰山詣でに行く鄆城県の孔目の孫栄と、搽旦扮するその妻郭念児の夫妻の用心棒を務めることになった李逵は、郭念児が白赤交（白衙内）と密通した上、孫孔目を殺そうとしていることを知る。孫孔目は旅籠で店小二から妻の密通を知らされ、役所に訴えるが、訴えた相手が白衙内だったため逆に死刑囚牢に入れられ、牢役人に痛めつけられる。李逵は田舎者に扮して牢役人にしびれ薬を盛り、牢を破って孫孔目を救出した後、白衙内と郭念児を殺し、二人の首を宋江に献上する――

この物語は小説『水滸伝』には収録されていないが、搽旦が扮する悪女が不倫をして夫を陥れるという設定は、元雑劇に多々見られるものであり、最後は必ず処罰される。「淫婦」が梁山泊の好漢に処罰されるプロットは『水滸伝』でも複数描かれているが、その内容についてはかつて論じたことがある(9)ため詳述せず、ここでは本劇に描かれた社会的背景と庶民の生活に関する内容について二点考察しておく。

まず、第一折における、梁山泊で用心棒の派遣を宋江に依頼する孫孔目のせりふから。

哥哥、我則為這三年香願、今年是第三年也、要帯媳婦児前去。那泰安神州謊子極多、哨子極広、特来問哥哥這裏告一個護臂来。

（兄者、私はこの三年願掛けをしており、今年がその三年目なので、家内を連れて行くことになったのですが、泰安神州にはいかさま師やごろつきどもが大勢おりますので、兄者の所で用心棒を一人つけてもらおうと、こうしてやってまいったわけです）

庶民（本劇の場合胥吏であるが）も泰山に願掛けに行き、三年経つと御礼参りをするものという前提がある。また、泰山の麓には無頼の輩が多数いるということも前提となっている。史実かどうかは別にして、少なくとも創作当時にはそういう設定が不自然ではないという認識が一般的に存在したということは、事実であろう。

次に、第三折における、田舎者に扮して牢役人をからかう場面の李逵のうたより。

【得勝令】呀、便問我要東西。叔待、則你那没梁桶児便休提。不比你財主們多周済。量俺這窮庄家有甚的。俺真個堪嗤。俺孩児毎臥土坑、披麻被。你可也争知。……誰有那間銭補笊籬。

（おやおや、おいらに銭っこ出せって、おいちゃんそんなの無理ってもんよ。大旦那さんのお恵みになんてかなわねえ。おらたち貧乏百姓に、そんなのあるわけねえっぺよ。そらもうほんとに笑っちゃう、おらたちゃむしろさ被って地べたで寝てるんだ、知ってたかい。……誰がそげな、余分な銭っこあるもんか）

田舎者の貧乏人に扮した正末の李逵が、道化役の丑が扮する牢役人を愚弄する、劇中劇の滑稽寸劇の場面でうたわれる曲であるが、貧乏人を笑う牢役人が、却って観客に笑われるという設定は、参軍戯から院本（あるいは宋の雑劇）の流れを汲む元雑劇では散見される描写ではあるが、牢役人の不正と、貧乏人は嘲笑われるという当時の「常識」[10]が背景にある前提でないと笑えない場面である。その上で、田舎者ないし貧乏人（に扮する人物）が、役人に一矢報いるという設定に、風刺的要素が生まれる。つまり、風刺というのは、社会的背景に関して人々の間に共通認識が存在する上で成り立つゆえに、こういった描写の背景には、貧乏人は報われず、役人はたとえ愚者であっても金が懐に入るという、事実に基づく共通認識があったと想定される。

（3）「東堂老勧破家子弟」劇に描かれた商人の実情

世話物の「東堂老勧破家子弟」（略称「東堂老」）は、大都出身で杭州に移り住んだという秦簡夫の作である。延祐年間（一三一四～一三二〇）には在世していたと考えられている。

まずは本劇の梗概を示す。

――商売で財を成した東平府の商人趙国器は、放蕩息子の揚州奴が心配で病に伏せ、東隣に住む旧友の商人東堂老（姓名は李実、字は茂卿）に息子を託して死ぬ。揚州奴は東堂老の諫言を聞かず、ごろつきの柳隆卿と胡子伝に誑かされて散財し、店も家も全て売り払った挙句、乞食に身を落とす。妻の翠哥の勧めにより、東堂老から元手を借りて物売りを始めた揚州奴が改心したところで、東堂老は、密かに買い戻していた趙家の店や家財を全て揚州奴に引き渡し、それが実は亡き趙国器の遺言だったと明かす――

商人を主人公とする文学作品は、前時代まではあまり見られないが、元雑劇は商人を含む都市部の庶民を鑑賞者に持つ文芸であったことから、作者は市井の人々の生活を描く作品も制作したと考えられる。なお、本劇の内容の典故は確認できない。

本劇には、商人ならではの商売に関する描写が見られる。第二折、妓楼で遊びほうける揚州奴を諌める東堂老のうたから引用する。

【二煞】……你齎発呵与那個陥本的商賈、你齎発呵与那個受困的官員、你齎発呵与那個薄落的書生。兀的不揚名顕姓。光日月動朝廷。

（……金を出すなら元手をすった商人に。金を出すなら清貧に甘んずる役人に。金を出すなら出世の芽の出ぬ書生らに。そうすれば、いずれ名を上げ日月のように輝き放ち、朝廷さえも動かすだろう）

道徳的・勧懲的な表現であるが、商人が朝廷を動かすということが全くあり得ない設定であれば、この場合諫言にならない。続いて正末の東堂老は、次のように歌う。

【一煞】不強似与虔婆子弟三十錠。更和那帮懶鑽間二百瓶。你恋着那美景良辰、賞心楽事、会友邀賓、走斝也那飛觥。

（そのほうが、やり手婆や遊び人に三十錠、太鼓持ちに二百瓶、くれてやるよりずっとまし。それなのに、お前ときたら夢見心地の時と場で、楽しいことに心躍らせ、友人や客を招いては、杯交わして現を抜かす）

本劇に風刺的要素があると考えるなら、これが一般的な商家の子弟の有り様だったのだろう。続いてこう歌う。

【煞尾】……你有一日出落得家業精。把解典処本利停。房舍又無、米糧又罄。誰支持、怎接応。你那買売上又不慣経。手芸上可又不甚能。掇不得重。可也拈不得軽。你把那揺槌来懸、瓦缶来擎。遶閭簷、乞残剩。沙鍋底無柴煨不熱那氷。破窯内無席蓋不了頂。餓得你肚皮裏春雷也則是骨碌碌的鳴。脊梁上寒風篤速速的冷。

（いつの日か、財産全てを使い果たし、質草さえも流れてしまい、家もなく、米さえもなし。いったい誰が、どのようにして、お前を助けてくれようか。商売するにも不慣れなままで、手にもさしたる職もなし。重い物は動かせず、軽い物さえつかめない。お前は桴をぶら提げて、かわらけ茶碗を手に持って、軒先めぐり、残飯乞わん。鍋の下には薪がなくて氷も溶かせず、おんぼろの、かわら窯には蓆もなければ屋根もなし。ひもじくて、腹はぐるぐる、春雷のように鳴り響き、背筋にひゅうひゅう、寒風冷たく吹きつける）

この後、実際揚州奴は東堂老の予言通り乞食に身を落とすのであるが、そういう乞食自体が作者の周囲に実在したため、こういった具体的かつ生き生きとした表現が可能だったと考えられる。

四　元雑劇に描かれた宗教的要素――「忍字記」の描写から――

最後の作品として、「布袋和尚忍字記」劇（略称「忍字記」）の描写を検証する。

本劇の作者は鄭廷玉、彰徳（現在の河南省安陽）の出身で、元代前期に関漢卿・高文秀に次ぐ分量の二十作以上の元雑劇作品を遺したということ以外は不詳である。ただ、伝存する作品や作品名から察するに、鄭廷玉は歴史劇のほかに、業報思想に基づく公案劇や神仙道化劇などを得意としたようである。本劇もその後者に当たる。神仙や仏菩薩の化身が現れて主人公を上仙あるいは解脱させるという神仙道化劇の中でも、本劇は特に仏教的色彩が強く、仏教教義の宣布のための仏教劇と言えるほどである。

なお、布袋が登場する劇であるから、時代考証が正しければ本劇は唐末が舞台ということになる。ただ、劇中で布袋は「貧僧是這鳳翔府岳林寺住持長老、行脚至此（拙僧はかの鳳翔府岳林寺の住持長老である。この地まで行脚してまいった）」と自己紹介し（第一折）、弟子の定慧は「貧僧乃汴梁岳林寺首座定慧和尚是也（拙僧こそは汴梁岳林寺の首座、定慧和尚である）」と述べる（第三折）。北宋の賛寧が端拱元年（九八八）に撰した『宋高僧伝』巻第二十一に「唐明州奉化県契此伝」があり、清の康熙二十六年（一六八七）に刊行された『明州岳林寺志』にも布袋が寄寓した寺として紹介されていることなどから、岳林寺は明州（現在の浙江省寧波）に存在した寺院ということがわかる。陝西省に位置する鳳翔府や、開封府である汴梁に存在したというのは史実に合わないが、地名に齟齬があったり合理的ではない地名が記されたりするのは、元雑劇作品はもとより小説においても散見されることである。その一事でもって、内容も全て架空であるということにはならない。ただ、汴梁の長者と、洛陽の貧乏書生が登場することから、繁栄する都市開封と、廃れる都市洛陽の面影を想像させるとすれば、あるいは宋代を意識して創作された可能性も残される。[11]

その「忍字記」劇のあらすじは、次の通りである。

——汴梁（開封府）随一の長者で吝嗇家であった劉均佐は、門前で凍えていた洛陽の貧乏書生、劉均佑を助け、義兄弟にして自分の店で働かせる。そこへ布袋が現れ、劉均佐をからかって斎を所望し、大乗の仏法を授けると言って墨で忍の字を劉均佐の手に書く。洗ってもその字は消えない。劉均佐が、難癖をつけてきた貧乏人の劉九児を殴り殺すと、劉九児の胸に忍の字が浮き出る。布袋が現れ、劉均佐の出家と引き換えに劉九児を生き返らせる。劉均佐は離れで在家出家する。仏道修行をする劉均佐に、妻の王氏と劉均佑が不倫していると、息子の仏留が告げに来る。劉均佐は怒り、包丁を手に閨へ行くと、包丁の柄に忍の字が浮かび上がる。帳の中から出てきた布袋に諭された劉均佐は、家族財産を劉均佑に任せ、布袋に随い岳林寺で出家する。定慧の下で修行をする劉均佐は、財産や家族のことを思い、定慧に諭される。劉均佐が眠ると定慧が家族の幻を見せ、劉均佐が触れた王氏の手や子供の額に忍の字が現れる。後に定慧から、布袋に妻子がいると聞かされた劉均佐は、怒って還俗し、汴梁へ帰る。劉均佐は、劉家の墓地で自分の孫にあたる老人劉栄祖に出会って無常を悟り、松の木にぶつかり自害を図る。布袋が現れ、仔細を明かして幕になる――

本劇はそのタイトルから布袋和尚の物語のように見受けられるが、登場する布袋は外（脇役）が扮し、劉均佑や定慧と同じ脚色である。主役の正末は劉均佐、子孫の劉栄祖は、敵役ではないが一時正末の劉均佐と言い争うためか、浄が扮する。浄よりも外が重要な役を演じるという、やや元雑劇の定石からは外れた構図になっているが、そのせりふやうたには、仏教の知識が多分にないと理解できない表現が多用されている。

あらすじに記さなかったが、作品の冒頭（楔子）に登場する冲末の阿難尊者のせりふに始まり、第一折の布袋のせりふ、布袋と劉均佐とのやり取り、第三折の定慧のせりふなど、かなりの仏教的知識を必要とする前提で展開される表現が多い。ここではその一部、第一折の布袋とのやり取りにおける劉均佐のうたを二曲紹介する。

【那吒令】你偌来胖箇肉身軀呵、你怎喂的飽那餓鳥。你偌来巃的腿脡呵、你怎穿的過那蘆草。你偌来大箇光脳呵、你怎壘的住那雀巣。

（そんなに太った体して、どうやって飢えた鳥を救った。そんなに太った足をして、どうやって葦に乗ったのか。そんなに大きな禿げ頭、どうやって雀が巣を作る）

【寄生草】……不想這病維摩入定参禅早。誰想你是箇痩阿難結果収因好。不想你箇沈東陽削髪為僧了。……我愁呵愁你去南海南挟不動柳枝瓶、我憂呵憂你去西天西坐損了那蓮花萼。

（……あんたみたいな、病んだ維摩が早くも入定参禅し、痩せた阿難が見事に結果収因し、沈東陽が剃髪をして僧になるとは。……愁うるは、南海に行くも柳枝と水瓶手挟めぬこと。悲しむは、極楽に座せば蓮華の萼をつぶすこと）

【那吒令】の曲辞における皮肉は、鷹に追われた鳩を救うために鳩と同じ分量の自分の肉を切り取って鷹に与えたという尸毘王（釈迦の前世）の逸話や、中国禅の始祖である達磨大師が葦に乗って長江を渡ったという逸話、如来の頭が「雀の巣」のような螺髪であることを知っていないと笑えない。また、【寄生草】は、古代インドの大商人で在家のまま釈迦の弟子となり大乗仏教の奥義を会得した維摩詰（維摩居士）、釈迦涅槃後に悟りを得た仏弟子の阿難尊者、南朝の宋・斉・梁に仕えた文人沈東陽（沈約）が、いずれも痩せていたというイメージを要するし、また南海普陀落世界の観音菩薩が楊柳と浄瓶を持っており、西方極楽浄土の仏菩薩が蓮華座に座っていることなどの知識がなければ、太った布袋への皮肉が理解できない。

これらの本劇における仏教的描写を検証した結果、かつて筆者は次のように分析した。

　このような仏教劇が創作されたということは、鑑賞した当時の人々の中に、数の多少を問わずこれらの仏教語・仏教的表現を多少なりとも理解していた、あるいは知識として仏教語彙を有する人がいたということが想定できよう。ただ、一方で難解な仏教語・禅語の多用は作者の知識の開陳、すなわち自己満足に過ぎず、観衆がそれらを聞いて理解していたとは想定しにくいとも考えられる。しかし、たとえそうであったとしても、これほど仏教的要素の多い作品を創作するに当たっては、作者の創作意図に当時の仏教が相当程度影響していると考えるのが自然である。(12)

また、禅僧である布袋が念仏を唱え、定慧も劉均佐の感情を抑えるために「念仏念仏、忍者忍者（念仏せよ念仏せよ、忍ぶのじゃ忍ぶのじゃ）」と何度も諭すことから、創作当時からすでに念仏と禅の融合が当然のこととして認識されており、また、第四折で明かされる、劉均佐の妻が驪山老母の化身、息子と娘が金童と玉女の化身であったという設定や、主人公の劉均佐の前世が貪狼星で第十三尊羅漢の賓頭盧尊者であったという設定など、純粋な仏教思想ではない描写がいくつも見られることから、当時の人々の仏教に対する意識、少なくとも作者の仏教認識に、三教合一ないし禅浄双修の宗教観がある程度含まれていたことが理解できよう。

おわりに

以上、主に宋代を舞台とする元雑劇作品の描写から、創作当時の元代ないし『元曲選』への改編がなされた明代後期の知識人や都市部の庶民の意識に、宋代前後の社会に対してどのような認識を有していたのかという点を探ってみた。

　元雑劇は、唐代以前の滑稽劇を濫觴とし、宋代の瓦舎勾欄での芝居や大道芸を経て、知識人が作成する歌劇作品として発展していった。宋代において、都市部に限られたかもしれないが、庶民が娯楽として享受する演劇として発展した経緯を勘案すると、元雑劇の作者が庶民の認識や願望を意識しなかったとは考えがたい。むろん、歴史的事実を追うには史書を当たるべきであり、都市の風俗を知るには例えば『東京夢華録』や『都城紀勝』などを繙くべきであろう。しかし、戯曲や小説などの通俗文学作品には、通俗的な作品だからこそ描写できる風俗や思想があり、そこからは作者と読者・観衆との間に共有された時代認識や社会認識、歴史的人物像や理想とする人物像など、当時の価値観が読み取れるはずである。その、事実かどうかもはっきりしない、ましてや行間を読む必要がある文芸・文学作品を「史料」として位置付けるのは早計に失するという誹りを受けかねないが、繰り返しになるが描かれた地名や人名、職位や語彙に歴史的事実との齟齬がある場合でも、甚だしきは描かれた物語そのものが完全に架空であったとしても、作者と当時の読者の、そして戯曲作品においては創作された当時の観衆になり得る人々の、共通のイメージや価値観を、それぞれの作品の描写から読み解いていくという研究手法もあって然るべきと考え、今回は宋の次代に当たる元代において創作された元雑劇作品を一部繙いてみた。

「勘頭巾」・「瀟湘雨」・「鴛鴦被」の各作品においては人物描写からみる当時の役人や女性に対する理想像について、「李逵負荊」・「双献功」・「東堂老」の各作品からは庶民の生活や社会的背景の実態について、「忍字記」からは当時の知識人ないし庶民の仏教理解について、それぞれの描写を分析することにより一定の仮説を立ててみた。結果、通俗文芸作品の描写内容における史料的価値は、わずかではあるが見出せるというのが本稿の結論である。

なお、それぞれの作品分析のみでは、根拠が薄弱なことは理解している。また、今回は取り上げた作品数や具体的な描写の数も限られた。本稿では、それぞれの元雑劇作品がこのようにも読めるという読解・分析の一例を提示することによって、当該分野に関する学際的研究が広まることを期待したい。

また、今後は元雑劇作品をより体系的に分析し、本稿での仮説を再度検証した上で、可能な限り補強していくことを課題としたい。

註

（1）従来、「雑戯」は「百戯」や「散楽」と同義とされていた面もあるが、『旧唐書』穆宗本紀の記述を見る限り、「角抵及雑戯」とわざわざ相撲と分けて書いていることからも、「雑戯」は「百戯」とは別の概念（「百戯」に「雑戯」が含まれる可能性はある）を表す言葉であると解釈できる。

（2）元雑劇における院本の要素については、田中謙二「院本考――その演劇理念の志向するもの――」（『日本中国学会報』二〇、一九六八年／『田中謙二著作集』第一巻、汲古書院、二〇〇〇年所収）、岡晴夫「元曲における〝コミック・リリーフ〟について」（『芸文研究』二七、一九六九年）、阿保聖子「滑稽表現としての「打」について――院本・元雑劇を中心に」（『中国俗文学研究』一六、二〇〇〇年）などを参照。

（3）「雑劇」の形成については、劉暁明『雑劇形成史』（中華書局、二〇〇七年）に詳しい。

（4）吉川幸次郎『元雑劇研究』（岩波書店、一九四八年／『吉川幸次郎全集』第十四巻、筑摩書房、一九六八年所収、一一八頁）、小松謙『中国古典演劇研究』（汲古書院、二〇〇一年、二四頁）。その他、元雑劇の特徴を論じた代表的な研究書には、王国維『宋元戯曲史』（商務印書館、一九一五年、原題『宋元戯曲考』／邦訳：王国維著・井波陵一訳『宋元戯曲考』、東洋文庫六二六、平凡社、一九九七年）、青木正児『支那近世戯曲史』（弘文堂、一九三〇年／『青木正児全集』第三巻、春秋社、一九七二年所収）、岩城秀夫『中国戯曲演劇研究』（創文社、一九七三年）、季国平『元雑劇発展史』（河北教育出版社、二〇〇五年）などがある。また、元代の知識人の諸相に関する主な研究書としては、植松正『元代江南政治社会史研究』（汲古書院、一九九七年）、森田憲司『元代知識人と地域社会』（汲古書院、二〇〇四年）、飯山知保『金元時代の華北社会と科挙制度——もう一つの「士人層」——』（早稲田大学出版部、二〇一一年）などがあり、それらを網羅的に分析した研究に于磊「元代江南社会研究の現状と展望——知識人の問題を中心に——」（『九州大学東洋史論集』四〇、二〇一二年）がある。

（5）広瀬玲子「変奏されるドラマ——元雑劇「魔合羅」「勘頭巾」試論——」（『専修人文論集』八三、二〇〇八年）によると、同じく張鼎が裁判を行う孟漢卿撰「張孔目智勘魔合羅」劇との比較により、「「魔合羅」が先に作られ、「勘頭巾」はその一つのヴァリエーションであると考えることができるのではないか」と分析している。

（6）元雑劇の引用文における【 】内は曲牌、（ ）は拙訳。原文の曲辞では韻字の後に句点を用いた。なお、本稿で取り上げた元雑劇作品の内、「勘頭巾」・「瀟湘雨」・「東堂老」・「忍字記」の四劇は『中国古典名劇選』（後藤裕也・西川芳樹・林雅清編訳、東方書店、二〇一六年）に、「鴛鴦被」と「李逵負荊」の二劇は『中国古典名劇選Ⅱ』（後藤裕也・多田光子・東條智恵・西川芳樹・林雅清編訳、東方書店、二〇一九年刊行予定）に、それぞれ邦訳を収録している。

（7）拙稿「元代の才子佳人劇に見られる男女の倫理観について——元雑劇「瀟湘雨」・「鴛鴦被」の描写を例に——」（京都文教大学人間学研究所紀要『人間学研究』一七、二〇一七年）。

（8）阿部兼也「李逵の人間像」（『集刊東洋学』八、一九六二年）、高橋文治「李逵像の検討——院本・元曲から『水滸伝』へ——」

（『東方学』六七、一九八四年）、陳汝衡「元明雑劇中的黒旋風李逵」（『戯劇芸術』一九七九年第三・四期）、梁積栄「元雑劇中的水滸劇」（『山西師院学報』一九八三年第二期）、傅惜華・杜穎陶編『水滸戯曲集』第一集（古典文学出版社、一九五七年）、厳敦易『元劇斟疑』（中華書局、一九六二年）、謝碧霞『水滸戯曲二十種研究』（文史叢刊之五十九、国立台湾大学出版委員会、一九八一年）、王曉家『水滸戯考論』（済南出版社、一九八九年）、劉靖之『元人水滸雑劇研究』（香港・三聯書店、一九九〇年）、丸山浩明『明清章回小説研究』（汲古書院、二〇〇三年）、陳建平『水滸戯与中国俠義文化』（文化芸術出版社、二〇〇八年）、拙著『中国近世通俗文学研究』（汲古書院、二〇一一年）など。

（9）拙稿「「淫婦」の結末――『水滸伝』における「不義」の扱いについて――」（『関西大学中国文学会紀要』三三、二〇一二年）。

（10）「田舎者」を「滑稽の対象」にする習慣については、阿保聖子註（2）前掲論文などのほか、拙稿「「黒旋風双献功雑劇」の喜劇性――道化の側面から――」（『中国古典小説研究』一一、二〇〇六年／註（8）前掲拙著再録）でも分析している。

（11）『脈望館鈔校本古今雑劇』所収の息機子刊本では、定慧が首座を務める寺院を「汴梁大善寺」に作る。

（12）拙稿「「布袋和尚忍字記」雑劇に描かれた仏教的要素について――中国近世における庶民の仏教理解と弥勒信仰を焦点に――」（『関西大学中国文学会紀要』三七、二〇一六年、一四一頁）。

明代内府で受容された宋の武人の絵物語
――とくに岳飛の物語から――

松浦智子

はじめに

近世中国の通俗文芸には、二つの画期がある。一つは宋代であり、もう一つは明代である。北宋以降、商業経済の進展にともない、都城には大きな盛り場が相次いで生まれた。盛り場には瓦市・瓦舍などと呼ばれる演芸場が並び立ち、そこでは講談、演劇、人形劇、軽業といった視覚・聴覚に訴える一回性のパフォーマンスを主とした芸能が数多く行われていた。なかでも講談では、歴史もの、神仙もの、恋愛もの、幽霊ものといった様々なジャンルの話がなされており、後の『三国志演義』や『水滸伝』『西遊記』などに繋がる「原話」群のようなものも、人々に娯楽として消費されていた。

その後、これらの芸能は、南宋、金、元、明初という長い時間をかけて次第に発展していき、『大唐三蔵取経詩話』、「元刊雑劇三十種」、「成化説唱詞話」のように、その一部は徐々に文字化されるようになっていた。とはいえその間、大半は依然として文字を持たない芸能の状態にありつづけ、過渡期におけるこうした芸能の主な受容者であったのは、圧倒的多数を占めた非識字層の人々であった(1)。

この状況に変化を生じさせたのが、明代中後期以降におきた書籍・出版文化の勃興である。この時期、商品経済の伸張、科挙制度の変化、出版技術の革新などの諸背景のもと書籍・出版文化が隆盛したが、この動きのなかで、書籍・出版物の増加と識字層の拡大、という現象が相互に影響しあいながら生じた。これに伴い、それまで大半が非識字層の文化に位置していた芸能が、あるものは刊本として、あるものは鈔本として、一定の筋をもつ書物の形にまとめられるようになったのである(2)。

かくて、明代の中後期以降、通俗文芸作品が大量に出現したわけであるが、この時期に書籍化された通俗文芸には、宋代の歴史的事跡を題材とする「宋代もの」ともいえる一連の作品が多く含まれていた。なかでも、北宋の武将・楊業とその一族が〝佞臣〟の謀略に苦しみつつも〝忠義〟を尽くし〝異民族〟と戦うさまを描く楊家将の物語、宋江ら梁山泊の一党が〝替天行道・忠義双全〟の旗を掲げながら反乱する様子を描く水滸の物語、〝忠国〟の武将・岳飛が金と戦い南宋中興を成し遂げながらも秦檜に謀殺されるまでの流れを描く岳飛の物語などは、人気が高かったようで、戯曲、小説をはじめとする複数のジャンルにバリエーションに富む作品が多く残されている。これらの「宋代もの」通俗文芸には、そのモチーフに、「宋の英雄的な武人・豪傑が〝忠義・忠国〟を掲げながら外憂内患と戦う」という共通項がみえる。

一方、東洋文庫には彩絵鈔本『出像楊文広征蛮伝』という通俗小説の零本が収蔵される。『東洋文庫の名品』（東洋文庫、二〇〇七）に、「明、彩色鈔本、零本存二冊。北宋の将軍、楊文広が皇祐年間（一〇四九～五三）、狄青に従って広西南部に遠征した史実に取材した物語。明鈔本と思われる」と紹介されるように、北宋の楊家将を題材とする作品である。拙稿「東洋文庫蔵『出像楊文広征蛮伝』について」[3]でも触れたが、本資料は明代内府鈔本によく見える紅格、四周双辺、彩色絵図などの体裁をもつことから、明代の内府つまり宮廷で作成されたものだと推定される彩色絵本である。

他方、中国国家図書館には彩絵鈔本『大宋中興通俗演義』という岳飛の歴史的事跡を題材とする通俗小説が収蔵される。この鈔本は、『中国古代小説総目・白話巻』（山西教育出版社、二〇〇四、三八頁）に「『大宋中興通俗演義』抄本、嘉靖内府精抄。図彩絵、共三十八葉。僅存巻四、五、六、八、九。版框為紅格紅口、四周双辺、全書一百七十四葉。有蕭璠跋。蔵中国国家図書館」（引用文の傍線や（　）は筆者。以下同じ）と著録されるように[4]、これも明代内府鈔本によく見える紅格、四周双辺、彩色絵図といった体裁をもつことから、やはり明の内府で作成されたと推定される作品である。

つまり、推定が正しければ、「宋の英雄的な武人・豪傑が〝忠義・忠国〟を掲げながら外憂内患と戦う」というモチーフをもつ楊家将や岳飛の通俗文芸、それも彩色の絵本が、明代の内府で製作・受容されていたことになる。

では、非識字層の基層的な文化からは一見遠い位置にありそうにも思われる宮中で、彩色絵図を用いた「宋代もの」通俗文芸が製作・受容されていたという現象は、明代のどのような社会的文脈・背景に起因して生じたものなのだろうか。そこには、書籍・出版文化の隆盛に連動して通俗文芸の世界に生じた何らかの動きや、「宋代もの」通俗文芸を求める何がしかの要因があったはずである。だが、これまでの明代通俗文芸の研究領域では、巷間における動きが主な検証対象となる傾向があったこともあり、宮中で製作されたと推定される通俗小説の彩絵鈔本については、まだ本格的な検証がなされていない。

そこで、本稿ではこの現状を踏まえ、『出像楊文広征蛮伝』と『大宋中興通俗演義』という宋代の題材を扱う小説の彩絵鈔本を次のような流れで考察していくこととする。まず、二つの彩絵鈔本が明代内府製であるとの推定内容を確定すべく、第一章で、関連する小説版本や彩絵鈔本の書誌情報を整理・検証する。その後、第二章で、明代宮廷における絵入本や通俗文芸の製作・受容の経緯や意味・機能を考察し、第三章で、その経緯の中で浮かび上がった宦官という存在を一つの軸として、「宋代もの」彩絵小説という通俗文芸が明の宮廷で製作・受容されるに至った社会的背景や要因を探っていく。これにより、一つには、出版文化の隆盛を背景として明の巷間と宮廷との間にいかなる文化・社会的な関係が生じていたのか、もう一つには、明の宮廷そして社会にとって宋の武人の絵物語がいかなる意味をもっていたのかという問題について、その一端を明らかにしてみたい。

一　書誌からみた彩絵鈔本の製作年代・場所

（1）明代巷間で刊行された楊家将・岳飛の小説類

明代内府で製作されたと推定される彩絵鈔本の小説について見ていく前に、まず本節では、同時代の巷間における楊家将と岳飛の小説・関連資料の刊行状況を、現存作品を中心に確認していく。というのも、これら明代の巷間で刊行された小説類が、彩絵鈔本の出現にも深く関与していると考えられるからである。

一　明代の楊家将の小説類[5]

明代に刊行された楊家将とそれに関連する物語を扱う小説類には以下の諸作品・諸版本が現存する。なお、諸作品の題目は類似のものが多く繁雑なため、諸作品の見出しの下に本論で用いる簡称を【　】で示した（以下同じ）。

［1］『北宋志伝』十巻、五十回（不分回本あり）、熊大木　【『北宋』】

＊『南宋志伝』十巻五十回との合刻で、『南北両宋志伝』とも併称される。『北宋』は、楊業―楊六郎他（二代目）―楊宗保の三代の話をあつかう。楊家将の物語を主に語るのは『北宋』であるため、本稿では『南宋志伝』のみ現存するものは省略。

＊現存する主な明代刊本

A：万暦二十一年（一五九三）序刊の金陵唐氏世徳堂刊本：『新刊出像補訂参采史鑑北宋志伝通俗演義題評』

B：建陽文台余氏双峰堂覆世徳堂刊本：『新刊出像補訂参采史鑑北宋志伝通俗演義題評』

C：弘前市立図書館所蔵本：『新刻全像按鑑演義南北宋伝題評』不分回

D：建陽余氏三台館刊本：『新刻全像按鑑演義南北両宋志伝』不分回

E：万暦四十六年（一六一八）序刊の金閶葉崑池刊本：『新刊玉茗堂批点繡像南北宋伝』

F：致和堂刊本：『新鐫陳眉公批点按鑑参補出像南北宋志伝』

［2］『楊家府世代忠勇通俗演義伝』八巻五十八則　紀振倫（秦淮墨客）【『楊家府』】

＊「楊家府演義」、「楊家将演義」とも言われる。楊業―楊六郎他（二代目）―楊宗保―楊文広―楊懐玉の五代の話をあつかう。

＊現存する主な明代刊本

A：万暦三十四年（一六〇六）序刊本〔臥松閣蔵板？〕：『鐫出像楊家府世代忠勇通俗演義志伝』

B：万暦三十四年？序刊本：『鐫出像楊家府世代忠勇通俗演義志伝』

［3］『征播奏捷伝通俗演義』六巻全一〇〇回（実質は二回で一回とする全五十回）、棲真斎名衢逸狂【『征播』】(6)

＊万暦二十八年（一六〇〇）に平定された播州楊氏の「楊応龍の乱」を描く。播州楊氏は元代より楊家将の末裔を自称した一族で、その系譜創作は、元、明時代に楊家将の文芸の形成にも影響した。(7)

＊現存する明代刊本

A：万暦三十一年（一六〇三）〔巫峡望僊巖蔵版〕〔金陵〕佳麗書林重刊本

二　明代の岳飛の小説類(8)

明代に刊行された、岳飛にまつわる物語を扱う小説およびその関連資料には以下のものがある。

［4］『会纂宋鄂武穆王精忠録』【『精忠録』】

＊各時代の文人がなした岳飛に関する伝や詩文などを集めた資料集であるが、石一九九八、大塚二〇一二、涂二〇一四によれば、［5］『大宋中興通俗演義』の小説内容には本資料を踏まえた形跡が残る。

＊明時期の刊本（本項目のみ佚本も提示する）

Ａ：景泰年間袁純編輯本（佚）

・涂二〇一四によれば、このＡは〔宣徳年間〕『褒忠録』に基づき増補重編したものか。

Ｂ：明〔成化年間〕安徽省図書館本、附「精忠録図」[9]（存）

・涂二〇一四によれば、このＢはＡに基づき増補重刊したものか。

Ｃ：明弘治十四年（一五〇一）太監麦秀増補重刊本（佚）

・下記の朝鮮銅活字本に収載される弘治十四年（一五〇一）の日付の陳銓「重刊精忠録序」および趙寛「精忠録後序」から、『精忠録』にはＣ弘治十四年増補重刊本が存在したことがわかる。涂二〇一四によれば、このＣはＢに基づき増補重刊したものか。

Ｄ：明正徳五年（一五一〇）太監劉璟再増補重刊本（佚）

・［5］『大宋中興通俗演義』に収載される正徳五年（一五一〇）の日付の李春芳「後序」から、『精忠録』にはＤ正徳五年再増補重刊本（佚）があったことがわかる。ＤはＣに基づき増補したものと考えられる。

Ｅ：朝鮮宣祖十八年＝万暦十三年（一五八五）銅活字本、六巻附「精忠録図」一巻（存）

・大塚二〇一二および涂二〇一四によれば、ＥはＣに基づくと推定される。

Ｆ：朝鮮英祖四十五年＝乾隆三十四年（一七六九）銅活字本、六巻附「精忠録図」一巻（存）

・大塚二〇一二によれば、ＦはＥに基づく。

［5］『大宋中興通俗演義』八巻七十六則（目録上は八十則）、附『会纂宋鄂武穆王精忠録後集』、熊大木【『大宋』および『精忠録後集』】

＊岳飛の物語を中心に据えながら北宋の滅亡から南宋中興までの過程を描く。涂二〇一四は、『大宋』の小説内容には［4］『精忠録』の前三巻の内容を踏まえた形跡があると指摘。

＊現存する主な明代刊本

A：嘉靖三十一年（一五五二）〔建陽〕楊氏清白堂・清江堂刊本：『新刊大宋演義中興英烈伝』

・涂二〇一四によれば、この［5］A嘉靖本の本文前に附される三十幅の図の内の十五幅が、［4］朝鮮銅活字本の「精忠録図」の構図と一致する。また、［5］Aの図は半葉一図の形式で、［5］B、Cの双面連式図とは形式が異なる。

B：〔万暦前期〕〔金陵周曰校〕万巻楼仁寿堂刊本：『新刊大宋中興通俗演義』

C：〔万暦前期〕建陽余象斗双峰堂覆万巻楼刊本：『新刊大宋中興通俗演義』

［6］『岳武穆精忠伝』六巻六十八回【『精忠伝』】

＊［5］『大宋』の冗漫な部分を簡略化したもので、内容は［5］『大宋』とほぼ同じとされる。

＊現存する主な明代刊本

A：〔天啓七年（一六二七）？〕宝旭斎刊本

［7］『岳武穆尽忠報国伝』七巻二十八則、于華玉【『報国伝』】

＊［5］『大宋』に基づきつつも、因果応報・神怪的な話を削除する。

＊現存する主な明代刊本

A：崇禎十五年（一六四二）友益斎刊本

上記の諸作品・版本からは、明の中後期に楊家将や岳飛など「宋代もの」の小説・関連版本が集中して作られていた状況が見て取れるだろう。そして、楊家将と岳飛の物語を描く彩絵鈔本が作られたのは、明代中後期の巷間におけるこうした流れを受けてのことであった可能性が高い。そこで以下、これら坊刻本の流れを踏まえながら、二つの彩絵鈔本について検証していく。

（2）東洋文庫蔵〔明内府〕彩絵鈔本『出像楊文広征蛮伝』(10)

〔明内府〕彩絵鈔本『出像楊文広征蛮伝』（以下、彩絵『征蛮伝』）には、錯簡の激しい零本が二冊現存する。第一冊に三十二葉、第二冊に三十七葉が綴じられる。表紙の題簽、序文、目録などはなく、制作年代・場所を示す文字もない。だが、一冊目第二十四葉A面に「出像楊文広征蛮伝巻之八」「満堂公主二女成親」「第十七回」、第二冊第四葉A面に「楊満堂復困殷林」「第十八回」、第二冊第十八葉に「文広収除二節婦」の文字が記されることから、この小説が『出像楊文広征蛮伝』を題とする、少なくとも八巻十八回以上のボリュームをもつ作品であったことがわかる。このうち、回数は匡郭内の右肩に群青に塗りつぶした長方形の枠を設けて金泥で書かれており、その他の文字は白綿紙にそのまま墨筆される。

現存の葉には主に、楊文広、楊宣娘、楊再興ら〝兄姉弟〟世代による「南蛮征伐」と、楊文広の子供・楊懐玉らの世代による「西霞征伐」の話が描かれている。これらの話は、楊業、楊六郎、楊宗保ら世代の話を中心に語る［1］坊刻本『北宋』にはなく、［2］坊刻本『楊家府』の楊文広、宣娘、楊懐玉らによる「南蛮儂智高征伐」「西夏征伐」の話とも一致せず、歴史的事跡から乖離した荒唐無稽な内容となっている。ただし、彩絵『征蛮伝』は、現存する楊家将関連の坊刻本と全く関係がなかったわけではなさそうである。それを示しているのが、〔3〕坊刻本『征播』である。

〔3〕坊刻本『征播』は、楊家将故事の形成に深く関与していた西南中国の播州楊氏が明の万暦年間におこした反乱の顛末を描く楊家将関連の小説である。その巻二第十七・十八回には柳州城で起きた反乱の経緯が描かれるのだが、その中で「柳州城」の語に、「柳州城。宋楊文広征蛮、曽陥入此城、後得妹（楊）宜娘用計救出。此載『征蛮伝』」との注が付けられている。つまり、征蛮に赴いた楊文広が柳州城に閉じ込められ妹の楊宜娘に助けられる話が『征蛮伝』という作品に載る、というのである。

この話は「南蛮儂智高征伐」に見えるものであり、『楊家府』第四十四則においても語られている。彩絵『征蛮伝』の現存葉には残念ながらこの柳州城の話自体は残っていない。だが、彩絵『征蛮伝』に一部残存する楊文広の「南蛮征伐」には、楊文広が蛮王によって羅漢洞に捉えられ楊宜娘が救出に向かう、という同型の話が残っている。彩絵『征蛮伝』では同型の筋書きをくり返し使用する手法が用いられていることから、同型の柳州城の話がこの作品に盛り込まれていた可能性は高い。ここから、『征播』に注記される『征蛮伝』と、彩絵『征蛮伝』には、何らかの関係があったと推測されるのである。そして、注記の『征蛮伝』は、〔金陵〕佳麗書林という巷間の書肆から刊行された『征播』で言及されるものである以上、同じく巷間の書肆から刊行された坊刻本であったと考えられる。ならば、彩絵『征蛮伝』は坊刻本『征蛮伝』から何らかの影響を受けて作られた、との順序が想定できよう。

彩絵『征蛮伝』に、坊刻本『征蛮伝』とのこのような関係が想定される時、その製作場所・時期について確認することが改めて必要になってくるだろう。そしてこれらを考える際、有用な手がかりとなるのが版式や絵図の体裁などである。

彩絵『征蛮伝』の版式は、四周双辺紅格、対向双紅魚尾、上下粗紅口を手鈔。版心題や丁付はない。料紙は厚手の白綿紙を使用。各葉ともに裏打がなされる。外寸は三四・二×二一・一[11]。内匡郭は二三・七×一五・五。匡郭内には全葉とも絵図が全面に描かれ、金泥で簡単な物語文と主要人物の名前が書き込まれている。絵図は、青［群青］、緑［緑青］、深緑、黄土、黄、金［金泥］、黒、紫、薄紅、赤、朱、茶、白など十種類以上の顔料・染料などの上質な色料を使い描かれる。錯簡した零本という現状の悪さに反して、色料自体の剝落は比較的少ないことから、絵図に使用される色料・膠は上質なもので、かつ着彩技術も高度なものであることが見て取れる。また、各葉の画風の違いから、これらの絵図は少なくとも五〜六人以上の画工によって描かれていることがわかる。

彩絵『征蛮伝』の白綿紙に紅色で匡郭等を手鈔するという版式は、明清内府の鈔本の定式であり、その彩色絵図の様式も内府鈔本によく用いられるものである[12]。絵図が高価な色料や膠をふんだんに使って複数の画工によって描かれていることも、彩絵『征蛮伝』が資金力と人力を持つ内府という大きな「機関」で製作されただろう蓋然性を裏付けている。

では、彩絵『征蛮伝』の製作場所が内府であるならば、どの時期の内府で製作されたのか。それを示しうる資料が、同じく東洋文庫に収蔵される。「宣徳元年序」の彩絵鈔本『御製外戚事鑑』（以下、彩絵『外戚』）である。というのも、彩絵『外戚』と彩絵『征蛮伝』の両者は、酷似する版式、絵図、体裁を持つことから、同時期に同じ場所で製作された可能性が指摘できるからである[13]。

彩絵『外戚』は歴代王朝の「善」「悪」計七十九人の外戚を紹介する勧戒書で、全五巻二冊からなる。表紙は縹色の絹表紙で、「御製外戚事鑑」を墨筆した黄色の題簽が貼られている。外寸は三五・九×二一・五。版式は、内府鈔本の定式である四周双辺手鈔紅格、有界（手鈔紅線）、対向双紅魚尾、上下粗紅口。版心は「外戚事鑑巻幾、丁付、紅魚尾、紅口」で、「外戚事鑑巻幾」と丁付は墨筆。料紙は厚手の白綿紙を使用。本文は、半葉八～十一行、一九～二十字、楷書手鈔墨筆で、一筆ではなく複数の書き手からなる。内匡郭は二六・七×一六・六。基本的に外戚一人について一半葉の異時同図の彩色絵図を附すが、二半葉の絵図を配する項目が二つあるため、彩色絵図は合計八十二半葉である。絵図の右肩には群青で塗りつぶした長方形の枠が設けられ、そこに金泥で図題が記される。また、絵図の主要人物には金泥で名前が書き込まれている。

彩絵『外戚』の冒頭には「御製外戚事鑑序文」が置かれ、その序文の末尾には「宣徳元年（一四二六）四月　日」の日付が記されている。一方、『千頃堂書目』巻十一に「『外戚事鑑』五巻、宋漢以下歴代戚里之臣、其善悪之迹幷其終所得吉凶、挙其大略而類別之、得七十九人、宣徳元年四月書成、皇親各賜一本」とあることから、『外戚事鑑』には外戚七十九人の「善」「悪」の事跡を収録した宣徳年間の官刻五巻本があったことがわかる。(14) 彩絵『外戚』も全五巻に七十九人の外戚の「善」「悪」の事跡を収録することから、同じ構成をもつこの官刻五巻本に基づき、宣徳年間以降に製作されたものだと考えられる。そして、彩絵『外戚』の本文には、天啓帝の「由校」、崇禎帝の「由検」、康熙帝の「玄燁」、乾隆帝の「弘暦」を忌避せず、「校」「検」「玄」「弘」「暦」字が欠筆なしに書かれていることから、明の天啓年間をその製作年代の下限と想定できる。

このように、明の中後期の内府で製作されたと推定される彩絵『外戚』であるが、上で触れたように、その版式、絵図、体裁は彩絵『征蛮伝』に酷似している。特に絵図の様式は、顔料・染料などの色料の種類から、人物・衣服・器物・小物・模様・背景・建物などの類型、鉛白など顔料を厚塗りした上に他の顔料・染料で色づけ・模様の描き込みをするといった着彩技法まで、一つ一つが細部に至るまで極めてよく似ている。紙幅の関係でこれら全てを詳述することはできないが、陣幕の形象を一例として挙げれば、彩絵『征蛮伝』と彩絵『外戚』の絵図ともに、半円形の陣幕は、両端の支柱が紫で、薄緑の背面をもち、その上部には濃緑と群青の生地に橙色の縁取りがなされた帯状の飾り布が配され、これらにはみな類似の地模様が描かれる。また、陣幕の下に敷かれる毛氈は白地に牡丹色で類似の地模様が描かれ、縁取りの模様は半円形で、色は緑、黄色、牡丹色の三色の組み合わせとなっている（図1、図2）。このような細部に至るまでの両者の一致は、共通の見本をもとにした技法の伝授などがなければ生じにくいものであり、大量複製が難しい彩絵鈔本の性質も考慮すれば、やはり内府という特殊な場所がその製作場所として想定される。これらを総じてみれば、彩絵『外戚』と彩絵『征蛮伝』は、同時期ごろの内府で製作されたと考えても大過ないだろう。

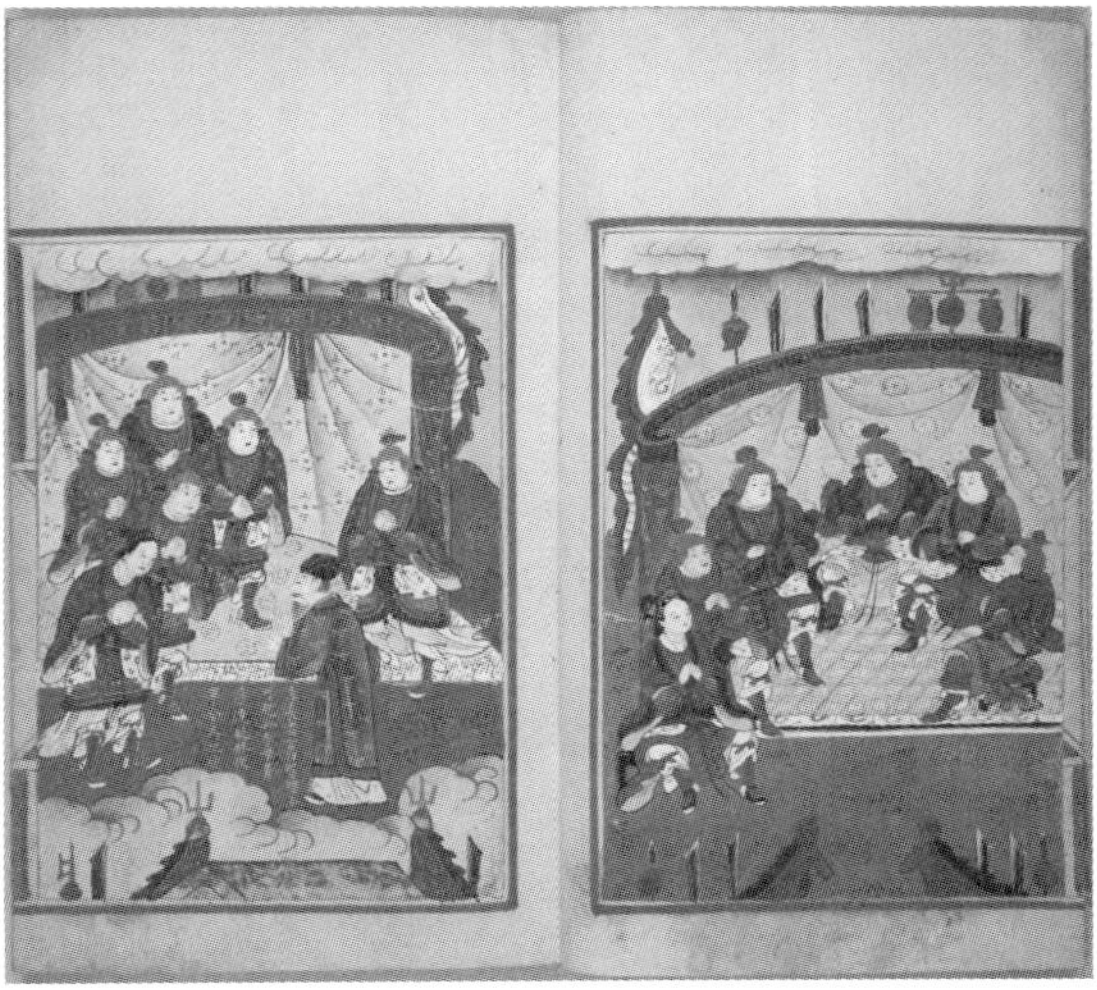

図１：〔明内府〕彩絵鈔本『出像楊文広征蛮伝』（公益財団法人東洋文庫所蔵）の陣幕絵図

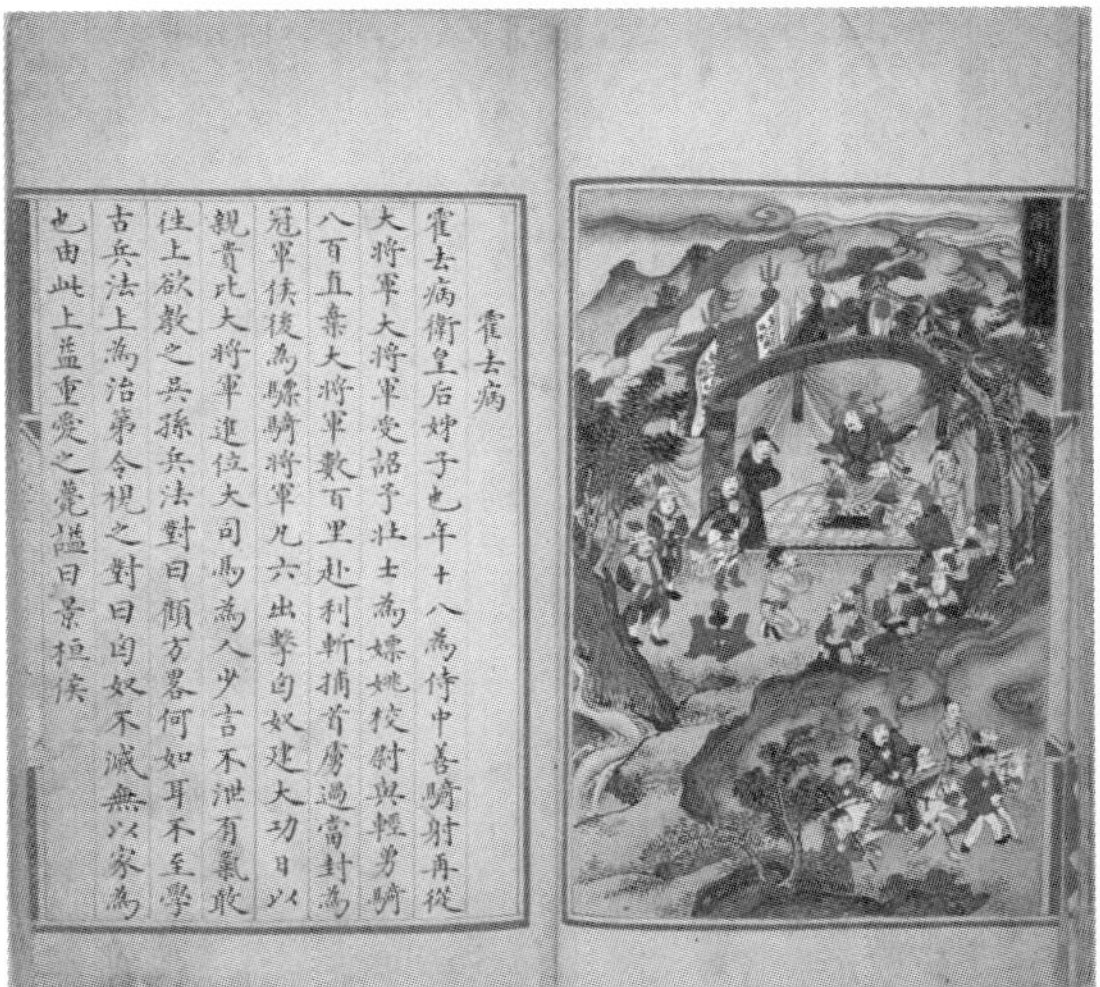

図２：〔明内府〕彩絵鈔本『御製外戚事鑑』（公益財団法人東洋文庫所蔵）の陣幕絵図

以上のことから、彩絵『征蛮伝』は明代中後期の内府で製作されたであろうことが確認できた。そこで、次に岳飛の物語を描く彩絵鈔本についてみていく。

（3）中国国家図書館蔵〔明内府〕彩絵鈔本『大宋中興通俗演義』

前掲の『中国古代小説総目・白話巻』の記載によれば、〔明内府〕彩絵鈔本『大宋中興通俗演義』（以下、彩絵『大宋』）には巻四、五、六、八、九の五冊が現存する。以下の書誌情報は、保存状態を勘案して中国国家図書館から閲覧許可のでた巻五、六、八の三冊の実見調査に基づく。[15]

巻五、六の表紙は後補の縹色表紙、外寸は三四・一×二一・〇。巻八の表紙は草花地紋黄帛（原装か）、外寸は三四・三×二一・〇。ともに料紙は厚手の白綿紙。各葉とも厚手の裏打がなされる。

版式は、やはり内府鈔本の定式の四周双辺手鈔紅格、有界（手鈔紅線）、対向双紅魚尾、上下粗紅口。版心は「大宋演義巻幾、丁付、紅魚尾、紅口」で、「大宋演義巻幾」と丁付は墨筆。本文は毎半葉十二行、二十一～二十四字、楷書手鈔墨筆で、一筆ではなく複数の書き手からなる。双行注文あり。内匡郭は二六・〇×一六・九。

巻五の前見返しに附される紙には、民国三十五年丙戌（一九四六）の蕭璠の識語[16]が見える。そこには、いつ内府から流出したかは分からぬこの本を偶然地安門の市場で入手した、との旨が書かれる。また、同巻五の本文の前にも「丙戌二月一日自孤竹子役返平地安門市上／明内府鈔本宋史演義残帙／得此　尚君子堂蔵土□者　計九十三葉」と記した紙が貼られている。この九十三葉という数は、巻五・巻六の葉数と概ね一致するため、蕭璠が買い入れたのは縹色表紙が後補された巻五・巻六であったと考えられる。

この巻五・巻六には本文しか残っていないが、原装らしき草花地紋黄帛表紙をもつ巻八の冊には、各則の本文の前に彩色手鈔の挿画が次のように配される。第一則に三半葉、第二則に四半葉、第三則に二半葉、第四則に四半葉、第五則は全欠、第六則に半葉（続きの一半葉欠か）、第七則に一半葉、第七則に四半葉、第八則に四半葉、第九則に三半葉。これらの彩色挿画は、彩絵『征蛮伝』や彩絵『外戚』と同じく十種類以上の顔料・染料などの色料を使って描かれ、主要人物の傍らには金泥で名前が附されている。人物・衣服・器物・小物・模様・背景・建物などの類型や着彩技法も、やはり彩絵『征蛮伝』や彩絵『外戚』と酷似しており、例えば先に述べた陣幕の形象も、この二者とほぼ同じである（図3）。ここから、彩絵『大宋』もやはり明代内府で制作された蓋然性が高いことが指摘できる。

ここで注目されるのは、彩絵『大宋』のこれらの彩色挿画はみな、最初の半葉の右端と、最後の半葉の左端に縦書き墨筆の対聯を配しており、各則の最初の半葉の画面内右肩に群青地の長方形枠を設け金泥で図題を記している、ということである。この対聯・図題の字句は、［5］坊刻本『大宋』のB〔万暦前期〕〔金陵周曰校〕万巻楼仁寿堂刊本と、Bを覆刻したC〔万暦前期〕建陽余象斗双峰堂覆万巻楼刊本の[17]挿画のみに附される対聯・図題の字句と全て一致する。つまり、彩絵『大宋』はB・C刊本と何らかの関係があったと

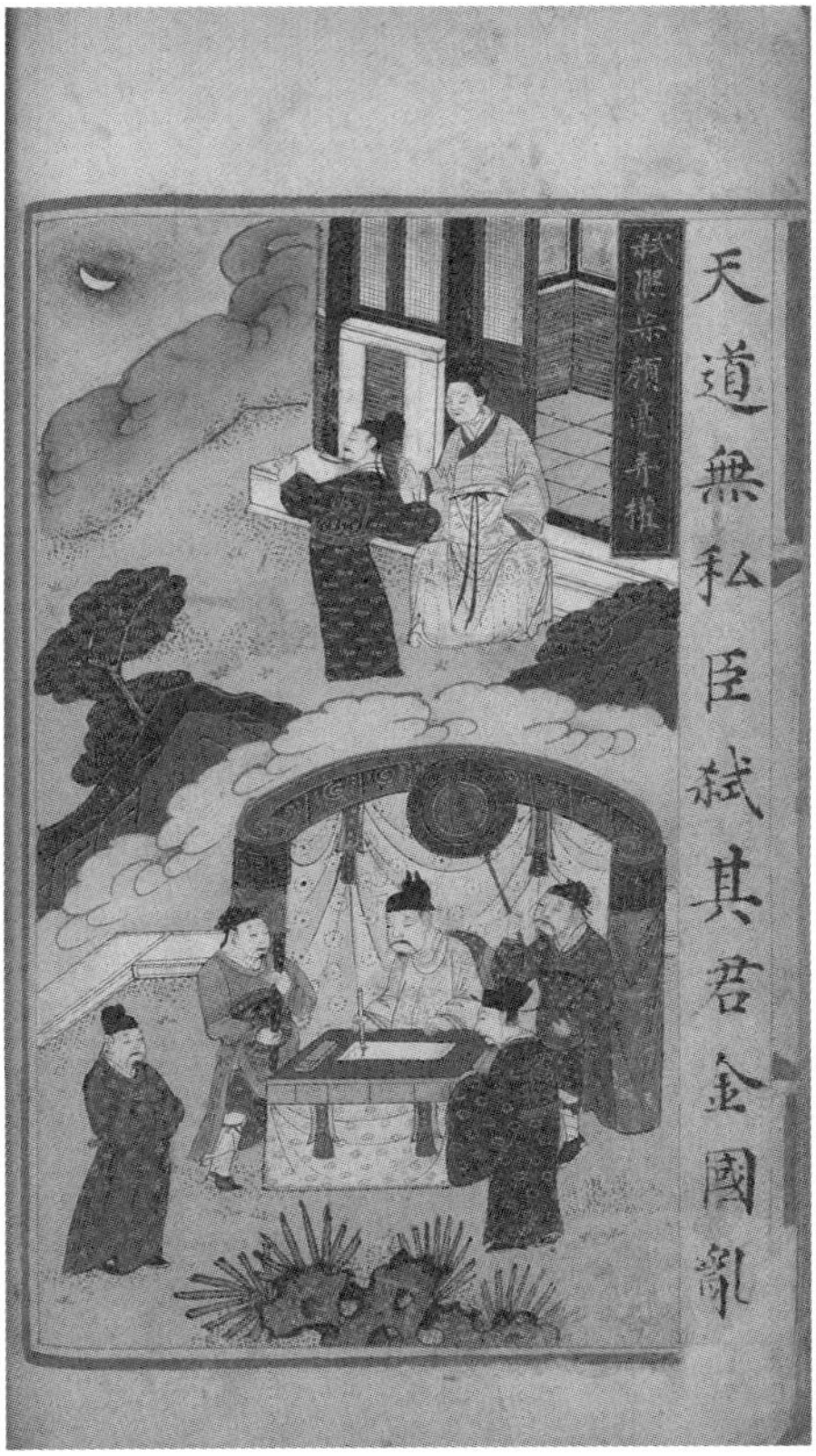

図3：〔明内府〕彩絵鈔本『大宋中興通俗演義』（中国国家図書館蔵品）の陣幕絵図

考えられるのである。

そして、このことを明示する資料が、同じく中国国家図書館に所蔵される。すなわち、坊刻本『大宋』のＢ刊本の残本（以下、Ｂ残本）であり、Ｂ残本の挿画には、彩絵『征蛮伝』、彩絵『外戚』、彩絵『大宋』と同じく十数種類の顔料・染料を用いて着彩がなされているのである。そこで以下、Ｂ残本について見ていくが、中国国家図書館に収蔵されるＢ残本は巻一の一冊のみが残り、巻四、五、六、八、九のみが現存する彩絵『大宋』との直接比較ができない。よって、以下、Ｂ残本を覆刻したＣ刊本も併せて用い論述を進めていく。

Ｂ残本の現状と版式は次のようなものである。後補の藍色表紙に包背装、表紙の左肩に「大宋岳武穆王通俗演義」と墨書される黄帛題簽が、その右手に目録題簽が貼られる。四周単辺、有界、半葉十三行二十六字。白口の版心には「全像大宋演義、魚尾、巻之幾、丁付、仁寿堂刊」とある。外寸は二六・九×一五・九、内匡郭は二一・四×一三・八。万巻楼仁寿堂の主人・周曰校の活動時期から、Ｂ残本は万暦二十年前後に刊行されたと推定される。また、建陽余氏双峰堂三台館が金陵唐氏や周氏の刊本を一～四年遅れた間隔で覆刻していた複数の事例があることから、Ｂ残本の覆刻本であるＣ刊本も万暦二十年代に刊行されたと推定されている。(18)

問題となるＢ残本、Ｃ刊本の挿画であるが、本文中の三～八葉おきに左右見開きの形で挟まれている。Ｂ残本、Ｃ刊本ともに、巻一第一則の挿画の画面右下に「金陵王少淮写」の署名があり、対聯が左右両端に縦書きで代書され、さらに画面内の右肩部分に図題が記される。

このうち、Ｂ残本一巻一冊には八幅の挿画が残されるが、この挿画に十数種類の顔料・染料で着彩されているのである。着彩は、概ね刊本の絵柄の黒線をなぞりつつも、黒線を消すべく鉛白顔料を厚塗りし、その上に人物の顔や衣服・小物・器物の模様、背景・建物などの詳細を描き込む形でされている。それらの描き方は、彩絵『大宋』だけでなく、彩絵『征蛮伝』、彩絵『外戚』のものと驚くほど似ており、先に例示した陣幕絵図の着彩も、ほぼ同じ配色・手法でなされている（図４）。ならばB残本への着彩も、これら三種の彩絵鈔本と同じ場所で同様の技術をもつ画工によって行われたと想定することは難しくないだろう。そして、これを裏付けるように、彩絵『大宋』とC刊本の挿画を比較すると（B残本と彩絵『大宋』の直接比較はできないため）、両者には明らかに共通する構図や人物・器物・背景の描き方が複数残っているのである。

図４：〔万暦前期〕〔金陵周曰校〕万巻楼仁寿堂刊本『新刊大宋中興通俗演義』（B残本、中国国家図書館蔵品）の着彩した陣幕挿画

　これらの諸点を勘案すれば、B残本の着彩は彩絵『大宋』を製作する前の習作であり、彩絵『大宋』は内府に持ち込まれて着彩されたB残本を手本として内府で製作されたとの推定が成り立つだろう。そして、彩絵『大宋』の本文中では「金虜」「胡賊」「虜兵」といった清代では避けられるべき語がそのまま鈔写されており、天啓帝の「由校」や崇禎帝の「由検」を避けず「小校」や「巡検」などの語もそのまま記されている。これらのことから、その鈔写・製作の時期をB残本、C刊本の出現した万暦二十年代以降から明代の天啓・崇禎年間以前に絞り込むことができるのである。

二　明代内府と絵入本・通俗文芸

（1）明代内府における絵入本の製作・複製・受容

このように、彩絵『大宋』がB残本という坊刻本をもとに製作されていたのであれば、彩絵『征蛮伝』が坊刻本『征蛮伝』をもとに作成されたとの先述の推測の妥当性も高くなるだろう。そして、このことを強く裏付ける興味深い内容が、明末の宦官・劉若愚（一五八四〜？）の『酌中志』巻一「憂危竑議前紀」に次のように記録されている。

神廟（神宗万暦帝）天性至孝、上事聖母、励精勤政、万幾之暇、博覧載籍。毎諭司礼監及乾清宮管事牌子、各於坊間尋買新書進覧。凡竺典、丹経、医、卜、小説、出像、曲本靡不購及。先臣陳太監矩凡所進之書必冊冊過眼、如『人鏡陽秋』、『閨範図説』、『仙仏奇踪』等類。毎歳之中、何止進数次、所進何止数十部哉。因先年神廟曽将『閨範図説』一部賜鄭貴妃、於万暦乙未（二十三年）秋貴妃捐貲重刊。蓋此書乃呂少司寇坤編纂。……

つまり、明の万暦帝の内府には、司礼監や乾清宮管事牌子などの宦官を通して「坊間」から「新書」が買い入れられており、その中には「小説」「出像」「曲本」といった通俗文芸や絵入本の坊刻本も含まれていた、というのである。しかも、買い入れは年に複数回にわたり、数量も数十部に止まらない規模であったという。また、当時司礼監秉筆太監であった陳矩（一五三九〜一六〇七）が万暦帝のもとに届けていたものとして、万暦二十八年（一六〇〇）序『人鏡陽秋』、万暦十八年（一五九〇）序『閨範図説』、万暦三十年（一六〇二）序刊『仙仏奇踪』などの書名があげられている。この三種の書籍は古今の人物や仙仏の行跡などを紹介するもので、彩絵『外戚』と同じく、各人物・各仙仏の説明本文の後ろに精美な挿画を附す「出像」の形式をとる。注目されるのは、これらの「出像」すなわち絵入り刊本のうち、

『閨範図説』が鄭貴妃の手に渡り万暦二十三年（一五九五）に重刊された、と記述されることである。

『閨範図説』は、呂坤（一五三六～一六一八）が万暦十八年に山西按察使の任にあったとき、娘の中儀のために『列女伝』の中から法るべき一一七名の記述を選び、三十一類に分けた上で、読みやすいように図を附して、晋陽の官署で刊刻した女教書である。[19] 鄭貴妃が呂坤の『閨範図説』を重刊した背後には、万暦帝の立太子問題で王恭妃の生んだ長子・常洛（後の泰昌帝）を抑えて自らの子の常洵を優位に立たせようとする意図があったとされる。[20] これを示すように、鄭貴妃は重刊にあたり『閨範図説』に万暦当時の「貴勢家」の十七人（『明史』巻二二六「呂坤伝」は十二人とする）を加え、自ら序を作り、それを伯父の鄭承恩に委嘱して重刊を実行したとある。[21]

鄭貴妃による『閨範図説』の重刊は、その後、立太子問題と深く関わりながら「妖書案」や「三案」（梃撃、紅丸、移宮）といった一連の騒動に繋がっていく。だが、ここで確認したいのはこの騒動の顛末ではなく、鄭貴妃が重刻する際に基づいた『閨範図説』が、坊間から買い入れられた刊本であった、ということである。

呂坤自身が「辯閨範書」などで記すように、鄭貴妃が万暦帝から賜った『閨範図説』は、晋陽の官署で初刻された後、嘉興、蘇州、南京、徽州など江南各地でも相次いで刊刻され、「縉紳」間の贈答や「書商」の各方面への販売により流通するようになり、「内臣」が「諸市」でこれを購うことで万暦帝のもとに届けられた、という経緯のものであった。[22] これは、「小説、出像、曲本」などの坊刻本が宦官を通して内府に運びこまれ、その中の『閨範図説』が鄭貴妃の手に渡り複製されていた、と述べる『酌中志』の記述とも合致する。そして、内府での書籍製作の背後にこのような一つの経路が存在した以上、坊刻本『大宋』や坊刻本『征蛮伝』が内府に運びこまれ複製されたとの流れを想定することにも、妥当性があると言えよう。

明の内府で絵入本を複製・製作する動きは、これに限られていたわけではない。例えば、『歴代帝鑑図説』は張居正

（一五二五〜八二）が呂調陽（一五一六〜八〇）とともに幼い万暦帝の教育のために編纂したものであり、歴代君主の「法」と「戒」となる行跡をあつめ、項目ごとに一図を附す書物であった。この書は、隆慶六年（一五七二）十二月に献上された後、万暦帝の座右に日々置かれ、講学のたびに携帯されるほど政治的な影響力をもった[23]。

また、幼帝や太子に対する教育に関連して言えば、焦竑（一五四一〜一六二〇）の編纂した『養正図説』もある。『養正図説』は、万暦十七年（一五八九）に万暦帝の長子・常洛の講官となった焦竑が、歴代太子の「法」と「戒」となる事跡をあつめ図を附して解説したものであるが、同僚の郭正域より売名行為だと批判され献上が取りやめになった、という政治的曰くがついた書物である（その後『養正図説』は焦竑の息子により刊刻され、それが陳矩の目にとまり御覧に供された[24]）。

鄭貴妃による『閨範図説』の重刊は、こうした「図説」が当時の内府で政治的な影響力を持っていたことを承知の上での行為だったと考えられる。鄭貴妃は自ら記した「大明皇貴妃鄭重刊閨範序」においても『帝鑑図説』の名を出して、その徳化や治国などに対する効用を述べている[25]。また、鄭貴妃が『閨範図説』の重刊に際して、新たに万暦当時の「貴勢家」の女性十七人を書中に加え、「貴勢家」の歓心を買おうとしたことも、その政治的側面を強く示している[26]。これらを総じてみれば、当時の内府において「図説」「出像」などの絵入本を製作・複製する行為には、多分に政治的な意味が含まれていたと理解できるだろう。

そして、こうした絵入本の内府における製作・複製には、その受容者も含めると、幼帝や太子といった子供、貴妃やその周辺の女性、そして宦官などが大きく関わっていたのは、ここまで見てきた通りである[27]。これには、視覚的な伝達力と娯楽的な訴求力を持つ絵入本が、初学者や教養の低い中下層の識字者に対して有効に機能する、という性質を有することが深く関与しているだろう[28]。呂坤が『閨範図説』を作る際に絵図を挟む方式を採るようになった次の経緯は、このことを示す好例として注目される。――『閨範』を作り娘に与えたが、娘はなかなか理解できず読み進められずにいた。そこで図画を加えたところ、娘は図像を見ては質問しながら飽きることなく文章の内容を理解していき、最後には人に解説し諳んじることができるほどになった[29]――。これは内府の事例ではないが、「図説」「出像」など絵入本が持つ特性が、当時の女性に対して有効に機能していた様子をよく示しているだろう。

ここまでの考察が妥当であるならば、彩絵『征蛮伝』や彩絵『大宋』といった絵入本が内府で製作・複製されたことにも政治的な意味が含まれており、その製作・複製・受容には内府の子供、女性、宦官などの存在が関わっていたと想定できるだろう。そして、この考えの証左となり得るのが、楊家将や岳飛の通俗文芸と明代の宮廷との関わりのなかに、随所に顔を覗かせる宦官やその衙門の存在である。

（2）　明代内府の楊家将・岳飛の通俗文芸と宦官

明代内府との関わりが明らかな楊家将や岳飛の通俗文芸といえば、まず明の蔵書家・趙琦美（一五六三～一六二四）が所蔵していた次の〈1〉～〈5〉の脈望館鈔本の雑劇が挙げられるだろう[30]。

〈1〉雑劇、正名「八大王開詔救忠臣」（存）、題目「楊六郎復讐雪冤恨」
〈2〉雑劇、正名「楊六郎調兵破天陣」（存）、題目「韓延寿索戦賭三籌」
〈3〉雑劇、正名「焦光贊活拿蕭天佑」（存）、題目「楊六郎槍刺耶律灰」
〈4〉雑劇、正名「黄眉翁賜福上延年」（存）、題目「楊郡馬赤心行忠孝」
〈5〉雑劇、正名「宋大将岳飛精忠」（存）、題目「金兀朮侵犯辺境」

〈1〉～〈5〉にはそれぞれ内府本の特徴である「断（高位の登場人物が唱える七言の韻文）」もしくは「穿関（上演時の

衣装目録)」が見え、そのうち〈1〉〈4〉〈5〉には趙琦美が万暦四十三年（一六一五）にこれらを校定した旨を記す文字が残る。このことから、〈1〉～〈5〉は内府本をもとに万暦後期に鈔写・校定されたものだと判断されるが、ここで重要になるのは、その元となった内府本テキストが鐘鼓司に所蔵された実演用の定本であったということである[31]。鐘鼓司とは、明代に宦官が掌管した二十四衙門の一つであり、皇帝や后妃の前での諸劇の実演も宦官たちが行っていた[32]。つまり、明代内府の楊家将劇や岳飛劇の上演には宦官が深く関与していたのである。このことは、次の〈6〉に示す岳飛の南戯の情報からも指摘できる。

〈6〉南戯、陳衷脉「金牌記」（佚）

明の祁彪佳『遠山堂明曲品』「能品」に「金牌　精忠簡潔有古色、……武穆事功、発揮殆尽」とあり、明の秦徴蘭『天啓宮詞一百』其十九に「上（天啓帝）設地坑于懋勤殿、御演戯、恒臨幸焉。[自注]嘗演「金牌記」、至風魔和尚罵秦檜、魏忠賢趨匿壁後、不欲正視」との記述が見えることから、天啓帝の宮廷では『金牌記』なる岳飛の南戯が上演されていたようである。そして、『酌中志』巻十六「内府衙門職掌・鐘鼓司」に「先帝（天啓帝）最好武戯、于懋勤殿陞座、多点岳武穆戯文、至瘋和尚罵秦檜処、逆賢常避而不視、……」と『天啓宮詞一百』と同内容の記述が見えることから、この『金牌記』なる南戯も、やはり鐘鼓司の宦官と深く関わりながら明代内府で上演されていた演劇であったことがわかる。

このように、明代内府における楊家将や岳飛の劇の背後には、宦官やその衙門の姿が強く見えるのだが、岳飛の通俗文芸に関して言えば、次の『酌中志』巻十六「内府衙門職掌・東廠」の記載も、両者の関わりを違う角度から示している。

外署大庁之左小庁、供岳武穆像一軸。庁後磚影壁雕狻猊等獣・狄公断虎故事、存此者良有深意也。

つまり、司礼監に属す宦官の衙門・東廠の外署の小庁に岳飛の姿を描いた軸が掛けられ、小庁の後ろの磚影壁に「狄公断虎故事」が描かれていた、というのである。「狄公断虎故事」とは、明『帝京景物略』巻八「狄梁公祠」の「我正統間、重修之。碑云、梁公為昌平県令、有嫗子死於虎。嫗訴、公為文檄神。翌日虎伏階下。公肆告于衆、殺之」という記述によれば、唐の狄梁公こと狄仁傑が昌平県令であった時に、虎に我が子を殺された母の訴えを聞き、神に檄文を発して虎を捕らえ処刑した話を指すと考えられる。

正統年間に重修された「狄梁公祠」の碑文に載るというこの話は、雑劇「神奴児大鬧開封府」（『元雑劇』）第三折【耍孩児】にも「那裏也昌平県狄梁公敢断虎」と唱われる。この雑劇は、包拯が神奴児の霊の助けを得て裁きを行う、という冥界裁判に類する物語を描くものである。また、雑劇「崔府君断冤家債主」（『元雑劇』）第三折においてもこの話は、【幺篇】で「想当日有一個狄梁公曽断虎、有一個西門豹会投巫、又有個包待制白日裏断陽間、他也曽夜断陰司路」と、包拯の冥界裁判の事例と並べて言及されている。そして、「崔府君断冤家債主」のこの曲も、正末の張善友が福陽県令の崔子玉に土地神と閻神を裁くことを訴える場面で唱われるものである。これらのことから「狄公断虎故事」は、明の当時いわゆる冥界裁判に類する通俗文芸として知られる話であったと判断される。一方、岳飛の通俗文芸にも、「東窓事犯」が陰司に発覚し秦檜が地獄で裁かれるという冥界裁判に類する話型が広く描かれる。この文脈を考慮すれば、東廠という宦官の衙門に掛けられていた岳飛の画像も、岳飛の通俗文芸を踏まえたものであった可能性が高いと言えるだろう。

そして、宦官やその衙門と岳飛の通俗文芸との間にこのような繋がりが確認される時、両者の結びつきが明代当時のどのような社会背景のもと生まれてきたのかを考える上で着目される資料がある。第一節（1）―二［4］で示した『精忠録』と、同［5］で示した『大宋』附『精忠録後集』である。

三　明代の社会情勢と「宋代尊重」の気風と通俗文芸

（1）　土木の変と『精忠録』と宦官

『精忠録』は、各時代の文人が為した岳飛に関する伝や詩文をまとめた資料集である。だが、『大宋』の小説内容に『精忠録』の一部を踏襲した痕跡が残っていることから、岳飛の通俗文芸の研究では、『精忠録』に通俗文芸的な側面が見えるということが注目されてきた。(33)この点を踏まえた上で、本稿が宦官との関わりからさらに着目したのは、『精忠録』の出現・増補重刊の経緯と背景である。

そもそも『精忠録』の出現には、正統十四年（一四四九）に起きた土木の変が関係する。土木の変とは、北辺に侵攻した「北虜」のエセン率いるオイラート軍に対し親征を行った英宗が、土木堡で捕縛・拉致された事変である。『精忠録』朝鮮銅活字本および『大宋』附『精忠録後集』に収載される徐有貞（初名は徐珵、一四〇七～七二）「湯陰鄂王廟記」には、この土木の変と湯陰の岳飛廟の創建に関する次のような記述が見える。――正統十四年、英宗が拉致されオイラート軍が迫るなか、徐有貞は明領内の要地を守り義軍を募るため彰徳湯陰に派遣された。湯陰が岳飛の生地であったことから、徐有貞はその忠義を旗印に人を集めて、この地に岳飛の祠廟を創建することを建議し、岳飛の効力を得られんことを願った人々の支持を得て、翌年に「精忠之廟」の落成にこぎつけた(34)――。

こうして、「北虜」エセンの外圧に揺れるなか、徐有貞は、「北方の敵・金との戦いに功績を挙げた岳飛」という偶像が持つ「忠義」「強さ」などの象徴性を利用し、湯陰の地に岳飛廟（精忠廟）を建てたわけである。そして、『精忠録』B安徽省図書館本と『大宋』附『精忠録後集』に収録される陳贇（一三九二～一四六六）「題廟　并序」（『大宋』附『精忠録後集』は「題精忠廟 有序」に作る）には、湯陰の精忠廟と『精忠録』に関する次のような記述が見える。――湯陰の精忠廟の管理者となったのは湯陰典教の袁純であった。景泰六年（一四五五）、山東へ任に出ていた徐有貞が再び湯陰を通りかかり、石碑を立て建廟の歳月を記した。これにともない、袁純は「諸薦紳」が「新廟」を「題詠」した「作」を「裒集」して『精忠録』を作った(35)――。

つまり、「北虜」の外圧に伴い創建された精忠祠に連動して『精忠録』（A景泰年間袁純編輯本）が作られた、というのである。陳贄「題廟 幷序」の続きによれば、その後、監察御史を拝命した袁純は(36)、同じ浙江出身の陳贄に『精忠録』を見せ、校正・刊行してその伝を広めようとした、という(37)。かくて、『精忠録』は袁純の出身地である杭州もしくはその周辺で刊行されたのだろう。その後も、杭州と関わりながらくり返し重刊されていく。

『精忠録』朝鮮銅活字本と『大宋』附『精忠録後集』に収載される弘治十四年（一五〇一）の陳銓「重刊精忠録序」と趙寛「精忠録後序」には、――「忠愛」につとめ「奉公為民」の心を持つ「鎮守浙江太監麦公」が日頃より岳飛の忠烈を慕っていたことから、杭州西湖畔の岳飛忠烈廟と岳飛墓を修繕し、ついで「旧版」の『精忠録』に岳飛の「戦功」や三十四幅の図、若干の「古今詩文」などを加えこれを「翻刻」した――と記載される(38)。この「鎮守浙江太監麦公」の名は、『精忠録』朝鮮銅活字本と『大宋』附『精忠録後集』に収載される屠滽（一四四〇～一五一二）「重修勅賜忠烈廟記」に「麦公秀」と記されている(39)。つまり、湯陰の精忠廟に連動して作られた『精忠録』は、今度は杭州の岳飛忠烈廟・岳飛墓の修繕に連動して、宦官の麦秀によって増補重刊（C弘治十四年麦秀本）されたのである。

興味深いのは、屠滽「重修勅賜忠烈廟記」に、宦官の麦秀が建議した忠烈廟と岳飛墓の修繕に、さらに適御馬監太監李謹、司設監太監李珍、織造衣監太監韓義、同太監梁裕、市舶印綬監太監張和という五人の宦官と、その他の朝臣たちが出資面で関わっていた、と記されることである(40)。そして、複数の出資者の中でも、「聖天子」が「褒忠之意」を持つことを量った宦官たちが麦秀以下の筆頭出資者として記録されることから、[41] 弘治年間のこの修繕は、宦官勢力の政治的パフォーマンスの色合いが濃いものであったと考えられる。ならば、C弘治十四年麦秀本『精忠録』の増補刊行には、宦官たちの政治パフォーマンスを宣伝するという側面が少なからずあったと指摘できるだろう。

宦官勢力の岳飛を利用した政治的パフォーマンスはさらに続く。『大宋』附『精忠録後集』に載る正徳五年（一五一〇）の李春芳「重刊精忠録後序」と、同所収の王華（一四四六～一五二二）「重修勅賜忠烈廟記」にはやはり、――「忠愛」につとめ「為国為民」の心を持つ「鎮両浙」の「内官監太監劉公璟」が、「好古篤信」の念から、麦秀ら宦官勢力の行いを引き継ぐ形で岳飛の廟・墓を修繕し、新たに「精忠祠」と記した石牌坊を建てた上で、既刊の『精忠録』に近出の詩文を加えこれを「翻刻」した――と記される。[42] そして、この正徳年間の忠烈廟と岳飛墓の修繕にも、提督市舶太監梁瑤といった宦官が出資面で関与していたというのである。[43] ここにもやはり、宦官の政治的パフォーマンスとしての岳飛の廟・墓の修繕と、それを喧伝する『精忠録』の増補刊行（D正徳五年劉璟本）の動きが見て取れるのである。

西湖畔の岳飛関連の遺蹟には、弘治年間の麦秀による修繕以降、宦官勢力との結びつきができていたのだろう。『西湖遊覧志』巻九「北山勝蹟・岳武穆王墓」や万暦七年（一五七九）『杭州府志』巻四十六「祠廟上・忠烈廟」には、劉璟の次の浙江鎮守太監にあたる王堂が、正徳十二年（一五一七）に岳飛の夫人や子女の像を忠烈廟の「後寝」に増設し「一門忠孝」の扁額を付した、と記録されている。[44]

では、麦秀、劉璟、王堂ら宦官たちは自己宣伝に、なぜ岳飛という宋の武人を選んだのか。直接的には、彼らの任地が岳飛廟のある杭州だったことが関係しているのは間違いない。だが、この他にも総体的な要因があったと考えられる。それが、明の社会全体に漂っていた「宋代尊重」の気風である。

（2）「北虜南倭」と「宋代尊重」の気風

「北虜南倭」という言葉に象徴されるように、明は外圧に悩まされた王朝であった。特に十五世紀後半ごろからは、「北虜」のエセン、ダヤン・ハーン、メルゲン、アルタンらによる北辺への侵入や、「南倭」の王直ら後期倭寇の跳梁などに、そして明末にかけては後に清朝を打ち立てる女直勢力の侵攻に苦しめられていた。(45) こうした外圧、とりわけ北方勢力の圧力を一つの背景として、明では中期以降、建国以来の朱子学尊崇の流れをさらに強める形で朱子の「正統論」を敷衍した「正統観念」が通行した。例えば、宣徳四年（一四二九）に遼金を閏位とし宋の正当性を主張する劉剡編『少微家塾点校附音通鑑節要』続編（以下『節要続編』）が、成化十二年（一四七六）に同じく宋の正当性を主張する商輅等奉勅撰『続資治通鑑綱目』（以下『続綱目』）が作られたように、「正統論」に則り宋の後継者たらんとする態度がとられていた。(46) この態度は、万暦三十二年（一六〇四）刊の陳邦瞻『宋史紀事本末』の序文で、「……今国家之制、民間之俗、官司之所行、儒者之所守、有一不与宋近者乎……」と宋と明の近似を強調する論が記されることにもよく表れている。

こうした傾向を反映してか、「北虜」や「南倭」と対峙する前線では、楊家将や岳飛など遼や金など北方の敵との戦いで活躍した宋の武将を心情的支えとする現象が起きていた。

例えば、すでに別稿で述べたが、北虜の侵入が頻繁に起きていた正徳・嘉靖ごろの長城の挿箭嶺附近では、住民や辺戍の兵士が「宋良将楊六郎祠」に楊家将を祀り対北虜の守神として信仰していたと記録されている。(47) また、後期倭寇の被害に直面していた嘉靖の南方でも、同様の事態がおきていた。乾隆『浙江通志』巻二一九「祠祀・嘉興府」「岳武穆王廟」には、

嘉靖癸丑（三十二＝一五五三）、後倭寇海上屢至城下、官兵悉力捍禦、百戸余勲・郎舜臣默禱於王、城上忽見神兵数輩約長丈余、金戈鉄馬出入雲端、自是師屢捷。於是勲等因申請建精忠祠、以答霊賜。実戊午歳（三十七年）也。[48]

と、嘉興に迫る倭寇を前に兵士たちが岳飛に祈りを捧げたところ神兵が現れ、以後戦勝するようになったことから、その礼に精忠祠を建てた、と記される。嘉靖三十二年のこの件に報恩すべく嘉靖三十七年に精忠祠こと西湖の岳飛廟[49]を重修したのは、嘉靖三十三年に浙江巡撫となり倭寇対策で大きな役割をした胡宗憲（一五一一〜六五）であった。[50]つまり、対倭寇の最前線でも、岳飛という宋の武将が心情的支えとなっていたのである。

このように「北虜南倭」の外圧を一つの背景に、明の社会には宋を尊びその正当性を強調し、北方の遼や金と戦って功を挙げた楊家将や岳飛など宋の武人を心情的支えとする現象が存在した。宦官たちは、外圧が厳しくなった明の中期ごろから目立ち始めたこの気風を十分に理解して、宋の武将・岳飛を自己宣伝に利用したと考えられる。このことは、宦官たちが増補重刊した『精忠録』が、土木の変という北虜の外圧に連動して作られた書物であったということに、何よりよく表れているだろう。

ここで視点を小説の世界に移してみると、楊家将の［1］『北宋』や岳飛の［5］『大宋』の編輯過程でも、宋の正当性を主張する正統観念を取りこむ作業が行われていた様子が見える。『北宋』や『大宋』は嘉靖年間に建陽の書肆・熊大木が「原小説」（底本）に手を加え出版したものであるが、「原小説」の製作と熊大木の編輯の二つの段階で、宋の正当性を強調する上述の『続綱目』『節要続編』などを文中に取り入れる作業が行われていた、と先行研究で指摘されている。[51]そして、［2］『楊家府』は［1］『北宋』と同じ「原小説」を底本としつつ『北宋』も参照しており、［6］『精忠録』と［7］『報国伝』は［5］『大宋』を底本としていた。つまり、『続綱目』『節要続編』の正統観念は、その後も通俗文芸の世界で継承・拡大されていたのである。そもそも［5］小説『大宋』には、明の北辺事情に連動して作られた［4］『精忠録』の内容が一部反映されている。ここに、当時の外圧を背景として生成された「宋代尊重」の気風が反映されていることが、端的に表されているだろう。そしてこれが、明の「宋代もの」通俗文芸に広く見える「宋の英雄的な武人・豪傑が〝忠義・忠国〟を掲げながら外憂内患と戦う」というモチーフを支える一つの淵源となっていたことは間違いないだろう。ならば、明の社会には、当時の「北虜南倭」といった危機的状況を宋の状況になぞらえ、北方勢力を打破した宋の英雄の物語を、明の文脈で読み替えながら生産・消費するという現象があったと指摘できるだろう。

（3）明代宮中の「宋代尊重」の気風と書籍文化と宦官

明の社会に全体的に見えた「宋代尊重」の気風は、明の宮中にも存在した。第二節（2）で見たように、明の宮中では楊家将や岳飛など宋の武人の演劇が複数行われていたし、特に明末の天啓帝は岳飛劇を非常に好み、これを何度も上演していたと記録されている（第二節（2）の〈6〉参照）。天啓帝の宋代好みは熱が入ったものであり、明秦徴蘭『天啓宮詞一百』其五十一の自注に「嘗於庭中自装宋太祖、同高永寿輩演「雪夜訪趙普」之戯」と、天啓帝が自ら宋の太祖の扮装をして、俳優らとともに「雪夜訪趙普」の戯を演じた、と記されている。「雪の夜に宋の太祖が趙普を訪ねる」話は、脈望館鈔本内府雑劇「趙太祖龍虎風雲会」に一場面として描かれており、「風雲会」雑劇は『万暦野獲編』巻二五「詞曲・雑劇院本」にも御前に供するため教坊司や鐘鼓司が習うべき劇目としてその名が上っている。[52] これらのことを総じて考えれば、やはり明の宮中にも巷間と同じく「宋代尊重」の気風があり、その中で「宋代もの」通俗文芸が愛好されていたと言えそうである。ならば、ともに宋代の武人の物語を描く彩絵『征蛮伝』と彩絵『大宋』は、こうした背景のもと、万暦二十年代以降から天啓・崇禎以前の内府で、坊刻本をもとに製作されたと考えられよう。

では、坊刻本をもとにしたこれら「宋代もの」彩絵小説の製作は、誰の主導のもと行われたのか。結論から言えば、製作の元本となる坊刻本の内府へ買い入れを司礼監や乾清宮管事牌子などの宦官が行っていた以上、宦官の可能性が高そうである。楊家将や岳飛の演劇を宦官の衙門の鐘鼓司が行っていたこと、司礼監に属す東廠に通俗文芸に基づくだろう岳飛の画像が掛けられていたこと、坊刻本『大宋』の元ネタでもある『精忠録』を宦官がくり返し増補重刻していたこと、などの検証結果も、宦官の関与の可能性を強く示しているだろう。そして、次に示す諸点は、彩絵鈔本製作への宦官の関与の可能性をさらに強く示している。

第一は、彩絵鈔本製作の参考資料となり得る古今の書籍、名画、冊葉、手巻や、製作に必要な材料や道具となる筆、紙、墨、硯などを管理していたのが、宦官の衙門・司礼監であったという点である(53)。これらの参考資料や材料・道具は、司礼監がいわゆる「経廠本」を刊行する際に使われていたと思しいものであることから(54)、同じく書籍である彩絵鈔本を製作する際にも使われていたと想定することは可能だろう。

第二は、彩絵鈔本の絵図を製作する上で不可欠な明の宮廷「画院」の画工と、宦官の関係である。北京遷都後の明の「画院」は文華殿、武英殿、仁智殿におかれ、宦官の衙門である司礼監と御用監に管理されていた。二〇〇人以上にのぼったという画工には、錦衣衛の指揮・鎮撫・総旗などの武官の官職が与えられたといい(55)、錦衣衛は、東廠の実働部隊たる貼刑以下の人員の出所であった。このことは、東廠に掛けられていた岳飛の画像の性質を考える上でも、示唆的だと言えよう。これらの条件が揃っていたのならば、宦官が絵入本を作ることは難しいことではなかっただろう。

そして、視点を彩絵『大宋』に絞って見てみると、この作品が宦官によって製作されたであろう可能性を補強する記述が『大宋』自体に次のように見える。

今王精忠廟同墳所在於西湖棲霞嶺、墓道極其美観。四囲栽植樹木、枝皆南向、誠知王之霊千載之下不忘乎宋也。祠宇前殿、中間塑岳王之像、王之右塑左武大夫・忠州防御史・武康軍節度使岳雲之像、王之左塑烈文侯張憲之像。後殿中間塑王之父太師隋国公岳和之像、王之母周国夫人姚氏之像、及王之妻秦国夫人李氏之像。……

これは、彩絵『大宋』と坊刻本『大宋』C刊本の巻八「棲霞嶺詔立墳祠」則の一部であるが、麦秀、劉璟、王堂ら宦官が修繕に関わった明代当時の西湖の岳飛廟・墓の様子が詳細に叙述されているのである。しかも、このくだりには彩絵本・坊刻本ともに緻密に描かれた岳飛廟・墓の挿画が附されている（図5）。この岳飛廟・墓の描写は、C刊本『大宋』と彩絵『大宋』が附録として持つ『精忠録後集』の趙寛「精忠録後序」や李春芳「重刊精忠録後序」のそれとも一部似ており(56)、前者は宦官麦秀の、後者は宦官劉璟の「忠愛」「奉公為民」「為国為民」なる心に基づく修繕行為を宣伝したものであった。これらのことを明の宮中にも存在した「宋代尊重」の気風と併わせて考えれば、彩絵『大宋』附『精忠録後集』の製作は、ある側面で、宦官勢力の「忠愛」「奉公為民」「為国為民」なる行為を、宋の岳飛に付与されていた「忠義」のイメージと重ね合わせて宣伝する行為でもあったと指摘できるのではないだろうか。

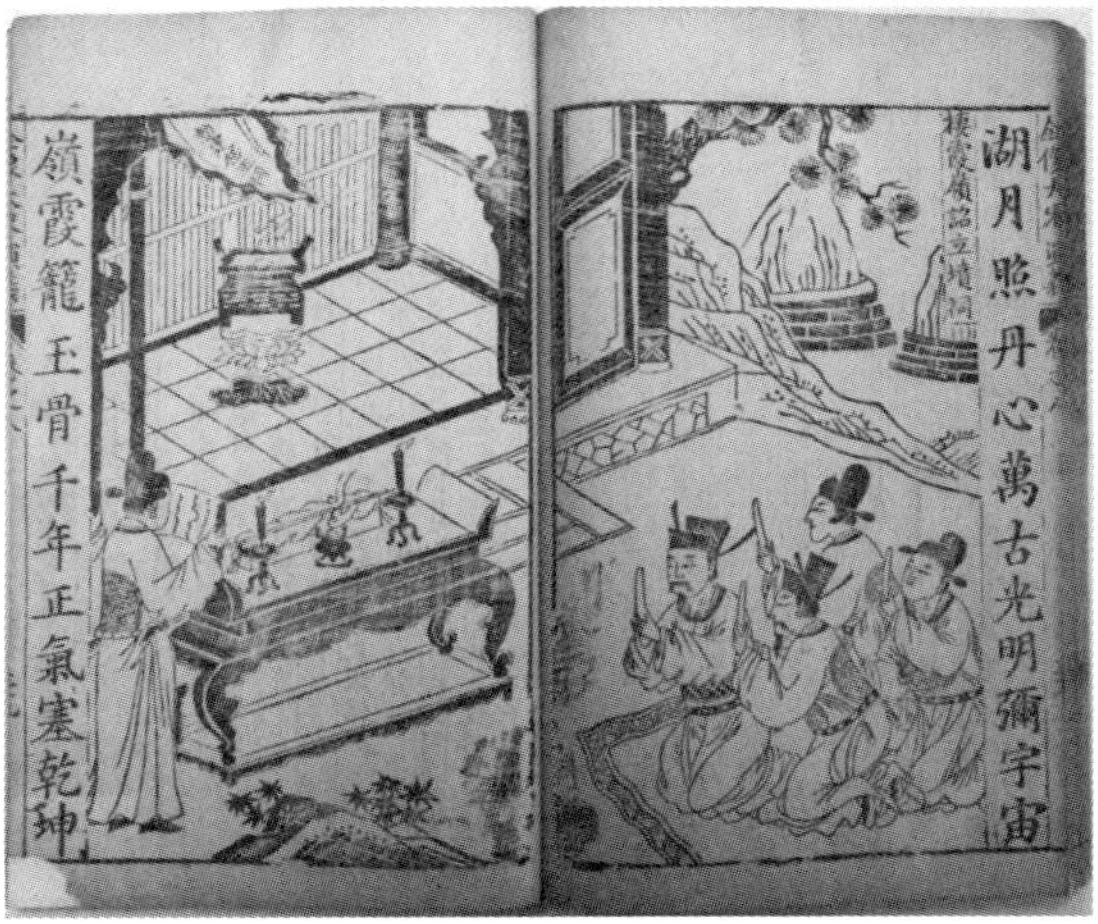

図５：〔万暦前期〕建陽余象斗双峰堂覆万巻楼刊本『新刊大宋中興通俗演義』（C刊本、国立公文書館内閣文庫蔵）巻八「棲霞嶺詔立墳祠」の岳飛廟・墓挿画

おわりに

このように、彩絵『大宋』が宦官によって製作されたとの考えが成り立つならば、類似の形式をもった「宋代もの」通俗文芸である彩絵『征蛮伝』の製作にも宦官が関与していた可能性が高いと言えよう。こうしたことが言える時、注目されるのは、当時の「宋代尊重」の気風に合致したコンテンツを表現する際に、宦官が〝彩色絵図の通俗小説〟という形式を選択したということである。

絵図には、視覚を刺激し感情に働きかけながら情報を伝達するという機能がある。例えば、上述の岳飛廟・墓の情景も、文字だけで説明されるよりも、視覚を刺激する挿画とともに説明された方が、読み手の理解が圧倒的に深まるのは間違いない。しかも、彩絵『大宋』や彩絵『征蛮伝』は、すべての絵図が情報量の多い彩色で描かれている上に、物語内容も読み手への伝わりやすさを考慮した通俗小説の形式で叙述される。堅い文章で綴られた書物ではハードルが高く読み進められない初学者や中下層の識字者でも、この形式であれば感情が刺激され効率よく内容を理解することができたはずである。このことは、呂坤が娘の学習のために『閨範』に絵図を加え『閨範図説』とした経緯にもよく表されている。

興味深いことに、彩絵『大宋』自体にもこれを示唆するような痕跡が残されている。彩絵『大宋』巻八の「陰司中岳飛顕霊」挿画（第二十七a面）には、秦檜が岳飛の娘・銀瓶の霊に楼上から突き落とされる場面が描かれるのだが、その秦檜の顔が丸く破り取られているのである。もともと、当時の外圧に連動して社会全体に「宋代尊重」の気風が漂っていたことから、岳飛の事跡をはじめ「宋代もの」コンテンツは読み手の琴線に触れやすい性質を持っていたと思しい。そこに加えて、このコンテンツが彩色絵図の通俗小説という形式で表現されたことで、読み手は、岳飛を謀殺した秦檜の顔を破り取りたくなるほど物語内容に没入することができたと考えられるのである。ならば、読み手は彩絵小説を楽しみながら消費する過程で、作品の背後の文脈に紛れ込まされていただろう宦官の自己宣伝も知らず知らずの内に摂取していた可能性がある。ここに、鄭貴妃が『閨範図説』という絵入本に自己の政治的な意図を紛れ込ませて重刊したのと、同様の構図が見えるのである。

一方、『閨範図説』や、類似の『帝鑑図説』『養正図説』などの絵入本が、宮廷の政治的な動きと関わりながら製作・複製され、その受容には幼帝や太子などの子供、貴妃やその周辺の女性、そして宦官などが関わっていたであろうことは、第二節（1）で指摘した通りである。ならば、彩絵『大宋』や彩絵『征蛮伝』についても、初学者や中下層の識字者の比率が高い子供、女性、宦官たちが、その受容者として想定されるだろう。この考えを補強しているのが、宦官たちが女性や子供の教育にもあたっていたということである。

例えば、『酌中志』巻十六「宮内教書」には、宦官の二十四衙門から選ばれた能力のある宦官が、『百家姓』『千字文』などの初学教本や『女訓』『女誡』などの女教書、『大学』『中庸』『論語』などの四書を使って宮女たちを教育していたと記録される。(57)また、同書同巻の「内書堂読書」でも、同様の初学教本や四書などを使用して宦官たちが子供の宦官に教育を施していた様子が記されている。(58)そして、子供の宦官は学友として幼帝や太子などに、宮女たちは世話係として后妃や皇太后に、宦官は同じく世話係として皇太子や皇帝に影響を与えうる存在であった。実際、宦官たちから教育を受けた宮女のうち能力の高い者は、女秀才・女史として「聖母及后妃」といった高位の女性の儀礼で引礼・賛礼官をつとめるなど、宮中で影響力をもつ仕事に関わっていた。(59)そうした全体的な関わりの中で、彼らが彩絵『大宋』や彩絵『征蛮伝』など「宋代もの」通俗文芸、つまり明当時の社会背景を反映しつつ生成された宋の武人の物語を受容したであろうことの意味は、看過されるべきではないだろう。

明の中後期におきた出版文化の隆盛は、冒頭で述べた如く、通俗文芸の世界にも物語芸能の大量の書籍化という新たな位相をもたらした。こうした動きのなかで巷間において生成された通俗文芸の諸作品は、その一部が宦官などを媒介とし宮中に流れ込み、当時の社会・文化背景や政治的思惑と関わりながら、宮廷の枢要にさえ何らかの影響を与えた可能性がある。もし、この考えに少しでも妥当性があるならば、文学領域でも伏流と見なされがちな通俗文芸作品であっても、各研究領域に新たな視点を提供する魅力的な資料となり得ると言えるのではないだろうか。

註

（1）宋から明初期の芸能とその文字化の様相については、胡士瑩『話本小説概論』（中華書局、一九八〇）、小松謙『「現実」の浮上――「せりふ」と「描写」の中国文学史』（汲古書院、二〇〇七）「第五章白話文学の登場」「第六章白話文学の確立」他に詳しい。

（2）明中後期以降の通俗文芸の書籍化については、大木康『明末江南の出版文化』（研文出版、二〇〇四）、前掲註（1）小松二〇〇七「第七章「現実」の浮上」、小松謙『「四大奇書」の研究』（汲古書院、二〇一〇）「第一部明代に何が起きたのか」他に基づく。

（3）『稲畑耕一郎教授退休記念論集・中国古籍文化研究』下巻（東方書店、二〇一八）、二四三～二五六頁。

（4）『北京図書館古籍善本書目』（書目文献出版社、一九八七）にもほぼ同内容の著録がある。

（5）楊家将の小説類の版本に関する情報、内容については、拙稿「『北宋志伝』と『楊家府世代忠勇通俗演義伝』――その編著者、旧本、前後関係について」（『名城大学人文紀要』一〇五、二〇一四）などを参照。

（6）『征播』の詳細については、拙稿「時事小説『征播奏捷伝通俗演義』の成立とその背景――もう一つの「楊家将」物語」（『早稲田大学大学院文学研究科紀要』五三（二）、二〇〇八）、拙稿「『征播奏捷伝通俗演義』の挿画について」（『中国古典文学挿画

集成（十）小説集〈四〉』、遊子館、二〇一七）を参照。

（7）拙稿「楊門女将「宜娘」考――楊家将故事と播州楊氏」（『東方学』一二一、二〇一一）、拙稿「楊家将の系譜と石碑――楊家将故事発展との関わりから」（『日本中国学会報』六三、二〇一一）を参照。

（8）以下、本項目の版本に関する内容は、筆者の［5］『大宋中興通俗演義』に関連する調査で得られた情報の他に、次の先行研究に基づく。大塚秀高『増補中国通俗小説書目』（汲古書院、一九八七）、石昌渝「朝鮮古銅活字本《精忠録》与嘉靖本《大宋中興通俗演義》」（『東北アジア研究』二、一九九八）、上田望「講史小説と歴史書（4）英雄物語から歴史演義へ」（『金沢大学中国語文学教室紀要』四、二〇〇〇）、笠井直美「〈われわれ〉の境界――岳飛故事の通俗文芸の言説における国家と民族」上下（『言語文化論集』二三（二）、二四（一）、二〇〇二）、前掲註（2）小松二〇一〇「第一部第三期嘉靖」、大塚秀高「歴史演義小説の図像の淵源」（『埼玉大学紀要（教養学部）』四七（二）、二〇一二）、涂秀虹『精忠録』（上海古籍出版社、二〇一四）所収「前言」、上原究一「『大宋中興演義』と『皇明英烈伝』の王少淮双面連式挿絵本をめぐって」（『中国古典文学挿画集成（十）小説集〈四〉』、遊子館、二〇一七）他。

（9）国立国会図書館に景泰七年（一四五六）商輅序と成化五年（一四六九）湯陰県儒学訓導葉蘊後序をもつ『精忠録』の残本が蔵される。B安徽図書館本より少し前のものと考えられるが、未詳。この残本については別稿を設ける予定である。

（10）上述のように、〈明内府〉彩絵鈔本『出像楊文広征蛮伝』については、すでに別稿「東洋文庫蔵『出像楊文広征蛮伝』について」（前掲註（3）論文集所収）で、実見調査で得られた書誌情報に基づき主に小説内容に関する検証を行った。本稿では以下の論考の展開の必要から、本資料の書誌について新たな情報を加えながらやや異なる角度から改めて検証を進めていく。

（11）以下、外寸、内匡郭の単位はみなセンチメートル。

（12）『中国宮廷御覧図書』（紫禁城出版社、二〇〇五）、『中華典籍聚珍』（浙江古籍出版社、二〇〇九）等を参照。また、宣徳三年（一四二八）に内府で製作された彩絵経典『真禅内印頓証虚凝法界金剛智経』にも、この版式・絵図様式は見え、特にその絵図の特徴は彩絵『征蛮伝』や後述の彩絵『外戚』、彩絵『大宋』と酷似する。これら明内府製と考えられる一連の彩絵鈔本群の絵図の比較検証については、稿を改めて詳細に論述する。

（13）彩絵『征蛮伝』と彩絵『外戚』には鉛筆の英文書き入れが残されており、その内容から両者が東洋文庫にもたらされる以前も同一の所蔵者によって管理されていたと推定される。このことも、両者の製作時期・場所が近接していたとの論の補強材料の一つとなる。英文書き入れの詳細は、前掲註（3）拙稿を参照。また、以下彩絵『外戚』についても、東洋文庫での実見調査で得られた情報に基づき論述を行う。

（14）明の黄佐（一四九〇～一五六六）『翰林記』巻十三「修書」にも「宣徳元年正月乙卯、勅修『歴代臣鑑』『外戚事鑑』……。二年九月書成、頒賜在廷諸臣及戚畹」との記述が見える。成書の年代が彩絵『外戚』や『千頃堂書目』の記述とやや食い違うが、宣徳年間に『外戚』の官刻本が作られたこと自体は間違いないだろう。

（15）以下、彩絵鈔本『大宋』および［5］坊刻本『大宋』B〔万暦前期〕〔金陵周曰校〕万巻楼仁寿堂刊本の書誌と、この二者の関係については、二〇一五年八月に上原究一氏と共同で行った調査で得た知見に基づいて論述する。また、当該書誌については、前掲註（8）の上原二〇一七にも詳しい。

（16）識語全文は以下の通り。「白話小説古穪詩話歴為薦紳先生所弗道／而伝世遂亦寡少近数十年始漸為愽孛／鴻儒所珍眎践僅由海内伝抄孤本如三／蔵取経暨大宋宣和故事二三種□商／務攡印正如出於天録尤□所不闚此帙／大宋演義内述金虜寇宋故事大約為／後世精忠伝之藍本抄写格式与永楽／大典悉相胸合硃墨紙質皆為景泰正／悳間物意者為当時文学侍臣編纂進／呈者有分目而無回次一事一篇可分可／合誠龍威之秘蔵鶏曙之孤星也余年／来頗喜度蔵明季士大夫箸作画／抱銭守闕不顧嗤呵破肆冷攤披検／□遍是冊不知何旹由内閣書庫流□／地安門上偶践迻之非天掌也歟／民国三十五年丙戌花□三台蕭璠題記（陰刻正方「蕭／璠」朱印）」（□は判読不能の字）。

（17）C刊本がB刊本を覆刻した経緯などについては、上原究一「唐氏世徳堂と周曰校万巻楼仁寿堂の章回小説刊本の覆刻及び後印の事例について」（『中国古典小説研究』一六、二〇一一）を参照。

（18）前掲註（17）上原氏論考の指摘による。

（19）「辯閨範書」（『去偽斎文集』巻二）「万暦庚寅（十八年）、余為山西観察使、観『列女伝』、去其可懲、択其可法者、作『閨範』一書、為類三十一、得人百十七。令女中儀読之、日二事、不得其解、輒掩巻臥。一日、命画工図其像、意態情形、宛然逼真。

女見像而問其事、因事而解其辞、日読数十事不倦也、且一一能道、又為人解説、不数月而成誦。余乃刻之署中。其伝漸広、既而有嘉興板・蘇州板・南京板・徽州板、縉紳相贈寄、書商輒四粥［鬻］、而此書遂為閨門至宝矣。初不意書之見重於世至此也。既而内臣搆［購］諸市以進。……」、呂坤『呂新吾先生文集』巻五「男女訓序」「坤輯『閨範』、刻之晉陽……」、『明史』巻二二六「呂坤」:「初（呂）坤按察山西時、嘗撰『閨範図説』、……」

(20)『明史』巻一一四「鄭貴妃伝」「万暦初入宮、封貴妃、生皇三子、進皇貴妃。帝寵之。外廷疑妃有立己子謀。……先是、侍郎呂坤為按察使時、嘗集『閨範図説』。太監陳矩見之、持以進帝。帝賜妃、妃重刻之、坤無与也。二十六年秋、或撰「閨範図説跋」、名曰「憂危竑議」、匿其名、盛伝京師、謂坤書首載漢明徳馬后由宮人進位中宮、意以指妃、而妃之刊刻、実藉此為立己子之拠。……」

(21)「辯閨範書」（『去偽斎文集』巻二）「貴妃刻諸家彙縁者、附以順天節烈婦十七人、而此書遂不可伝矣何也。予伝各有類、而此十七人皆節烈、余伝皆昔賢、而此十七人多万暦時人、且多貴勢家。……」、『明史』巻二二六「呂坤」:「初（呂）坤按察山西時、嘗撰『閨範図説』、内侍購入禁中。鄭貴妃因加十二人、且為製序、属其伯父（鄭）承恩重刊之。……」。

(22) 前掲註（19）の「辯閨範書」を参照。

(23)『明神宗実録』巻八「隆慶六年十二月己巳」「上御文華殿講読畢、大学士張居正率講官進『帝鑑図説』。先是、居正携講官馬自強等考究歴代之事、撮其善可為法者八十一事、従陽数、悪可為戒者三十六事、従陰数、毎一事為一図、後録伝記本文、取唐太宗以古為鑑之意、名曰『帝鑑図説』。……（上）日置図冊於座右、毎講輒命（張）居正解説数事以為常。……」

(24) 朱国楨『涌幢小品』巻三「己丑選館」「……惟弱侯（焦竑）三上、三多、三不惑、『養正図説』一冊。郭聞之不平、曰『当衆為之、奈何独出一手。真謂我輩不学耶。且此書進後、儻発講、将遂与古書幷講、抑出汝之手、令我輩代講、誰則甘之』。其説甚正、弱侯亦寝不復理。後其子携帰、刻於南中、送之寓所。正在案、而璫陳矩適至、取去数部、達御覧。……」、『明史』巻二八八「焦竑伝」「……（焦）竑嘗採古儲君事可為法戒者為『養正図説』、擬進之。同官郭正域輩悪其不相聞、目為賈誉、竑遂止。……」

(25)「大明皇貴妃鄭重刊閨範序」（『万暦野獲編補遺』巻三（刑部）「戊戌謗書」）「……且時聆我皇上諄諄誨以『帝鑑図説』、与凡訓誡諸書。庶幾勉修厥徳、以粛宮闈、尤思正己宜正人、斎家当治国、欲推広是心。……」

(26) 前掲註（19）「辯閨範書」参照。

(27) 明の宮廷において絵本が作られた背景に子供、女性、宦官などの存在があった可能性は、小松謙氏も註（2）前掲の著書二〇一〇「第一部明代に何が起こったのか」二二頁で弘治本『西廂記』との関わりから指摘している。

(28) もちろん、女性・宦官の識字水準には個人差があった。例えば、司礼監秉筆太監などは皇帝の朱筆を代替することも多く、時に翰林大学士に比肩する能力をもつ者もいた。また女性にしても、鄭貴妃のように読書を好み自ら序文をなせるほどの者もいた。だが、全体的な割合からみれば、やはり女性・宦官は子供と同じく中下層の識字者にあたる者が多かったと言えるだろう。

(29) 前掲註（19）「辯閨範書」参照。

(30) 以下の脈望館鈔本雑劇はみな、『古本戯曲叢刊四集』及び『孤本元明雑劇』に収録される。

(31) 脈望館鈔本と内府本の関係については、孫楷第『也是園古今雑劇考』（上雑出版社、一九五三）「一、収蔵、趙琦美」、小松謙『中国古典演劇研究』（汲古書院、二〇〇一）Ⅱ第三章「『脈望館抄古今雑劇』考」に基づく。

(32) 『明史』巻七十四「職官志・宦官」「鐘鼓司、掌印太監一員、僉書・司房・学芸官無定員、掌管出朝鐘鼓・及内楽・伝奇・過錦・打稲諸雑戯。……十二監四司八局所、謂二十四衙門也」、『万暦野獲編補遺』巻一「禁中演戯」「内廷諸戯劇、倶隷鐘鼓司」。

(33) 前掲註（8）の石一九九八、大塚二〇一二、涂二〇一四。

(34) 徐有貞「湯陰鄂王廟記」「歳（正統）己巳之八月、皇帝（代宗）初即大位、以統幕師熸、上皇（英宗）未復、寇方内逼、乃命侍講臣珵（徐有貞）等十有余人、分鎮要地遏乱略、糾義旅、以為京師声援。而臣珵寔来彰徳。彰徳、古相州也、湯陰為其属邑、邑之周流社、王（岳飛）之所生地也。……乃集郡県僚吏・師生・父老于庭、而諭之忠義。因及王之祠事、皆喜躍、願効力。其明年春、……祠既成、勅賜榜曰「精忠之廟」……」。また徐有貞のこの碑文は、明程敏政編『皇明文衡』巻六十七「碑」と、明賀復徴編『文章辨体彙選』巻六五四「碑十三」にも「精忠廟碑」として収録される。

(35) 陳贇「題廟　幷序」「……不日廟成。而始終専任其事者、湯陰典教袁君純也。景泰六年、先生（徐有貞）由春坊諭徳進陞僉都

御史、出撫山東、董治張秋潰堤。既就緒、因過湯陰、撰文立石、用紀建廟之歳月。而袁君又裒集諸薦紳題詠新廟之作、繕写成帙、題曰『精忠録』。茲君以考満上吏部、選拝監察御史。以余（陳贇）有同浙之雅、以『精忠録』見示、且畀校正、将欲鋟梓以広其伝。……」。また、商輅「湯陰県精忠録序」（『宋忠武岳鄂王精忠類編』巻七所収）も、徐有貞による精忠廟の創建と、それに連動した袁純による『精忠録』編輯の流れを記している。

(36)『明英宗実録』巻二六九「景泰七年（一四五六）八月戊戌朔日」条「……袁純……実授監察御史」。

(37) 前掲註（35）の陳贇「題廟　幷序」。袁純は浙江杭州、陳贇は浙江余姚の出身。

(38) 陳銓「重刊精忠録序」「武穆之烈、載在史伝、雑出於稗官小説、而『精忠録』一書、則萃百家之言而備之者也、有図、有伝、有銘記、有歌詩、海内伝誦久矣。奉勅鎮守浙江太監麦公、……王（岳飛）之墓在杭西湖之棲霞嶺、既封治其園塋、崇飾其廟貌、尊厳宏麗、以聳万民之瞻視者、至也。間嘗閲是録（精忠録）、而概然有感、因取而表章之、序其戦功、列図三十有四、増集古今詩文凡若干篇、刻而伝之、以為天下臣子勧、而属（陳）銓為之序。……」、趙寛「精忠録後序」「鎮守浙江太監麦公、素秉忠愛、奉公為民之心、恒拳拳焉慕王之烈。既新其祠墓、又即旧版行『精忠録』、躬為校正而翻刻之、巡按御史陳公序之詳矣。寛謂鎮守公是挙也、立教化之端、励人臣之節、使忠良知所勧、而乱賊知所懲。……」

(39) 後掲註（40）の屠滽「重修勅賜忠烈廟記」。また、『西湖遊覧志』巻九「北山勝蹟」「岳武穆王墓」にも太監麦秀による岳飛の廟・墓の修繕が記録される。

(40) 屠滽「重修勅賜忠烈廟記」「弘治戊午（十一年＝一四九八）、……是年冬、欽命司設監麦公来鎮両浙。……嘗詣忠烈廟、……遂以繕修為己任。庚辰（十三年＝一五〇〇）、適御馬監太監李公、司設監太監李公奉命使江右、道経杭城、同謁忠烈、聞有繕修之挙、遂仰体聖天子褒忠之意、出所齎内帑白金二十鎰、以助其費、甚盛心也。於是麦公語諸同官、則奉命提督織造衣監太監韓公・梁公、提督市舶印綬監太監張公、無不協従。……復倡斯議、麦公秀。同官一心、崇尚忠義、二李公、名謹、名珍、韓公義、梁公裕、張公和。豸史叶謀、期復前規。陳公銓、任公文献、方公溢。冬官地官、参酌攸宜。張公天爵、田公岊、鄭公良佐。藩垣済済、是経是営。孫公需、右布政使林公符、参政欧公信、参議呉公紀。憲臺粛粛、力董其程。朱公欽、副使趙公寛、呂公璋、張公鸞、林公廷選、張公賓、僉事郝公天成、蕭公翀、范公鏞、陳公輔、洪公遠。都閫桓桓、防之護之。白公弘、都指揮僉事黄

公華、熊公岡、呉公邈、牛公洪、戴公恩。……」。賛助人には、C弘治十四年麦秀本『精忠録』の序を為す陳銓と趙寛の名も見える。

（41）前掲註（40）の屠滽「重修勅賜忠烈廟記」。

（42）李春芳「重刊精忠録後序」「王（岳飛）之廟与墓倶焉、在杭之西湖棲霞嶺之下、歳久、屢修屢敝。茲値欽命内官監太監劉公、来鎮両浙。公素秉忠愛、其為国為民之心、歴歴見諸政事。而好古篤信之念、尤不倦講論、謂「岳王・両宋第一人也、西湖有岳墓、而湖山増色焉」。遂捐俸廩而重修之。殿宇之弘敞、門墻之壮麗、視旧有倍。仍復於廟門之外、通衢之左、鼎建石牌坊一座、榜曰〝精忠〟、昭聖製矣。……他日読王之『精忠録』、……板行已久、頗有脱落。況近有頌王之徳、吊王之詞、珠玉相照、皆未得登板、亦缺典也。乃躬為釐正而翻刻之。……公之此挙、一何盛哉。公之心、得其好悪之正也。……」、王華「重修勅賜忠烈廟記」「……邇者内官監太監劉公璟、欽承上命、鎮守吾浙。……一日謁王祠下、……先是、鎮守太監麦公秀、嘗率僚属守臣修葺王之墳廟。迄今寒暑僅余十稔、顧垣宇有頽圮者、……乃特捐俸資、爰謀諸提督市舶太監梁公瑶、巡按御史史鑑、陳鼎暨藩臬諸公、下逮郡邑長弐、罔不協心戮力、復加繕治。……因故以為新、即華以飾敝、仍於外門鼎建石牌坊一座、榜曰〝精忠祠〟。……」

（43）前掲註（42）の王華「重修勅賜忠烈廟記」。

（44）『西湖遊覧志』「（正徳）十二年、太監王堂、塑王父母妻子女諸像、扁曰一門忠孝」、万暦七年『杭州府志』「正徳十二年、鎮守太監王堂肖王夫人子女像後寝、扁曰一門忠孝。……」

（45）江嶋壽雄『明代清初の女直史研究』（中国書店、一九九五）、中砂明徳『江南――中国文雅の源流』（講談社、二〇〇二）第四章「北虜南倭」、川越泰博『明代長城の群像』（汲古書院、二〇〇三）、城地孝『長城と北京の朝政』（京都大学学術出版会、二〇一二）、鄭樑生『明代の倭寇』（汲古書院、二〇一三）他。

（46）前掲註（45）の中砂二〇〇二の第三章「通鑑一族の繁衍」。また、宋の正当性を強調する『続綱目』の編者の商輅が、『精忠録』A景泰年間袁純編輯本に序（前掲註（9）の国会図書館本参照）を寄せているのは注目される。

（47）『西関志』「倒馬関之巻七」劉泉「新建宋将楊公業楊延昭父子忠節廟碑記」（正徳後期～嘉靖前期）、陳栢『蘇山撰集』巻六「忠節廟碑」（嘉靖三十九年頃）等。詳細は拙稿「明代小説にみえる契丹――楊家将演義から」（『契丹［遼］と十～十二世紀の東部

ユーラシア』、勉誠出版、二〇一三）を参照。

（48）前掲註（45）の鄭二〇一三の一二二頁によれば、これは嘉靖三十二年閏三月の王直もしくは蕭顕・鄧文俊による襲撃だと考えられ、被害は台州・嘉興・湖州・蘇州・松江・淮北まで及んだという。

（49）西湖畔の岳飛廟の名は「忠烈廟」であるが、正徳年間の修繕の折りに劉璟がここに「精忠祠」の石牌坊を建てていることから（前掲註（42））、「精忠祠」の呼称も通行していたと考えられる。これを示すように、彩絵『大宋』巻八の第五十葉b面に描かれる西湖畔の岳飛廟の絵図部分（図題「棲霞嶺詔立墳祠」）にも、金泥で「精忠祠」と注記がなされる。

（50）万暦七年『杭州府志』巻四十六「祠廟上・忠烈廟」「嘉靖三十七年、総督都御史胡宗憲重修」。

（51）高津孝「按鑑考」（『鹿大史学』三九、一九九二）、上田望「講史小説と歴史書（3）『北宋志伝』『楊家将演義』の成書過程と構造」（『金沢大学中国語学中国文学教室紀要』三、一九九九）、前掲註（8）の上田二〇〇〇等。

（52）『万暦野獲編』巻二十五「詞曲・雑劇院本」「雑劇如……趙太祖風雲会之属。…皆係供奉御前、呼嵩献寿、但教坊及鐘鼓司肄習之。……」

（53）『酌中志』巻十六「司礼監」に「司礼監提督一員、……職掌古今書籍・名画・冊葉・手巻・筆・墨・硯・綾紗・絹布・紙劄、各有庫貯之」。また、司礼監が掌管していた書籍については『酌中志』巻十八「内板経書紀略」に詳細が載る。

（54）『酌中志』巻十六「司礼監」「経廠掌司四員或六員、……只管一応経書印板及印成書籍・仏蔵・道蔵・番蔵、皆佐理之」。

（55）明代の画院については、板倉聖哲「明代絵画の構図」（『故宮博物院④明の絵画』ＮＨＫ出版、一九九八）、趙晶『明代画院研究』（浙江大学出版、二〇一四）他参照。明の画院・画工については前掲註（12）で述べた別稿で詳細を論ずる予定であるため、本稿では明代画院・画工に関する原典資料については、紙幅の関係上それらを一々示すことは控える。

（56）前掲註（38）三八の趙寛「精忠録後序」と前掲註（42）の李春芳「重刊精忠録後序」を参照。

（57）選二十四衙門多読書・善楷書・有徳行・無勢力者任人。……所教宮女読百家姓・千字文・孝経・女訓・女誡・内則・詩・大学・中庸・論語等書、学規最厳。能通者陞女秀才、陞女史、或宮正司六局掌印。凡聖母及后妃礼儀等事、則女秀才為引礼賛礼官也。……

(58)　内書堂読書。……選年十歳上下者二三百人、撥内書堂読書。……至書堂之日、毎給内令一冊、百家姓、千字文、孝経、大学、中庸、論語、孟子、千家詩、神童詩之類、次第給之。……

(59)　前掲註(57)。

Ⅲ　政治史の視野と多様な史料

徽宗朝の神霄玉清万寿宮

藤本　猛

はじめに

歴史研究において歴史史料は欠かすことのできないものである。我々は過去の出来事を記した史料を手掛かりに、事のあらましを辿り、その因果関係などを探っている。しかしその史料が「本人談」のものであったり、あるいは利害関係者が書き残したものであったなら、その記述自体が我田引水のようなものとなったり、謂れ無き中傷であったりすることもあり、その信頼性は疑われ、延いてはそこから導き出された歴史像への不信につながってしまう。そこで普段から我々は厳しく史料批判を行い、できるだけ客観性・公平性を保った上で研究をおこなっている。しかし時に非常に強烈な個性を持ち、多くの人々に通常認識されている歴史像と合致した史料が存在するとき、改めてその史料の主張する内容が吟味されず、知らず知らずのうちにその史料から受ける印象で歴史事象そのものの性格を規定してしまい、本当の意義・特徴が見えにくくなってしまうことがある。いわば史料による歴史像のミスリードである。

北宋の「神霄玉清万寿宮碑」といえば、かの芸術家皇帝・徽宗が、彼独特の漢字書体である痩金体で書いた御書碑であり、その芸術的な価値は非常に高いものとして有名である。各種書道関係の書に拓本が採録されているほか(1)、東京の書道博物館にも拓本が所蔵されている。

このような外形的に高い評価とは対照的に、その内容は「道教盲信の証」とされ、悪名高いものであった。たしかに徽宗皇帝といえば、その治世の後半期に道教にかぶれ、特に林霊素なる人物の唱える神霄説にのめり込み、仏教弾圧を行ったとされている。その挙げ句に、仏教を道教で塗りつぶすような政策が実施され、仏の名号を道教のものに改めたり、各地にある寺院を改修して、すべてを道観としてしまうようなところに至った。それら一連の政策の中で、全国各地に建設された道観として神霄玉清万寿宮があった。当該碑はその万寿宮に建てられた御碑であったから、まさにその仏教弾圧のイメージを担うことになった。加えて、由来このような道教信仰は、宮中の奢侈生活とも結合するものとして、(2)ますます徽宗による道教擁護の政策は、彼のイメージを損ねるものとされてきた。

しかし徽宗の宗教政策について研究された松本浩一氏はその著書の中で、徽宗の宗教政策は道教以外の宗教政策である礼楽の制定などとも密接な関係があり、道教・仏教という枠組みを超えて、自らを古の聖王になぞらえる、という一貫した意図に貫かれたものだとされた。(3)同じ文脈で、徽宗による礼楽制定が当時の政治的状況と密接な関係をもったものであったことを拙論でも述べたことがある。(4)

そこで本論でも、やはり徽宗の崇道政策が、全くすべて彼の宗教的信仰からきたものなのかどうかについて再考することとし、その検討の対象として、冒頭に掲げた「神霄玉清万寿宮碑」と神霄玉清万寿宮を取り上げる。その結果、徽宗の道教盲信によって突然全国各地に建てられたと思われがちな神霄玉清万寿宮が、実は別の意図から建設がなされた可能性を指摘しうるものと考える。以下、彼の宗教政策について瞥見しつつ、神霄玉清万寿宮の沿革を遡って確認していきたい。

一　徽宗の宗教政策と神霄派の登場

徽宗の宗教政策については、すでに多くの先行研究が言及している。日本では宮川尚志氏や松本浩一氏が、徽宗の道教信奉がいかなるものであったかという視点から研究され、(5)それと表裏の関係にある仏教抑圧の立場から吉川忠夫氏、窪徳忠氏らの研究がある。(6)中国においては唐代剣氏の道教管理に関する専著があり、また近年では方誠峰氏が徽宗朝に出現した「道家者流」らについて検討を加えている[7]。

まずは時系列に沿って、徽宗と道教との関わりを整理したあと、各研究が徽宗の態度についてどのように捉えているのかを見てみる。

徽宗朝前期ともいえる崇寧・大観年間（一一〇二～一一〇）には、ごく一般的な徽宗個人としての信仰が見られ、主として方士らを迎えて優遇する政策が取られた。茅山派の劉混康、天師道の張継先らを尊崇し、何度も手紙を往復させている[8]。郭天信・于仙姑・王老志・魏漢律らが続いて寵愛を受け、大観元年（一一〇七）には道士・女冠を僧尼の上に置いて、仏教に対する道教の優越を明示しており、まさしくここまでは徽宗による個人的な道教尊崇が表されていた。しかし次第に彼らの政治利用が進められていき、大晟楽の制定に魏漢律が関わるなど[9]、主に礼楽方面で彼らが利用されるようになる。

政和年間に入ると、さらなる道教への肩入れが続き、やがて神霄説が登場するに至る。二年（一一一二）に宮中儀式において、道先僧後の順序が定められ、完全に道教の優位性が示されたあと、四年（一一一四）には道階二十六等が設定され、道士らの政治的な地位が高められた。これらの背景として言われていることは、政和初年、病に罹った徽宗が夢で神人からのお告げを受けた、という話[10]や、同三年（一一一三）、郊祀の際に雲間に楼閣が出現し、その中に多くの道士風の人物がいるのを徽宗らが目撃するという「天真降臨」が発生したとされるなど[11]、道教への傾倒の深まりがあった。そこで登場するのが林霊素である。

林霊素は温州出身の道士で、政和五年（一一一五）に徽宗と対面し[12]、いわゆる神霄説を披露する。そこでは徽宗が上帝の子である神霄玉清王、すなわち長生大帝君であり、蔡京ら現政権の首脳部もみな天官の生まれ変わりだとされた。これは徽宗が持っていた自己神格化の望みを満たすものであった。以降、徽宗は大いにこの林霊素を重用し、神霄説の拡大を目指す。まず六年（一一一六）、林霊素に「通真達霊先生」号を授与し、あわせて皇城の東に上清宝籙宮を建設して、ここで林霊素に道教儀式を主催させた(13)。翌七年（一一一七）正月には、神霄派を道教諸派の最上位とし、二月には上清宝籙宮にて道士二千余人を会せしめ、林霊素に降臨を告げさせた(14)。さらに四月、徽宗自身が、自らが最高天たる神霄玉清府を統治していた長生大帝君の生まれ変わり、太霄帝君だと宣言。以降は自分を「教主道君皇帝」と呼ぶよう命じるに至る。ここに至って神霄派は国教的な地位を占めるようになり、その主神が徽宗その人だとしたのである。

この流れが行き着く先に仏教に対する抑圧がある。おそらくは国家宗教としての神霄派を高めるため、相対的に仏教の地位を貶める必要があったのだと思われる。宣和元年（一一一九）、仏教の名号を道教化し、「仏」は「大覚金仙」に、「僧」は「徳士」に、「寺」は「宮」に、などという名称変更が強制された。それとともに神霄派自体の荘厳化も進められ、青華帝君の降臨や霊宝経の書き換え(15)、神霄秘籙の新設などが進められた。

以上が徽宗による道教関連政策のあらましである。治世前半において徽宗が個人的に道教に対する尊崇を高めていたこと、それが後半に入ると国家の政策として道教が積極的に取り入れられてきて、宗教的権威が俗世界にも及びだしたことがわかる。そのきっかけは明らかに林霊素の出現と神霄派の登場であったが、むしろ徽宗が神霄派の教義に惹かれたというよりも、徽宗の望みを叶えるために神霄派が登場した感がある。

このように整理してみると、果たして徽宗は純粋に宗教としての道教を妄信していたといえるのであろうか。彼が望んだのは、あくまでも彼が望むような教義であって、その望みの中には現実世界における自らの権威上昇があったのではないだろうか。あくまでも主眼は自らの神格化にあったと考えられる。先行研究においても、宮川氏は「徽宗にとっては道家の学は儒学を助けるもので治国の道を完全ならしめんとして林（霊素［引用者注］）の説を聴いた」、「諸宗教の上に立つ帝王の権威は終始ゆるぎなきことが要請された。風流天子とか亡国の君主と見られがちな徽宗においても、この帝王の姿勢には変りはない」(「宋の徽宗と道教」七、九頁)と述べ、窪氏は徽宗が一時道教に惑溺したことを指摘し、「道教は時の皇帝を頂点に頂く国家的宗教に再編されていった」と述べられ(一三頁)、道教という宗教の中に徽宗が埋没したわけではないとする。松本氏は、宋代においては真宗・仁宗朝から皇帝を神仙の生まれ変わりとする説があり、神宗朝における礼制の検討が、秦漢以降を否定し、周代への直結を目指すものであったと指摘し、すでに聖祖なる趙玄朗の登場が、儒・道の区別を超えたより根元的なものへの指向であったこと、そのような北宋一代を通じて見られる傾向を、徽宗の宗教政策は引き継いだものであったが、徽宗の場合は、最初から自らを古の聖王になぞらえる意識があり、さらに上帝と直接つながるところにまで至った、と言う(16)。

神霄派の特徴が、徽宗を頂点とする宗教政策であったという点を強調するならば、まさにその傾向を如実に表すのが神霄玉清万寿宮という施設であったと筆者は考える。従来、神霄玉清万寿宮は徽宗の神霄派傾倒の余り、突然全国に建設がはじまったものと考えられていたが、実際そうであったのだろうか。節をかえて確認してみよう。

二　神霄玉清万寿宮

(1)　神霄玉清万寿宮の建設と「神霄玉清万寿宮碑」

政和七年(一一一七)二月、天下の天寧万寿観を神霄玉清万寿宮に改める、という御筆が出された。

政和七年二月辛未、御筆すらく「天下の天寧万寿観は改めて神霄玉清万寿宮に作れ。如し小州、軍、監に道観無ければ、僧寺を以て充て、即ち天慶観を改むるを得ず。仍て殿上に長生大帝君、青華帝君の聖像を設けよ」と。

（『長編紀事本末』巻一二七「神霄宮」[17]）

天寧万寿観が無かったような小さな州や軍・監では、道観があるところはそれを、無いところは仏寺を改修し、神霄玉清万寿宮とすることとなった。この際、仏寺の明け渡しに際して騒ぎを起こしたものには、配流を含めた厳しい態度で臨んでおり[18]、仏教弾圧の始まりだとされる。

とにかく州・軍レベルには隈無く神霄玉清万寿宮を置くこととなり、その二年後の宣和元年（一一一九）八月には、おそらく開封の神霄玉清万寿宮が落成した。

（宣和元年）八月二十三日、宮成るを以て、徳音を西京諸道に降す。（『宋会要』礼五―六）

徽宗がこの間の経緯を自筆した上で、真宗朝のときと同じく、そのまま同じものを全国の神霄玉清万寿宮に立石させた。これが「神霄玉清万寿宮碑」である。

当時は全国各地に数多く建てられた「神霄玉清万寿宮碑」も、現在では二カ所に残存するのみである。一つは福建省莆田県の玄妙観に存在している。その名称からも分かるように、当地の神霄玉清万寿宮が以来ずっと道観として存続してきたために、碑石も残されてきたのであろう。その拓本は、『書蹟名品叢刊』に載せられた剪装拓で、「御筆手詔」との碑額があり、整本は高さ二〇二センチ、幅八一・五センチという。『書道全集』第五巻（平凡社、一九八七年）のものや、『閩中金石略』巻八に載る「神霄玉清宮碑」は同一のものであろう。

今ひとつは、海南省海口市の五公祠にあるもので、その拓本は『北京図書館蔵中国歴代石刻拓本匯編』第四十二巻（一九八九～九一年）のもの。こちらには碑額がなく、高さ二一四センチ、幅一〇〇センチとされる。王平川・趙夢林編の『宋徽宗書法全集』（朝華出版社、二〇〇一年）のものはこれと同じものと思われる。日本の書道博物館が所蔵する拓本も碑額がなく、おそらくはこの海南省の碑からとったものであろうか。

また現存しないものとして『山右石刻叢編』巻三十三に載る「神霄玉清宮記」があり[19]、こちらは元の至順元年（一三三〇）六月に再建されたもので、その際の立石者らの跋文があったとされるが、おそらくはすでに失われたものと思われる。

さて残された拓本を見てみると、どちらも文章の中身は同じであり、徽宗の御筆をそのまま彫ったものであることが分かる。本文は十六行、合計三六四字、行・楷書（痩金体）で書かれている。碑額の「御筆手詔」は蔡京の息子・蔡絛が勅命により書いたという。蔡絛は恩沢により親衛郎、秘書丞となり、宣和中に礼部尚書となった人物で、のち兄の蔡攸と結んで父の蔡京と対立したが、結局攸とともに誅されたとされる。

本文は以下の通り。

1神霄玉清萬壽宮詔

2　　　　　御製御書

3道者、體之可以卽至神、用之可以挈天地、推之以治天下國家、可使一世之民、擧得其恬淡寂常之眞、而

4躋于仁壽之域。朕思是道、人所固有、沈迷旣久、待敎而興、俾欲革末世之流俗、還隆古之純風、蓋嘗稽參

5道家之說、獨觀希夷之妙、欽惟

6長生大帝君・

7青華大帝君、體道之妙立乎萬物之上、統御神霄監、觀萬國无疆之休、雖眇躬是荷、而下民之命、實明神

8所司。迺詔天下、建神霄玉清萬壽宮、以嚴奉祀、自京師始、以致崇極、以示訓化。累年于茲、誠忱感格高、厚

9博臨屬者、三元八節、按冲科啓淨、供風馬雲車、來顧來饗、震電交擧、神光燭天、群仙翼翼、浮空而來者、或

10 擲寶劔、或灑玉篇、駭聽奪目、追參化元、卿士大夫・侍衞之臣、悉見悉聞、嘆未之有、咸有紀述、著之簡編。嗚
11 呼、朕之所以隆振道教、
12 帝君之所以眷命孚佑者、自帝皇以還數千年、絕道之後乃復見于今日、可謂盛矣。豈天之將興、斯文以
13 遺朕、而吾民之幸、適見正于今日耶。布告天下、其諭朕意毋忽。仍令京師神霄玉清萬壽宮、刻詔于碑、以
14 碑本賜天下、如大中祥符故事、摹勒立石、以垂无窮。
15 宣和元年八月十五日奉

【図１】　神霄玉清万寿宮碑拓本（書道博物館蔵）

16

聖旨立石[20]

御製・御書

神霄玉清万寿宮詔

道なる者は、これを体せば以て至神に即くべく、これを用うれば以て天地を挈ぐべく、これを推せば以て天下国家を治め、一世の民をして、挙げて其の恬淡寂常の真を得、而して仁寿の域に躋るべし。

朕 是の道を思うに、人の固より有する所なるも、沈迷すること既に久しく、教えを待ちて而して興り、末世の流俗を革め、隆古の純風に還らんと欲せしむ。蓋し嘗て道家の説を稽参するに、独り希夷の妙を観る。欽しんで惟うに長生大帝君・青華大帝君は道の妙を体し、万物の上に立ちて、神霄を統御し、万国を監観す。无疆の休は、眇躬是れ荷うと雖も、而れども下民の命は、実に明神の司る所なり。迺ち天下に詔し、神霄玉清万寿宮を建て、以て厳に奉祀すること、京師より始め、以て崇極に致し、以て訓化を示さん。年を茲に累ね、誠に忱に感格し、高く厚く博臨す。

属者《ちかごろ》三元八節、冲科を按じ、浄供を啓し、風馬雲車、来顧来饗す。震電交ごも挙がり、神光天を燭らす。群仙翼翼として、空に浮きて而して来たる者、或いは宝剣を擲げ、或いは玉篇を灑らし、聴を駭かせ目を奪い、化元に追参す。卿士大夫・侍衛の臣、悉く見悉く聞き、未だこれ有らざるを嘆ず、咸な紀述有り、これを簡編に著す。

嗚呼、朕の道教を隆振する所以、帝君の眷命もて孚佑する所以の者は、帝皇より以還、数千年絶道の後、乃ち復た今日に見われ、盛んなりと謂うべし。豈に天の将斯文を興して以て朕に遺り、而して吾が民の幸にして適に正を今日に見んや。天下に布告し、其れ朕が意を諭して、忽せにすること毋れ。仍て京師の神霄玉清万寿宮をして、詔を碑に刻し、碑本を以て天下に賜わること、大中祥符の故事の如くし、摹勒立石して、以て无窮に垂らせしめん。

宣和元年八月十五日・聖旨を奉じて立石す。

碑文の途中部分、道教で特別な日とされる「三元日」と「八節日」に、「冲科」にしたがって、神々に「浄供」(供物)を捧げる。すなわち罪を懺悔して滅罪をめざす「斎」の儀礼と、神々に降臨してもらい供物を捧げて願い事をする(もしくは願ほどきをする)「醮」の儀礼を行ったところ、風の馬や雲の車に乗って、天から神仙たちが饗宴に招かれたかのように降臨された。その様子が描写されたのち、驚き目を奪われながらも、神々と交流することになった。それを「卿士大夫、侍衛之臣」らが目撃したことは、前代未聞のことであり、これを記録にとどめた、という。[21] 現代の我々からすれば俄かには信じ難い、何とも不可思議な内容を記しており、このことが徽宗の「道教妄信」を強く印象づけることになったのであろう。

また、本文の周囲は雷文(雷紋)が複数行ずつ巡らされ、左右の部分は文様の中に文字が書かれている。右側は一行の楷書が書かれ、

保和殿直学士、朝請大夫、提挙上清宝籙宮、編類御筆兼礼制局詳議官、校正内経同詳定官、賜紫金魚袋　臣蔡翛、

奉聖旨題額。

とあり、これは先に述べた碑額に関する情報である。左には、

通侍大夫、保康軍承宣使、直睿思殿、同知入内内侍省事、同提点皇城司、充在京神霄玉清万寿宮提点　臣譚稹

検校少師、鎮東軍節度使、中太一宮使、直保和殿、明堂兼在京神霄玉清万寿宮提挙提轄使臣学（？）　臣梁師成、

管勾上石。

という二行の楷書が書かれている。こちらからは開封の神霄玉清万寿宮の管轄が宦官らであったことが分かる。[22]

ちなみにこの雷文は、青銅器の饕餮文の隙間に見えるモチーフである。[23]その中身に碑額執筆者と立石者の情報が載せられていることから、開封で御書が執筆され立石された時から存在していると思われ、当時古物を蒐集していた徽宗の趣味に沿った装飾といえよう。

（2）神霄玉清万寿宮の維持・政治的効用

こうして全国の州・軍に置かれた神霄玉清万寿宮は、その初期から世俗の官職と結びつけられていた。設置の翌年、各地の神霄玉清万寿宮が孔子廟と同様の尊崇を受けるようにされたあと、[24]知州軍が「管勾」、通判が「同管勾」として神霄玉清万寿宮の名を官銜に加えることとされた。[25]また開封の神霄玉清万寿宮は、長弐官たる開封尹・少尹が「管判」・「管幹」を名乗り、[26]宰相が「神霄玉清万寿宮使」を、執政が「副使」を兼ねることとなった。[27]また転運使は路の神霄玉清万寿宮の「提挙」を名乗ることとなり、全国すべての神霄玉清万寿宮が、世俗の官職と結び付けられるに至った。[28]これはつまり通常の道観が道正司に属するのと違い、地方の神霄玉清万寿宮は監司・州官によって、都のそれは宰執・開封官によって管掌される、特別な道観であることを意味していた。

さらに監司である提刑司・廉訪使者には、巡按する際、当地にある神霄玉清万寿宮がどのように運営されているかについて、厳しく監察を行うよう命ぜられている。[29]その結果、

（重和元年）三月戊子、朝議大夫、知泗州葉黙に単州団練副使を責授し、郴州安置とす。神霄宮を改建すること法の如からざるに坐するの故なり。

（『長編紀事本末』巻一二七「神霄宮」）

というように、神霄宮がきまり通りに改築されていなければ州官が処罰され、逆に、

（重和元年六月）壬戌、御筆すらく「博州は神霄宮を修建すること法の如し、守弐の当職官並びに廉訪使者は各おの一官を遷す」と。

（重和元年七月）癸卯、中大夫・直徽猷閣・知河陽王厚、神霄玉清万寿宮を改建して工畢るを以て、職一等を進む。武功大夫・知西安州解潜は［遙郡］刺史に転ず。神霄玉清万寿宮の改建を措置するを以て推賞するなり。

（『長編紀事本末』巻一二七「神霄宮」）

と、きまり通りの改修ができていれば報奨された。このように神霄玉清万寿宮は通常とは違う特別な道観で、世俗の地方官と結びつけられて、その運営が全国一律であるよう厳しく規定されていた。

その中で、監司らはただ単にその規格を確認するだけが役目ではなかった。少し時期は下がるが、

（宣和）六年閏三月二十七日、詔すらく「奉使及び監司等の官、巡歴して州軍を経過すれば、並びに神霄宮に詣りて朝拝せしむ。著して甲令に在れ。今後如し夜に遇いて入城せば、並びに次日に朝拝せよ。若し公事急速なれば、自ずから合に依りて赴くを免ずべし」と。

（『宋会要』礼五—六）

とあるように、地方に出た奉使・監司らは、至った州軍の神霄玉清万寿宮に必ず朝拝することが義務づけられるようになった。この詔が出されたのが、すでに林霊素が失脚し、仏教に対する禁令も弛められたあとであることは注意を要し、そのときになってもなお神霄玉清万寿宮への尊崇が強制されていたことが分かる。徽宗個人の道教への過剰な傾斜（裏返せば仏教への過剰な抑圧）がひとまず落ち着いたと思われるこの時期に、依然として神霄玉清万寿宮の経営が維持され、むしろ官僚へ朝拝を強制していることは、何か別の思惑があった可能性も考えられるであろう。

気を付けねばならないことは、この神霄玉清万寿宮の主神たる長生大帝君は、徽宗自身の前世の姿であるとされていたことで、皇帝の本身ともいえる神仙を祀る道観を尊崇させるということは、皇帝への尊崇を示させることと同様であったといえる。そこからは、神霄玉清万寿宮が果たした役割が、単なる宗教的要素のみではない、世俗的な忠誠心の強要でもあったと考えられないだろうか。そのことは、各地の神霄玉清万寿宮の前身が、基本的に天寧万寿観であったというその経緯を見れば、より明らかになるものと考えられる。以下、節をかえて神霄玉清万寿宮の前身を遡って見てみたい。

三　神霄玉清万寿宮の前身

(1)　天寧万寿観

すでに前節でみたように、天寧万寿観は神霄玉清万寿宮の前身であった[30]。その名称に付いている「天寧」とは「天寧節」から来たもので、これは徽宗の誕生日である十月十日を表している[31]。君主の誕生日を祝祭とする風習は、仏教の灌仏会の影響を受けたもので、はじめはむしろその父母の恩に謝するものであったのが、やがては誕生日を純粋に慶祝するようになり、皇帝のそれが国家の節日に定められたのは、唐の玄宗の千秋節（のちに天長節と改名）からはじまった[32]。北宋に入っても、太祖の長春節（二月十六日）や太宗の乾明節（十月十七日）などの生誕節が決められて、君臣間交流の機会として、ひいては皇帝の権威を人民に伝える場として利用されてきた[33]。徽宗朝では特に重和元年（一一一八）から全国の天寧万寿観で一律の儀式が実行され、そのために「儀注」が作成された[34]。つまり神霄玉清万寿宮の前身たる天寧万寿観とは、すでに徽宗を尊崇するために当時存在していた道観だったのである。

しかしこの時点では、天寧万寿観が存在しない州軍もあった。そのようなところでは天寧節の祝祭には天慶観が利用されてきたという[35]。天慶観とは真宗朝の大中祥符二年（一〇〇九）、天下の州府・軍・監・関・県で宮観無きところに建てさせたもので[36]、理論的にはこれ以後、各所には少なくとも天慶観が存在することになっていた。したがって理論的には、全国あらゆる場所で天寧節の祝祭が実行されていたことになる。

政和七年（一一一七）の神霄玉清万寿宮への改修の際に、天寧万寿観があれば当然そこが利用・改修され、そうでないところでは仏寺を改修し、天慶観は利用してはならない、と特に言われていたのも[37]、天寧節の道場を開く場所として天寧万寿観と天慶観が近しいものと見なされがちであったのであろう。

なぜ天慶観を改修・利用してはいけなかったのか。おそらくは天慶観にはすでに聖祖殿があり、そこには聖祖の尊像、すなわち真宗朝に追尊した祖先神・趙玄朗の像があったからで、同所を徽宗を常時尊崇する神霄玉清万寿宮とすることを避けたのであろう。

いずれにせよここからは、神霄玉清万寿宮の建設とは、基本的には天寧節のときに徽宗尊崇に利用されてきた場所が、徽宗への尊崇を表す常設の場所として整備され、さらにそれを州レベルでは必ず設置しておくように強要したものと考えられる(38)。

同様のことは開封の神霄玉清万寿宮にもいえ、その前身は玉清和陽宮であったが(39)、そこはまさしく政和四年（一一一四）宮城内における徽宗生誕の地に建設された道観であった(40)。玉清和陽宮は完成後、天寧節などの際に道場が設けられ、しばしば徽宗も行幸した場所であった。

このように開封のものも含めて、全国に建てられた神霄玉清万寿宮は、いずれも徽宗の生誕と深くかかわる場所であり、政和年間に神霄派道教の施設として突然作られたものではなかったことがわかる。

では地方にあった天寧万寿観のさらに前身は何であったのかといえば、「崇寧観」と呼ばれる施設で、これまた徽宗個人とのつながりが深い施設であった。

（2）　崇寧観

崇寧観はその名が示す通り、崇寧年間に設置された道観であったが、同じ施設としては仏寺である崇寧寺が先行して建設されていた。その経緯はというと、崇寧二年（一一〇三）九月、蔡京らの奏請により、天下の州軍に崇寧寺を設置することから始まるという。

（崇寧二年九月）癸巳、天下の郡をして皆な崇寧寺を建てしむ。

（『宋史』巻十九・徽宗本紀）

徽宗崇寧二年九月十七日、左僕射蔡京等の劄子に奏すらく「臣等伏して以えらく陛下先烈を遹追し、邪正を分別し、賞罰を明信し、上は天心に当る。今天寧節届《いた》り、伏して請うらくは天下の州軍各おの寺額を賜い、崇寧を以て名と為し、睿算を上祝せん」と。詔して奏する所に依り、仍て勅額を賜う。天寧節に遇う毎に、鎮州に紫衣・度牒を与うること各おの一道、其の余の州・軍・監に各おの度牒一道を与う。便に任せて修蓋せしむるを許し、了るを候ちて、逐旋に奏して旨を取れば、経一蔵を賜う。

（『宋会要』礼五―一五）

このような皇帝の生誕節にともなう寺院への賜額、度牒の給与などは、宋朝歴代皇帝にみられる慣習であるため[41]、特にこの崇寧寺の設置を異とするにはあたらないのかもしれない。だが、もともと仏教に信仰をもつ蔡京が唱導したのは、治平末年の寿聖寺の制に倣いながらも、それらがおおむね州内に多数ある小院であるのに対し、崇寧寺は一州に一寺のみ、州軍にある大寺を当てた特別な寺で、田十頃の賜与をうけ[42]、苗税・役銭を免除されるなど[43]、最上の特典が与えられていた。

なぜそれほど特別扱いがされていたのか。それは建設のはじめから徽宗の聖寿のみを祝禱する専用の施設であったからである。

（崇寧）三年正月二十七日、詔すらく「崇寧寺は惟だ聖寿を祝ぐ道場を建置し行香し及び祈求するを得るの外、其の余の行香は並びに他の寺に就かしめよ」と。

（『宋会要』礼五―一五）

というのがそれである。ここからは徽宗即位後、その生誕を言祝ぐための施設は仏教施設であったことがわかる。

同じ年の十月、今度は崇寧観が設置された。

徽宗崇寧二年十月一日、御史中丞石豫言えらく「伏して見るに、宰臣蔡京等は天寧聖節を以て、天下の州軍各おのに崇寧の寺額を賜わらんことを請いたり。此れ実に上は蓼蕭之沢を広げ、共に天保之報を伸ばせば、区区たる小臣、均しく是の念いを作す。伏して望むは特に睿旨を降されて、天下に観を置き、此く寺額に類するを許し、亦た乞うらくは崇寧を以て名と為されんことを」と。詔して節鎮州に崇寧観を置くことを許し、余は崇寧寺に已に降せる指揮に依れ。

（『宋会要』礼五―二二）

崇寧寺と同じ役割を果たす道教施設として、崇寧観が設置されたのである。(44) この時点で、天寧節の道場は、州レベルで置かれた崇寧寺では仏教的に、崇寧観では道教的に行われたのであろう。さらにこれは年一回の天寧節だけに限ったことでなく、監司らは所在の州軍においては、毎月一日に州官らとともに参詣し、巡按で経巡った先では、不定時でよいから必ず参詣してチェックを行うこと、監司不在の州・軍では知州・通判が州官を率いて参詣することが義務づけられていた。

（崇寧三年）六月五日、詔すらく「監司は、所在の州にもし崇寧観の城内に在る者は、毎月旦日、本州の官属と同《とも》に恭しく詣りて焼香するを許す。及び巡按して至る所の州城は、非時に亦た恭しく本観に詣りて焼香し点検せよ。監司所在に係らざる州軍は、知・通 官属を集めて同に詣りて焼香せよ」と。

（『宋会要』礼五―二二）

先に見たようにこのような参詣の命令は、のちに崇寧観が神霄玉清万寿宮に姿を変えたときにあった命令と全く同じものであった。ここからも神霄玉清万寿宮の役割が、徽宗朝後半に突然与えられたものでなかったことが判明する。

崇寧寺観は、設置の翌年（崇寧三年、一一〇四年）二月（あるいは六月か）には、のちの神霄玉清万寿宮にまで受け継がれる「万寿」の二字を加えた崇寧万寿寺・崇寧万寿観となり、(45) さらに政和元年（一一一一）八月に徽宗の誕節名をとって天寧万寿寺・天寧万寿観と改められる。(46) 民国『定県志』巻十九「金石篇」の「崇寧万寿禅□□房銭聖旨碑」（大観三年）に載る「定州崇寧万寿禅寺」が、同書同巻の「天寧寺偈碑」（政和元年）では「天寧万寿禅寺」となっているのは、

この間の改名を示しているであろう。(47)

以上見てきたように、地方においては徽宗の天寧節を祝うため、ひいては監司・州官らによって毎月徽宗を尊崇するために建てられたのが崇寧寺・崇寧観であった。それが崇寧万寿寺観、天寧万寿寺観を経て、最終的に神霄玉清万寿宮に姿を変えたものと考えられる。

四　皇帝による自己神格化

このようにみてくると、神霄玉清万寿宮とは、徽宗の道教尊崇の念から突然全国に建てられた施設ではなく、即位当初から徽宗個人を尊崇する場所として存在したものが、その祝禱のあり方が、仏教的要素にも容認されたものから、国家宗教へと昇華された神霄派による道教的な方法に統一されていったものとみるべきことは明らかであろう。

（政和）七年八月三十日、尚書祠部員外郎李楊言えらく「毎歳の天寧節、内外の臣僚各おの聖寿を祝う道場有り、多く僧寺に詣りて開建するは、礼の宜しき所にあらず。欲し望むらくは聖慈 神霄玉清万寿宮の道観に詣りて開建するを許されん」と。詔して宰臣・枢密已下の例に依りて大相国寺もてするを除くの外、余は並びに道観に詣り、違う者は御筆に違うを以て論ぜよ。　（『宋会要』礼五七―一四）

という史料はそのことを示している。ただしここでいうように、都の開封においては、天寧節の祝寿は神霄玉清万寿宮とその前身たる玉清和陽宮だけではなく、相国寺においても行われていた。

（十月）初十日天寧節。前んずること一月、教坊 諸妓を集めて楽を閲す。初八日、枢密院 修武郎以上を率い、初十日、尚書省の宰執 宣教郎以上を率い、並びに相国寺に詣り、祝聖の斎筵を罷散せば、次いで尚書省都庁に赴きて宴を賜う。宰執・親王・宗室・百官、入内して上寿す。

（『東京夢華録』巻九「天寧節」）

この慣習は、おそらく宋代において初代太祖以来、ずっと都においては相国寺が利用されてきたからであり、(48)そこだけは「例に依り」伝統を踏襲したのであろう。(49)だが徽宗朝には都の神霄玉清万寿宮にも天寧節の道場が開かれていた。(50)ちなみに『宋史』礼志の「聖節」には宋朝歴代皇帝の生誕節の記事を載せるが、宮城内での「上寿の儀」について最も多くの字数で詳細に述べるのは徽宗のそれについてであり、これは巻一六五の一巻すべてを使って、嘉礼としての「天寧節上寿儀」について詳述する『政和五礼新儀』を利用したものであろう。彼の時に生誕節の儀式が最も整備されたことをうかがわせる。

神霄玉清万寿宮の本質が、一時の神霄派への耽溺から突然登場したものではなく、すでに徽宗個人への尊崇のための施設が、神霄派道教によって荘厳されたものだと確認できたならば、果たしてその建設を徽宗の「道教妄信の証」とばかり言えるであろうか。

さらにより注目すべきは、天寧万寿観から神霄玉清万寿宮に改修がなされた時点で、長生大帝君と青華帝君の像が主神として置かれていたということである。(51)そのうちの長生大帝君が徽宗の前身であり、彼の本性だとするからには、その像は徽宗その人に似せて作製されていた可能性が高い。(52)してみると神霄玉清万寿宮には徽宗の像が、その本性たる神として安置されていたということになる。そうしたとき、想起されるのが唐の玄宗である。玄宗も自身の姿に似せた肖像を作らせ、全国に設置したことがあった。

初め、天宝中、天下の州郡皆な銅を鋳て玄宗の真容を為《つく》り、仏の制に擬う。安・史の乱に及び、賊の部する所、悉く鎔かして之を毀つも、而れども恒州のみ独り存す、是より（李宝臣に）百戸を実封す。

（『旧唐書』巻一四二・李宝臣伝）

玄宗 蜀に幸せし時の旧宮、置きて道士観と為し、内に玄宗の鋳金の真容及び乗輿侍衛の図画有り。是より先、節度使至る毎に、皆な先ず拝して而して後に視事す。

（『旧唐書』巻一一七・郭英乂伝）

徽宗と同じく道教を尊崇し、『老子』に御注までも施した玄宗について、徽宗が詳しくなかったとは思えないが、短期間で終わった玄宗の肖像設置の目論見まで、徽宗が知っていたかは定かではない。だが結果として、玄宗が失敗したのと同じ計画を徽宗は実行し、少なくとも彼の即位期間は貫き通したのが神霄玉清万寿宮であった。

先に述べたように監司は地方の神霄玉清万寿宮を必ず訪れて拝礼せねばならなかった。そのとき彼らが頭を垂れていたのは、道教的に荘厳された徽宗その人であったのだ。このように考えれば、神霄玉清万寿宮は、宗教施設であることは疑う余地がないものの、同時に自己神格化した皇帝崇拝の場でもあったと考えられる。

またこの天寧節に関して言えば、徽宗の誕生日が十月十日ではなく、実は五月五日だという説がまことしやかに伝えられている。

徽宗も亦た五月五日を以て生まれ、俗に忌むを以ての改に十月十日と作して、天寧節と為す。

（周密『癸辛雑識』後集「五月五日生」）

というのがそれである。古くは孟嘗君の例でもあるように、(53)中国では古来より五月五日の端午節生まれの子は不祥をもたらすと言われている。いまこの問題に関して筆者が何らかの見通しを持っているということはない。だが管見の限り、『癸辛雑識』という南宋末期の筆記史料のほか、同時代に近い諸史料には、実は徽宗が五月五日生まれであったと示すものは見つからない。むしろこの話は巷間の噂の域を出ないのではないか。後世から見た徽宗という人物の歴史的評価を鑑みれば、彼こそがその不祥をもたらす典型例であったという俗説がつくられても不思議ではなく、天寧節が「十月十日」というきりの良い数字で、半分に割れば「五月五日」となる面白さから、かかる伝承の生まれる素地があったと考えられる。強く否定する根拠もないが、強いてその説に従う必要もないであろう。本稿では、徽宗の生誕節は十月十日の天寧節であったとしておきたい。

おわりに

「神霄玉清万寿宮碑」という非常に宗教色の濃い、かつ美術的にも注目を集める石刻史料の存在もあって、神霄玉清万寿宮はあたかも突然全国に建てられた、徽宗による「道教妄信の証」であるとされてきた。しかもそれが一部、仏寺を改修して造られたとあれば、たしかにこれは、徽宗の行き過ぎた道教信仰の発露と捉えられがちである。

しかし本論で見てきたように、神霄玉清万寿宮とは、徽宗即位の数年後に各州に置かれた崇寧寺・崇寧観にはじまり、崇寧万寿寺・崇寧万寿観、天寧万寿寺・天寧万寿観と名を変えつつも、一貫して徽宗尊崇の場として利用されてきたものが、特に天寧万寿観の方を中心に神霄玉清万寿宮と改修されたものであったことが分かった。そこには徽宗肖像の長生大帝君像が置かれ、徽宗独特の瘦金体で書された「神霄玉清万寿宮碑」が建てられ、地方に出た官僚が欠かさず拝礼を強制させられるなど、地方にあって皇帝徽宗の存在を体感できる場となっていた。

また、政和年間に入って徽宗が神霄派道教に傾倒していったことも間違いないことであるが、その本質は道教の教義に徽宗が近づいたというよりも、むしろ徽宗の望むような宗教として神霄派が迎合してきたもの、とする見方は、すでに先行研究によって指摘されてきたことであった。神霄玉清万寿宮は、徽宗への崇拝を神霄派によって荘厳した場だと考えてもあながち間違いではないのではなかろうか。

北宋末、徽宗が退位し欽宗が即位すると、宰執の使副兼任はやめられ[54]、神霄玉清万寿宮のうち、もと仏寺であったものは、以前の姿に戻された。[55] 一方、はじめから道観であった神霄玉清万寿宮については何の言及もなく、そのまま存続したのであろう。のち高宗が建炎二年（一一二八）に江寧府の神霄玉清万寿宮に駐蹕していることも、[56] これを傍証するであろうか。

また、神霄玉清万寿宮の前身たる天寧万寿寺観は、南宋に入って報恩広孝寺観、次いで報恩光孝寺観と名を変えて存続する。

> 報恩光孝観、府の東三里九十四歩に在り、会稽に隷す。陳の武帝永定二年、宅を捨して建て、思真観と名づく。太平興国九年、州額を改めて乾明とし、以て聖節に従い、至尊の寿を祝わんことを乞う。詔して其の請いを兪《しか》りとす。崇寧二年、崇寧万寿に改む。政和三年、天寧万寿に改め、徽宗の本命殿を置き、景命万年殿と号す。紹興七年、報恩広孝に改む。十二年、又今の額に改め、専ら徽宗皇帝の香火を奉る。（『嘉泰会稽志』巻七）

同様の例は宋元の地方志にいくつも見えているが、[57] 紹興七年（一一三七）は徽宗の死が南宋に伝えられた年であり、同十一年（一一四一）に紹興和議が成ったあと、翌十二年に徽宗の梓宮が南宋に戻され、[58] 十三年（一一四三）は正月に徽宗に諡が贈られた年である。[59] まさに、

> 専ら徽宗皇帝の香火を奉るは、蓋しもと天寧祝聖の地なるを以てなり。（『嘉泰会稽志』巻七）

という通り、徽宗尊崇のための寺観が、徽宗追善のための場となったのである。[60] 一貫して徽宗のための施設であった。

徽宗による神霄派の利用は、単なる道教崇拝ではなく、神霄派を通じて皇帝が自己神格化を果たし、道教・仏教など宗教界をも支配するもので、その支配を地方にまで及ぼすための施設が神霄玉清万寿宮であった。その政治的背景に、皇帝「親政」をはじめた徽宗の権力の大きさがあったといえるのではないだろうか。

註

（1）『書跡名品叢刊［合訂版］』第二十巻、二玄社、二〇〇一年。初出は一九八七年。『北京図書館所蔵中国歴代石刻拓本匯編』第四十二冊、中州古籍出版社、一九九〇年。王平川・趙夢林『宋徽宗書法全集』朝華出版社、二〇〇一年。また、西川寧「宋徽宗の痩金書千字文」（『西川寧著作集』巻二、二玄社、一九九一年。初出は一九六四年）にも部分的な拓影が載せられている（一七五頁）。

（2）宮崎市定『水滸伝――虚構のなかの史実』（『宮崎市定全集』第十二集、岩波書店、一九九二年。初出は一九七二年）。

（3）松本浩一「徽宗の宗教政策について」『宋代の道教と民間信仰』汲古書院、二〇〇六年。初出は二〇〇二年。

（4）藤本猛「北宋末、封禅計画の中止――大観・政和年間の徽宗と蔡京」『風流天子と「君主独裁制」――北宋徽宗朝政治史の研究』京都大学学術出版会、二〇一四年。初出は二〇一三年。

（5）宮川尚志「宋の徽宗と道教」『東海大学文学部紀要』二三、一九七五年。「林霊素と宋の徽宗」『東海大学文学部紀要』二四、一九七六年。

（6）吉川忠夫「僧を改めて徳士と為す――北宋徽宗時代の仏法受難」『禅学研究』七九、二〇〇〇年。窪徳忠「北宋の徽宗の仏教弾圧事件」『仏教文化学会紀要』一〇、二〇〇一年。

（7）方誠峰『北宋晩期的政治体制与政治文化』北京大学出版社、二〇一五年。

（8）『茅山志』巻二「徽宗賜宗師勅書幷詩」等。

（9）村越貴代美『北宋末の詞と雅楽』慶應義塾大学出版会、二〇〇四年。

（10）楊仲良『続資治通鑑長編紀事本末』（以降、『長編紀事本末』と略称）巻一二七「道学」。

（11）周煇『清波雑志』巻十一「郊壇瑞応」、徐松輯『宋会要輯稿』（以降、『宋会要』と略称）礼二八―一六・御製「天真降臨示現記」。

（12）この間の経緯は、前掲した先行研究に詳しいほか、久保田和男氏の研究でも触れられている（久保田和男「徽宗時代の首都空間の再編」『宋代開封の研究』汲古書院、二〇〇七年）。

(13) 陳均『皇朝編年綱目備要』巻二十八・政和六年二月条。

(14)『宋史』巻二十一・徽宗本紀。

(15)『長編紀事本末』巻一二七「道学」。

(16) 前掲註（3）松本氏論文。

(17) 同内容の記事は、「徽宗政和七年二月十三日、詔『神霄玉清万寿宮如小州・軍・監無道観、以僧寺改建。如有道観処、止更名、仍于殿上設長生大帝君・青華帝君像』」（『宋会要』礼五―四）。

(18)「（政和）七月二十二日、詔諸路州軍「応改寺作神霄玉清万寿宮大州軍、並先期告諭、即半月遷徙。如接便搔擾、許人告、賞銭三百貫、犯人決配千里」（『宋会要』礼五―四）。

(19)「碑高一尺五寸九分、広五尺三寸三分。六十五行。詔、毎行十六字。跋、毎行二十字。正書。今在潞安府」。

(20)『長編紀事本末』巻一二七「神霄宮」宣和元年八月丙戌条に略文あり。

(21) 訓読も含め、碑文の解釈については、酒井規史氏に多くの助言をいただいた。ここに記して深謝申し上げる。

(22) この部分に関する情報は、『閩中金石略』巻八「神霄玉清宮碑」に載るものと拓本でやや相違がある。

(23) 中野美代子『中国の妖怪』岩波新書、一九八三年。

(24)『長編紀事本末』巻一二七「神霄宮」・政和八年七月「甲午、御筆「天下神霄玉清万寿宮門、可視至聖文宣王廟立戟、以称厳奉」」。

(25)『長編紀事本末』巻一二七「神霄宮」・政和八年六月甲戌条。

(26)『宋会要』礼五―五「（政和八年）七月三日、詔「宰臣可兼神霄玉清宮使、執政官充副使、判官聴旨差。自改官制、不置使名、候道教興隆、宮宇悉備、即罷」。四（月）［日］、開封尹盛章奏「乞依天下州軍知州、帯『管幹神霄玉清万寿宮』字、以厳聖主崇奉上真之意」。詔府尹充管判・少尹充管幹在京神霄玉清万寿宮。十四日、詔、天下神霄玉清万寿宮門可視至聖文宣王廟立戟、以称崇奉。十五日、河東路転運判官王似言「本路神霄玉清万寿宮有本州見無戸絶折納田去処、欲于隣近他州有戸絶折納田処貼撥。候本州有田日、逐旋却行改撥」。従之。

（27）『長編紀事本末』巻一二七・神霄宮「（政和八年）七月癸未、御筆、道隠於小、成流於末、俗人不足与明、不顕於世。朕作新斯人、以覚天下。神霄玉清府実総万夫、監臨下土。比詔四方、改営宮宇、以迎神貺。官吏勤惰不一、尚未就緒、更頼輔弼大臣同寅協力、宰臣可兼神霄玉清官使、執政官充副使、判官聴旨差。自改官制、不置使名、権時之宜、庶克有済。候道教興隆、宮宇悉備、即罷。太師魯国公蔡京・少傅太宰鄭居中・少傅少宰余深・検校太保領枢密院事童貫、並兼充神霄玉清万寿宮使、知枢密院事鄧洵武・門下侍郎薛昂・中書侍郎白時中・尚書左丞王黼・宣和殿大学士蔡攸、並兼充神霄玉清万寿宮副使、仍給勅。判官聴旨差。甲申、詔開封府尹充神霄玉清万寿宮判官、少尹充管勾」。

（28）『宋会要』礼五―五「（政和八年）五月二日、詔諸州神霄玉清万寿宮並依在京宮観体例。同日、詔両浙路漕臣詹度差提挙本路神霄玉清万寿宮、通判帯「同」字」。

『宋会要』礼五―六「（政和八年）十一月十日、詔諸路漕臣提挙神霄玉清万寿宮、鋳造銅印一面給付、以「提挙某路神霄玉清万寿宮印」為文」。

（29）『宋会要』礼五―四「（政和）八年二月二十日、詔曰『朕嗣守大位、頼帝博臨、高真屢降、祥応沓至、万邦咸寧。深惟修報之誠、無得而称、詔天下作神霄玉清万寿宮、奉上帝君大君之祀、以厳報称、与天下祈福。将期年于茲、而三数州玩弛弗虔、曽不粛給。明宮斎廬、或粗設貌像、或僅容数士、弊陋不蠲、弗称明霊、羽流陳訴、輒被刑戮、豈所望哉。其令諸路提刑・廉訪・巡按所至、躬詣新宮瞻視考験、究其避就、観其廃挙、察其施設、具奏、将有攷焉』」。

（30）『宋史』巻二十一・徽宗本紀。『宋会要』礼五―二四「（政和）七年二月十三日、詔天下天寧万寿観改作神霄玉清万寿之宮」。

南宋の陸游は、はじめは天寧万寿観を改修して神霄玉清万寿宮としていたが、のちには別の宮観が利用されたとするが、今のところ他に傍証はない（『老学庵筆記』巻九「政和神霄玉清万寿宮、初止改天寧万寿観為之、後別改宮観一所、不用天寧。若州城無宮観、即改僧寺」）。

（31）『宋会要』礼四九―二二「徽宗諱佶、神宗第十一子、母曰欽慈皇后陳氏。元豊五年壬戌歳十月十日生。元符三年、詔以其日為天寧節」。

（32）池田温「天長節管見」『日本古代の政治と文化』吉川弘文館、一九八七年。

(33) とくに唐代後半の生誕節の場が、世俗化して公共空間と化していた寺院で行われるようになったことに意義を見いだした研究に、穴沢彰子「唐代皇帝生誕節の場についての一考察——門楼から寺院へ」（『都市文化研究』三、二〇〇四年）がある。

(34) 『宋会要』礼五七—二四「重和元年十一月一日、礼部奏「太常丞梁修祖言、窃惟壬戌日天下並設祝聖醮筵、行礼之際、其在州郡尚或未同。欲乞著為定制、頒之四方」。下太常寺修立到儀注、壬戌前七日、郡守率在城官詣天寧万寿観殿下北向、……以後毎日輪知・通已下至掾官一員、詣本観焼香、壬戌日郡首赴。並如上儀訖退。次至壬戌日晩、郡守率在城官詣天寧万寿観殿下北向再拝訖、班首陞殿上香、……」。

(35) 『宋会要』礼五七—三二「（政和五年）六月二十七日、起復朝請大夫・充集賢殿修撰・淮南江浙荊湖制置発運副使李偃言「応天下州・府・軍・監不（如）建立天寧観去処、凡遇壬戌日、即于所在天慶観三清殿、並依節鎮例修設大醮、崇奉壬戌本命之辰、仍許監司・守臣率在職官僚開啓罷散如礼」。従之」。

(36) 『宋大詔令集』巻一七九「大中祥符二年令州府軍監関県無宮観処建天慶観詔」。

(37) 前掲『長編紀事本末』巻一二七「神霄宮」。

(38) これにより州レベルでは神霄玉清万寿宮が天寧節における徽宗尊崇の場所となったはずだが、それでも県レベルであろうか、宮観のないところでは、仏寺で行われていた。「宣和元年十月七日、詔天寧節道場、諸路無道士宮観去処、許於徳士宮観開啓」（『宋会要』礼五七—二四）。

(39) 『宋会要』礼五一—一六「（政和）七年五月十六日、詔改玉清和陽宮以玉清神霄宮為名」。

(40) 「徽宗政和三年四月二十四日、以福寧殿東今上誕聖之地作玉清和陽宮、凡為正殿三、挟殿六。……四年、宮成、総屋一百四十二区。詔以四月一日奉安神像于逐殿、命太師蔡京充礼儀使、保静軍節慶観察留後楊戩充都大主管官」。

(41) 竺沙雅章「寺観の賜額について」『宋代仏教社会史研究（増訂版）』朋友書店、二〇〇二年。

(42) 『宋会要』礼五一—二三「（崇寧三年）三月一日、詔崇寧寺・観各給田十頃、以天荒等田撥充」。

(43) 『宋会要』礼五一—二三「（崇寧）四年五月二十五日、詔、諸路人戸捨田土頃畝在崇寧寺・観、与免納役銭。十一月七日、勅、応諸路州軍崇寧寺・観、所賜田並免税」。

(44) またこのときから、徽宗の御書を碑に刻んで崇寧観に立てることがおこなわれており、のちの「神霄玉清万寿宮碑」の先蹤となるものである。『宋会要』礼五―一三「(崇寧二年)四月十九日、知河南府范致虚言「杭州請以崇寧観為皇帝本命殿、賜名天保殿、仍乞賜御書（碑）［牌］額。乞諸州亦依此、以御書石本頒賜摹勒、泥金掲之殿宇」。従之」。

(45) 『宋会要』礼五―一五「(崇寧二年)二月八日、詔、崇寧寺観上添入「万寿」二字、崇寧寺主首依禅寺選僧住持。……六月四日、詔以「崇寧万寿寺」為額」。

(46) 『宋会要』礼五―一六「政和元年八月八日、詔天下崇寧万寿寺・観並改作天寧万寿（観寺）［寺・観］」。
『宋会要』礼五―一三「政和元年八月八日、詔天下崇寧観並改作天寧（観）［万］寿観」。

(47) 「天寧万寿寺観」のうち、「天寧万寿観」は「神霄玉清万寿宮」となったが、「天寧万寿寺」はそのまま存続し、南宋に入って「報恩広孝寺」次いで「報恩光孝寺」と改められた。このことはのちに詳述する。

(48) 『宋史』巻一一二・礼志「正月十七日、於大相国寺建道場以祝寿、至日、上寿退、百僚詣寺行香。尋詔「今後長春及諸慶節、常参官、致仕官、僧道、百姓等毋得進奉」」。

(49) 宣和年間に監察御史・殿中侍御史であった許景衡に「天寧節上寿紫宸、退詣相国寺、祝寿宴尚書省」という詩がある（『横塘集』巻四）。

(50) 『宋会要』儀制七―四「(政和八年十月)二十九日、蔡京等上表賀神霄宮建天寧節道場日、仙鶴翔集神霄殿」。

(51) すでに述べたように、長生大帝君像は神霄玉清万寿宮に安置された。『長編紀事本末』巻一二七「道学」には、政和六年の段階で、「十月甲申、詔「誠感殿長生大帝君像、可遷赴天章閣西位鼎閣奉安」」。とし、すでに長生大帝君像が存在していたかのように記す（『宋会要』礼五一―一三・政和六年十月二十四日条も同文）。これに対して、『紀事本末』は注して「恐此時未有長生大帝君像、当考」。と述べる。筆者も同意見で、やはり長生大帝君像は、徽宗が神霄説で自分の本性だと感得してから作製されたものと考える。

(52) Robert Hymes, *Statesmen and Gentlemen: The Elite of Fu-Chou Chiang-Hsi in Northern and Southern Sung*, Cambridge University Press, 1987.

また、北宋時代における皇帝の彫像について言えば、皇帝の行跡が残る寺院などに御容・聖容・神御などがあり、その中には肖像画に混じって彫像も存在していた（小川裕充「北宋時代の神御殿と宋太祖・仁宗坐像について――その東アジア世界的普遍性」『国華』一二五五号、二〇〇〇年）。これらの彫像は、神宗・元豊五年（一〇八二）に在京宮観の神御殿を統廃合した際、景霊宮一カ所に集められた（Patricia Ebrey, "Portrait Sculptures in Imperial Ancestral Rites in Song China," T'oung Pao 83, 1997）。しかしこれらはいずれも没後の歴代皇帝の肖像であり、在位中の皇帝像ではなかった。なお、イーブリ氏はこの長生大帝君像が徽宗の肖像であることには懐疑的な立場をとっている。

(53)『史記』巻七十五・孟嘗君伝「（田）文以五月五日生。……（田）嬰曰「五月子者、長与戸斉、将不利其父母」」。『索隠』「按、風俗通云、俗説五月五日生子、男害父、女害母」。

(54)『宋会要』礼五―六「欽宗靖康元年二月十三日、詔罷宰執兼神霄玉清万寿宮去処使副」。

(55)『宋会要』礼五―六「（靖康元年）七月四日、詔「諸路州軍先以僧寺改建神霄玉清万寿宮去処、已降指揮給還田土。所有元賜名額、合依政和八年正月六日赦文、許令縁化修建」。従礼部請也」。

(56)『景定建康志』巻一「大宋中興建康留都録」一「（建炎）二年五月、上至江寧府、駐蹕神霄宮」。

(57)『赤城志』巻二十七「報恩光孝寺」、『宝慶四明志』巻十一「報恩光孝寺」・『淳熙三山志』巻三十三「報恩光孝寺」、同書巻三十八「報恩光孝観」、『咸淳臨安志』巻七十五「報恩光孝観」。

(58)『宋史』巻三十・高宗本紀「（紹興十二年八月）己丑、帝易緦服、奉迎徽宗及顕粛・懿節二后梓宮至、奉安于竜徳別宮」。

(59)『宋史』巻三十・高宗本紀「（紹興）十三年春正月戊戌、加上徽宗謚曰体神合道駿烈遜功聖文仁徳憲慈顕孝皇帝」。

(60)この間、神霄玉清万寿宮が報恩光孝観になった、という史料があってしかるべきだが、今のところ地方志を調べても管見の限り見当たらない。

王倫神道碑の建立とその背景

榎並岳史

はじめに

金と南宋の間に和議が成立し、混乱が続いていた中国大陸にひとまずの平穏が訪れて間もない、紹興十四年（一一四四）七月のことである。

紹興九年（一一三九）に金に抑留されてより帰国を許されず、そのまま金に留まっていた一人の南宋の外交使節が世を去った。彼の名前は王倫。その最期の様子を、『宋史』王倫伝は次のように伝えている。

倫居河間六載、至十四年、金欲以倫為平灤三路都転運使。倫曰「奉命而来、非降也」。金益脅以威、遣使来趣、倫拒益力。金杖其使、俾縊殺之。倫厚賂使少緩、遂冠帯南郷、再拝慟哭曰「先臣文正公以直道輔相両朝、天下所知。臣今将命被留、欲汙以偽職、臣敢愛一死以辱命」。遂就死、年六十一。於是河間地震、雨雹三日不止、人皆哀之。

（『宋史』巻三七一、王倫伝）

王倫は金から都転運使の地位を提示されながらもそれを拒絶し、真宗朝で宰相を務めた先祖、文正公王旦の栄光を背に、敢然として死を受け入れたという。彼の死後、河間では地震が起こり、三日の間雨や雹が降り止まず、人々はその死を悼んだ、と『宋史』は記す。紋切り型の褒詞については割引くとして、ここから窺えるのは金に抑留されながらも節を曲げず、敵地で客死するまで職務に忠実だった外交使節の亀鑑とも言うべき人物の姿である。

もっとも、この称賛と顕彰を受けてしかるべき人物に対する南宋の対応は、当初実に冷淡なものであった。翌紹興十五年（一一四五）正月に王倫が金で殺害されたことが伝えられた際には、確かにその忠節が称えられ左通議大夫が贈られているが、(1)その遺族に対し、王倫の功績に基づく恩典が与えられたのは、実にそれから十二年を経た紹興二十七年（一一五七）のことであった。(2)

ところが、それから半世紀余りを経た嘉定四年（一二一一）、突如として王倫の事跡を顕彰するための神道碑が建立された。通常、神道碑の建立は故人の死後しばらく経ってから行われるのが通例ではあるが、それでも没後半世紀以上を経て建立される事例は、管見の限り宋代においては極めてまれである。王倫が逝去してから七十年あまりを経て、何故、神道碑の建立が突如として行われたのであろうか。

しかも、その神道碑文は、宋代の他の神道碑文には見ることのできない、不思議な特徴を持っていた。撰者である楼鑰は、この神道碑文を執筆する際に使用した参考史料を、以下のように列挙している。

謹摭行状之大概、参以槐庭済美集、中興小歴、遺史、雪渓王公銍所作御剣銘序与其子明清揮塵録、及網羅旧聞、以就此碑。

（『攻媿集』巻九十五、簽書枢密院事贈資政殿大学士謚節愍王公神道碑）

行状など、通常神道碑文の参考史料として使用されるもののほかに、『中興小暦』『中興遺史』などの同時代の編纂史料、また三槐王氏の文集である『槐庭済美集』、さらに王清明の筆記である『揮麈録』が挙げられているのが目を引く。(3)

通常、神道碑文の執筆に際しては、故人の行状が基本史料として参照されることが多く、王倫の神道碑もその例に漏れない。(4)しかしその他の参考史料としては、可能であれば国史・実録の記録を参照したり、あるいは遺族から故人の年譜・家牒・家伝などの提供を受けたりすることが多く、文集や個人の筆記、あるいは編纂史料を参考文献として使用し、しかもその名称を明記しているケースは、管見の限り、この王倫の神道碑しか確認できない。(5)つまり楼鑰は、およそ一般的な神道碑作成の際には利用されることがない史料をあえて使用し、しかもそれを明記したわけである。何故、楼鑰はこのようなことを行ったのか。

王倫の死後七十年、突然神道碑の建立が行われたのは何故か。そして楼鑰が神道碑文執筆に際し、通常の神道碑とは異なる史料を用いたのは何故なのか。これらの疑問に対する答えを、同時代の関係者は直接的な形で残してはいない。本稿は楼鑰の『攻媿集』巻九十五に収められている王倫の神道碑「簽書枢密院事贈資政殿大学士謚節愍王公神道碑」（以下、「王倫神道碑」）および関連史料の検討を通じ、この二つの疑問に対する考察を行おうとするものである。

一　「神道碑」の史料的特質

まず、前段で掲げた考察を行う際の前提として、今回の考察の対象である王倫神道碑について、そもそも「神道碑」

という形式の石刻史料がどのような性格を持つ史料であるか、その建立にはどのような意味があるのかについて述べておきたい。なお、本節の以下の記載は拙稿「宋代神道碑初探――その形態・建立の過程・建立の意義――」(『東アジア――歴史と文化――』第二二号、二〇一三年。以下、榎並二〇一三)に拠るものであり、詳細はそちらを参照されたい。

「神道碑」とは、墓前の道、すなわち神道に建立された、故人の事跡を記した墓碑の総称である。同様に石に故人の事跡を記した史料としては墓誌銘が一般的であるが、墓誌銘が故人と共に墓中に埋葬されてしまうのとは対照的に、神道碑は地上に建立され、墓所を訪れる不特定多数の目に留まることを想定して作成されている。例えば熙寧九年(一〇七六)に没した陳巽の神道碑を建立するに際して、遺族は陳巽の生前の功績を記すものとして、「既に大史の状、幽宅の銘有り」としながらも、「維だ墓道に碑有らば、以て公の休徳、遺沢を明著し、万世に章示し、以て陳氏の子孫も無窮に於いて仮寵すべし」(6)と述べている。つまり、陳巽の生前の功績を記すものとして既に行状や墓誌銘はあるが、墓道に神道碑が建立されることによって、初めて故人の美徳や遺徳を万世に伝え、子孫もその余沢に与るのだ、との認識が遺族にはあり、そうした認識をもとに、神道碑の建立が行われていたことが窺える。墓中に埋葬してしまう墓誌銘に比べ、墓道に建立して万人が閲覧できるようにしてある神道碑は、より対外的な発信力を期待されていたと言えよう。

また、神道碑の建立は、誰もが自由に行うことができるものではなく、故人の官品による制限がかかっていた。北宋の天聖令には「諸碑碣(其文は皆な須らく実録にして、濫りに褒飾有るを得ず)、五品以上は碑を立て、螭首、亀趺にして、上高は九尺を得ず」(7)と定められており、神道碑の建立が認められるのは五品以上の官品を持つ物故者に限られていたことを示している。

しかも、この官品による制限をクリアできたとしても、その建立には別途、朝廷への申請を行い、その許可を受けることが必要であった。真宗朝の宦官張承素が父親張崇貴の神道碑建立を申請した時には、その可否を巡って皇帝の裁可を仰ぐ事態にまで至っている。

内供奉官張承素、為其父贈豊州観察使崇貴立神道碑。上曰「中官立碑、恐無此例。如李神福、竇神興曽立碑、即可」。

（『続資治通鑑長編』巻七十六、大中祥符四年六月丙寅条）

北宋一代において、観察使は正五品以上の正任官であるから、前述の天聖令の喪葬令に照らして考えれば、神道碑建立に問題は無いはずである。しかし、遺族が「中官」すなわち宦官であるという理由により、最終的に真宗の判断が求められていることは、神道碑の建立に際して正式に朝廷に申請が行なわれていたこと、特殊な事例であれば、その可否に対する判断に皇帝すら介入していたことを示すものであろう。

つまり神道碑は、故人の事跡を、その遺族などが広く不特定多数に喧伝することを目的として建立するものであり、またその建立には朝廷の認可を必要とする権威性の強いモニュメントでもある、と言うことができる。それはまた、神道碑の建立を通じて遺族が故人、もしくは故人に連なる自分たちにとって都合の良い事実を大々的に、かつ神道碑の持つ権威を背景として、不特定多数に宣伝することが可能になるということも意味している。

また、前述の張崇貴の例が示すように、神道碑の対象となる故人に何らかの事情が存在する場合、その建立が困難となるということも、神道碑という史料を取り扱う際には考慮されなければならない。

従って、先に述べた王倫の神道碑に関わる二つの疑問、すなわち①王倫の神道碑執筆に際し、何故通常の神道碑とは異なる史料が用いられたか。②王倫の神道碑建立までに、何故七十年近くかかったのか。という問題は、神道碑という石刻史料の持つ特色に着目するならば、それぞれ

①通常使用されない種類の史料を使用することで、神道碑文の執筆者である楼鑰と王倫の遺族は、何を喧伝しよう

としていたのか。

②神道碑建立に至る背景には、何らかの事情が存在したのではないか。また、存在するとすれば、それはどのようなものであったのか。

と読み替えることで、その問うところがより明瞭となろう。

次節では、第一の問題、すなわち王倫神道碑における史料選定の問題を取り上げ、その背後にどのような意図があったのかを検討する。

二　王倫神道碑における史料選定の問題

すでに述べたように、楼鑰が王倫神道碑文中で挙げている参考史料は全部で七点ある。まず①王倫の行状。それから②『中興小暦』③『中興遺史』など同時代の編纂史料。王倫が属している三槐王氏（後述）の文集である④『槐庭済美集』。王鞏、王明清父子がそれぞれ書いた⑤『御剣銘序』と⑥『揮麈録』。最後に⑦網羅旧聞、すなわち文書等に残っていない王倫故人の逸話である。

このうち、①の行状については、神道碑に限らず墓誌銘などの石刻史料を作成する際の基本史料として広く活用されている。また、⑦のような旧聞、異聞の類が利用されていたことも、複数の神道碑の事例から確認できる(8)。

問題となるのは、②と③のような編纂史料、④のような文集、そして⑥のような個人の筆記である。なお、⑤の「御剣銘序」に関しては、本文及びどのような文章であるか判断しうる材料が管見の限り存在しないため、ひとまず検討の対象から除外する。一般的に神道碑文が執筆される際には、先に挙げた行状を中心として、可能であれば国史・実録などが参照され、また故人の遺族から提供された年譜・家牒・家伝などが参考史料として使用されていた。しかし、編纂史料や文集、あるいは個人の筆記などが参照され、しかもそのことが明記されるというのは、少なくとも宋代の神道碑にあっては、極めて特殊なケースということができる。(9)

では、こうした史料は何故使用されたのであろうか。一つの解釈としては、王倫の没後六十年以上が経過し、彼の事跡を記した記録が散逸してしまったため、やむなくこうした史料に頼らざるを得なかった、ということが考えられよう。実際、王倫は先に述べたように宋金和平交渉の最前線で活動していたため、彼の生前の動きは、『中興小暦』、『建炎以来繋年要録』、『三朝北盟会編』など、同時代の編年体史料から追跡することが可能である。(10)

しかし、すでに述べたように、神道碑の建立には朝廷の認可を必要とし、その建立まではしばしば長い年月を必要とする場合があった。宋代に建立された神道碑の中には、王倫と同じく故人の死去から神道碑の建立まで六十年以上を必要としたものもまれに見られるが、こうした神道碑の建立にあたって編纂史料や文集などが活用されたという事例は、管見の限りほかに発見することができない。(11)このことは、故人に関する史料の残存状況が、直ちに編纂史料の使用に結び付くわけではないことを示唆している。

さらに、同時代の編纂史料の中でも、特に『中興小暦』が挙げられていることに留意する必要がある。『中興小暦』は、熊克が編纂した高宗朝一代の年代記であり、楼鑰が王倫神道碑の執筆をしていた際には、高宗朝の基本史料として広く流通していた。(12)しかし、一方で『中興小暦』の史書としての価値に対しては、同時代人からの批判的な意見も少なくなかった。例えば陳振孫は「克の書を為すや、往往疏略にして牴牾多く、良史と称さず」(13)と評価し、李心伝は「然るに其の書避就多く、未だ精博と為さず。長編の比に非ざるなり」(14)としている。特に李心伝の評価については、彼が同様に高宗朝の年代記として『建炎以来繋年要録』を編纂した際に、『中興小暦』の記載を数多く引用し、検討・批評を加えているだけに、その評価は重い。では、楼鑰は何故このような批判の多い史書を、王倫神道碑の執筆に際して参考文献として挙げたのか。(15)

もっとも、楼鑰が他の編纂史料、例えば李心伝の『建炎以来繫年要録』や、徐夢莘の『三朝北盟会編』などに目を通していない、あるいは閲覧ができない環境にあったとすれば、当時もっとも流行し、入手も容易であった『中興小暦』を使用したことについては（神道碑文の資料として編纂史料を使用するという不自然さを暫く措くとすれば）、特に不自然は無いようにも見える。例えば『建炎以来繫年要録』については、楼鑰が目を通し、その出来栄えを評価していたことが確認できるが、(16) それは『建炎以来繫年要録』が国史院に収められた嘉定五年（一二一二）五月以降の事であり、(17) 王倫の神道碑文が執筆された嘉定四年（一二一一）の一年後となる。

しかし、『三朝北盟会編』については、楼鑰はその著者である徐夢莘の墓誌銘を執筆しており、その中で徐夢莘の編纂した『三朝北盟集編』について言及している。(18) 楼鑰の見た『三朝北盟集編』と、現存する『三朝北盟会編』との間にどれだけの相違があったかは分からないが、「政和七年の海上の盟より逆亮の斃まで、上下四十五載の間、具さに事実を列ねる」(19) と、楼鑰がその内容について述べていることから考えて、史料としての性格に大きな相違があったとは考えにくい。さらに言えば、楼鑰は王倫の神道碑執筆に取り掛かる前の嘉定三年（一二一〇）に徐夢莘の息子である徐簡から、かねて閲覧を希望していた『三朝北盟集編』全文を寄贈されており、(20) 王倫の神道碑を作成する際に、その内容を活用できなかったとは想定しにくいのである。では、なぜ楼鑰はわざわざ『中興小暦』を使用し、しかもそれを王倫神道碑の銘文に明記したのであろうか。

まず考えられることは、『中興小暦』の記載が、王倫にとって都合の良い偏向を有している可能性である。これについては、紹興和議の際に疑獄で殺害された岳飛の孫岳珂が、祖父の雪冤のために『鄂国金佗稡編』を編纂し、国史院に収めることを願い出た際に、以下のような示唆的な発言を行っている。

　重念先大父得罪於紹興十一年之十二月、而秦檜死於紹興二十五年之十月、相距凡十四載。檜是時方専上宰、監修国史・日暦、則没先大父之功、而重先大父之罪、変乱是非、固有不待言而明者。先兄吏部甫任浙東提挙日、熊舍人克知台州、以公事為先兄按発罷黜、積憾不洩。以先兄甫為先伯御帯雲之嫡子、故於作『中興小暦』之際、専欲帰罪。夫史館所大拠依者国史・日暦、而旁証者野史・雑記、所進実録、必以是為本。而先大父不幸受秦檜之誣、而又与熊克有子孫一時之憾、曖昧之迹、無以自明、銜冤地下、永無信眉之日。

（『鄂国金佗稡編』巻二十七、乞付史館堂劄）

ここで岳珂は、『中興小暦』の著者である熊克が、岳飛の養子であった岳雲の嫡子岳甫に職務上の事で摘発を受けて失職したことを怨みに思い、岳飛の罪を書きたてたとしている。今ここで筆者に、熊克が果たして『中興小暦』の中で岳飛に対して悪意ある記載を行ったかについて、詳細に論じる準備は無い。しかし重要なことは、対金抗戦派の象徴ともいうべき岳飛の名誉回復を目指す孫の岳珂が標的とした史料が、『中興小暦』であるという事実である。このことは、『中興小暦』が対金抗戦派に対して厳しい、あるいは不公平な史料であるという印象が形成されていたことを窺わせるものと言うことができよう。そしてそのことは同時に、『中興小暦』が対金和平派にとって有利な史料であるという認識が形成されていたことも、併せて示すものと見ることができるのではないだろうか。(21)

『宋史』熊克伝には、熊克が対金強硬路線を取る孝宗に対し、金との和平を生かして防備を固めるべき旨上奏したことが見える(22)が、これも熊克が対金和平政策に宥和的であったことを示すものであろう。従って、金との和平交渉での貢献こそが主要な業績であった王倫の事跡を記していくにあたり、熊克の編纂した『中興小暦』を楼鑰が史料として使用したことも、むしろ自然な流れであると言うことができる。

ただ、このことによって『中興小暦』が何故使用されたかについては説明がつくものの、何故個人の文集や筆記史料が王倫神道碑の執筆に使用されたかについては、未だ不明瞭な点が残る。『中興小暦』はともかくとして、そのほかの史料が全て金との和議に宥和的な人物によって記載されたとは、さすがに想定し難い。では、これらの史料について、他に何か共通する事項は存在しないのであろうか。

李心伝『建炎以来繫年要録』巻五に、王倫に関する記述が初めて登場するが、その中に次のような記載がある。

熊克『小暦』、倫、旦孫。趙甡之『遺史』云、倫、旦之後。王明清『揮麈後録』云、倫三槐之裔、祖端、父毅。倶以才顕。按、倫乃旦弟兵部郎中旭之玄孫、旭生通議大夫端、端生朝奉大夫元、元生毅、官至朝散郎、上書勒停、已見崇寧五年正月乙巳記。甡之、明清、皆小誤。蓋汪藻行倫制詞有「冑出公侯」之句、而伝者遂因之。

（『建炎以来繫年要録』巻五、建炎元年五月戊戌条）

これは、王倫が大金通問使に任ぜられた際に、彼の来歴等を紹介する記載の中に挿入されている割注である。この割注の中で、李心伝は王倫の出自について次のように考察している。王倫の出自について『小暦』すなわち『中興小暦』は「旦の孫」、『遺史』は「旦の後」、『揮麈後録』では、「三槐の裔、祖は端、父は毅」と述べているが、そのうち『遺史』と『揮麈後録』には少し誤りが見受けられる。それは汪藻が王倫の制を作成した際に、「冑出公侯」という文言を使用したからなのだ、と。(23)

ここで李心伝が俎上にあげた史料は、全て楼鑰が王倫神道碑の中で挙げたものである。それらが「冑出公侯」、すなわち名門の出自であるという記載に引きずられて誤りを犯しているというこの指摘は、一体何を意味しているのであろうか。それを考えるには、「三槐の裔」すなわち王倫の出自とされる「三槐王氏」について見ていかなければならない。

ここで王倫の先祖として登場する「旦」、すなわち王旦は、北宋真宗朝で参知政事や同中書門下平章事を歴任し、「平世の良相」と謳われた人物である。この王旦については王瑞来氏に専論があり[24]、また「三槐王氏」それ自体をテーマとした李貴録氏の『北宋三槐王氏家族研究』（以下、李二〇〇四ａ）にも、その事跡が詳しく述べられている。それらによると、この王旦の父親である王祜が、子孫からいずれ三公に出世する者が出ることを願って庭に三本の槐を植えたというエピソードがあり、それにちなんでこの王祜・王旦父子に連なる家系は「三槐王氏」と呼ばれるようになっていったという[25]。彼らは大名府莘県を本貫とし、その後も有力氏族として順調に発展していく。王旦のように宰相位まで登り詰めるものこそ出てこないものの、その一族からは人材が輩出され続け[26]、『宋史』にも王祜・王旦父子のほか、北宋では王素（王旦の子）が列伝を立てられている[27]。まさに「青出公侯」と呼ぶにふさわしい、絢爛たる一族であると言えよう。そして王倫もまた、この「三槐王氏」に連なる一族の一員であることは、彼の来歴に言及するほぼ全ての史料が認めるところであり、その事実自体を疑う余地は少ない。

しかし、では王倫が、この一族の中でどのような位置を占めていたかということになると、史料によりその記載のされ方が少し異なってくる。

王倫が折に触れて、自らを「王旦の後裔」であると強調していることは、同時代の記録から窺うことができる。例えば靖康年間に開封が金によって包囲された際のこととして、王倫が欽宗の開催する御前会議に紛れ込んで意見を述べたことが『四朝聞見録』に見える[28]。その際、欽宗にとがめられた王倫は「臣乃ち咸平の宰相王旦の孫なり」と答えており、彼が王旦の末裔であることを知った欽宗は、彼の行動を不問に帰したという。王旦という名前の持つ権威と、それを十分に承知して活用する王倫のしたたかさが良く分かる話であるが、しかし実際には王倫は、王旦の直系の子孫ではなく、その弟である王旭の流れを汲む一族であった。王旭の四男である王端から、その次男である王元、そしてその長男の王毅から王倫に至る系図は、同じ「三槐王氏」の流れを汲むとはいえ、王旦との関係で言えば、かなりの傍流であると考えられる。

しかも、北宋末に王倫の家は没落し、彼自身もまた「家貧しくして行い無く、好んで牛を椎ち酒を沽り、京洛の間を往来し、俠を以て自ら任じ、しばしば法を犯すも、幸いにして免る」[29]と言われるような、名族の一員には程遠い、落魄した無頼の生活に身を落としていた。[30]彼の父である王毅は蔡京の批判を行ったため、その怒りに触れて広南に流されて客死したとされているが、恐らくそのことによって、王倫とその家族は経済的に困窮し、落魄した生活を余儀なくされていたのであろう。[31]そうした事情を抱える王倫およびその家族が、北宋末の蔡京専権体制下にあって不遇をかこっていたことは想像に難くない。「真宗朝の名宰相王旦の末裔」「三槐王氏の一族」と名乗りながらも、実態はそこからかけ離れたところにある王倫の姿は、『金史』の「俠邪無頼にして、年四十余なるも尚お市井の悪少と汴中に群遊せり[32]」という記載からも容易に想像できる。

こうした状況にあった王倫という人物について神道碑を作成するにあたり、遺族と執筆者の楼鑰にとって、重要なことは何か。それは、王倫が確かに「三槐王氏」という名族に連なる一人であり、とりわけその中でも最大級の名声・権威を持つ王旦の流れを、確かに汲んでいるということを示すことであろう。そうした時に「旦の孫」と述べている『中興小暦』、「旦の後」と述べる『中興遺史』、そして「三槐の裔」と述べる『揮麈録』は、仮にその記載が王倫の状況を踏まえればある程度の誤解を招くものであったとしても、それを史料としてあえて明示し、使用する必要があったと考えられるのである。

また、そうした視点から考えれば、何故『槐庭済美集』が同じく神道碑文執筆の参考史料として挙げられているのかも見えてくる。この『槐庭済美集』であるが、管見の限りすでに実物は散逸してしまっており、その内容を確認することはできない。ただ、周必大が執筆した序文が残されており、そこからどのような内容であったか、その概要を知ることができる。

淳熙六年、黎陽八世孫知信州諱従、系出秘丞、稽其族属、自晉公三子派別支分、曰『世系』、曰『世譜』、又為『槐庭雑記』、『宣陽因親録』、以授其子淹。淹倅廬陵、既刻其曽祖諱震『元豊懐遇集』、請予為序、又裒晉公以来史伝銘誌、前賢紀述、先世遺文、総為十巻、号『済美録』、而以文正子懿敏公所纂遺事及懿敏子鞏雑記三編、与其父書併為一集而刻之。自廬陵擢守筠州、将再刻以広其伝、復属予以序。（『文忠集』巻五十四、王氏済美集序）

それによれば、三槐王氏の一族である王従という人物が、王旦の父である王祐から分かれた三人の子供達の系譜について『世系』『世譜』を作成するとともに、『槐庭雑記』『宣陽因親録』などを編纂し、息子である王淹に授けたという。王淹は、王旦の末子王素の従孫である王震の文集『元豊懐遇集』を編纂して周必大に序文を依頼しており、三槐王氏に連なる人物の顕彰活動に熱心であったことが窺える。この王淹が三槐王氏、とりわけ王旦に連なる人々の記録や遺文を集めて作った文集こそが『槐庭済美集』なのである。周必大の序文の日付は嘉泰二年（一二〇二）閏十二月となっているので、あるいは『槐庭済美集』の中に王倫の文章や事跡などが記載されていたかも知れない。しかし王倫自身の記載の有無に関わらず、『槐庭済美集』を神道碑の参考史料として明示することは、神道碑の対象者である王倫と三槐王氏、とりわけ王旦との繋がりを、読む者に印象付ける効果を持つことは間違いあるまい。すなわち、神道碑文を作成する楼鑰は、三槐王氏に関するアンソロジーともいうべき『槐庭済美集』を王倫神道碑文の参考史料として明示することで、王倫が三槐王氏、とりわけ王旦の流れを汲む者であるということを、神道碑という権威性・発信性の高い媒体でアピールする意図があったと考えられる。

そして、先に述べた神道碑という史料の性質上、こうしたアピールは単に王倫個人の名誉を高めるだけではなく、その遺族達と「三槐王氏」とりわけ王旦との関係を強調し、彼等の威信をも高めることに繋がったと考えられる。

以上により、王倫神道碑に関する第一の疑問、すなわち王倫神道碑における史料選定の問題については明らかになったと思われる。ついで次節では、先に提示した第二の疑問、すなわち何故王倫の死去から六十年以上が経過した後、突然神道碑の建立が進められたのか、という問題について検討する。

三　王倫神道碑建立の背景

すでに述べたように、神道碑は墳墓の神道に建立する墓碑であり、かつその建立には対象者の官品による制限、朝廷の許可を必要とするなど、同じく故人の事跡を記録する墓誌銘や行状などと比べて、はるかに作成が困難な、しかしその一方で対外的な注目を浴びやすいモニュメントであった。従って、神道碑を執筆する行為もまた、特にその対象者が著名であるほど、注目を浴びることとなる。そのため、物議を醸しそうな人物を対象とした神道碑の建立に際しては、そもそも神道碑文の執筆を引き受ける者が出てこないまま、店晒しにされることがあった。すでに榎並二〇一三において挙げた事例であるが、行論の都合上そのいくつかを紹介しよう。

たとえば、王倫と同時代を生きた秦檜の神道碑などは、高宗が碑額まで提供したにも関わらず、誰も執筆を引き受けようとする者がいなかったため、文字が一文字も刻まれないまま墓前に立てられていた、という話を、岳飛の孫である岳珂が残している(33)。秦檜の同類と見られることを恐れた当時の人々の意識が良く表れているエピソードであるが、同時に神道碑の建立が、特に政治的な立ち位置が世人の糾弾を受けるような人物を対象とするものである場合、極めて難しくなることも示唆している。同様のケースとして、遺族の請願に応じて神道碑文の作成が学士院に命じられたものの、誰も執筆しようとする者がいなかったという孟珙の神道碑の事例を挙げることもできる。こちらも、孟珙とその政治的庇護者である史嵩之のラインと、神道碑建立が命じられた際の左丞相であった鄭清之と趙葵ラインとの対立が背景にあり、時の権力者に対する忖度が、学士院での神道碑文作成の忌避につながっていた[34]。

これらのエピソードは、神道碑の対象者が政治的評価の難しい人物である場合、神道碑の建立自体が困難になるということを示唆している。従って、王倫の神道碑建立が彼の没後建立されなかったこと、一方で死後七十年近く経過した後、突如として建立されたこと、このどちらも、その背景に当時王倫がどのような評価を受けていたのかということが密接に関わっていると想定される。よって、王倫の評価が南宋政治史の流れのなかでどのように変遷していったかを見ていくことが、そのまま王倫神道碑建立の背景を探ることにつながるであろう。

さて、その王倫の評価であるが、まず、生前の彼に対する評価は、あまり芳しいものとは言えない。彼は建炎年間（一一二七～三〇）から外交使節として金に派遣され、達懶などの金の首脳陣と関係を作り、秦檜と連携して宋金和平交渉に従事していたが、こうした経歴は当時宋金和平に反対していた人々の反感を買うに十分なものであった。例えば紹興八年（一一三八）十一月には、枢密院編修官の胡銓が和議に反対する上奏文を提出し、その中で王倫を「斬るべし」と主張していた[35]。こうした意見が胡銓一人だけのもので無かったことは、「時に士大夫皆な和を以て不可と為す。而して（范）如圭と王庶、曽開、戸部侍郎李彌遜、監察御史方庭実、之を言うこと尤も力む[36]」と李心伝が概括していることからも伺える[37]。

それでは、紹興十二年（一一四二）に秦檜主導で和議が成立し、秦檜専権体制が成立した後はどうであろうか。普通に考えれば、秦檜と連携して宋金和平交渉に尽力した王倫は公式に高い評価を受け、しかるべき処遇が与えられる筈である。ところが、実際は秦檜専権体制期にも、王倫は政治的に微妙な立場に置かれていたらしい。確かに、既に述べたように、紹興十五年（一一四五）正月に金での客死が伝えられた際には、その忠節を讃えて左通議大夫が追贈されており、それからほどなくして、王倫の遺族が金から王倫の遺骨を持ち帰った際には、王倫の葬儀に官費から費用の補助も出された[38]。ところが、王倫の遺族に対し、王倫の功績に基づく恩典が与えられたのは、秦檜の死後、すなわち紹興二十七年（一一五七）になってからのことであった。

右通直郎監登聞検鼓院王述、以食貧乞補外。上曰「王倫頃年奉使金国、金欲留之、許以官爵、倫不従、乃冠帯南嚮再拜、訖就死。此事亦人所難、宜恤其後。可特添差通判平江府」。

（『建炎以来繋年要録』巻一七六、紹興二十七年正月丁丑条）

紹興二十七年（一一五七）正月、王倫の子王述は貧窮のため、地方への赴任を希望した。それに対し高宗は、王倫の対金交渉での功績、及び敵地で節を守って死んだことを理由とし、その子孫に救恤が与えられるべきであるとして、特に王述を平江府の添差通判としている[39]。このことから、二つのことが読み取れる。すなわち王倫の遺族たちは王倫の功績に関わらず経済的困窮に苦しんでいたということ、にも関わらず紹興二十七年（一一五七）まで、王倫の遺族たちに対し、朝廷から王倫の功績に応じた恩恵が与えられることは無かったということである。こうした扱いについて、楼鑰は王倫神道碑中で「公の亡くなるや、時相和戎の功を専らにし、又た公の死節を忌み、公の家をして止だ金に在りて身亡すとのみ称せしむ。故に卹典未だ尽さざる有り[40]」と述べる。評判の悪い秦檜と王倫の関係を否定しようとする楼鑰や遺族の意図を割引いて考える必要はあるが、対金和平の功績を独占しようとする秦檜にとって、王倫の存在は、同じ対金和平派とはいえ歓迎すべきものでなかったことは想像できる。つまり対金和平を政策の基調とする秦檜専権期であっても、王倫という人物に対する評価は厳しいものとならざるを得なかったのである。

さらに秦檜の没後、秦檜専権体制期の刷新を求める声が高まる中で、反秦檜の象徴的人物として対金強硬派の張浚が政権に復帰、紹興三十一年（一一六一）の金の海陵王による南宋侵攻などもあって、対金和平派は力を失い、対金強硬派が政権の中枢を占める事態となった。高宗もそうした情勢の中で、旧北宋領の奪還を目指す養子の孝宗に譲位をすることとなる。[41]こうした状況下で、対金和平交渉に従事した王倫のような人物に対する名誉回復を遺族が進めようとしたとしても、その風当たりは依然として冷たいものであったと考えるべきであろう。実際、楼鑰は王倫神道碑文中で「述等、公の言動及び使事の始末を摭めるも、禍を懼れ、久しく敢て出さず」[42]と述べており、王倫の子である王述らを中心として、この頃から王倫の事跡に関する史料が収集されていたが、とてもそれを公開できるような環境には無かったことが窺える。そしてそのことは、王倫神道碑の建立にも、当然逆風となっていたであろう。

こうした王倫の評価に関わる悪条件は、隆興二年（一一六四）十二月、金との間に第三次宋金和議が締結されて以降、ようやく好転する。乾道年間（一一六五～七三）には、王倫が金に赴いた際に随行し、その人となりを良く知る郎中の鍾離松という人物によって、初めて王倫の行状が作成された。[43]また淳熙年間（一一七四～八九）の初めには、孝宗が王倫の遺族を探し、彼らに官職を与えたことが確認できる。[44]さらに孝宗が退位し、光宗が即位した後の紹熙元年（一一九〇）には、王倫に「節愍」という諡号が与えられることとなった。[45]この時に諡号選定の理由についての意見書を起草したのも、楼鑰であった。彼は王倫への諡号贈与の理由を、以下のように述べている。

和議之成、為力最多。（中略）其能以忠徇国、視死如帰如公者寡矣。（『攻媿集』巻四十九、王節愍公倫覆謚議）

ここでは明確に、王倫に諡号が贈られた理由として、①金との和議成立への貢献、②節を守って金に屈せず死を選んだこと、の二点が挙げられている。和議の継続による金との宥和・共存体制が継続する中で、王倫の再評価・顕彰を進めることができるような環境が整いつつあったことが窺われる。

しかし、こうした状況は、再び暗転する。紹熙五年（一一九四）に太上皇帝であった孝宗が崩御すると、その服喪を恙なくとり行うことができなかった光宗が趙汝愚・韓侂冑らに迫られ、息子の寧宗へ皇位を禅譲するという、いわば宮廷クーデターが発生した。その後、趙汝愚と韓侂冑の間での抗争の結果、最終的に韓侂冑が専権者として登場することとなる(46)。こうした状況下で、王倫の再評価・顕彰への動きは再び停滞することとなった。

専権者となった韓侂冑が推し進めた主要な政策は、次の二点である。すなわち、道学者への弾圧として行われた「慶元党禁」、そして金に奪われた旧北宋領の奪還を目指す「開禧用兵」である(47)。この二つの事件は、いずれも王倫の再評価を目指す遺族の活動に、マイナスの影響を及ぼしたと考えられるのである。

まず、「慶元党禁」であるが、この事件は王倫神道碑の執筆者である楼鑰の地位に悪影響を及ぼしている。楼鑰は朱熹が韓侂冑と対立した際、朱熹の弁護を行っているが、こうした言動が韓侂冑の不興を買っていた(48)。その後、慶元三年（一一九七）十二月に主要な道学者が「偽学者」と認定され「偽学」の党籍が作成されたが、当時権吏部尚書であった楼鑰も、その五十九人のうちの一人として名前が挙げられている(49)。楼鑰はその後職を奪われ、韓侂冑が暗殺されるまで逼塞を余儀なくされることになる。

すでに述べたように、楼鑰は王倫の神道碑文の執筆を手掛けただけではなく、王倫の謚号選定の際にもその理由書を起草しており、王倫の名誉回復、再評価に尽力した人物であった。楼鑰の妻は工部尚書であった王俁という人物の孫娘であるが(50)、その王俁もまた、「三槐王氏」の始祖というべき王祜より分派した一族に連なっていることが、王倫神道碑文中で述べられている。

鑰妻祖工部尚書俁、実与晋公分派、居宛丘。公最後出疆之時、語尚書曰「此帰当講宗盟」。而竟不還。（王倫神道碑）

こうした姻戚関係により、楼鑰は王倫の遺族たちとも交流を持ち、王倫の名誉回復に尽力するようになっていったと考えられる。また、楼鑰のような名族に連なる著名な文人を姻戚に加えたことは、王倫の遺族たちにとっても王倫の名誉回復に向けて力強い味方を得た思いだったであろう。その楼鑰が「慶元党禁」によって政権中枢を追われたことは、王倫の名誉回復・再評価を推進する立場から考えて大きな打撃であったことは間違いあるまい。

また、韓侂冑が推し進めた「開禧用兵」の過程で、出兵への気運を高めるため、対金強硬派の顕彰と、それと相反する対金宥和派の批判が同時並行で進められた。このことも、王倫の神道碑建立への逆風となったと考えるべきであろう。李心伝によれば、韓侂冑はすでに嘉泰元年（一二〇一）には北伐の意向を持っていたようであるが、[51]その構想の実現化のために行われたのが、嘉泰四年（一二〇四）五月の岳飛への王号追贈と、開禧二年（一二〇六）四月の秦檜からの王号剝奪であった。いうまでもなく、岳飛は対金強硬派の、そして秦檜は対金和平派の象徴的存在であり、岳飛への王号追贈と秦檜からの王号剝奪は、金との開戦に向けて行われた韓侂冑のデモンストレーションと捉えるべきであろう。実際、岳飛に王号が追贈された際のこととして『続編両朝綱目備要』は、「岳飛を追封し、鄂王と為す。此れ開辺の意を寓するなり」[52]とコメントしている。また、秦檜の王号剝奪が議論された際には、次のような話が残っている。

庚午、追奪秦檜王爵。礼官改謚、従李壁之請也。（中略）秦檜死、其館客曹宗臣為博士、定謚曰忠献、議状有「道徳高天地、勲烈冠古今」之語、公議不平。開禧初、李壁為礼官、請易以悪謚。事既行、衛涇諸人在奉常、定曰繆狠。議上、侂冑謂同列曰「且休、且休」。事遂止。然忠献之告已拘取矣。侂冑死、乃復還之。議者謂壁之所論不為不公、惜乎止言其主和事而不論其無君、此所以得以逢迎用兵之言也。

（『続編両朝綱目備要』巻九、開禧二年四月庚午条）

秦檜の王号剝奪に際して、当時の礼官であった李壁が秦檜の謚号も悪いものに変えるよう意見を述べていることについて、『続編両朝綱目備要』は、「識者の見るところ、李壁の議論は公平でないというわけでは無いが、惜しいかな、

（秦檜の悪行を論じるのに）和議のことだけ述べて君主を無視したことに言及していない。これは金への軍事行動を説く意見に迎合したものだからである」という意見を付している。こうした記載からも韓侂冑の意図は明らかであろう。そして、韓侂冑による対金宥和論の否定は、乾道から紹熙年間に進められてきた王倫再評価の動きに対し、再び強い逆風となったことは間違いあるまい。

　こうした状況は、開禧二年（一二〇六）五月より本格的に始まった南宋の軍事行動が、四川での反乱などに足を引きずられる形で膠着状態となり、和平の機運が醸成されるなかで、再び転機を迎えることになる。最終的に南宋と金の和平交渉は、「開禧用兵」の主導者である韓侂冑の首を求める金に対し、南宋側が史彌遠などを中心に韓侂冑を暗殺し、その要望に応えることによって、再度和議締結に至ることになる。その過程において主要な役割を果たした人物として登場するのが、王倫神道碑文の執筆者である楼鑰、そして王倫の孫である王柟であった。

　この王柟であるが、王倫神道碑によれば、王柟は王倫の次男王述の子で、前述の通り淳熙年間に孝宗が王倫の遺族に官職を与えた際に、その恩恵にあずかっている。『宋史』巻三九五、王柟伝によれば、彼はその後通州海門県（現在の江蘇省兵房県近辺）で県尉に任ぜられ、海賊退治などで功績をあげていたらしい。その後の経歴は不明だが、韓侂冑による「開禧北伐」が始まった時には、主管臨安府城南左廂公事の任についており、恐らくは司法系の官僚としてキャリアを重ねていたと考えられる。そして開禧三年（一二〇七）九月、王柟は監登聞鼓院に任ぜられ、金への外交使節として起用されたのである。

　これまで金との交渉にはまったく縁の無かった王柟が、何故突然金との交渉担当者に抜擢されたのか、その理由は良く分からない。『宋史』王柟伝は、その際のこととして次のような話を載せる。

　韓侂冑以恢復起兵端、天子思継好息民。凡七遣使無成。続遣方信孺往、将有成説矣、坐白事忤侂冑得辠。欲再遣使、顧在廷無可者、近臣以柟薦、擢監登聞鼓院、仮右司郎中、使持書北行。柟帰白其母、母曰「而祖以忠死国、故恩及子孫。汝其勉旃、毋以吾老為念」。乃拝命、疾駆抵敵所。

（『宋史』巻三九五、王柟伝）

ここでは、金との交渉に派遣する使者の人選の際、「近臣」が時の皇帝である寧宗に対して王柟を推薦したとあるが、この「近臣」が何者か、また彼がどのような理由で王柟を推薦したのかも良く分からない。(53) ただ、王柟の母親の発言から考えれば、対金交渉で命を落とした王倫の存在が、その孫である王柟の起用にも影響した可能性は否定できない。

さて、こうして金との和平交渉を担うこととなった王柟は、同年九月に金に派遣され、そのまま金の領内に留まって和平交渉を行っている。同年十一月には韓侂冑が暗殺されるが、王柟は引き続き金との和平条件を詰めていたらしく、翌嘉定元年（一二〇八）正月に帰国、そして金との和平のために「開禧用兵」の首謀者である韓侂冑の首を引き渡すよう主張するのである。その際の経緯について、周密は次のようにまとめている。

時王柟以出使在金虜帳。一日、金人呼柟問韓太師何如人。柟因盛称其忠賢威略。虜徐以辺報示之曰「如汝之言、南朝何故誅之」。柟窘懼不能対。於是無厭之求、難塞之請、皆不敢与較、一切許之、以為脱身之計。及帰、乃以金人欲求侂冑函首為辞、而葉時復有梟首之請、於是詔侍従・両省・台諫集議。先是諸公間亦有此請、上重於施行。至是、林枢密大中、楼吏書鑰、倪兵書思、皆以為和議重事、待此而決、姦凶已斃之首、又何足惜。

（『斉東野語』巻三、誅韓本末）

すなわち、王柟が韓侂冑の首を金に引き渡すことを求めた際に、群臣を集めてその是非について議論を行わせているが、この時に韓侂冑の首を引き渡すことを主張していた一人が、「楼吏書鑰」すなわち吏部尚書に復帰していた楼鑰であった。つまり、王倫の孫である王柟は対金使節として、王倫神道碑の執筆者である楼鑰は朝廷の重臣として、「開禧用兵」の失敗から、金との和平交渉、そして韓侂冑の首引き渡しの決定という一連の流れのなかで同じ立場に属し、利害を共有して同じ目的遂行のために動いていた。

そして王柟と楼鑰の動きは、韓侂冑の暗殺を主導し、韓侂冑専権時代の政策を否定して政権基盤を固めようとしていた史彌遠の意向にも一致するものであった。開禧三年（一二〇七）十一月の韓侂冑暗殺後直ちに、おそらくは史彌遠の主導で「韓侂冑のような人物を誤って起用したために、金との兵端が開かれたことを反省する」旨の詔が出されており、[54]対金政策が対立から宥和へと変更されることを対外的に示唆している。その後、嘉定元年（一二〇八）三月には、金の要求を受けて韓侂冑の首が金に送られた。[55]また、韓侂冑によって剝奪された秦檜の王号も回復され、[56]金との和平の意思が明確にされている。その一方で、嘉定元年（一二〇八）二月には「慶元党禁」の際に偽学者の筆頭に名前が挙げられていた趙汝愚の名誉回復が行われるなど、[57]韓侂冑時代の政策の否定、方向転換が迅速に進められていった。そうした中で、かつて韓侂冑によって政権を追われていた楼鑰も、再び吏部尚書に返り咲いていたのである。彼はその後、嘉定元年（一二〇八）八月には簽書枢密院事に起用されている。[58]

こうして、対金強硬政策は宥和政策に置き換えられ、王倫の顕彰に熱心に動いていた楼鑰が復権した。さらにこの和平交渉において主要な役割を果たしたのは、王倫の孫である王柟であった。こうした状況が、遺族が望む王倫の顕彰・再評価に有利に作用したことは言うまでもあるまい。王倫神道碑に見える以下のような記載もまた、そうした状況の変化を余すことなく語っている。

比歳権臣妄開釁端、横挑強隣、以為功在旬月。兵連禍結、始謀講解、無敢行者。柟時為城南廂官、帥臣言其有異才、又自以大父之志未展、被命辞母而行。至再至三、卒就和議、可謂不忝其先矣。擢帥淮西、進尹京邑、皆有声績、其進用未艾也。于是列公之節、請于朝、特贈資政殿大学士、廟号「忠粛」、而公之名益顕矣。

（王倫神道碑）

「権臣」すなわち韓侂冑が功を焦ってみだりに隣国の金を挑発し、そのために戦禍がもたらされたこと。和平の機運が出てきたが、誰も和平交渉に当たろうとするものがいなかったこと。そうした状況で「異才」を認められた王枏が、祖父である王倫の志を継いで見事に金と南宋との和平を成し遂げたこと。そして王枏の願いによって、王倫にも新たに資政殿大学士が贈られ、「忠粛」という廟号も与えられたこと。これによって王倫の名声はますます高まったこと。神道碑に記されているこうした一連の流れは、韓侂冑専権時代の対金強硬策の否定が進められる中で、王倫と同じく対金和平に尽力した王枏の功績が認められ、それに対する報償として王倫の神道碑建立が推進されたことを示している。王倫死去から約七十年、突如その神道碑が建立された背景には、王倫の孫である王枏の活躍と、南宋の対金方針の転換とが存在した。王倫の評価は南宋における対金政策の変遷に伴って変動しており、王倫の再評価を願う遺族の思いも、王枏の功績により王倫神道碑の建立が認められるまで、その変化の中で翻弄され続けなければならなかったのである。

四　王倫神道碑建立のもたらしたもの

ここまで、王倫神道碑の建立をめぐる二つの問題、すなわち

①何故、通常神道碑文の執筆に使用されない種類の史料が使われ、かつそれを明示する必要があったのかという、史料選定の問題。

②何故、王倫の死去から約七十年を経て、王倫の神道碑が建立されたのかという、神道碑建立の背景。

について考察を進めてきた。

このうち、史料選定の問題については、『中興小暦』の活用に見られるように、対金和平活動に従事した王倫にとって都合の良い史料を選択していたこと、また、王倫が「三槐王氏」一族、とりわけその中でも高い名声・権威を誇る王旦の流れを汲むものであることを強く印象付けるために、神道碑文の筆者である楼鑰が史料の取捨選択を行っていたことが分かった。

また、王倫神道碑の建立までに、本人の死去から約七十年の歳月がかかったことについては、当時の南宋における対金政策の変遷の中で、王倫の顕彰・再評価の動きもその変化に連動して推進せざるを得なかったこと、また、最終的に王倫の孫である王柟が「開禧用兵」後の対金和平交渉において功績をあげ、そのことが韓侂冑専権体制を排除し、自らの政治的基盤を強固なものとしようとした史彌遠の意向と合致したため、王柟の功績に報いる形で、彼の祖父である王倫に対する顕彰・再評価が進められたこと、が明らかになった。

こうした事実から窺えるのは、王倫という政治的状況に応じて評価が揺れ動く人物の神道碑を建立することの困難さと、それにも関わらず王倫の遺族達と楼鑰が、その神道碑建立のために費やした時間の長さと労力の大きさである。彼らが王倫の顕彰、再評価の一環として行った神道碑の建立は、決して容易な事業ではなかった。それでは、神道碑建立という困難な事業は、王倫及びその遺族に何をもたらしたであろうか。最後に、この問題について私見を述べておきたい。

まず、王倫神道碑建立に代表される王倫の顕彰・再評価の動きの中で、王倫の遺族達が得た実利について見てみよう。

二子。述、朝請郎、通判光州軍州事、贈奉直大夫。逸、朝請大夫、主管華州雲臺観。述之子五人。朴、承奉郎。棣、承直郎監三省枢密院激賞庫。杞、修職郎監行在打套局、柟、中奉大夫、守将作監、兼知臨安府、主管両浙西路安撫司公事。枢、将仕郎。曽孫五。煥、炎、従事郎、新監衢州都酒務。炳。郯。剡。女七。逸之子四人。梓、通直郎。機、文林郎、新臨安府観察推官。棠、迪功郎、新光州録事参軍。杓、迪功郎、新監常州薛堰犒賞酒庫。曽孫八、焯、従事郎、隆興府分寧県主簿。烄。焴。燧。燴。熺。煇。燦。女九。

（王倫神道碑）

王倫神道碑文中で紹介されている王倫の遺族たちの紹介であるが、このうちの四名（王炎、王機、王棠、王杓）の官職名の前に「新」の文字が付されている。ここから、楼鑰が神道碑文を作成していたのと時期を同じくして、王倫の遺族達が新たな官職を得ているということが分かる。王倫の顕彰・再評価の動きは王倫の遺族達に対する朝廷の恩恵をもたらす形になったわけであるが、それを王倫の神道碑に書き込むことによって、王倫の一族の繁栄ぶりを対外的に喧伝する効果も期待されていると考えるべきであろう。まさに王倫の神道碑建立により、その恩恵を遺族達にも及ぼそうとしていたことを見てとることができる。

また、王倫神道碑建立後、嘉定四年（一二一一）には詔によって、王倫の廟を建立し「忠粛」の廟号を賜ることが決定された。楼鑰はその際にも、廟碑を作成し、王倫の顕彰に努めている。

嘉定四年某月某日、詔為故枢密節愍王公立廟、賜額「忠粛」、某年某月某日廟成。惟公建炎・紹興間、五使不測之地、卒執節以死、忠烈顕著、人戸知之。大臣欲専和戎之功、不以実聞、故郵典多闕。至孝宗皇帝聞之、始特官其三孫、曰杞、曰柟、曰機。開禧権臣横挑氈裘、三辺倶震、始復求専対之才以通好。柟捐軀徇国、為人所難。母夫人又以節愍之事勉之。張旜三往、終定信誓。祖孫相望、勲在社稷、可謂無負三槐之家風矣。紹熙元年、謚公節愍。柟既奏功、擢帥合肥、尋尹天邑。請于朝、求為乃祖立廟。于是天子嘉歎、且曰「爾祖葬呉郡、其廟于城中」。

（『攻媿集』巻六十、王節愍公忠粛廟碑）

ここで述べられている、以下の四点に注目したい。

①王倫が五回外交使節として金に赴き、同地で節義を守って死んでいること。
②秦檜が宋金和議の功績を独占しようとしたため、遺族が恩典に預かれなかったこと。
③韓侂冑の「開禧北伐」により生じた混乱のため、再び金と南宋の関係を修復する必要が生じ、その困難な任務を王枏が立派に果たしたこと。
④王倫と王枏という祖父と孫の功績は、三槐王氏の家風に背かぬものであるということ。

これらは、既に述べたように、王倫神道碑の中で全て楼鑰が記述し、広くアピールしようとしていたことである。すなわち王倫の家廟の設立にあたり、その廟碑は王倫神道碑文の記載を元にしたものが準備され、その記載を継承し、対外的に確定させていく役割を担わされていたと見ることができる。

ただ、この楼鑰の廟碑は、たまたま王枏の服喪などが重なって家廟建設が中断されたらしく、結局使われることはなかった。(59) ほどなくして楼鑰がこの世を去ったため、廟碑は改めて四明袁氏の一族、袁燮に依頼されている。

袁燮は当時、陸九淵の高弟の一人に数えられた当代きっての文人の一人で、四明の名族袁氏一門に連なる人物であった。(60) 楼鑰と袁燮は一緒に鄭鍔に師事し、楼鑰の死去に際しては袁燮が行状を執筆するなど、密接な交流があった。(61) また、行状の中で袁燮は、韓侂冑時代に共に冷遇を受けていた際に楼鑰から励まされたエピソードを回顧しており、政治的にも楼鑰や王枏と同じ立場に居たことが窺われる。こうした人間関係により、袁燮に廟碑の執筆依頼がなされたのであろう。

この袁燮が執筆した廟碑の全文は、『絜斎集』巻二十二に収められているが、その内容を見ていくと、やはり楼鑰による王倫神道碑、そして王倫家廟碑の内容に沿う形で書かれていることが分かる。例えば袁燮は廟碑文の前段で次のように述べる。

紹興十有四年七月戊午、故簽書枢密院事王公不屈于金、死之。公之使金也、以天子命諭其帥、帰我河南地以和、其帥聴命惟謹事且集矣。烏珠悪其専譖而殺之、留公河間者六年、彊以偽命、公義不辱、罵敵以死。嗚呼、大節巍然于是乎、貫日月通神明矣。（中略）然則我宋之中興、趙、張、岳、韓之功信偉矣、而全節如公者、亦豈可少哉。

（『絜斎集』巻二十二、簽書枢密院事王節愍公廟碑）

王倫の宋金和議における功績を強調しつつ、金に六年間抑留されても節義を曲げずに死を選んだことを称揚し、趙鼎や張浚、岳飛や韓世忠といった対金抗戦派の功績と比較しながら、王倫のように節義を全うしたものは少ないとしている。ここでは、王倫の謚号選定以来繰り返されてきた「金に屈せず節義を守り通した外交使節としての王倫」という姿が繰り返され、顕彰すべき事跡として引き継がれているのである。

また、袁燮は廟碑文の中で

時宰恥其不若、不以実聞。既歿、天子始知公之死節。

（『絜斎集』巻二十二、簽書枢密院事王節愍公廟碑）

と述べ、時宰、すなわち秦檜が王倫の功績を妬み事実を報告しなかったため、高宗は王倫の死後、初めて彼の節義を知ったと記す。これもまた、対金講和推進という同じ立場に属してはいても、王倫もまた秦檜の被害者であったという王倫神道碑の記述を忠実に受け継ぐものである。

一方で袁燮は、王倫とその遺族達が、「三槐王氏」、とりわけ王旦に連なる一族であることを宣伝することも忘れていない。

公諱倫、字正道、大名人。景徳祥符間名宰相魏公之諸孫也。先是、晉公手植三槐于庭曰「吾子孫必有興者」。源深流長、奕世顕融、至公復以節著明于君臣之義、達于死生之説、本心卓然俯仰無愧、可謂一代之奇傑矣。

（『絜斎集』巻二十二、簽書枢密院事王節愍公廟碑）

王旦との関係については「諸孫也」と述べ、直系の子孫の子孫か否かということは曖昧にしている。しかし、王旦の父親の王祜が子孫の繁栄を願って庭に三本の槐を植えたという「三槐王氏」を象徴するエピソードを述べ、その精神が受け継がれた結果、王倫が君臣の義を明らかにしたと結論づける。このことは、王倫が王旦の父である王祜以来の「三槐王氏」の良き伝統を受け継ぐ系譜の中にあり、一族の誉れとなる人物であったことを強調したものに他ならない。すなわち王倫神道碑の狙いである、「三槐王氏」とりわけ王旦との関係性を強調するという目的をさらに推し進めるものであった。

こうして、神道碑によって行われた王倫の顕彰は、名族に連なる著名文人の執筆した廟碑により繰り返され、その好意的な評価もまた固められていった。本稿の冒頭に掲げた『宋史』王倫伝に見える王倫の最期は、そのまま楼鑰の王倫神道碑に見える王倫の最期の記載の抄録とも言うべきものだが、これもまた国史の史料として、楼鑰の神道碑文が使用されたことを窺わせるものである。[62][63]

そして、王倫に対する後世の評価もまた、楼鑰の神道碑文の内容に基づく形で定まっていった。その一例として、宋末に生まれ、元朝の官吏として生きた袁桷（一二六六～一三二七）という人物の王倫評価を取り上げたい。彼は国史院編修官として『遼史』・『宋史』・『金史』編纂のための史料収集にも従事しているが、その彼が王倫を評した次のような文章が残っている。[64]

胡忠簡論王正道時、不知其後之忠烈也。廟有碑、史有伝、斯無愧矣。三槐名孫、崎嶇擾攘、欲以奇計立功業、不幸有脱略、名教之誚、使不若是、則幾為狼籍人矣。（『清容居士集』巻四十八、書鄭潜昭曽祖東谷先生諡議後）

「胡忠簡」すなわち胡銓が「王正道」すなわち王倫を批判したのは、王倫のその後の「忠烈」を知らなかったからだと評価し、王倫の忠義の記録は廟碑、国史の伝に余すところなく残されているという。ここにいう「廟碑」は楼鑰の神道碑をもとにした袁燮の廟碑、「史」の伝とは楼鑰の神道碑をもとに南宋の朝廷で作成された国史を指していると見るべきであろう。また、王倫を「三槐王氏」の一族に連なるものとする認識も、楼鑰の王倫神道碑と同様に共有している。

こうした袁桷の評価は、彼の父が史彌遠体制下で参知政事を務め、しばしば史彌遠と対立して職を追われた袁韶であることを考える時、さらに重要な意味を持つ。すでに明らかにしたように、王倫の再評価の動きは、史彌遠専権体制形成過程下において進められたものである。にも関わらず、その史彌遠専権体制に排除された人物の息子が、王倫に対して好意的な評価を下しているのである。このことは、すでに王倫に対する評価が確定し、その評価の成立の背景とは分離して認識されるようになっていたことを示すものであろう。

こうした流れは、時代を下るに従ってますます強固なものとなっていく。例えば明・銭士升撰『南宋書』の王倫伝や、同じく明・柯維騏撰『宋史新編』の王倫伝は、共に王倫の最期に関する記載を、王倫神道碑に倣った形で行っている[66]。また、清・趙翼は『廿二史箚記』に「王倫」と題する文章を載せ、次のように述べている。

王倫使金、間関百死、遂成和議。世徒以胡銓疏斥其狎邪小人、市井無頼、張燾疏斥其虚誕、許忻疏斥其売国、遂衆口一詞、以為非善類。甚至史伝亦有家貧無行、数犯法幸免之語。不知此特出於一時儒生不主和議者之詆諆、而論世者則当諒其心、記其功、而憫其節也。倫本王旦弟勗之後、初非市儈里魁。

（『廿二史箚記』巻二十四、王倫）

趙翼は王倫が当時の論者達から「小人」「嘘つき」「売国奴」と批判されていたこと、そして若いころ貧困の中で無頼な生活をしていたと記録されていることを取り上げ、再批判を試みている。趙翼によれば、そうした議論は和議に反対する当時の儒者たちの誹謗中傷に過ぎず、王倫の功績や、その節義は正当に評価されるべきであった。また趙翼は、王倫は単なる町の無頼ではなく、王旦の弟の系譜をひく由緒ある一族の出身であったことを強調する。こうした趙翼の認識もまた、これまで述べてきたような楼鑰の王倫神道碑によって作り出された王倫のイメージに沿うものであった。楼鑰と王倫の遺族達によって行われた王倫の顕彰・再評価の動き、そしてその結果生み出された王倫神道碑は、宋代に止まらず、その後の王倫評価にも多大な影響を及ぼし続けたと言えるであろう。

おわりに——もう一つの「王倫伝」——

ここまで、王倫神道碑を題材として、その参考史料として選択された史料の問題、そして建立の経緯に潜む政治的背景について論じ、併せて王倫神道碑の建立がもたらした王倫評価への影響について述べてきた。

王倫神道碑に使用された史料の選定は、対金外交使節であった王倫にとって都合の良い史料を使用するとともに、「三槐王氏」とりわけその中でも重要人物である王旦との繋がりを強調する史料が選ばれ、王倫とその遺族が王旦に連なる名族の一員であることを、広く喧伝するためのものであった。

そうした王倫神道碑の建立事業は、南宋における対金政策の変遷によって翻弄されることとなった。王倫の功績を無視しようとした秦檜専権体制期を例外として、王倫の再評価は、対金強硬論が主流となる状況下では停滞し、金との和平が求められる時期に進められていた。そして、「開禧用兵」を始動した韓侂冑時代の対金強硬路線が否定されていく中で、金との和平交渉に貢献した王柟への報償として、王氏と姻戚関係にあり、韓侂冑に抑圧されていた楼鑰の手になる王倫神道碑文が作成され、神道碑の建立に至った。

そして王倫神道碑の中で強調された、「三槐王氏」特に王旦と王倫の関係性と、金に抑留されながら節義を失わずに毅然と死を選んだ気骨の外交使節王倫というイメージは、その後の王倫評価の基調を為していくものとなっていった。以上が、王倫神道碑の建立を巡る本稿の考察であるが、筆を擱くにあたり、もう一つの「王倫伝」について触れておきたい。

『金史』巻七十九には、同じく対金使節として活動した宇文虚中と並んで、王倫の列伝が立てられているが、その最期を記した箇所を確認すると、本論冒頭に掲げた『宋史』王倫伝や、王倫神道碑とは明らかに異なる事実が記載されている。

（皇統）四年、以倫為平州路転運使、倫已受命復辞遜、上曰「此反覆之人也」。遂殺之於上京、年六十一。（『金史』巻七十九、王倫伝）

金の皇統四年（一一四四）、すなわち南宋の紹興十四年（一一四四）、王倫は金より平州路転運使への任官を打診された。ここまでは王倫神道碑や、その後の『宋史』などの王倫伝が伝えるところと相違はない。ところが、『金史』によれば、王倫は一旦、金からの任命を受諾し、その後再びその任命を辞退したという。それに対し当時の金皇帝であった熙宗は「これ反覆の人なり」すなわち信用できない男だ、という判断を下し、上京で王倫を殺害したというのである。

さらに『金史』王倫伝は、王倫の賛を宇文虚中のものと並べ、次のように締めくくる。

賛云。孔子曰「行己有恥、使於四方不辱君命、可謂士矣」。宇文虚中朝至上京、夕受官爵。王倫紈袴之子、市井為徒。此豈「行己有恥」之士、可以専使者耶。二子之死雖冤、其自取亦多矣。（『金史』巻七十九、王倫伝）

名族の出でありながら、市井で無頼の振る舞いに及ぶ王倫が、どうして孔子の謂う「己を行いて恥有る」士と言えるだろうか、その死が冤罪であったとしても、自ら招いた部分が多いのだ、という王倫評は、王倫神道碑によって形成された王倫評価とは、ほとんど対極に位置するものと言える。

こうした『金史』の記載について、趙翼は『廿二史箚記』の「王倫」の中で、「王倫がもし金からの官職を受けたのであれば、どうしてそれを再度辞退する必要があるだろうか」と述べ、『金史』の記載を批判している。[67]確かに一旦受諾した官職を再度辞退するという『金史』に描かれた王倫の行動は一見矛盾したものであり、それを合理的観点から批判した趙翼の判断は、筋が通ったものと言えよう。

ただ、それと同時に指摘しておかなければならないのは、少なくとも元朝において『宋史』『金史』が『遼史』と共に編纂された時には、楼鑰の王倫神道碑文によって形成されたものとは異なる王倫像を示す記録が、存在していたということである。

周生春氏によれば、『宋史』『遼史』『金史』編纂の際には、それぞれについて史局が作られ、編修官は専らどれか一つの編纂作業に従事していたという。[68]『金史』王倫伝を作成した人物が誰であったかは分からない。しかし、その列伝を執筆する際には、『宋史』王倫伝の参考史料――それは間違いなく楼鑰の王倫神道碑、およびその内容を引き継いだ各種関連史料であろう――とは異なる史料が使われ、楼鑰や王倫の遺族が喧伝した王倫のイメージからは自由な環境で作成されたことは間違いあるまい。

この二つの異なる「王倫伝」のうち、どちらがより実際の王倫像に近いのか。本稿においては、敢えてその疑問には立ち入らず、南宋における王倫像（すなわち『宋史』王倫伝の王倫像でもある）が形成される過程を検討し、併せてその王倫像が、王倫評価の主流になっていったことを示した。それは王倫の遺族や楼鑰といった人々が、神道碑という媒体を通じて、彼らにとっての「あるべき王倫像」の形成を試み、成功するまでの過程を明らかにすることでもあった。

その試みから相対的に自由であった金側の史料で示された、異なる形の王倫像は、しかし本論で述べたように、王倫を評価する後世の人々に対し影響力を及ぼすことはできなかった。明・銭士升や柯維騏、清・趙翼、そして現代の王倫に関する先行研究に至るまで、王倫を論じる人々は全て、楼鑰と王倫の遺族が王倫神道碑によって作り出した王倫のイメージの外に、ついに踏み出すことはなかった。[69] そのことは、王倫神道碑という史料が持つ影響力が、時代を超えて強く、そして長く続いていることを示すものであろう。

【参考文献】

日本語（著者　五十音順）

梅原郁　一九八五『宋代官僚制度研究』同朋舎。

榎並岳史　二〇〇八「孟少保神道碑の成立をめぐって」『東洋学報』八九―四。

榎並岳史　二〇〇九「宋代神道碑目録」『資料学研究』六。

榎並岳史　二〇一三「宋代神道碑初探――その形態・建立の過程・建立の意義――」『東アジア――歴史と文化――』二二。

王瑞来　二〇〇〇「『平世の良相』王旦――君臣関係のケース・スタディー（二）」『宋代の皇帝権力と士大夫政治』汲古書院、二〇〇一年（原載は『東洋文化研究』二、二〇〇〇年）。

衣川強　二〇〇六『宋代官僚社会史研究』汲古書院。

小林晃　二〇〇六「南宋中期における韓侂冑専権の成立過程――寧宗即位（一一九四年）直後の政治抗争を中心として」『史学雑誌』一一五―八。

小林晃　二〇〇九「南宋寧宗朝における史彌遠政権の成立とその意義」『東洋学報』九一―一。

古松崇志　二〇〇三「脩端「辯遼宋金正統」をめぐって――元代における『遼史』『金史』『宋史』三史編纂の過程――」『東方学報』七五。

寺地遵　一九八八『南宋初期政治史研究』渓水社。

寺地遵　二〇〇五「韓侂冑専権の成立」『史学研究』二四七。

中嶋敏　一九九三「南宋建炎対金使節について――宇文虚中のことなど――」『中嶋敏東洋史学論集　続編』汲古書院、二〇〇二年（原載は『東洋研究』一〇六、一九九三年）。
平田茂樹　二〇〇一「宋代政治史料解析法――「時政記」と「日記」を手掛かりとして――」『宋代政治構造研究』汲古書院、二〇一二年（原載は『東洋史研究』五九―四、二〇〇一年）。

中国語（著者　ピンイン、アルファベット順）
黄寛重　二〇〇六『宋代的家族与社会』東大図書股份有限公司。
榎並岳史　二〇一四「〝湖州之変〟再考――以南宋後期済王事件的応対為中心」『宋史会議論文集』二〇一四、中国社会科学出版社。
李貴録　二〇〇三「為王倫弁誣」『山東師範大学学報（人文社会科学版）』二〇〇三―四八―三。
李貴録　二〇〇四ａ『北宋三槐王氏家族研究』斉魯書社。
李貴録　二〇〇四ｂ「王祜略論」『曁南学報（人文科学与社会科学版）』二〇〇四―一。
湯志鈞　二〇〇三「碑伝行状和『宋史』列伝」『中華文史論叢』七一。
肖建新　二〇〇二「南宋紹熙内禅鈎沉」『安徽師範大学学報（人文社会科学版）』三〇―六。
辛更儒　二〇〇二「有関熊克及其『中興小暦』的幾個問題」『文史』二〇〇二―一。
辛更儒　二〇〇八「熊克著『皇朝中興紀事本末』考」『中国典籍与文化論叢』一〇。
周立志　二〇一六「王倫与宋金外交」『遼金史論集』一四。
周生春　一九九〇「関于遼・金・宋三史編纂的幾個問題」『『宋史』研究』羅炳良編、中国大百科全書出版社、二〇〇九年（原載は『歴史文献研究』北京燕山出版社、一九九〇年）。

註

（1）『建炎以来繋年要録』巻一五三、紹興十五年正月戊辰条。

（2）『建炎以来繋年要録』巻一七六、紹興二十七年正月丁丑条。
（3）なお、『中興小暦』の書名について、史料によっては『中興小歴』と表記する例が見られるが、これは清・乾隆帝の諱「弘曆」を避けたことによるものである。本稿においては、引用史料内で使用されている例を除き、一般的に使用されている『中興小暦』の名称を使用する。
（4）榎並二〇一三。
（5）榎並二〇〇九。
（6）公歿、所以原大追功、既有大史之状、幽宅之銘。維墓道有碑、可以明著公之休徳、遺沢、章示万世、以仮寵陳氏之子孫於無窮（『元豊類藁』巻四十七、太子賓客致仕陳公神道碑銘）。
（7）諸碑碣（其文皆須実録、不得濫有褒飾）、五品以上立碑、螭首、亀趺、上高不得九尺（『天聖令』巻二十九、喪葬令。なお、括弧内は割注）。
（8）榎並二〇一三。
（9）榎並二〇一三。
（10）王倫の事跡については、李二〇〇四、周立志二〇一六に詳しいが、いずれも王倫神道碑のほか、『中興小暦』、『建炎以来繋年要録』、『三朝北盟会編』などの記載に依拠している。
（11）榎並二〇〇九。
（12）辛二〇〇八によれば、「南宋寧宗朝以後、（南宋）中興に関する史籍に言及する者で、この書（『中興小暦』）を挙げないものは無い」、状況であり、『宋宰輔編年録』『山堂群書考索』『宋名臣言行録』などにも『中興小暦』からの記載が多く引用されているという。
（13）克之為書、往往疏略多牴牾。不称良史（『直斎書録解題』巻四）。
（14）然其書多避就、未為精博。非長編之比也（『建炎以来朝野雑記』甲集巻六、嘉泰禁私史）。
（15）辛二〇〇八。

(16)『攻媿集』巻六十、李氏思終亭記には「独未識長子心伝、聞其嘗名薦書一不上第。年未四十、棄挙業而著書。朝廷取其『建炎以来繋年要録』百巻寘館中。嘗得其副而尽読之、然後知天之報施本無差忒」とあり、楼鑰が朝廷の国史館に収められた李心伝の『建炎以来繋年要録』百巻を閲覧していたことを示す。

(17)『玉海』巻四十七、嘉定建炎以来繋年要録には「李心伝撰、一百巻。嘉定五年五月付国史院」とある。

(18)『攻媿集』巻一〇八、直秘閣徐公墓誌銘には「公既省事、自念生長兵間、欲得尽見事之始末、宦游四方、収羅野史及他文書、多至二百余家、為編年之体、会粋成書、伝聞異辞者、又従而訂正之、号『三朝北盟集編』」とある。

(19)自政和七年海上之盟迄逆亮之斃、上下四十五載間、具列事実（『攻媿集』巻一〇八、直秘閣徐公墓誌銘）。

(20)『攻媿集』巻一〇八、直秘閣徐公墓誌銘には「公既葬之二年、簡以赴調来見、謂前詩恨未見『北盟』全書、尽録以見遺。又出其季父致政所作行状求銘」とある。なお、同墓誌銘には「諸孤以嘉定元年十一月庚申、奉公之柩葬于県之修徳郷古牛岡之原」とあり、徐夢莘の埋葬が嘉定元年十一月であることが確認できる。

(21)辛二〇〇八では、『中興小暦』の作者である熊克が必ずしも対金和平派とは言えないとしながらも、①熊克が『中興小暦』を編纂した時期は高宗が太上皇帝として存命中であり、その和平路線を批判することは困難であったと考えられること、また、②『中興小暦』が依拠した『高宗日暦』は、対金和平派の秦檜の息子秦熺により撰述されたものであり、対金抗戦派である岳飛等への侮蔑、対金和平派である高宗や秦檜への阿諛が見えること、の二点を指摘している。

(22)『宋史』巻四四五、熊克伝に「克自以見知於上、数有論奏。嘗言『金人雖講和、而不能保於他日、今宜以和為守、以守為攻。当和好之時、為備守之計、彼不能禁吾不為也。辺備既実、金人万一猖獗、必不得志於我、退而乗我、曲不在我矣』」とある。

(23)なお、この汪藻による制は『浮渓集』巻十に「修職郎王倫改朝奉郎充大金通問使制」として収められている。

(24)王二〇〇〇。

(25)『居士集』巻二十二に収録された欧陽脩による王旦の神道碑「太尉文正王公神道碑銘并序」には、「公之皇考、亦自植三槐于庭、曰『吾之後世、必有為三公者。此其所以志也』」とある。

(26)李二〇〇四a。

（27）王祜は『宋史』巻二六九に、王旦は巻二八二に、王素は巻三二〇に列伝が立てられている。

（28）『四朝聞見録』甲集、請斬秦檜には「先是、敵入中原、朝廷議割四鎮、不決、敵騎奄至、欽宗亟引従臣入内問計、倫遂竄名綴従臣入直前、乞上早戒厳。上驚問曰『爾為誰』。倫対上以『臣乃咸平宰相王旦孫』。上知為旦孫、故寘不問」とある。

（29）家貧無行、好椎牛沽酒、往来京洛間、以侠自任、数犯法、幸免（『建炎以来繫年要録』巻五、建炎元年五月戊戌条）。

（30）同様に、『揮麈後録』巻八には「王倫字正道、三槐王氏之裔。祖端、父毅、倶以材顕。母晁氏、昭徳族女。家貧無行、不能治生、為商賈、好椎牛酤酒、往来京洛、放意自恣、浮沈俗間、亦以侠自任、賙人之急、数犯法、幸免。聞士大夫之賢者、傾心事之。先人在京師、正道間亦款門。先人以其倜儻、待頗加礼。一日、従先人乞詩送行、云天下将乱、欲入廬山為道士」とあり、また『三朝北盟会編』巻七十に「倫、字正道、開封人、宰相旦之後。有縦横之才、少游市井間、群小皆高其能、而伏之」とある。

（31）『建炎以来繫年要録』巻一〇九、紹興七年三月丁亥条には、「故勒停人王毅追復承議郎。毅、倫父也。宣和間、坐論蔡京罪、謫死嶺表。至是倫訴于朝」とあり、紹興七年（一一三七）、王倫が蔡京の罪を弾劾して広南に流された父の名誉回復を訴えたことが見える。

（32）侠邪無頼、年四十余尚与市井悪少群遊汴中（『金史』巻七十九、王倫伝）。

（33）『桯史』巻二、牧牛亭に「檜墓前隊碑、宸奎在焉、有其額而無其辞、卧一石草間、曰『当時将以求文、而莫之肯為、今已矣』」とある。

（34）榎並二〇〇八。

（35）『建炎以来繫年要録』巻一二三、紹興八年十一月丁未条に、胡銓の上奏文として「臣謹按、王倫本一狎邪小人、市井無頼、頃縁宰相無識、遂挙以使敵、専務詐誕、欺罔天聴。驟得美官、天下之人切歯唾罵。今者無故誘致虜使、以詔諭江南為名、是欲臣妾我也、是欲劉豫我也。（中略）今内而百官、外而軍民、万口一談、皆欲食倫之肉。謗議洶洶、陛下不聞、正恐一旦変作、禍且不測。臣窺謂、不斬王倫、国之存亡未可知也」とある。

（36）時士大夫皆以和為不可、而如（范）圭与王庶、曽開、戸部侍郎李彌遜、監察御史方庭実、言之尤力（『建炎以来繫年要録』巻

一二四、紹興八年十二月辛未条)。

(37) なお、時代は下るが周密も『斉東野語』巻三、誅韓本末の中で「余按紹興秦檜主和、王倫出使、胡忠簡抗疏、請斬檜以謝天下、時皆偉之」と述べており、紹興八年における対金強硬派が高い評価を受ける一方、対金和平推進派が厳しい批判の目にさらされていたことを窺わせる。

(38) 『建炎以来繫年要録』巻一五三、紹興十五年正月戊辰条には「戊辰、上始聞端明殿学士左朝奉大夫同簽書枢密院事王倫死状、謂秦檜曰『倫雖不矜細行、乃能守節、死敵人。誰無死、択死為難耳』。於是贈左通議大夫、輟一日朝。詔報其家、且賜銀帛三百匹両。未幾其子述、従北人得其骨以帰。官給葬事。後謚愍節」とある。

(39) 梅原一九八五によれば、南宋以後「通常の通判以外に添差の名を冠して、もう一人、別の通判が設置され」ており、こうした「添差通判」は、「実際には職務にタッチしないものが多く」、「疾病、老年などで現役から退いた使臣」や「宗室・戚里・帰正官らに恩例をもって与える」ものとなっていた。王述に与えられた平江府の添差通判も、王倫の功績に対する、こうした恩典の一例として捉えるべきであろう。

(40) 公之亡也、時相専和戎之功、又忌公之死節、令公家止称在金身亡。故卹典有未尽(王倫神道碑)。

(41) 秦檜没後から第三次宋金和議までの経緯については、寺地一九八八の終章「紹興十二年体制の終末と乾道・淳熙体制の形成」を参照のこと。

(42) 述等、摭公言動及使事始末、懼禍、久不敢出(王倫神道碑)。

(43) 王倫神道碑には「郎中鍾離公松嘗為使属、知公尤詳。乾道間、始敢状公之行」とある。

(44) 王倫神道碑には「孝宗淳熙初、捜訪知之、始命杞・枘・機皆為将仕郎」とある。

(45) 王倫神道碑には「紹熙元年、請謚于朝。礼部尚書倪公思為太常博士、議以『節愍』易名。鑰時在攷功、為之覆謚」とある。なお、四部叢刊本『攻媿集』巻九五の王倫神道碑では「紹興元年」としているが、紹興元年(一一三一)では王倫存命中のこととなってしまうので、紹熙に改めるべきであろう。

(46) 光宗の退位から韓侂冑の専権体制成立に至る間の政治過程については、肖二〇〇二、寺地二〇〇五、衣川二〇〇六第五章

(47) 衣川二〇〇六第五章「『開禧用兵』と韓侂冑政権」を参照のこと。

(48) 『宋史』巻三九五、楼鑰伝には「朱熹以論事忤韓侂冑、除職与郡。鑰言『熹鴻儒碩学、陛下閔其耆老、当此隆寒、立講不便、何如俾之内祠、仍令修史、少俟春和、復還講筵』。不報。趙汝愚謂人曰『楼公当今人物也。直恐臨事少剛決耳』。及見其持論堅正、嘆曰『吾於是大過所望矣』。（中略）侂冑、嘗副鑰為館伴、以鑰不附己、深嗛之」とある。

(49) 『続編両朝綱目備要』巻五、慶元三年十二月丙子条。

(50) 黄二〇〇六、第弐編第二章、一三六頁。

(51) 『建炎以来朝野雑記』乙集巻十八、辺防一、丙寅淮漢蜀口用兵事目には、「嘉泰元年秋八月二日己卯、以殿前都指揮使呉曦為興州都統制、規陝之意自此起矣」とある。

(52) 追封岳飛、為鄂王。此寓開辺之意（『続編両朝綱目備要』巻八、嘉泰四年五月乙亥条）。

(53) なお、ここに述べられている方信孺という人物も、王柟の前任者として金に派遣されているが、彼もまた王柟と同じく県尉として海賊の取り締まりに功績を立て、「近臣」の推薦を受けて金への外交使節に抜擢されたという経緯（『宋史』巻三九五、方信孺伝）があった。金への使節の人選自体が、こうした治安維持の業務で実績を重ねた人物の中から選ばれていた可能性も考えられる。

(54) 『続編両朝綱目備要』巻十、開禧三年十一月乙亥条には「以罷逐侂冑意詔天下。詔曰『朕徳不明、信任非人。韓侂冑懐姦擅朝、威福自己、劫制天下、首開兵端、以致両国生霊肝脳塗地。興言及此、痛切于衷。矧復怙却罔悛、負国彌甚、踈忌忠讜、廃公徇私、気焔所加、道路以目。今辺戍未解、怨毒孔滋、凡百搢紳洎于将士、当念前日過挙皆侂冑専恣欺罔、非朕本心。今既遷逐、一正権綱、各思勉旃、為国宣力。飭兵謹備、以図休息、称朕意焉』」とある。

(55) 『続編両朝綱目備要』巻十一、嘉定元年三月辛卯条。

(56) 『続編両朝綱目備要』巻十一、嘉定元年三月戊子条。

(57) 『宋史』巻三十九、寧宗三。

（58）『続編両朝綱目備要』巻十一、嘉定元年八月辛未条。

（59）『絜斎集』巻二十二、簽書枢密院事王節愍公廟碑には「雖賜額忠粛、而碑猶未建。既免喪、復拝京輦之命、始録顛末而属某潤色之。某雖寡陋、然高山仰止之、詩詠之久矣。茲不敢辞」とある。

（60）黄二〇〇六、第弐編第二章、一一六頁。

（61）『絜斎集』巻十一、資政殿大学士贈少師楼公行状には「嘉泰、開禧間従公于寂寞之浜、数以安于命義、保全名節之語勉我、斯意厚矣」とある。

（62）王倫神道碑における王倫の最期の記述は以下の通り。「留河間六年、金以公為平蛮三路転運使、公力拒之、駆迫日甚。公曰『君命無弐臣之節也。弐而苟官爵、倫実恥之』。又脅以威、且曰『受命則生、不受則死』。公乃振衣冠、南望行闕再拝稽首、厲声言曰『先臣文正公旦勲業炳然、臣為国将命、猥被拘留、復以偽命見逼、敢愛一死、上孤国恩、以辱君命』。于是大慟、斥罵使者、聴其絞死、寔十四年七月戊午也。是日秋宇澄霽、忽陰雲晦冥、風雹雨雪、咫尺不相覩。城郭内外、地皆震裂、数日不已。河間人懼甚、亟立公祠、家絵公像以奉之」

（63）湯志鈞氏は、湯二〇〇三において、墓誌銘や神道碑などのいわゆる「碑伝」は、『宋史』における主要な材料であると指摘し、数多くの実例を挙げている。

（64）古松二〇〇三。なお、袁桷が『宋史』編纂のために収集を求めた史料は、『清容居士集』巻四十一、「修遼金宋史捜訪遺書条列事状」に列挙されている。

（65）『宋史』巻四一五、袁韶伝には「紹定元年、拝参知政事。胡夢昱論済王事、当遠竄、韶独以夢昱無罪、不肯署文書」とあり、理宗即位の際に史彌遠によって排除された済王について胡夢昱が論じ、罰を受けた時に、袁韶が一人その無罪を主張していたことを述べる。また、同じく『宋史』袁韶伝に「李全叛、揚州告急、飛檄載道、都城争有逃避者。乃拝韶浙西制置使、仍治臨安鎮遏之。丞相史彌遠懲韓侂冑用兵事、不欲声討。韶与范楷言於彌遠曰『揚失守則京口不可保、淮将如卞整、崔福皆可用』。適福至、詔夜与同見彌遠、言福実可用。彌遠従之、遂討全。韶卒以言罷」とあり、李全が叛乱を起こした際に、韓侂冑時代の積極策に懲りて消極策を取ろうとした史彌遠に直談判して李全討伐に成功したものの、その際の言論を咎められて職を追われたことを記している。なお、理宗即位の際、皇位継承のライバルである済王を史彌遠が排除した事件、いわゆる「湖州の変」を巡る同時代人の言論については、榎並二〇一四を参照のこと。

(66)『南宋書』巻二十九、王倫伝には「倫于河間居六載、命為平灤路都転運使。倫曰『奉命而来、非降也』。使来趣之、倫拒益力。金主怒命縊之。倫冠帯南向、拝曰『先臣文正公以直道輔相両朝、天下所知。臣愛一死辱命』。遂就死、年六十一。河間雨雹三日」とある。また、『宋史新編』巻一三五、王倫伝では「倫居河間六載、至十四年、金欲以倫為平灤路都転運使。倫曰『奉命而来、非降也』。金益脅以威、遣使来趣、倫拒益力。金杖其使、俾縊殺之。倫冠帯南郷、再拝慟哭曰『先臣文正公以直道輔相両朝、天下所知。今将命被留、欲汙以偽職、臣敢愛一死以辱命』、遂就死、年六十一。贈通議大夫」とある。

(67)『廿二史箚記』巻二十四、王倫には「按倫如果受官、豈復抗辞、是必未受官也」とある。

(68)周一九九〇。

(69)李二〇〇三、李二〇〇四a、周二〇一六など、王倫の事跡について検討した先行研究は全て、王倫を「当時の対金強硬論者に王倫は誹謗を受けて」いる人物であり、その外交使節としての功績と南宋に対する忠節を評価すべきであると説く。こうした論調は、岳飛に代表されるような対金強硬派を善しとして、対金和議を進める秦檜等を批判する伝統的な歴史評価に異議を唱えるものに見える。しかし実際はそうした王倫の再評価を目指す議論もまた、すでに述べてきたように楼鑰の王倫神道碑が設定した王倫像に依拠し、その範囲に止まるものであると言えよう。

元代浙西の財政的地位と水利政策の展開

小林　晃

はじめに

至元十三年（一二七六）に南宋政府を降服させ、その版図を領有するに至った元朝は、その後、抵抗を続ける南宋残党の掃討や、広域行政区画である行中書省（以下、行省と称す）の各地での設置、およびその管轄区域の調整などを進めながら、着実に新たな支配体制を築き上げていった。とりわけ南宋末の宰相賈似道によって浙西地方（元代の江南浙西道）に設けられた広大な公田が、(1)官田と名を変えて元朝に継承されたことは重視される。(2)官田とは政府所有の田土を指し、元代では民田よりもはるかに重い税糧が賦課された。植松正氏によると、至元二十四年（一二八七）に宰相桑哥の主導のもと、江南において富裕層に併呑された官田の追究や、田土調査である括勘が相継いで行われたが、その目的は旧南宋の公田の面積やその租額を把握してそれを額管税糧のなかに取り込み、元朝の財政基盤を確立することにあったという(3)。さらに元朝はこうした公田由来の官田のほかにも、旧南宋の帝室・高官から継承・没官した田土や、元朝の海運を主管していた朱清・張瑄からの没官田土を利用して新たな官田を創出し、これを帝室財政の財源としたのであった(4)。

また元朝は江南で産出された糧米を、大都（現在の北京市）に毎年海運させ、それによって五十万人以上ともいわれる大都の人口を養ったことで知られている(5)。至元十九年（一二八二）の約四万六〇〇〇石という数量から始まった海運糧はその後増大を続け、至元二十七年（一二九〇）には約一五九万石を記録し、至大二年（一三〇九）以降は連年のように二〇〇万石から三〇〇万石もの江南米が海運され、天暦二年（一三二九）には遂に三五〇万石を突破したのであった(6)。後述するように松田孝一氏は、成宗朝以降の元朝がモンゴル高原と中国本土とを一体的に統治するためには、こうした大量の江南米の大都への海運は不可欠であったと指摘している(7)。さらに宮澤知之氏によると、海運糧が増大するにともない、その膨大な糧米の主な割り当て先は浙西に求められていったという(8)。

さて現存史料の記述からは、世祖朝末から成宗朝後期にかけての浙西地方で、数度にわたって大規模な水利事業が敢行されたことが知られる。それは淤塞（泥砂による水路の閉塞）の著しい呉淞江（＝呉松江・松江。現在の蘇州河）の排水能力の改善のためになされたものであった。いくつかの先行研究は、そうした水利事業が行われた理由として、肥沃な穀倉地帯であった浙西で当時水害が頻発していたことを挙げている(9)。妥当な見解ではあるものの、なおも一般論的な指摘にとどまっているといわざるをえない。この問題については、元代における浙西の財政的な位置づけや、水害が頻発していた原因などを正確に把握することで、より踏み込んだ議論が可能になると思われる。とくに本稿では、浙西での水利事業が集中的に推進された時期と、海運糧を軸にモンゴル高原と中国本土とを一体的に統治するという元朝独自の財政のあり方が模索された時期とが、ほとんど重なりを見せている事実に着目したい。すなわち当時の浙西における水利政策の意義を、松田・宮澤両氏によって示された財政史的な枠組みのなかで再検討することを試みたいのである。

さてこれらの問題を考えるうえで重視されるのが、元代の任仁発が編纂した『水利集』なる史料である。任仁発は南宋のときに郷試に合格し、のちに江淮行省平省政事を務めた游顕に才能を認められて海島の招安を任され、その功績で元朝の官位を獲得した人物である。(10) 浙西の水利に詳しかった任仁発は、世祖朝末から泰定帝の時代までの浙西の水利事業に深く関与した。『水利集』には当時の浙西の水利事業に関する公文書や、任仁発を始めとする水利に造詣が深かった人物たちの提言など、当時の浙西地方の実情を示す貴重な情報が豊富に収められている。近年では『水利集』を活用した研究も増えつつあるが、(11) 本稿においても『水利集』所収の史料をとくに重視したい。

以上の問題関心のもと、本稿第一節では、当時の浙西全体の税糧米額を推算するとともに、それが元朝の財政運営においていかなる意味を持っていたのかについて検討し、第二節では、世祖朝末から浙西地方でなぜ水害が多発し、それが元朝財政にどのような影響をおよぼしたのかを分析する。これにより元朝が当時の浙西において水利事業を行わざるをえなかった事情が理解できるであろう。またそうした水利事業は、浙西に特設された都水庸田使司や行都水監などの官庁によって推進されることになった。第三節では、これらの特設官庁にも着目しながら元代の水利政策の推移と内実とを検討することにしたい。

一　元代浙西の税糧米額とその財政的地位

元代の江浙行省が全国でも最大の税糧額を誇り、なかでも浙西の税糧数が突出して多かったことは、「江浙の税糧天下に甲たり、平江・嘉興・湖州三郡は江浙の什の六七に当たる」という言葉に端的に示されている。[12] しかし史料の不足のためか、こうした抽象的な数字を除けば、浙西全体の税糧額の具体的な数字はこれまでほとんど示されてこなかったように思われる。幸いなことに、中国で大型叢書の刊行が進んだことにより、日本で閲覧できる明代の地方志の数は近年飛躍的に増加した。本章では主にそれらを利用し、元代浙西の税糧米額の全貌や、その財政的な位置づけについて検討したい。

別表は、現存する元明時代の地方志などで確認できる江浙行省内の十六の路・府・上州の税糧米額の石数（一部の数字は耗米や夏税の麦・豆を含む）を一覧表にしたものである。江浙行省は全部で三十三の路・府・上州を管轄したから、その約半数の税糧米額が判明したことになる。延祐の経理前後の数字や元末の数字が混在しているほか、年代不明の数字があるなど問題もあるが、大勢を知ることは可能であろう。

江浙行省の歳入糧としては、『元史』に年代不明ながら四四九万四七八三石とする数字が残されている。[13] 江南では一般に夏税の麦・豆の額数は多くないから、この約四五〇万石が規定額をほぼ満たした税糧米数であったと見なして大過ないと思われる。となると、次にこの数字のなかに果たして帝室関連の税糧米が含まれているのか否かが問題となる。元代江南の税糧米には、地方官府が徴税責任を負う有司所管の税糧米のほか、皇太后や皇后に供するための帝室財政を管理する江淮等処財賦都総管府・江浙等処財賦都総管府（以下、それぞれ江淮財賦府・江浙財賦府と称す）所管の税

元代江浙行省税糧米一覧表（税糧米の単位は、石以下は切り捨てた）

区域	路府州名	史料記載の税糧石数（一部に麦・豆を含む）	財賦府の税糧石数（一部に麦・豆を含む）	史料	備考
浙西	平江路（現蘇州市）	租粮八八万二一五〇石	呉江州だけで三万二七六石（江淮一万九五八二石・江浙一万六九四石）	洪武『蘇州府志』巻十、税賦「税糧」、および弘治『呉江志』巻二「秋粮」	延祐の経理後の数字
浙西	常州路	合徴秋糧正米三五万三〇三六石（官田米二七万八四七六石、民田米七万四五六〇石）	米一四万三四五一石（田賦［提挙司？］・哈尊などの銭糧を含む）	永楽『常州府志』巻四、風俗形勢、田賦所引、泰定『毗陵志』	泰定元年の数字。なお永楽『常州府志』巻四、風俗形勢、田賦所引、大徳『毗陵志』には、大徳九年の秋粮として糙粳米四六万一二〇一石という数字が挙げられ、「已後増減不定」と記されている
浙西	鎮江路	有司所管の粳米・白粳米・白糯米・香糯米一三万七八六八石	粳米・籼米・糯米五万三一三六石（江淮五万二八〇四石・江浙三三二石）	至順『鎮江志』巻六「賦税」	常州路における江淮財賦府所管の香糯米一〇七〇石と粳稲三石も鎮江路で徴収されていたが、上の数字には反映させていない
浙西	江陰州	米七万九七二二石		弘治『江陰県志』巻四、貢賦、元「賦歳入」	
浙西	嘉興路	米三二万九五九四石（減免分から推算される官田税糧は一三万三三七六石）		至元『嘉禾志』巻六「賦税」	世祖朝の至元年間の数字。なお松江府はのちに嘉興路の管轄から独立するため、上の数字は嘉興路の秋糧米から松江府の秋糧米を減算したもの

浙西	湖州路	正耗米三〇万四〇一一石	正耗米三万一一〇石（江淮一万八六六九石・江浙一万一四四一石）	『永楽大典』巻二二七七、湖〈湖州府三〉所引『呉興続志』	至正八年の数字
浙西	松江府	秋夏税糧四二万九〇〇〇餘石	約三一万六〇〇〇石（「両財賦」の米・麦・豆の合算数）	正徳『松江府志』巻六、田賦上所引「江浙行省所委検校官王艮議免増科田糧案」	延祐の経理後の夏税・秋糧の合計額であり、相当数の麦・豆を含む。なお至元二十五年刊行の至元『嘉禾志』巻六「賦税」は、松江府の秋税糧額を三五万一九四一石（減免分から推算される官田税糧は一八万三六八八石）とする。王艮によると、至元二十四年の税糧は四五万八九〇三石であったというから、差額の一〇万六九六二石は浙江財賦府（のちの江淮財賦府）の税糧であろう。また正徳『松江府志』巻六「田賦上」は、至正十五年の秋糧数を六八万四三〇石とするが、前年には江淮財賦提挙司などの糧米を「尽数赴倉」させる命令が出ているので（『元史』巻四十三、順帝本紀六、至正十四年十一月丙寅条）、これは財賦府の所管税糧を含んだ数字であったと推定される
江東	集慶路（現南京市）	税糧二二万四三〇三石	財賦税粮九万二八四九石（江浙財賦府の所管と明記のあるものは五三〇五石）	至正『金陵新志』巻七、田賦志「貢賦」	各州県の秋糧は、粳米・粳稲・糯米・糙米・白米・官米・民米など項目の名称にばらつきがあるが、全て秋糧として計算した。財賦府の税糧は、「財賦府」とのみ書かれているものは、江淮財賦府のものと考えて計算した

江東	徽州路	秋粮米一万九〇三七石		弘治『徽州府志』巻三、食貨二「財賦」	延祐の経理後の数字
浙東	慶元路（現寧波市）	糧米一三万五五二石（官田糧米四万八〇七五石、民田糧米八万二四七三石）		延祐『四明志』巻十二、秋糧実徴「総計」	至正『四明続志』巻六「賦役」では、秋糧実徴は一一万九七三三石（官田糧米四万九五五一石、民田糧米七万一八二石）
浙東	紹興路	秋粮米一三万四六三一石		万暦『紹興府志』巻十四、田賦志「賦上」	
浙東	台州路	秋粮七万三四〇石（正米・耗米の合算数）		弘治『赤城新志』巻五、版籍「田賦戸口」	
浙東	婺州路（現金華市）	秋粮歳収正耗米一〇万八七一八石		正徳『金華府志』巻三「田賦」	浦江県は至正元年、義烏県は至正年間の数字とそれぞれ明記
浙東	衢州路	入賦以斛計僅三万三〇〇〇有餘		明・宋濂『文憲集』巻二十八、書「書白衢州」	宋濂が衢州路総管の白景亮に宛てた書簡に見える数字。白景亮の衢州路総管への着任は至正六年で、後任の人物は至正九年に着任している
福建	福州路	秋粮・租米・麦豆八万五一七九石		正徳『福州府志』巻七、食貨志「賦役」	麦・豆を含んだ数字
福建	延平路	秋糧正耗水脚米五万九四六九石		嘉靖『延平府志』食貨志巻一、財賦「元」	南平県を除外した数字

糧米などが存在したからである。このうち有司所管の田土には民田・官田がどちらも含まれたが、財賦府の所管田土は全て官田であった。江淮財賦府は旧南宋の帝室が献呈した田土や、高官から没官した田土を管轄し、江浙財賦府は朱清・張瑄からの没官田土を主に管轄した。後述するように、両財賦府の所管税糧米はのちに海運糧に充てられるようになる。財賦府所管の税糧米の財政的な重要性は明らかであるが、植松正氏は松江府・嘉興路の両財賦府の所管田土だけで、年間一二四万石もの税糧米があったと推算している[14]。仮に植松氏の推算が正しいとすれば、両財賦府の全税糧米額は莫大なものとなり、約四五〇万石という江浙行省の税糧米額といかなる関係にあったのかが改めて問われるのである。

それでは別表の数字からこの点を考えてみたい。別表では判明する限り、有司所管と財賦府所管の税糧米を別々に表記してある。両財賦府の税糧米額は浙西・江東の数字しか判明しないが、両財賦府の属官の財賦提挙司が置かれた場所は集慶路・平江路・松江府・杭州路・揚州路であり、所管田土の多くは浙西に集中していたと考えられる。一番の難点は約八八万石という最大の税糧米額を擁する平江路であり、これが果たして有司所管の税糧米のみの数字なのか、それとも両財賦府の所管税糧米を含んだ数字なのか明らかではない[15]。平江路は六つの州県を管轄していたが、その一つの呉江州だけは約三万石という財賦府所管の税糧米が明らかになる。これを六倍した一八万石ほどが財賦府所管の税糧米であったと仮定し、平江路の有司所管の税糧米は七〇万石から八八万石ほどであったと見なして議論を進める。同じく財賦府の税糧米を含んだ数字かどうか判明しない江陰州や、麦・豆を数字に含む福州路のような事例もあるが、いずれも税糧数は大きくなく問題とはならないであろう。また後述するように、別表の松江府の「史料記載の税糧石数」で表記した数字は夏税を含んでいるため、嘉興路とともに至元『嘉禾志』の数字を用いて計算したい。

以上を踏まえて別表の十六の路・府・上州の財賦府以外の税糧石数を合算すると、約三一二万石～三三〇万石という数字が得られる。江浙行省全体の税糧米数を約四五〇万石とすると、その約七割に達する数字である。残りの十七の路・上州のうち、杭州路と饒州路には多くの税糧米額が課せられていたと推測されるから[16]、残りの路・上州の税糧米によって残額の一二〇万石～一四〇万石は十分に満たされるであろう。少なくとも一二四万石以上になるという両財賦府の税糧米をそこに受け入れる餘地は最早あるまい。約四五〇万石という江浙行省の歳入糧数は、有司所管の税糧米に限定された数字であったと考えられよう。

続いて江浙行省全体の有司所管の税糧米のなかで、浙西の税糧米額がどれほどを占めていたのかを見てみよう。別表で判明する浙西の有司所管の税糧米を合算すると約二二五万石～二四三万石となり、これに現在明らかではない杭州路と建徳路の税糧米が加わることになる。もとより大雑把な数字ではあるが、浙西だけで江浙行省の全税糧米の半分以上を負担していたことは確実であろう。また官田の税糧米のうち、有司所管のものだけを見てみると、判明する常州路・嘉興路・松江府だけで約六〇万石になる。さらに明初の蘇州府の官田面積は、元末平江路の有司・財賦府の所管官田の合計面積を色濃く継承していたが、それは田土面積全体の四割以上にもおよんでいた[17]。七〇万石～八八万石という平江路の有司所管の税糧米額も、その多くが官田からの収入で占められたであろう。これに詳細は不明ながら、鎮江路・湖州路からの官田収入が加わるとすれば、浙西の有司所管の官田税糧米は一〇〇万石を大きく上回る水準にあったと考えざるをえない。

浙西地方の有司所管の官田の多くは、旧南宋の公田を継承したものであった。そして有司所管の官田税糧米は、海運糧に優先的に充てることが定められていたという[18]。開始後数年間の海運糧がいずれも六〇万石以内であったことからすれば、少なくとも数字的には、そのほとんどが浙西の有司所管の官田税糧米でまかないえたことになる。旧南宋の公田米が、元朝財政の重要な原資に転じていたことが分かるが、問題は至元二十七年（一二九〇）以降、海運糧が一〇〇万石を大幅に超過する事態が続出したことである。至元三十年（一二九三）には海運糧の数量は一旦落ち着いたものの、成宗朝の大徳六年（一三〇二）には再び一三八万石となり、その後は増大を続けて武宗朝の至大三年（一三一〇）には二九二万石に達したのであった。

松田孝一氏によると、海運糧の増大の原因としては、華北で頻発した飢饉のほかに、カラコルムに輸送する糧米が急増したことが挙げられる。対カイドゥ戦線に対処するため、世祖朝末には多くの軍隊がカラコルムに進駐して必要軍糧が増大したほか、元貞二年（一二九六）にはカイドゥ側の王族が大量の領民を連れて元側に投降し、それを養うための穀物も輸送する必要が生じたというのである。[19] 松田氏はカラコルムへの食料供給の記事を網羅的に収集しているが、[20] それ以外にも『永楽大典』所引の『経世大典』「市糴糧草」には、至元後半では毎年二〇万石、成宗即位後は一五万石から三〇万石の軍糧をカラコルムに輸送していたことや、カイドゥ戦線収束後の延祐五年（一三一八）においても、二〇万石以上の軍糧をカラコルムに輸送していたことが見えている。[21] 軍糧以外に一〇〇万人とも八六万戸ともいわれる投降民や北方の貧民への食料供給が必要であったとすれば、[22] 輸送穀物の総量は膨大な数になったであろう。至大三年（一三一〇）に北方からの貧民が四年間で六〇万石の穀物を消費したと和林行省が報告していたのはその例証である。[23]

また大都にはほかにも上都への供給食糧や、大都で民衆や貧民向けに行われた賑糶用の糧米を確保する必要があった。[24] 海運糧の増大は不可避であったが、これによって海運糧は浙西の有司所管の官田税糧米でまかなえる範囲を超過したであろう。元朝はそうした不足分を、当初は江浙行省内の民田税糧米や和糴米からの融通や、江浙行省以外の地域への割り付けによって対処していたものと思われる。[25] 缺名『大元聖政国朝典章』（以下、『元典章』と略）の記事には、至元二十九年（一二九二）から同三十一年（一二九四）にかけて、海運糧と思しき五万石～二〇万石の糧米が江西・湖広の両行省から真州路に搬送されていたことが見えるが、[26] それは「年例」であったという。この「年例」とは、浙西で水害が発生した同二十四年（一二八七）か、もしくは海運糧が一五九万石を突破した同二十七年（一二九〇）に始まったものだったのであろう。

元朝が海運糧を確保するために講じた措置のなかで、とくに注目されるのが帝室財政の所管官田の活用である。すなわち大徳四年（一三〇〇）に皇太后ココジンが死去すると、同年か同八年（一三〇四）に江淮財賦府が廃止され、その所管税糧が有司所管に移されたようなのである。[27]大徳後半では海運糧の規定額は一四五万石に設定され、そのほとんどが江浙行省から供出されることになっていた。[28]旧財賦府の所管官田がその財源として活用されたと見て間違いあるまい。ココジンの死という多分に偶発的な事件に起因した改変ではあるものの、これによって元朝は海運糧の相当部分を、少なくとも数字上は浙西の官田税糧米でまかなえる体制を一時的に築いたものと思われる。

ところが武宗即位直後の大徳十一年（一三〇七）に江浙行省で飢饉が発生すると、「旧例に仍」って江西行省と湖広行省にそれぞれ五〇万石ずつ、合計一〇〇万石を海運糧のために供出することが命じられた。[29]「旧例」とは右で見た至元後半以来の前例であろう。そして至大元年（一三〇八）には、その五年前に没官された朱清・張瑄の田土を管轄する江浙財賦府が創設され、その翌年には江淮財賦府が再設置された。一度は有司所管に移された旧江淮財賦府の官田税糧米も、再設置された江淮財賦府の所管へと戻されたはずである。至大二年（一三〇九）の海運糧は約二四六万石、翌年と翌々年は約二九二万石と約二八七万石であった。[30]浙西の有司所管の官田税糧米が大徳以前の水準にまで引き下げられた江浙行省では、この海運糧を単独で担うのは数字的に困難であったろう。武宗朝で中書左丞を務めた郝天挺は、もともと大徳十一年（一三〇七）に江浙の海運糧の五〇万石分を江西に割り付けることを進言した人物であったが、至大四年（一三一一）に江西行省右丞に任ぜられると、一転して「当に例と為すべからず」と論じ、江西への海運糧の割り付けの廃止を提言したという。[31]江淮財賦府が再設置され、江浙行省の有司所管の官田税糧米が減少したことにより、一時的であったはずの江西・湖広への多量の海運糧の割り付けは常態化してしまい、江西・湖広に大きな負担を強いていたものと推測されるのである。

こうしたなかで皇慶元年（一三一二）に海運改革が行われた。[32] 嘉興路・松江府の秋糧六〇餘万石と、江淮財賦府の歳辦税糧一〇〇餘万石、および江浙財賦府の歳辦糧二四万餘石とが海運糧に充てられることになったのである。その際には、投下と財賦府に糧米を供出させて、江西・湖広からの交鈔でその代価を支払う案も提示されていたから、[33] この改革が江西・湖広から多くの海運糧を供出させている状態からの脱却を図ったものであったことは明らかであろう。嘉興・松江の秋糧六〇餘万石とは、当地の有司所管の官田・民田の税糧米を全て海運に供したことを意味する。[34] 注目されるのは江淮財賦府と江浙財賦府の税糧米が海運糧に充てられたことである。両財賦府には官府から代価が支払われたとはいえ、帝室財政の官田税糧米を海運糧のために活用するという発想自体は、成宗朝の政策の延長線上に位置づけられよう。

ここで問題になるのが、右の江淮財賦府の一〇〇餘万石と、江浙財賦府の二四万餘石とを、あくまでも嘉興・松江の両財賦府の官田税糧米のみに限定されるとした植松正氏の見解である。前述したように、嘉興・松江だけで一二四万石以上の財賦府所管の税糧米があったとすれば、浙西全体の財賦府所管の税糧米は膨大な数量にならざるをえない。元代浙西の財政規模はもちろん、帝室財政が海運糧をどこまで支えたのかを考えるためにも看過できない見解であるといえる。植松氏の所説の論拠は、『永楽大典』巻一五九四九、運〈元漕運一〉（〈　〉は双行注、以下同）元漕運所引『経世大典』是年（＝皇慶元年）条の一節に、

切照、浙西各路多有各投下財賦及嘉興・松江府位下粮米、約有百万餘石。

とある後半部分の「約有百万餘石」を嘉興・松江のみの数字と理解し、「嘉興・松江府の位下の粮米は、約百万餘石有

り」と解したことに置かれている。[35] しかし右の史料の文言は、浙西各路の投下の撥賜糧と、嘉興・松江の財賦府所管の税糧米とを合計した数字が一〇〇万餘石になるとも解しうる。延祐二年（一三一五）の平江路では、呉江州だけで九万石以上の撥賜糧と続撥賜糧が存在したというから、ありえない数字ではない。[36] 植松氏の所説の妥当性には再検討の餘地があるように思われるのである。

この問題については、次の正徳『松江府志』巻六、田賦上「江浙行省所委検校官王艮議免増科田糧案」に見える松江府の税糧額が手がかりになる。

至元二十四年括勘、該四十五万八千九百三石有奇。比之亡宋旧額、増糧三万六千一百一十一石。大徳七年、断没朱清・張瑄田土、秋夏二税、共該糧十餘万石。官田税租糧額太重。延祐元年、元科秋糧夏税、六十五万三千九百餘石。延祐二年、経理自実秋夏税糧、七十四万五千餘石。……以天暦二年至至元四年十月所収税石較之、除両財賦外、本府実該計撥糧四十二万九千餘石。

これは後至元五年（一三三九）に朝廷で松江府の税糧増額が検討されたのに対し、江浙行省検校官の王艮が提示した反対意見の一節である。注目されるのは、右の引用部分に示された数字は、末尾の四二万九〇〇〇餘石という数字を除き、いずれも有司所管と財賦府所管の税糧の合計額になっているらしいことである。まず至元二十四年（一二八七）の四五万八九〇三石という数字は、至元『嘉禾志』に示された三五万一九四一石という税糧米額と大きく乖離している。[37] 至元『嘉禾志』は至元二十一年（一二八四）に編纂が開始され、同二十五年（一二八八）に刊行された。[38] 同書には同二十二年（一二八五）や同二十三年（一二八六）の情報も載せられているから、[39] 税糧米額についても刊行直前の情報が反映されていた可能性が高い。差額の一〇万六九六二石は、江淮財賦府の前身であった浙江等処財賦総管府が所管した税糧米だったのであろう。

さらに延祐元年（一三一四）の六五万三九〇〇餘石は、至元二十四年（一二八七）の数字から二〇万石ほど増加している。そのうち一〇万餘石は朱清・張瑄からの没官田糧である。残りの約一〇万石は、史料中に「秋糧夏税」とあるように、元貞二年（一二九六）に徴収の始まった夏税の豆・麦が一部含まれるようであるが、それだけでこの数字が埋まるとは到底思われない。泰定二年（一三二五）以降の松江府では、稲作に不向きな地域に対して豆・麦を秋糧米の代わりに納めることが認められ、一〇万石近い夏税が計上されたが、(40)延祐元年（一三一四）の時点の夏税はそれほどではなかったはずである。となると、この約一〇万石の多くは、朱清・張瑄以外の没官田糧によるものではあるまいか。第三節で詳述するように、至元三十一年（一二九四）の浚渫事業では、一〇〇戸以上の主戸が松江府管下の澱山湖東に開拓していた囲田が没官された。それらの主戸の多くは富裕層であったろう。なかでも曹夢炎と王曄の二戸の囲田は広大だったらしく、曹夢炎の一戸だけで納入すべき糧米は年間一万一三〇〇石以上にのぼったという。(41)記録に見えないだけで没官はほかにもなされていたろうから、(42)それらの累積額が約一〇万石を数えたものとここでは推測しておきたい。なお澱山湖東には財賦府の田土も存在したらしく、(43)右の没官田糧の一部は財賦府の所管となった可能性もある。

以上を勘案すれば、史料末尾の四二万九〇〇〇餘石は、「両財賦を除くの外」の数字であるから、延祐二年（一三一五）の七四万五〇〇〇餘石からこれを減じた約三一万六〇〇〇石が、江淮財賦府と江浙財賦府が当時所管していた松江府の夏税・秋糧の合計額だと考えざるをえない。夏税分や延祐の経理での増額分を考慮すると、海運改革が行われた頃の松江府の両財賦府の税糧米額は二十数万石だったはずである。残りの約一〇〇万石もの両財賦府の所管税糧米が嘉興路だけに存在したとはにわかには想定し難い。

そもそも陳旅『安雅堂集』巻九「江淮等処財賦都総管府題名記」は、至順元年（一三三〇）以降の江淮財賦府の所管税糧米を、全体で「米百餘万石」であったと明言している。これは海運改革を伝えた右史料にあった「江淮財賦府の年辦税粮一百餘万石」という数字と一致する。江淮財賦府は置廃を繰り返したため、その所管田土に出入があったことは間違いないにしても、そこまで大幅な改変がなされたとは考えにくいし、それを暗示する史料もない。また江浙財賦府にしても、別表に見える各地の所管税糧米は江淮財賦府ほどには大きくない。海運糧に充てられた約一二四万石の糧米は、当時の両財賦府が所管していた税糧米のほとんど全額であったと考えられよう。さらに泰定元年（一三二四）には、それ以前から官府によって海運糧に充てるために購入がなされていた諸王・公主等の撥賜田糧についても、交鈔を代価として諸王・公主等に与え、田糧は有司の所管とすることが正式に定められた(44)。元朝は海運糧の確保のために、まさに全力を傾注していたのである。

このように、皇慶元年（一三一二）の海運改革によって、海運糧に専ら充てるための糧米として約一八四万石が指定された。加えてそれまで通りに嘉興・松江以外の有司所管の官田税糧米が優先的に海運糧に充てられたであろうほか、浙東からは海運のために少なくとも二〇万石以上が供出されていた(45)。江浙行省が供出する海運糧は数字的には三〇〇万石に迫る水準になったろうし、その多くは浙西によって担われることが期待されていたはずである。宮澤知之氏は、この改革によって海運糧のほぼ全額が江浙行省に割り付けられ、江西・湖広に割り付けられた分があったとしてもごく少量であったと論じている(46)。筆者もこれについて異論はないが、明・缺名『海道経』附録「海運以遠就近則例之図」を参照することで、さらに踏み込んだ議論が可能になると思われる。延祐五年～七年（一三一八～二〇）の海運の実施状況を伝えた史料であるが、「毎歳の海船の官糧を支装するは、浙東・浙西洎び上江の湖広・江西・河南の四省の地面に干渉するに縁り」とある。また海運は春と夏の二回実施されるが、「春運の糧米は、止だ平江・常州・嘉興・松江の四路に於いてのみ支装」し、夏運の糧米の積み込みは淮東・江東・浙東・浙西各地の二十ヵ所以上で行われたという(47)。つまり春の海運糧には浙西の糧米のみが、夏の海運糧には江浙・湖広・江西・河南江北の四行省によって持ち寄られた糧米が充てられていたのである。

以上からは、皇慶元年（一三一二）以降の元朝中央が、供出される糧米がいかに僅少であろうとも、湖広・江西・河南江北の三行省を常に海運に関わらせようとする強い意図を持っていたことが看取される。恐らくこれは江浙行省で不測の事態が生じた場合に、不足分の海運糧を残りの三行省に迅速に割り付けられることを意図したものであろう。いわばリスク分散であるが、当時の元朝がこうした措置をとったのは、そうせざるをえない状況に置かれていたからだったのではないかと筆者は考える。引き続き検討したい。

二　元代浙西における水害の頻発とその影響

前章での検討によって、元代の江浙行省や、浙西地方の税糧米額の大枠が明らかになったと思われる。まず江浙行省の有司所管の税糧米額は約四五〇万石にのぼり、浙西だけでそのうちの半数以上が負担されていた。江淮財賦府と江浙財賦府の所管税糧米については、両財賦府の所管田土が江北・江東にも所在したためこれを考慮しなければならないが、別表に示した江東の集慶路所在の財賦府の税糧米数を踏まえて、江北にも一〇万石前後の税糧米があったと仮定すれば、江浙行省には一一〇万石前後の、浙西だけで一〇〇万石前後の両財賦府の所管税糧米が存在したことになる。この数字に右の有司所管の税糧米を加算すれば、江浙行省の総税糧米数は約五六〇万石となるほか、浙西だけに限っても約三二五万石～三四三万石以上の税糧米額があったことが判明するのである。江浙行省が全国の歳入糧の四〇％以上を担っていた計算となり、まさに「蘇湖熟すれば天下足る」という俚諺を裏づける結果であるといえよう。問題となるのは、このように多量にのぼる浙西地方の税糧米によって、元朝の中央財政の安定的な運用は常に確保されたのかという点であるが、これについては懐疑的にならざるをえない。現実には災害などによって規定された税糧米額を満たせない場合が生じたからである。とりわけ注目されるのは、元代の浙西における水害の頻度が南宋時代よりも高かったことが、ほかならぬ元人自身の言説によって表明されていたことであろう。『水利集』巻二「水利問答」は、任仁発と批判者との論争という形式によって記された、浙西の多様な水利問題についての想定問答集であるが、そこには以下のように記されている。

> 議者又曰、銭氏有国一百有餘年、止長興年一次水災。亡宋南渡一百五十餘年、止景定年間一二次水災。今則或一二年、或四三年、水災頻仍。其故何也。

すなわち批判者の立場から、南宋では一五〇年間の治世のうち、景定年間（一二六〇～六四）に一～二度の水害があっただけであったのに対して、元朝の治下では一～二年ごと、もしくは三～四年ごとの頻度で水害が発生している現状について、その理由の説明が求められている。南宋時代の水害の少なさは誇張されているものの、元代前期から中期にかけての浙西において、水害が多発していたこと自体は事実だったようである。『水利集』には至元二十八年（一二九一）から大徳十一年（一三〇七）に至るまでの史料が多く収められているが、それらの記述からは、至元二十四年（一二八七）・二十七年（一二九〇）・二十九年（一二九二）の三度のほか、[48]大徳六年（一三〇二）・七年（一三〇三）、[49]および同十年（一三〇六）にも水害があったことが分かる。[50]地勢が極端に低く平坦な浙西地方では、局地的もしくは小規模な水害は珍しいものではなかった。ところが至元二十九年（一二九二）の水害については、「浙西の蘇・湖・常・秀等の処、五六月の間、驟雨大いに作り、田野の水、一たび漫ちて渰没す。若し新たに河口を開くに非ざれば、数年するも退落する能わず」とあるように、[51]広範囲にわたる大規模なものであったことが確認できるのである。

また大徳十年（一三〇六）の水害に際しての言説に、「皆な称すらく、往年の大水、惟うに大徳七年最為るも、今歳は大徳七年の水と比べるに殊ならず」とあるほか、呉江州の耆宿たちは「これを至元二十四年・二十七年・大徳七年の水勢に比ぶれば、今歳最大なり」と証言していた。大徳十年（一三〇六）の水害では、平江路で顕著な水没が見られたほか、水郷ではない常州・鎮江・江陰でも多くの水没が観測されたという。(52) 規模が不明な大徳六年（一三〇二）のものを除き、右に挙げた水害がいずれも大規模であったこと、および大徳七年（一三〇三）・十年（一三〇六）の水害の規模は、そのなかでも最大級であったと認識されていたことが分かる。十六年間に大規模な水害が五度も発生していたことは、確かに頻度としてきわめて高いといえよう。これに具体的な被害状況は不明ながら、『元史』に記録される至元二十五年（一二八八）の杭州・平江・湖州・嘉興の「大水」や、大徳五年（一三〇一）の平江など十四路での「大水」、大きな飢饉をともなった同十一年（一三〇七）の江浙行省での「水」をも大水害に数えるとすれば、その頻度は一層高いものとなる。(53)

それでは元代の浙西では、なぜこのように水害が多発することになったのか。その原因は宋代以来の呉淞江の淤塞と、それにともなう太湖周辺の浙西デルタの水利環境の変化にあったものと思われる。先行研究によると、呉淞江の淤塞は複数の要因の絡み合いによってもたらされたが、元人もまたそれらの要因を認識していた。以下、これらの問題について見ていきたい。

呉淞江は太湖を水源とし、太湖東岸の呉江州から浙西デルタの中央を西から東へと貫流し、東シナ海へと注ぐ河川である。浙西デルタは中央が低く四囲が高い、すり鉢状の地形となっているため、排水路がなければ太湖の水が内陸に滞留することになってしまう。宋代までは呉淞江が太湖水の最大の排水路だったのである。北田英人氏によると、浙西デルタは潮汐の影響が河川を通じて内陸にまでおよぶ感潮地帯であり、呉淞江やそれにつながる大小の水路も毎日二回の潮汐作用の影響を強く受けていた。潮汐によって潮流が河川内に流入すると、河川の水位の上昇を引き起こ

現在の澱山湖東岸の出水口付近（著者撮影）

す。そのため浙西デルタでは、上昇した淡水面を灌漑に利用することも行われた。こうした潮流の遡上が見られる地域は次第に縮小する傾向にあったものの、十三世紀までは太湖にまで波及していたほか、呉江県（元代の呉江州）では十五世紀まで観測されたという。潮汐によって河川に流入する潮流は、多量の泥砂を含んで混濁していたため、濁潮や渾潮などと称された。泥砂を帯びた潮流が日々去来するがゆえに、潮汐作用のおよぶ浙西デルタの河川や水路は淤塞を生じさせやすかったのである(54)。

北宋時代の単鍔は、呉淞江の排水力が十分でさえあれば、干潮の際に太湖から流下する水流の力によって、濁潮によってもたらされた泥砂はその都度洗い流され、大きな問題にはならないと認識していた。ところが太湖の東側を南北方向に流れる大運河が隋代に造成されたのち、北宋の慶暦二年（一〇四二）に、大運河を航行する船隻の風波からの保護や、陸上からの船隻の曳き手の通路のために、呉江県の南

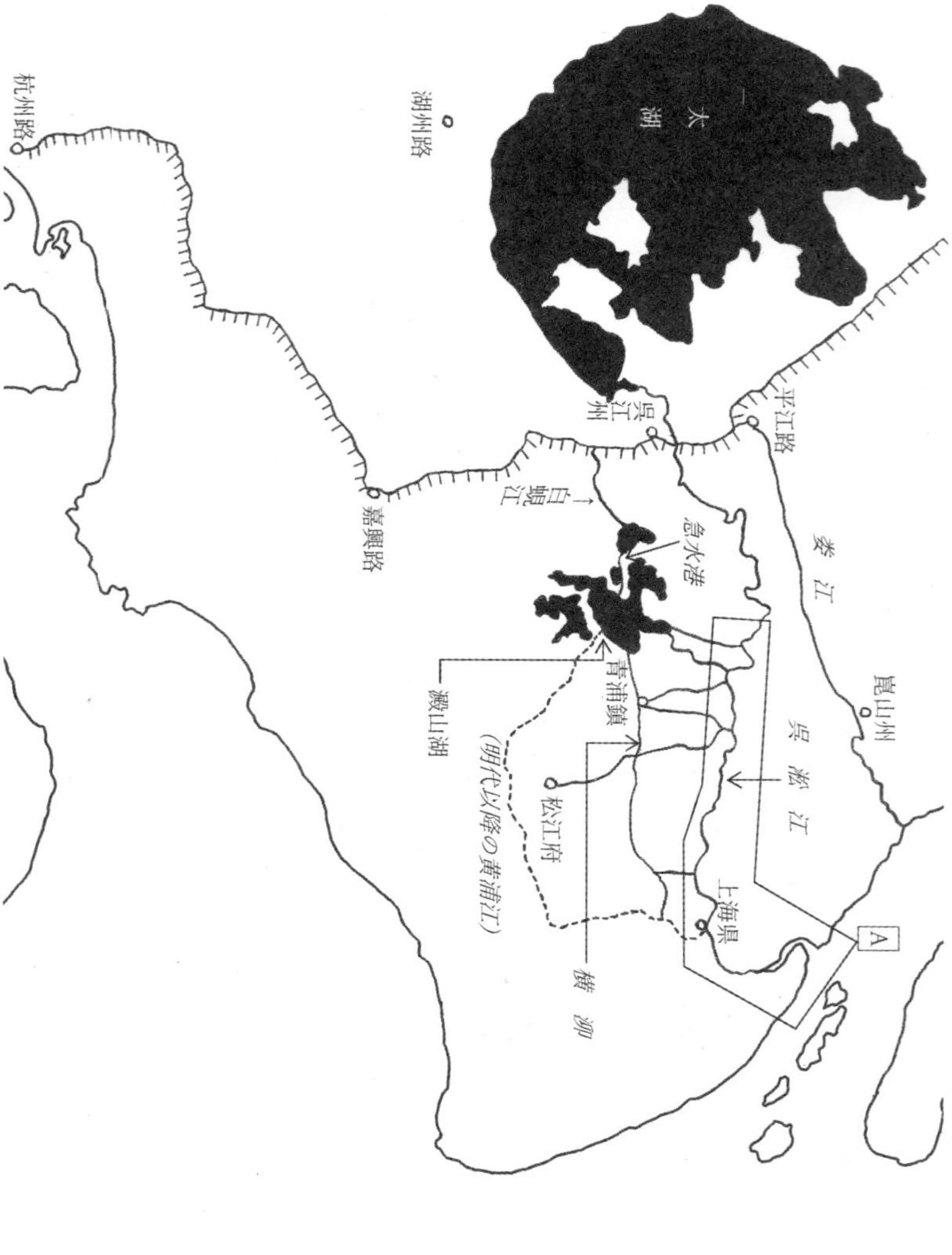

元代浙西デルタ地図
北田英人「中国江南三角州における感潮地域の変遷」(『東洋学報』63-3・4、1982年)134頁所掲「水文・関係地名図」を基に、鄭肇経主編『太湖水利技術史』(農業出版社、1987年)3頁所掲「太湖流域図」や周振鶴主編『上海歴史地図』(上海人民出版社、1992年)21～22頁「南宋時期」「元時期」の地図などを参考に修訂・作図した。

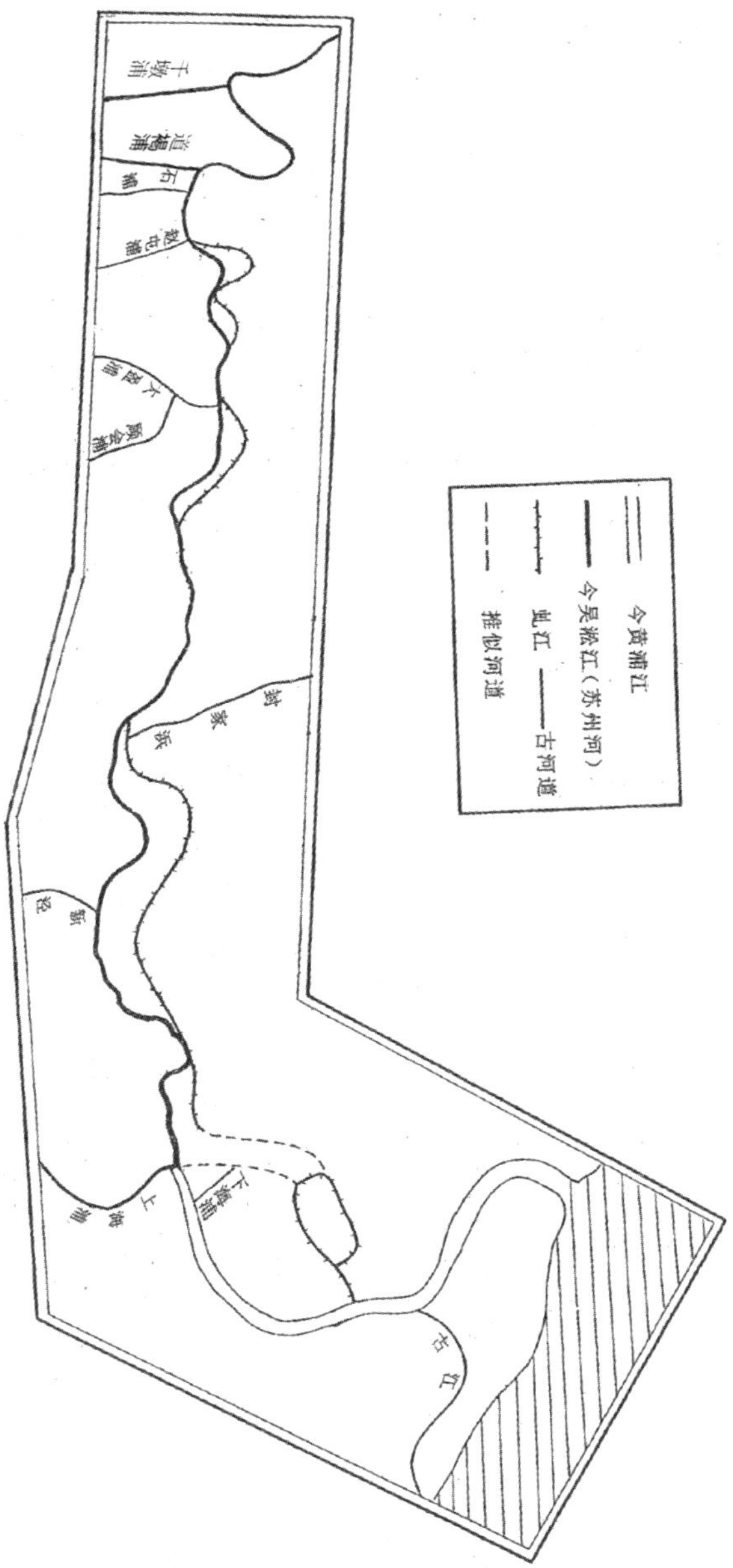

A部分拡大図

傅林祥「宋代呉淞江両岸大浦考」（『歴史地理』21、2006年）12頁所掲「宋代呉淞江（今上海境内段）両岸大浦分布示意図」を基に、本稿に関わる水路以外を極力削除しつつ、周振鶴主編『上海歴史地図』（上海人民出版社、1992年）21〜22頁「南宋時期」「元時期」の地図や上海市測絵院編制『上海分区地図――青浦区地図――』（中華地図学社、2018年）などを参考に補訂・作図した。

に石塘と呼ばれる堤防が建築された。さらに慶暦八年（一〇四八）には呉江県の東門外の太湖から呉淞江への出水口に木造の長橋（＝垂虹橋・利往橋）が架けられるに至る。石塘・長橋によって太湖水の呉淞江への自由な流入が阻害されたことで、呉淞江の排水力は濁潮による泥砂を押し流し切れないほどに弱められた(55)。このため呉淞江は宋代を通じて淤

塞し続けたものの、宋代ではその川幅は狭いところでもなおも二里の広さを維持していたという。(56)

北田英人氏が指摘するように、排水力の低下や濁潮の影響によって呉淞江の上流が淤塞したことで、太湖水は宋代には呉淞江の南の澱山湖方面に主な出水口を求めることになったようである。(57)池田静夫氏によると、澱山湖(＝薛澱湖)は南宋になってにわかに重要性を帯びた湖で、(58)元代では平江・嘉興・松江の三路府に接していた。呉江州方面から東南に流下した太湖水は、そのまま白蜆江・急水港を下って澱山湖に流入し、澱山湖から北に向かって流出する千墩浦(＝千灯浦)・道褐浦(＝稲合浦・道合浦)や、東の大小曹港に一度出て青浦鎮附近から北流する大盈浦・趙屯浦などの水路を伝い、北を東西に貫流している呉淞江の中流に合流し、東シナ海へと流下した。澱山湖が巨大な遊水池としての機能を果たしていたことが分かる。ただし澱山湖もまた感潮地帯に属しており、呉淞江を伝って去来する濁潮にさらされていた。そのため澱山湖やその周辺の水路では淤塞を生じやすく、それに乗じた囲田開発も行われていたようである。これらの要因によって、南宋末には澱山湖やその周辺では顕著な淤塞が見られるようになっていた。(59)

以上が宋代までの呉淞江周辺の水利環境の変化であるが、元代になるとさらなる変化が生じることになる。その第一は、呉淞江とそれに連なる水路のより一層の淤塞である。その原因もまた複合的であった。濁潮が常に去来する浙西デルタでは、水路の排水能力を維持し続けるためには、浚渫・修繕などの保全事業を恒常的に行う必要があったが、共同体的関係に基づく自律的な水利慣行を欠いていた当地においては、その役割は公権力が果たすべきものであった。(60)南宋から元朝に降服して県尉を二任務めた潘応武によると、南宋末期には浙西両淮発運使の趙与簒が流民を徴募して魏江・江湾・福山の水軍三〇〇〇〜四〇〇〇人を結成し、各地の江湖河塘の浚渫を専門に行わせた。のちにこの三水軍が枢密院に帰属させられたことで、浙西に再び水害が発生すると、同じく発運使を務めた呉淵は、没官田米を資本として州県に民衆を徴募させて浚渫を行わせたという。(61)筆者は旧稿において、南宋末の発運使には、浙西の各州県に和糴の目標額を割り付けるなど、前線の軍糧を確保するための強い権限が付与されていたことを指摘したが、[62] 右の事例からは浙西の水路の管理までもが発運使の管轄とされていたことが分かる。そして潘応武によると、「帰附の後、軍散じて営廃し、田米は朝庭に帰」することになった。[63] 至元三十年（一二九三）の上奏文の一節には「亡宋の後、安置せる軍的《のもの》、河道を修理する的《のもの》、都《み》な曽て整理せざれば、則わち那般《さよう》に罷了し来たりき」とあるほか、[64] 後年の任仁発の発言にも「国家江南を収附して三十餘年、浙西の河港・囲岸・牐竇、官の整治する無く、遂に水利の大壊するを致す」と見えている。[65] 南宋滅亡後の浙西は、公権力による水利事業が行われ難い状態にあったのである。

また呉淞江上流の呉江州においても、水路の淤塞を悪化させる事態が生じていた。先行研究が指摘しているように、水上を自由に往来する盗賊や塩賊の取り締まりなどのために、石塘の下部に設けられた出水口や、堤防と堤防の間に架けられた木造橋の下部が木杭で封鎖されたのである。[66] さらに長橋についても、至元二十九年（一二九二）には以前は存在しなかった東長橋が増築されるとともに、東西二つの長橋の長さが一〇八丈も拡張された。[67] 呉淞江や澱山湖方面への太湖水の流路が一層阻害されたことで、呉淞江下流の河沙匯から中流の道褐浦までの区間では、一部の河幅が二十～三十歩ほどまでに狭まったうえに、[68] 澱山湖周辺でも淤塞が進行した。淤塞の影響によって、至元十九年（一二八二）頃から道褐浦・石浦で濁潮が見られなくなっていたほか、世祖朝末には大盈浦と趙屯浦までもが淤塞してしまったのである。[69] 当時は澱山湖水が青浦鎮よりもはるかに東の新涇・上海浦から、呉淞江の下流へと流入していくルートが発達したとされるが、[70] 恐らくこれは北への流路を失った澱山湖水が青浦鎮の附近で東の横泖へと溢流し、そこからさらに東流したことで成長した流路だったのであろう。

加えて澱山湖周辺で、「土豪勢要」や「権豪勢要」、「気力有る的《の》富戸毎《ら》」などと称される有力者が、囲田開発を活発化させていたことも重視される。前述したように、澱山湖周辺の囲田開発は南宋時代から行われており、南宋中央でも度々問題視されていた。ただし潘応武によると、南宋時代は中央政府が禁令を出していたため、澱山湖周辺での開発はまだしも抑制されていたという。ところが宋元交替にともなう混乱や、宋末に激しさを増した水路の淤塞に乗じ、数十家の「土豪勢要」が囲田開発に乗り出すに至る[71]。その開発は澱山湖の東側で顕著に見られたらしく、前章でも見たように一〇〇戸以上の主戸が広大な田地を造成していたのであった[72]。池田静夫氏が指摘するように、こうした囲田開発の進展もまた、澱山湖から呉淞江中流へと抜ける水路の狭隘化をもたらす一因となった[73]。すなわちこれまで見てきたように、元朝治下における恒常的な水利事業の欠如、呉淞江上流の流路の淤塞の進行、そして澱山湖周辺での不法な囲田造成の進展などが相互に影響し合いながら、呉淞江の上流から中流にかけての流量の不足を引き起こし、それが呉淞江の淤塞に一層の拍車をかけていたのである。

呉淞江周辺の水利環境に生じた第二の変化は、婁江（＝瀏河・劉家港）の成長である。婁江は平江路城の東北にある婁門の東から発する河川であった。北上した太湖水が婁門の東側の至和塘（＝太倉塘）に流入して東北流したあと、崑山州城の南を通って下流の劉家港へと流下し、最後は東シナ海へと抜ける流路である。婁江は宋代までは必ずしも大きな流路ではなかったが、元代になって流量が急速に増大し、呉淞江に替わる浙西デルタ最大の排水路へと変貌した。婁江は浙西の海運糧を海に運び出すための主要な水路として元朝に重視されるとともに、その下流に位置した太倉は海運のための一大海港として成長したのであった。

なお先行研究のなかには、婁江が大河川化した決定的な原因として、至元二十四年（一二八七）に朱清が婁江を浚渫したことをとくに重視するものもある。とりわけ矢澤知行氏は、朱清による婁江の浚渫を、婁江に呉淞江に代わる排水機能を持たせ、海運拠点港を浙西デルタの水運網に接続させることを目的とした事業であったと推測するが、それは過大評価であろう[74]。弘治『太倉州志』巻一「山川」に、

元時、婁江不浚自深、潮汐両汎、可容万斛之舟。朱・張由是開創海運、毎歳糧船、必由此入海。

とあって、確かに朱清・張瑄が婁江を海運に利用したことが記されるものの、当時の婁江は浚渫を行わずとも水深が自然に深まる状態にあったことが明言されているからである。朱清が行った婁江の浚渫については、『水利集』巻三「至元二十八年潘応武決放湖水」に次のように記されている。

丁亥年水災後、独有婁門外至劉家港一帯、得朱宣慰勧諭上戸開浚、庚寅年、此処僅免渰没。

至元二十四年（一二八七）の大水害のあと、朱清（＝「朱宣慰」）が上戸に婁江の浚渫を行わせたため、同二十七年（一二九〇）の水害では婁江一帯は辛うじて被害を免れたという。朱清の婁江浚渫は水害に迫られてやむをえず行われたものであり、婁江の大河川化を企図した計画的なものでも、ましてや国家的な大事業でもなかったのである。朱清の浚渫事業が婁江の大河川化の引き金になったことは間違いないにしても、それは多分に偶然的なものであったし、婁江成長の要因としても副次的なものであったろう。宋代以来の呉淞江の淤塞によって行き場を失い、内地に滞留していた太湖水が、出口を求めて浚渫された婁江へと大きく流入したことこそが婁江成長の主要因であったと考えられるのである。

とすれば、婁江が元代江南における最初の大水害となった至元二十四年（一二八七）を画期として大河川化したことが改めて留意される。婁江が太湖水の最大の排水路へと成長したにもかかわらず、前述したように浙西ではその後も大きな水害が頻発したからである。このことは婁江の排水量が、かつての呉淞江の代替を果たしうるほどには大きくなかったことを意味する。事態は澱山湖方面でも同様であり、前述のように元代になって澱山湖水が新涇・上海浦から呉淞江下流に流入するルートが発達しても、それによって水害が収束することはなかったのであった。つまり元代の浙西デルタは、呉淞江の淤塞によって次代へと続く水利環境の大変化を生じさせつつも、全体的に排水不良を脱しえない過渡的な状況にあったのである。元代の浙西において、大きな水害が頻発していた原因はまさにこの点に求められよう。

それでは頻発していた浙西の大水害は、元朝財政にいかなる影響を及ぼしたのであろうか。浙西地方で最初の大水害があった至元二十四年（一二八七）には、「浙西の諸路水すれば、今年の田租の十の二を免ず」とあるように(75)、税糧米の二割が減免されていた。あくまでも一律に適用された措置であり、被害が大きかった地域には個別の手当てが行われたはずであるが、前章で算出した税糧米額に依拠すれば、浙西では右の措置だけで少なくとも四〇万石を大きく上回る有司所管の税糧米の減免になったろう。また同二十八年（一二九一）一月には、前年の水害の影響からか、江淮行省の貧民の至元十二年（一二七五）から同二十五年（一二八八）までの未納田租二九七万六〇〇〇餘石と、同二十六年（一二八九）の未納田租一三万石とが免除された。植松正氏によると、桑哥執政期に強化された未納税糧の取り立ては、無原則の収奪を目的としたものであったという(76)。右の未納税糧の免除は、そうした江淮行省における事実上の増税政策が水害を理由に放棄されたことを意味するといえる。

さらに翌至元二十九年（一二九二）の大水害においては、前年の両浙の約一八万五〇〇〇石の未納田租が免除されたほか、浙西の各路で合計一二五万七八八三石もの田租が減免されることになった(77)。浙西全体の税糧米額の三分の一を超える数値である。『水利集』には至元二十四年・二十七年（一二八七・九〇）の二度の水害で朝廷が失った米糧は数百万石であったとする記述もあるから(78)、至元二十七年（一二九〇）にも大きな減免があったのかもしれない。また『水利集』巻四「大徳九年三月提調官江浙省平章政事徹里栄録開復澱山湖」には次のような数字が示されている。

自至元三十年至今水災、開除官粮一百七十九万九千九百九十七石、民租不可勝数。為害如此。

至元三十年（一二九三）から大徳九年（一三〇五）までの十二年間で、水害による税糧の減免額は約一八〇万石にも達したという。引用部分よりも前では澱山湖や呉淞江の浚渫が話題にされているから、浙西の減免税糧を示したものであろう。前述したように、この期間の大きな水害としては大徳五年（一三〇一）と同七年（一三〇三）のものが挙げられる。この二度の水害においてもそれぞれ数十万石から一〇〇万石におよぶ税糧の減免がなされたものと推測される。大徳七年（一三〇三）の江浙行省の海運糧四〇万石が不作を理由に免除されているのはその証左である。(79) また前章で見たように、同十一年（一三〇七）の水害とそれにともなう飢饉では、江浙行省の海運糧一〇〇万石の負担が減らされ、その分が江西・湖広の両行省に割り付けられた。この一〇〇万石の多くが浙西の減免税糧であったことは容易に想像されよう。このほか至大三年（一三一〇）の水旱害において、江浙行省で約二八万石の税糧の減免が認められていたことも確認できる。(80)

ここで注目したいのは、税糧減免に先立つ災傷認定の現場において、不正な操作が疑われていたことである。『水利集』巻五「大徳十一年十一月行都水監照到元料先合拯治江湖河閘等工程未了縁故乞添力」には次のようにある。

回報未到間、准呉松江分監牒、松江府元報、今歳六月終被渰不堪車救三百二十六囲、該官民田一千六百二十頃一十八畝二分、粮三万三千三百二石六斗六合六勺。続抛申、人戸陳告水災、係朱・張財賦田、共六千九百二十八頃八十五畝一分一釐七毫、該粮二十万八千六百八十五石六斗六升。前後不旬日間、陡増一十六万有畸、別無民産、倶係官田、甚有可擬《疑?》。

大徳十年（一三〇六）の水害に当たり、松江府で災傷の申請がなされた税糧米数は、当初は官田・民田を合わせて約三万三三〇〇石であったが、その後十日もせずに約二〇万八六〇〇石にまで膨れあがった。この増加分には朱清・張瑄からの没官田糧が多く含まれていたらしく、全てが官田税糧米であって非常に疑わしいというのである。引用部に続く箇所では、実際に災傷の水増しがなされていたことが確認されており、水害に乗じた官田税糧米の不正な減免申請が多くなされていたことが分かる。これは『水利集』巻二「水利問答」に「議者又た曰く、毎歳の弃る所の田土、官糧特に多く、民糧極めて少なし。行監の官吏、亦た曽て問及するや否や」とあるように、[81]水害後に常に見られた傾向であった。

前章で見たように、海運糧には官田税糧米が優先的に充てられることになっていたが、官田への税糧米の賦課率は重いものであった。恐らくはそれゆえに、水害が発生すると官田税糧米は不正な減免申請の格好の対象となったのであろう。至元二十四年（一二八七）以降の浙西では、頻発する水害によって数年ごとに数十万石、多ければ一二〇万石以上にもおよぶ税糧の減免がなされたのであり、その多くが官田税糧米であったと推測されるのである。元朝の浙西における官田税糧米の正確な総量は不明であるが、有司所管と財賦府所管とを合わせて二〇〇万石を大きく上回る水準ではあったろう。右の減免税糧の数量は多ければその半数以上に達したほか、水害によって飢饉が発生すればその賑済にさらに多くの糧米の放出が必要になったのであった。[82]これでは江浙行省だけで海運糧を確保しようとしても頻繁に支障を来たしたであろうし、そうなればほかの行省による海運糧の補塡も常態化することになったはずである。前章では元朝における浙西の財政的な重要性を確認したが、それはあくまでも机上の数字でのことであって、現実の浙西は財政基盤としてきわめて不安定なものとなっていた。そしてそうであるからこそ、元朝中央は皇慶元年（一三一二）の海運改革後においても、浙西での水害に備えて、湖広・江西・河南江北の三行省を常に海運に関与させ続ける必要があったものと考えられるのである。

三　元代浙西における水利政策の推進と反発

前節までの議論では、元朝が目指したモンゴル高原と中国本土との一体的な統治のためには海運糧の確保が不可欠であったこと、および海運糧の主な供給元であった浙西地方は多大な税糧米額を誇ったものの、宋末以来の水利環境の悪化によってその税糧米の収入は著しく安定性を欠いていたことを確認した。そして「はじめに」で述べたように、世祖朝末から成宗朝後期にかけての元朝は、浙西における水利政策に集中的に取り組んだ。それは浙西各地の水路の大規模な浚渫や、水路・囲田の恒常的な保全を担う特設官庁の設置などを内容とするものであった。前章までの議論を勘案すれば、元朝が浙西で推進したかかる水利政策は、海運糧を可能な限り安定的に確保できるようにするための、いわば基盤整備を最大の目的としたものだったのではないかという仮説が自ずと浮かんでくる。(83)

以上の問題関心のもと、本節では当時の浙西における水利政策の施行過程を詳細に追うことで、右の仮説の実証を目指したい。ただしその際に留意しておきたいことがもう一つある。浚渫事業の遅滞や特設官庁の数年おきの置廃により、元朝の水利政策が必ずしも順調には進められなかったというのがそれである。当時の浙西での水利事業が本当に元朝中央の財政的な要請によってなされたとすれば、なぜそうした紆余曲折を経なければならなかったのか。この疑問に答えることは、右の仮説を成り立たせるのはもちろんのこと、元朝が江南支配において直面していた問題点を知ることにつながるはずである。以下、検討していこう。

元朝政府は至元二十四年（一二八七）、および同二十七年（一二九〇）に江南で二度の大きな水害が発生したことで、大規模な水利事業を行う必要性を痛感することになったようである。至元二十八年（一二九一）八月十六日に、江淮行省（同年十二月に江浙行省に改編）参知政事の燕公楠が太湖から東シナ海へと抜ける水路、すなわち呉淞江の浚渫を提言すると中央はこれを裁可した。そして前江淮行省左右司郎中の都爾彌失（＝都爾彌勢）が派遣され、燕公楠とともに浚渫に従事することが命じられた。(84)こうして元朝江南における初めての大規模な浚渫事業が開始されたのであった。

燕公楠は現地の水利に詳しい潘応武や張桂栄といった人物の意見を徴しながら、浚渫が必要な水路の選定などを行ったようである。『水利集』巻三所収の潘応武の二篇の意見書はこのとき提示されたものであろう。これらの意見書において潘応武は、太湖水の呉淞江への流入地点である長橋周辺や、澱山湖東から呉淞江中流へと接続する大盈浦・趙屯浦などの水路の浚渫の必要性を指摘していた。(85) とりわけ後者の二つの水路は、前章で見たように太湖水が澱山湖を経由して呉淞江中流へと流下するための重要なバイパスルートとなっていた。燕公楠の浚渫事業はこれらの地点を主な対象として行われたと考えられよう。しかし至元二十九年（一二九二）六月には江南で再び水害が発生して田土に大きな被害が生じてしまう。そのため元朝中央は前浙西塩使の沙的を派遣し、燕公楠・都爾彌失と協力して早急に浚渫を終わらせるよう厳命を下したのであった。沙的には燕公楠・都爾彌失から情実によって職務を疎かにしたことについての招伏（罪状自認書）を、同じく行省の官僚からは浚渫を督促しなかったことについての縁由（理由書）をそれぞれ取ることが命じられたというから、(86) 当時の元朝中央が浚渫事業の遅滞に強い不満を抱いていたことが分かる。

さて燕公楠はこのとき工事の遅滞を認めつつも、「当職の元と河道を開挑するを奏せしに、今已に開挑し訖わること、三百一十九処なり。未だ開挑せざるは止だ二十三処有るのみ」と述べ、(87) 三一九ヵ所の河道の浚渫が終わり、残りの二十三ヵ所も秋の収穫後に浚渫する予定であると報告していた。しかし潘応武は状呈において、「去冬・今春、港浦を開浚すること三百餘処、並びに一処も通徹する無し」と述べ、(88) 開通した水路は一つもないと明言していた。燕公楠による浚渫事業は失敗の危機に瀕していたといえるであろう。

それではなぜそうした状況に陥ったのか。実は燕公楠が浚渫を提言するよりも前に、江淮行省平章政事の忙兀台（＝忙古台・忙古帯・忙古䚟・蒙古台など）が江南での浚渫を一度提言したことがあった。至元二十四年（一二八七）の水害の直後ではないかと思われるが、この浚渫計画はまもなく立ち消えになったらしい。そしてその原因は、中書省の官僚の発言に「在先《さき》に忙古台等の行省の官毎《ら》、修理開挑を做す的《の》一般《ごと》かれども、却って曹総管小名的《の》人根底《に》、金子を要了し、曽て行い来たらず、則わち忙古台一遍の要了せる 的《ところの》 十九定の金に該《あ》たる有り」とあるように[89]、忙兀台が曹総管なる人物から金十九錠を収賄したことにあったのである。

この事件は『元史』にも「昨ごろ本《そ》の省の官忙古觧等、疏治を興言するも、曹総管の金を受けるに因りて止む」とわずかながら記録されている[90]。植松正氏はこの記述から、曹総管を曹夢炎本人かその族人ではないかとしていたが[91]、その推測は恐らく正しい。明初の筆記史料の『農田餘話』に、曹夢炎が「謀反不法」の嫌疑をかけられた際に、忙兀台に黄金二十錠を贈って難を逃れたこと、およびのちにこの収賄のために忙兀台が失脚したことが見えているからである[92]。中書省の官僚が曹総管から忙兀台への贈賄の事実を把握していたことは、忙兀台失脚の原因の一つがこの収賄にあったことを示唆し、また忙兀台が曹総管から受け取ったという金十九錠は、『農田餘話』の伝える黄金二十錠と金額的にほぼ一致する。『農田餘話』が事件の原因を曹夢炎の「謀反不法」に帰しているのは、事件が後世に伝わる際に誤りが生じたか誇張されたためであろう。曹総管が曹夢炎その人か、その族人を指す蓋然性はきわめて高い。

曹夢炎は南宋滅亡後に澱山湖で広大な囲田を経営し、年一万石の納入を条件に元朝から浙東道宣慰副使を遙授された人物であり、江南の富裕層でも屈指の存在であった[93]。忙兀台が提言したという浚渫事業においても、恐らくは澱山湖周辺の浚渫が計画されたものと思われるが、それが実行されれば曹夢炎が不法に造営した囲田が問題視されるのは明白であるし、それは曹夢炎の望むところではなかったはずである。曹夢炎はそれを避けるために忙兀台に贈賄し、浚渫事業の妨害を図ったのであろう。そして潘応武が「近年省府の官を差して相視するを蒙ると雖も、毎に勢力の沮む所と為る」と述べたように[94]、至元二十九年（一二九二）においても「勢力」による妨害が指摘されていた。「勢力」とは前章で見た「土豪勢要」などと同じく不法行為を働く富裕な在地有力者をとくに指したものであろう。燕公楠の浚渫事業の遅滞は、曹夢炎を始めとする「勢力」の妨害に起因していたと考えられるのである。

以上の状況を受けて、元朝中央は至元三十年（一二九三）に信を置く官僚たちを現地に派遣し、江浙行省左丞の趙仁栄とともに改めて浚渫・修繕すべき水路・施設の選定や、工事に必要な物資の見積もり、澱山湖・練湖に造営された田地面積の調査などを行わせ、その結果として十二万人の人夫と一〇〇日の工役の必要性が報告された。同年十一月に中書省は、投下・寺観の民戸も含めて、浙西各路の田地を所有する全民戸から人夫を徴発すること、朱清・張瑄麾下の水手をも工事に駆り出し、軍隊を動員して工事を監督させることを提言してこれが裁可された。[95]元朝中央のこうした強権的な姿勢のもとでは浙西の「勢力」も従うほかはなかったのであろう。世祖は翌年正月に死去したが、八月に成宗に提示された江浙行省の上奏では浚渫事業の完成が報告されていた。[96]前年に世祖が下命した通り、浚渫は至元三十一年（一二九四）に行われたのであった。

至元三十一年（一二九四）の浚渫では、前述した大盈浦・趙屯浦などの水路や、呉淞江の水源である太湖周辺の浚渫が行われたほか、澱山湖に形成された田地の没官や、練湖に作られた田地を湖に戻すことも行われたという。[97]「至元三十一年、大いに工徒を興すも、奈んせん、用いる所其の人を得ず、地里・水勢を知らず、当に開くべき者を開かず、当に閉じるべき者を閉じず」とあるように、[98]この水利事業には不十分な点があり、また後述するように曹夢炎らによって成果が骨抜きにされた部分もあったものの、その後しばらくは浙西地方に豊作をもたらした。元朝にとって次なる課題は、そうした浚渫事業の成果をいかに維持するかであった。

大徳二年（一二九八）二月、水利事業を恒常的に担う都水庸田使司なる正三品の官庁が平江路に新設された。こうした官庁の設立は至元三十一年（一二九四）にも提言されていたが、その際は沙汰止みになっていた。[99]庸田使司は浙西地方を管轄とし、水路と囲田の保全を主要な役目としつつも、水利施設（水路・河岸・水門など）の巡視とその保全、定期的な各地の水路の浚渫、官によって境界が定められた澱山湖・練湖の湖面の管理、囲田の浸水や囲岸の損壊に適切に対応しなかった官吏・頭目人の摘発などをその職掌とした。非協力的な路以下の地方正官に対しては、江浙行省に処罰を申請しえたほか、その能否・実跡を年末に中書省に報告することも定められた[100]。浙西の水利事業の全般にわたる権限が付与されていた点が注目されよう。

都水庸田使司は「毎年百姓を勧率し、田囲を修築し、河道を拯治して、粗ぼ成効有り」とあるように[101]、囲田や水路の保全事業で相応の成果をあげたため、設立の二年後には管轄区域に江東・浙東が加えられるなど順調な滑り出しを見せた[102]。しかしそうした庸田使司の活動は、利己的な土地経営に腐心する大地主や、浙西に多数存在したという不在地主の田地の幹人（管理人）からは必ずしも歓迎されなかった。たとえ水害になって田地が部分的に水没しても大地主は無傷な田地からの糧米を投機的に売れば損失にはならなかったし、幹人も田主に損害を水増しして報告し、差額を自分の懐に入れることができたため、水路の浚渫や囲岸の修繕を積極的には望まなかったからである[103]。しかも都水庸田使司はそれ以外にも右で見た「勢力」の権益と抵触する問題を抱えていた。至元三十一年（一二九四）の浚渫事業で澱山湖の東に造営された囲田が没官されたことは前述したが、実はそれらの囲田からの収入は地方官府が貯蔵し、庸田使司が水利事業を起こす際の資本に充てることになっていた[104]。ところが「是に元貞二年、曹夢炎・王曄、夤縁として曽て明白に題説せず、朦朧と回付せられて主と為るを致す」とあるように[105]、右の田地の一部は元貞二年（一二九六）に再び曹夢炎・王曄の二戸の経営下に戻されたのである。しかも没官されたほかの一〇〇戸以上の主戸の田地からは田租が徴収され続けたのに対し、曹夢炎・王曄の二戸には「官粮を免納す」ることが認められていた[106]。『水利集』巻五「大徳十一年十一月行都水監照到元料先合拯治江湖河閘等工程未了縁故乞添力」は次のように記す。

前庸田司嘗言、曹夢炎一戸、毎年免粮一万一千三百八十五石四斗五升。以此較之、自大徳元年回付、于今前後九年、計其不納官粮入己之数、不下十万餘石。

行都水監が治水工事への協力を依頼した文書であるが、都水庸田使司の言葉が引用されており、曹夢炎一戸で毎年一万一三〇〇石以上の官田租が免除されていたことが指摘されている。そしてこれをもとに計算すると、大徳元年（一二九七）から同九年（一三〇五）までの免除額は一〇万石を超えるというのである。

それではなぜ曹夢炎たちにはこうしたことが可能であったのか。都水庸田使司の書吏であった呉執中は、ことの経緯を「富家利を嗜り、巧計もて官を瞞し、仍お復た回付せらる」と述べていたが、官が騙されたというだけでは説明し難い[107]。既出の事例では、曹夢炎は江淮行省平章政事の忙兀台に贈賄し、水利事業を頓挫させていた。曹夢炎・王曄が忙兀台以外の地方官や胥吏とも密接な関係を築いていたことは容易に想像される。また『農田餘話』には右丞相聶某（＝桑哥？）が曹夢炎の家と通婚することを約束したとする記事があるほか、のちの英宗朝では「司徒」なる人物が曹夢炎の田土関連の訴訟で収賄したことを理由に死刑となっていた[108]。これらの事例は曹夢炎が地方官だけでなく、中央の高官とも強い結びつきを有していたことを示唆する。曹夢炎・王曄の官田租の納入が免除された要因は、私的に結びついた中央・地方の官僚たちを経由しての働きかけにあったものと推測される。

こうした曹夢炎・王曄の行動様式は、植松正氏のいう元代の豪民像そのものといえる。豪民とは元代江南の富裕な地主・商人のなかで、官との癒着を後ろ盾に土地経営や税役負担での特権を享受し、在地で大きな影響力を行使した存在を指す[109]。以下、本稿では豪民が官位を保有することすらあったことを重視し、「民」字を含む豪民ではなく、その別称とされる官豪勢要をもってそうした在地有力者を呼称する。前出の「土豪勢要」や「勢力」もまた同様の存在を指す言葉であったといえよう。

植松氏によると、元朝は当初、官豪勢要を徴税体制の強化に利用するなど、江南にその支配を浸透させるための助けとした。しかし官と癒着しながら地方で不法行為を働く官豪勢要は、元朝の支配の基礎を掘り崩しかねない存在でもあった。そのため元朝は成宗朝以降、有力な官豪勢要を取り潰すなどの抑制策をとったという[110]。右で見た曹夢炎もまた典型的な官豪勢要でありながら、成宗朝においては元朝にとって喫緊の課題であった浙西の水利政策を阻害する存在として立ち現れてきたのであった。元朝と官豪勢要との葛藤は浙西の水利政策をめぐっても顕現していたのである。以下の行論ではこの点に着目する。

なお官豪勢要という言葉は、官との関係や実力を背景にした横暴な振る舞いなどにより、明確に社会悪と見なされる存在に対して元朝が附したレッテルとしての意味合いが強いように思われる。となれば、官との目立った癒着や派手な不法行為が認められない大地主などはそこに含められないことになる。これについては『元典章』や『水利集』に、「官豪勢要・富戸」という併称が数例見られることに留意したい[111]。富戸は官豪勢要を含む富裕層全体を広く指すこともあれば、狭義には官豪勢要以外の富裕な地主層を指す場合もあったのではないか。以下では試みに、官豪勢要に含まれない富裕な地主層を富戸、両者を含む富裕層全体を官豪勢要・富戸と称することとする。

さて曹夢炎らによって澱山湖東の出水口に形成された囲田は、澱山湖の排水にとって大きな障害となっていた。これらの囲田は至元末の浚渫の際に没官されたものの撤去はされず[112]、代わりに新しい排水路を開くことになったが、「至元三十年、都省の開浚を奏准せらるると雖も、終に奸計を被り、夤縁として成就する能わず、止だ新港三条、約闊三十餘丈を開くのみ。これを占める所の頃畝と比ぶれば、千中に其の一に及ばず」という状態であったという[113]。そして「今則わち澱山の囲田愈いよ広く、太湖の流勢愈いよ遅し」とあるように[114]、曹夢炎・王曄の経営下に戻された囲田はさらに拡大し、澱山湖からの排水力は低下の一途をたどった。世祖朝末の浚渫後、わずか数年で大盈浦・趙屯浦が再び淤塞したのは、上流からの流水が弱化したことによって潮汐の影響を強く受けたためだったのであろう。これは都水庸田使司の職掌からすれば到底容認できない事態であった。前掲史料中に曹夢炎の官田租が免除されていることを批判する庸田使司の文言が見えていたことは、両者の間に澱山湖の囲田をめぐる確執があったことを示唆するのである。

さらに至元末の浚渫後に淤塞が再進行したことを問題視していた都水庸田使司は、任仁発の意見を徴したうえで、大徳二年（一二九八）十二月には呉淞江本流とその周辺で再び大規模な浚渫を行うことを提言していた。(115) その五年後の任仁発の証言によると、この庸田使司の提言は江浙行省から許可されたものの、ついぞ実行されることはなかったという。(116) その原因はどこにあったのか。ここで行都水監が大徳十年（一三〇六）に提示した上呈に注目してみよう。この上呈において「浙西の豪民」は、自らの意を少しでも官府が損ねるとデマを流して官僚を排撃し、法を破壊する存在として描かれる。そしてその実例として、大徳二年（一二九八）から庸田使司が浚渫事業を計画していたにもかかわらず、地方官府が何かと理由をつけて実行を引き伸ばしたことで、ついに立ち消えになったことが挙げられていたのであった。(117) つまりこの上呈は浚渫事業が頓挫した原因を、官豪勢要から地方官府に加えられた圧力に求めている。都水庸田使司は大徳七年（一三〇三）二月に廃止されることになるが、その原因は職務において恨みを買い、批判を惹起したことにあったという。(118) 右の事例に鑑みれば、そうした批判の発信源が官豪勢要であったことは容易に想像される。また右の浚渫事業において、任仁発は税糧納入一〇石以上一〇〇石以下の人戸から一万人の人夫を徴発することを大徳七年（一三〇三）頃に提言していた。(119) 一定レヴェルの富裕な戸にまで人夫の割り当てが求められていたことからすれば、あるいは庸田使司に対する批判の声は富戸に連なる者たちからも上がっていたかもしれない。

ところで、都水庸田使司が廃止された大徳七年（一三〇三）は、前章で見たように最大級の水害が江南を襲った年であった。このことは江南における水利を専管する官庁の重要性と、大規模な浚渫を再び行うことの必要性とを、改めて元朝中央に突きつけたと思われる。かかる状況のなかで、大徳八年（一三〇四）五月に平江路に設けられたのが従三品の行都水監であった。(120)行都水監は基本的に都水庸田使司の職掌を継承し、水路・囲田の保全や水利事業の差配を主な役割としたものの、江浙行省から切り離されて中書省の直隷官庁とされたためか、(121)その権限には変化も見られた。例えば庸田使司の場合、その職務規定に不都合があれば江浙行省の官僚と合議を行い、その結果を中書省に報告して判断を仰いでいた。(122)これに対して行都水監は、同様の問題が生じても重大事でなければ自ら調整すればよかったほか、重大事であっても六部・中書省に直接指示を仰ぐことができたのである。(123)また地方官が水利事業に非協力的な場合、行都水監は相手が六品以下であれば自ら処罰することができ、五品以上でも中書省に処罰を直接申請することが可能であった。(124)大徳十年（一三〇六）に官品が正三品に引き上げられたことからしても、(125)行都水監は都水庸田使司よりも格段に強い権限を帯びた官庁であった。

また行都水監の設立に当たっては、浙西の全納税糧戸から人夫一万五〇〇〇人を徴発したうえに、税糧納入のない僧侶・道士や、投下の「権豪の官員」からも、所有田土五頃ごとに人夫一人を提供させることが聖旨で述べられていた。(126)官豪勢要・富戸にも相応の負担を強いる方針が明確に示されたのである。これらの人夫は大徳八年（一三〇四）十一月から翌年二月末、および同十年（一三〇六）閏一月から三月末にかけて行都水監が主導した二度の浚渫事業に動員された。呉淞江中流のうち趙屯浦が南から流入する地点から、その下流で新涇が同じく南から流入する地点までの約七十六里が浚渫の対象とされたほか、(127)趙屯浦・大盈浦や封家浜などの周辺水路までもが浚渫された大規模な事業であった。(128)ところがこの事業は官豪勢要・富戸に対してはもちろん、地方官にも多くの労苦を強いるものであったらしい。地方官は自ら工事を監督する必要があったうえに、工事の進捗や不正の有無を常に行都水監に監査されたからである。(129)恐らく元朝政府は当初から浚渫事業を強行する強い決意を持ち、そのための実行機関として行都水監を設けたのであろう。行都水監に強い権限を付与したのも、浙西の官豪勢要や地方官からの反発を抑えさせるためであったと推測されよう。

そうなると、次に問われるのはそうした浙西の官豪勢要や地方官がこの浚渫事業に実際にどう対応したかであるが、官豪勢要のなかにはデマを流して事業の不可能さを喧伝する者がいたほか[130]、地方官の一部にも浚渫のための召喚命令を無視した者[131]、もしくは澱山湖に所在した財賦府や寺院の囲田の撤去命令を受けながら躊躇して実行しなかった者もいたようである[132]。しかしそれまで頑強に抵抗していた曹夢炎やその子曹日起等が、いち早く食料を自弁して佃戸を雇用し、浚渫を全うしたうえで松江府に検分を申請していたことからすれば[133]、そうした抵抗は最小限に抑えられたと見るべきであろう。かかる浙西の官豪勢要の態度には、あるいは大徳七年（一三〇三）の朱清・張瑄の失脚が影響していたのかもしれない。朱・張は松江府だけで官田税糧にして一〇万石以上にもなる田土を集積していたほか、贈賄によって江浙行省や中書省の高官たちと密接な結びつきを形成してもいた。朱・張の配下にも相応の土地経営を行う者がいたであろうこと[134]、および朱・張に款を通じる一般の地主もいたことを勘案すると、植松正氏が推測したように[135]、曹夢炎と同じく朱清・張瑄もまた浚渫事業を阻害する存在だったはずである。ところがそうした朱・張が逮捕・誅殺され、関係のあった高官も多くが処罰された[136]。しかも事件後に中央から新たに派遣された江浙行省平省政事の徹里（＝闊里）は、浚渫事業を強行する態度を鮮明にしていた[137]。朱・張の失脚は浚渫事業に直接起因したものではなかったものの、元朝中央の強硬な姿勢を感じ取った浙西の官豪勢要は、一時的にせよ鳴りを潜めざるをえなかったのであろう。

以上のように、行都水監は都水庸田使司の職掌を継承し、浙西における大小の水利事業に従事した。しかし実は行都水監にはそれとは異なる職掌も付与されていたようである。その職掌が遺憾なく発揮されたのが、大徳十年（一三〇六）に浙西を襲った大水害であった。前章では、同年六月末に松江府が報告した水災の被害額は約三万三三〇〇石だったにもかかわらず、その十日後には官田の被害額ばかりが加算されて約二〇万八六〇〇石にまで膨れ上がったという事例を紹介したが、まさにこの水害でのできごとであった。こうした状況を不審視した行都水監は独自に調査を行い、実際には水害を受けていない宅地や田地が水災を受けた囲田として報告されていたこと、浙西各地の郷都（保）の里正・主首と、各州県の胥吏や災傷の調査に出た地方官とが賄賂を通じて結びつき、不正な災傷申請やその認定が行われていたことなどを突き止めたのである。行都水監はこのことを粛清廉訪司・杭州路に牒文で報告し、江浙行省にも申文を送ったが何ら措置は行われず、最終的には自ら中書省に具呈して一一万餘石の災傷認定を取り消させたのであった。[138] 任仁発の後年の回顧によると、このとき地方官が行った不正な災傷認定の額は四〇万餘石にのぼったという。恩赦が降されたため、徹底的な追究はできなかったというが、災傷をめぐる右の事件がその後拡大したことが分かる。そして任仁発はこの不正摘発を行都水監の功績の一つに挙げたのであった。[139]

行都水監廃止後の至大三年（一三一〇）には、江浙行省で約三〇万石の税糧が水旱害を理由に減免申請されたが、そのうち不正を摘発されたのはわずかに約一万六七〇〇石に過ぎなかった。[140] 行都水監による不正摘発の数量が突出していたことが分かる。つまり行都水監には浙西における災傷申請を監察する職掌が付与されており、不正が疑われる災傷については、その申請の却下や認定の取り消しを具申することができたのである。前章で見たように、当時の浙西では水害が起こるたびに官田税糧米を対象とした不正な減免申請が大量になされた。ところが当時の元朝財政にとって、浙西の官田税糧米は海運糧の原資として不可欠なものとなっていた。浙西の官田税糧米が多く減免されれば、その分の糧米を湖広・江西から浙西に搬送するか、もしくは和糴して海運糧を補塡する必要が生じるが、それには多大な費用と労力とを要したであろう。行都水監の設置には、水利工事を担わせて官田経営の基礎的な条件を整えさせるのはもちろんのこと、官田税糧米の不正な減免を厳しく統制させることで、官田からの糧米収入を可能な限り安定化させる意図も込められていたものと考えられるのである。

もともと都水庸田使司には、官田以外に耕作地のない非力な官佃戸を、地方官が里正・主首などの重役に充てるのを摘発する権限が付与されていた[141]。さらに行都水監は水路・囲岸修繕の費用を出し惜しむ「勢を倚み出粮に伏せざるの人」、すなわち官豪勢要を厳しく取り締まったが、それは非力な官佃戸が再生産を維持するための資本を、そうした者たちから借り受けられるようにするためでもあったという[142]。ここでいう「勢を倚み出粮に伏せざるの人」が官田の承佃者であることは明らかである[143]。任仁発によると、行都水監には官田・民田の区別なく、両者の豊作を等しく図る責務があったというが[144]、元朝政府の本音からすれば官田こそが優先されるべき対象であったろう。正確な年代は不明ながら、水害の翌年に江浙行省と行都水監の協議により、非力な官佃戸への水路・囲岸修繕の費用の貸し付けが試みられたのはその例証であるし[145]、行都水監が庸田使司よりもさらに直接的に官田経営に関与していたことをも示すといえる。これらを踏まえれば、都水庸田使司や行都水監には、浙西の官田経営の一翼を担うことが当初から期待されていたものと考えざるをえない。行都水監に官田税糧米の不正な減免を摘発させたのも、そうした政策的意図の延長線上でとらえられるべきであろう。任仁発は行都水監が手がけた事業として、宋代の「籍冊及び魚鱗図本」が失われて混乱していた官田の実態を追究して「奸人」の恨みを買ったことや、大徳十年（一三〇六）に路・府・州・県に命じて田土の数目を報告させて、囲岸を毎春修繕し、官田と民田を弁別してどちらも豊作になるように差配したことを挙げていたが、これらも右の推測を裏づけるといえる[146]。本章冒頭では、当時の浙西で推進された水利政策は、海運糧の安定的な確保を至上目的としていたのではないかとする仮説を示したが、ここにおいて我々はその見通しが正しかったことを知ったのである。

さて行都水監が不正な災傷申請・認定を行う主体として、「各州県の豪猾なる官吏・郷胥・里正人等」を槍玉に挙げていたことから分かるように、行都水監は州県の地方官・胥吏・郷書手のほか、在地の里正・主首までをも摘発の対象としていた。[147] 里正・主首には原則として富裕な戸が当たることになっていたことからすれば、[148] 制度がある程度正常に運用されていれば、そこには富戸も一部含まれたかもしれない。また地方官や胥吏と結託することで税糧の不正な減免を得ていた里正・主首のやり口は、官豪勢要の行動様式と一致する。里正・主首による不正は自発的になされたのでなければ、同じ郷都（保）に土地を持つ官豪勢要・富戸からの働きかけによってなされた可能性が高いといえる。行都水監は浙西の官豪勢要・富戸に浚渫事業の経済的な負担を強いただけでなく、水害があるごとに官豪勢要・富戸が享受していたであろう税糧米の減免にも強い規制をかけることになったと考えられるのである。これが官豪勢要・富戸からの強い反発を招いたことは容易に想像される。

しかも行都水監による二度の浚渫工事は合計六ヵ月間にわたって行われたが、任仁発は当初から三年間の施工期間が必要だと主張していた。[149] この浚渫事業では中央高官に賜与された撥賜田にも五頃ごとに人夫一名の供出が求められたが、撥賜田の経営を任された幹人はその経費を水増しして田主に要求し、その責任を行都水監に帰していたという。[150] また前述したように、浚渫事業は工事の監督などにおいて、地方官にも大きな負担を強いていた。中央高官・地方官いずれからしても、浚渫事業の継続は決して望ましいものではなかったといえる。恐らくはこれらの人々からの反発のためであろう、行都水監が「富民」を侵擾している、もしくは民財や民力を利用して私腹を肥やしているとの批判が、内外から澎湃として起こったのである。[151] 元朝中央にしても、大徳十年（一三〇六）から二年連続で水害が起こったことは行都水監が進める浚渫事業の有効性に疑問を抱かせるに十分であった。さらに浚渫工事に一年間従事した民戸には年間十五石の税糧免除が認められていたが、その免除額は総計すると二〇万石にものぼったらしい。[152] この数字も元朝中央には大きな財政負担に感じられたであろう。これら複合的な要因により、至大元年（一三〇八）正月に江浙行省からの要請を受け、行都水監はついに廃止されたのであった。[153]

それでは行都水監が進めた浚渫事業は、当時の浙西における不安定な水利環境を改善しえたのであろうか。任仁発は浚渫によって大徳十年・十一年（一三〇六・〇七）の水害の被害が軽減されたことを強調していた。[154]第一節で見たように、皇慶元年（一三一二）には財賦府所管の官田税糧米を海運に供する改革が行われたが、そうした改革は官田税糧米の収入が安定して初めて成り立つものだったはずである。その意味では、行都水監の浚渫事業は一定の効果があったといえるし、あるいは皇慶元年（一三一二）の海運改革の前提条件をなしたと位置づけられるかもしれない。しかしその改革以後も江西・湖広・河南江北の三行省を常に海運に関わらせる体制が崩されなかったことや、泰定元年（一三二四）に再び淤塞を理由に呉淞江で浚渫が行われ、その翌年に都水庸田使司が再設置されたことは、[155]そうした効果も限定的ないし一時的であったことを物語る。

ちなみに、泰定二年（一三二五）の再設置は、松江府を廃止してその治所に庸田使司を設け、華亭県・上海県を嘉興路の管轄下に移すという思い切った措置をともなうものであった。しかも行都水監の前例を継承し、庸田使司は中書省の直隷官庁とされたのである。松江府には有司所管と財賦府所管の官田が多く存在したが、その西部は浙西でもとりわけ低地に位置したため、[156]水害が最も深刻な地域の一つであったと推測される。旧松江府に庸田使司のみが置かれたのは、より強力に水利政策を推進し、官田収入を確保しうる体制が模索されたことを意味しよう。だがこの試みも、三年後の天暦元年（一三二八）に庸田使司が廃止され、松江府が復活させられたことで再び頓挫した。[157]泰定四年（一三二七）には監察御史が「擾民」を理由に行都水監の廃止を提言していたが、[158]これはかつて行都水監に浴びせられた批判と全く同じといえる。再設置された都水庸田使司も行都水監と同様に、浙西の官豪勢要や中央高官の権益を侵したことでその反発を買い、廃止に追い込まれたものと考えられよう。

さらに注目されるのが、庸田使司廃止の翌年の天暦二年（一三二九）から後至元四年（一三三八）にかけての税糧収入の数字である。江浙行省検校官の王艮によると、当時の松江府の税糧額（夏税を含む）は、財賦府所管の官田税糧を除外すると四二万九〇〇〇餘石を数えたが、至順三年（一三三二）と後至元三年（一三三七）に約二九万石の税糧収入があった以外は、災傷によって毎年平均で一七万餘石ほどの収入しかなかったという。[159] 災傷の多くは水害によるものであったろう。松江府のみに限った数字であるし、夏税の豆・麦を含んだ数字ではあるものの、ほぼ毎年のように二五万石におよぶ減収があったことになる。また至順元年（一三三〇）から同三年（一三三二）、および元統二年（一三三四）には、浙西の広範囲で水害があったことが確認できる。[160] 松江府ほど極端でなかったとしても、浙西全体で相当な税糧米の減収があったはずである。水害に乗じた不正な減免申請も相変わらず盛んになされたであろう。皇慶元年（一三一二）以降、松江府の税糧米はその全てが海運糧に充てられていたことを勘案すれば、こうした事態の到来は元朝に浙西のみで海運糧を確保することを一層困難にしたと考えられる。後至元年間（一三三五〜四〇）や至正年間（一三四一〜六七）においても都水庸田使司の設置が確認できるが、[161] やはり置廃を繰り返しており、その効果も推して知るべきであろう。当時の浙西における水利環境の不安定性は、ついに元朝によっては克服されえなかったものと見なさざるをえない。

前節で見たように、元代における浙西の水利環境の不安定さは大小の水路の淤塞によってもたらされたが、水路を淤塞させた原因の一つは官豪勢要・富戸による囲田開発にあった。元朝は大規模な浚渫事業を行うことでこの事態に対処しようとしたものの、それはほかならぬ浙西の官豪勢要・富戸の抵抗によって失敗に帰したのであった。浙西の水利環境が安定へと転じるには、明の太祖による江南地主層への苛烈な大弾圧を経たあと、永楽二年（一四〇四）に戸部尚書の夏元吉が呉淞江下流近くの范家浜を開掘し、黄浦江形成の端を開くのを待つ必要があったのである。[162]

おわりに

以上、本稿では元代世祖朝末から成宗朝後期にかけて浙西地方で行われた水利政策の意義を、財政史的な枠組みのなかで見いだすことを試みてきた。その論点は以下のようにまとめられる。

元代の江浙行省は年間で約四五〇万石という全国でも最大の税糧額を誇り、そのうちの多くを浙西地方からの税糧米が占めたことは従来から知られていた。しかし浙西の税糧米額が実際にどれほどだったのか、もしくは右の約四五〇万石に帝室財政を支えた財賦府所管の税糧米は含まれるのかなどは必ずしも明らかではなかったといえる。そこで元明時代の地方志を可能な限り活用して推算したところ、浙西の有司所管の税糧米だけで四五〇万石の少なくとも半数以上を占めていたこと、およびその四五〇万石は財賦府の税糧米を含まない、有司所管の税糧米額であったことが判明した。財賦府所管の税糧米は皇慶元年（一三一二）の時点で合計一二四万石を数え、浙西だけで一〇〇万石前後の税糧米が存在したと推測される。

浙西の有司所管の税糧米がこうした大きな数字になったのは、宋末公田を継承した元朝の有司所管の官田が、浙西に多く所在したためであった。その規模の正確な全貌はつかめないが、恐らくは一〇〇万石を優に超える水準にあったろう。元朝は中国本土とモンゴル高原とを一体的に統治することを目指し、江南から大都に毎年送られる海運糧はそのための不可欠な原資であった。当初、元朝は浙西の有司所管の官田税糧米を海運糧の主な供給源としていたものの、海運糧の必要量がまもなく大幅に増大したことでそれだけでは対応しきれなくなった。そこで皇慶元年（一三一二）には財賦府所管の官田税糧米をも海運糧に充て、三〇〇万石近くの海運糧を江浙行省から供出しうる体制を整えたのであった。

　これによって元朝は、数字の上では海運糧のほとんどを江浙行省からの糧米でまかなえるようになったはずであった。ところが元朝中央は、その後も江西・湖広・河南江北の三行省から海運糧を供出させる体制を崩そうとはしなかった。その原因は当時の浙西の水利環境が著しく安定性を欠いていたことに求められる。もともと浙西は水害の多い地域であったが、元代前期の浙西では政府による大規模な浚渫事業の欠如や、官豪勢要・富戸の囲田開発による水路の狭隘化などの複合的な要因により、呉淞江の淤塞が宋末よりも深刻化することになった。当時の浙西では数年に一度は大規模な水害が起こり、その度に数十万石から一二〇万石以上もの税糧の減免がなされたのである。元朝中央は机上の数字では浙西に依拠して海運糧を捻出できるようになっても、他地域への海運糧の割り付けについてはこれを維持せざるをえなかったのであった。

　元代浙西における水利政策は、まさにこうした状況が展開しつつあるなかで進められた。その政策は浙西における大規模な浚渫事業の実行や、水路・囲田の保全を専管する都水庸田使司や行都水監といった官庁の設置を内容とするものであった。とくに庸田使司と行都水監については、水利施設の保全にとどまらない職掌が付与されていたことが留意される。すなわち庸田使司・行都水監には官佃戸の再生産を助ける役割が期待されていたほか、行都水監には不正な災傷申請を取り締まる権限までもが認められていた。官田の税糧は民田よりもはるかに重かったため、水害後の浙西では官田税糧の不正な減免申請が横行する傾向にあった。行都水監にはその摘発が委ねられたのである。庸田使司・行都水監に付与されたこれら二つの権限は、いずれも官田収入の安定化につながるものであったといえる。官田税糧米の多くは海運糧に充てられたのであるから、元朝によるこれら一連の水利政策の目的は、浙西からの海運糧の供給を可能な限り安定化させることに、とくに主眼が置かれていたものと結論づけられよう。

しかしながら、浙西における元朝の水利政策は必ずしも順調には進展しなかった。それは元朝の水利政策が、浙西の官豪勢要・富戸の利害と抵触する側面を持っていたからである。例えば浚渫事業は官豪勢要・富戸に経済的な負担を強いるものであったし、行都水監による災傷申請の厳しい取り締まりは、水害の度に官豪勢要・富戸が浴していた税糧減免の恩恵を規制するものであった。こうした水利政策に反発した官豪勢要・富戸は、中央高官や地方官に働きかけることで浚渫事業をしばしば阻害したほか、庸田使司・行都水監をも廃止に追い込んだのである。これにより元朝の水利政策は不徹底に終わり、浙西の水利環境の不安定さの克服は、懸案として明朝にまで引き継がれたのであった。

以上の議論からは、先行研究によってつとに指摘されてきたことではあるものの、南宋末の公田の重要性に改めて気づかされざるをえない。元朝の巨大な版図の統一を維持するための原資であった海運糧は、宋末公田に由来する官田の税糧米をその主な供給源としていた。だからこそ元朝は官田の多く分布する浙西の水利政策に力を多く割かざるをえなかったのである。ここで注意すべきは、その公田はそもそも中国本土を一元的に統治する、いわゆる統一王朝による産物ではなかったという事実であろう。南宋政権を公田の設置へと突き動かしたのは、強大なモンゴルと南北で相対峙した当時の状況そのものであった。このことは、モンゴルによる広域的な統合が何をもたらしたのかが重要な論点であることはいうまでもないとしても、同時にモンゴルの侵攻に対抗した勢力が、その対峙によってどのような影響を受け、抵抗のなかで何を生み出したのかという視点もまた重要であることを示すといえる。

モンゴルと長期にわたって対峙した金・南宋は、モンゴルに対するいかなる対抗措置をとり、それが当該の社会をどのように変容させ、その変容はその後の中国本土の南北統一へとどうつながっていったのか。今後はこうした問題関心から金・南宋の歴史を再検討することも必要であろう。今後の課題としたい。

註

（1）周藤吉之「南宋末の公田法」（同『中国土地制度史研究』東京大学出版会、一九五四年）、島居一康「中国における国家的土地所有と農民的土地所有――両税法時代を中心として――」（中村哲編『東アジア専制国家と社会・経済――比較史の視点から――』青木書店、一九九三年）、拙稿「南宋後期における両淮防衛軍の統制政策――浙西両淮発運司から公田法へ――」（『歴史学研究』九二三、二〇一四年）などを参照。

（2）森正夫「十四世紀後半における明代江南官田の形成」（同『明代江南土地制度の研究』同朋舎、一九八八年、初出は一九八六年）四八～五五頁を参照。

（3）植松正「元初江南における徴税体制」（同『元代江南政治社会史研究』汲古書院、一九九七年、初出は一九七四年）を参照。

（4）植松正「元代江南の豪民朱清・張瑄について――その誅殺と財産官没をめぐって――」（註（3）植松著書、初出は一九六八年）を参照。

（5）大都の正確な人口は明らかでなく、陳高華・史衛民『元代大都上都研究』（中国人民大学出版社、二〇一〇年、初版は陳高華『元大都』北京出版社、一九八二年）三七～三八頁は、詩などの修辞的な表現から四十万人から五十万人と推測している。

（6）元代の海運に関する先行研究はきわめて多い。ここでは星斌夫「元代海運運営の実態」（『歴史の研究』七、一九六〇年）、註（4）植松論文、植松正「元初における海事問題と海運体制」（『東アジア海洋域圏の史的研究』京都女子大学、二〇〇三年）、植松正「元代の海運万戸府と海運世家」（『京都女子大学大学院文学研究科紀要（史学編）』三、二〇〇四年）などを挙げておく。

（7）松田孝一「中国交通史――元時代の交通と南北物流――」（同編『東アジア経済史の諸問題』阿吽社、二〇〇〇年）、松田孝一（本文・写真）・白石典之（図版）「モンゴル高原における都市成立史の概略――匈奴時代～モンゴル時代――（増補版）」（同編『内陸アジア諸言語資料の解読によるモンゴルの都市発展と交通に関する総合研究』科学研究費補助金（平成十七年度～十九年度基盤研究（B））研究成果報告書、二〇〇八年、初出は二〇〇七年）九～一六頁、松田孝一「モンゴル帝国の興亡と環境」（白石典之編『チンギス・カンの戒め――モンゴル草原と地球環境問題――』同成社、二〇一〇年）を参照。

（8）宮澤知之「元朝の商税と財政的物流」（『唐宋変革研究通訊』四、二〇一三年）一九～二八頁を参照。

（9）呉宏岐『元代農業地理』（西安地図出版社、一九九七年）五二頁や、宮紀子「バウルチたちの勧農政策――『農桑輯要』の出版をめぐって――」（同『モンゴル時代の「知」の東西』上、名古屋大学出版会、二〇一八年、二〇〇六年・二〇〇七年・二〇〇八年の初出論文を合編したもの）三五〇頁などを参照。

（10）正徳『松江府志』巻二十八、人物二〈名臣〉元「任仁発」。

（11）例えば註（9）宮論文や、王建革『水郷生態与江南社会（9―20世紀）』（北京大学出版社、二〇一三年）、謝湜『高郷与低郷――11―16世紀江南区域歴史地理研究――』（三聯書店、二〇一五年）などを参照。

（12）『元史』巻一三〇、徹里伝。

（13）『元史』巻九十三、食貨志一、税糧「天下歳入糧数」。なお江浙行省の前身の江淮行省については、鄧文原『巴西集』巻下「故大中大夫刑部尚書高公行状」に「公言、成歳輸粮、為石者四百万」とする数字も残されている。江浙行省の税糧米額が四〇〇万石以上であったことは間違いないと思われる。

（14）植松正「元代浙西地方の税糧管轄と海運との関係について」（『史窓』五八、二〇〇一年）一一五～一一七頁を参照。

（15）なお孟繁清「平江路税粮考述――元代海運基地系列研究之二――」（『元史論叢』一四、二〇一四年）は、元代後期に平江路の税糧が一二〇万石以上にまで増大していたと推測している。

（16）明初の税糧米数ではあるが、成化『杭州府志』巻十九、風土、税糧「本府総数」に、杭州路の洪武十年（一三七七）の秋糧は一六万六六七五五石、同二十四年（一三九一）の秋糧は二五万三八五五六石とあるほか、同じく饒州路についても正徳『饒州府志』巻一「税課」に、洪武二十四年（一三九一）の秋糧として一八万八八二三三石という数字が見られる。元代においても相応の税糧を負担していたと推測される。

（17）註（2）森論文四八～六九頁を参照。森正夫氏によると、洪武『蘇州府志』では、明初蘇州府の田土は官田・民田・抄没田の三つに大きく分けられ、官田面積はそのなかで約四四％を占める。官田は主に元代の官田（有司所管・財賦府所管を含む）を継承したもので、抄没田は明初に太祖によって籍没された田土である。ただし右の官田には元末の混乱によって無主化し、没官された田土が含まれるほか、抄没田には富民によって承佃されていた官田までもが含まれるという。そのため元末の状況を正確に反映した数字ではないが、これを参考に元代の状況を推測することは可能であろう。

(18) 註（8）宮澤論文三〇頁の註（22）を参照。

(19) 松田孝一「ユブクル等の元朝投降」（『立命館史学』四、一九八三年）、註（7）松田二〇〇七年論文一二～一三頁を参照。

(20) 註（7）松田二〇〇七年論文一三～一四頁を参照。

(21) 『永楽大典』巻一一五九八、草〈市糴糧草三〉所引『経世大典』「市糴糧草」の大徳五年二月条に「議運和林軍糧方略。丞相答剌罕・平章賽典赤等奏、起運和林軍粮、臣等偕枢密院・御史台一同集議、世祖皇帝時、毎歳運二十万石之上。自皇帝登宝位之後、増運至三十万石。今毎歳額運一十五万石、已三年矣」とあるほか、延祐五年十一月条にも「趲運和林軍糧二十万石、和中二十万石。中書省奏、今年和林多用糧数、令趲運二十万石、再令和林省和中二十万石」とある。

(22) 『元史』巻一三六、哈剌哈孫伝、および同書巻二十二、武宗本紀一、至大元年三月乙丑条。

(23) 『元史』巻二十三、武宗本紀二、至大三年六月乙卯条。

(24) 上都への食料供給については、陳高華・史衛民『元上都』（吉林教育出版社、一九八八年）一五八～一六七頁で言及されている。大都での糧米の賑糶については、註（8）宮澤論文二〇～二一頁を参照。

(25) 註（8）宮澤論文一九～二五頁では、海運糧が不足した場合の元朝の対策として、糧米の他地域への割り付けと和糴とが挙げられている。これと同様のことがなされたものと思われる。

(26) 『元典章』巻二十六、戸部十二、脚価「運粮脚価銭数」。

(27) 『元史』巻二十一、成宗本紀四、大徳八年七月辛酉条に、江淮財賦府を廃止したとあるが、同書巻八十九、百官志五、儲政院「江淮等処財賦都総管府」には、「大徳四年罷、命有司掌其賦」とあり、どちらが正しいのか判然としない。

(28) 『元史』巻二十二、武宗本紀一、大徳十一年十月丙辰条に、「中書省奏、常歳海漕糧百四十五万石、今江浙歳倹、不能如数。請仍旧例、湖広・江西各輸五十万石、並由海道達京師」とある。

(29) 註（28）引用史料を参照。

(30)『元史』巻二十二、武宗本紀一、至大元年六月辛丑条や、同書巻二十三、武宗本紀二、至大二年四月辛酉条、および『永楽大典』巻一五九五〇、運〈元漕運二〉所引『経世大典』。
(31)劉岳申『申斎集』巻二、序「送郝右丞赴河南省序」に、「上臨御之初、中書左丞郝公天挺、以召入賛大議、加賜宴労、拝江西行省右丞。……如浙江歳飢、公在中書、嘗謂以江西代其海運、至是論当罷還江浙、不当為例」とある。
(32)註(7)松田二〇〇〇年論文や註(8)宮澤論文が、海運改革が行われた年を至大四年(一三一一)としているのは、『永楽大典』巻一五九四九、運〈元漕運一〉元漕運所引『経世大典』是年条が、至大四年十月条の後ろに置かれていることに誤られた結果である。この記事の繫年に問題があることは、註(14)植松論文一一四～一一五頁で詳しく考証されている。
(33)『永楽大典』巻一五九四九、運〈元漕運一〉元漕運所引『経世大典』是年条。
(34)註(8)宮澤論文は嘉興路・松江府の秋糧六〇餘万石を「民田税米」と説明するが、「民田税米」のみの数字としては大きすぎる。恐らくこれは当地の有司所管の官田税糧に加えて、民田税糧をも海運に優先的に充てることを命じたもので、六〇餘万石は有司所管の官田・民田税糧の合計額であろう。
(35)註(14)植松論文一一五～一一七頁を参照。なお後出の正徳『松江府志』や『安雅堂集』の所収史料は、註(4)植松論文や註(3)植松論文でも参照・検討されており、植松氏の見解はそれらを踏まえた上でのものと思われる。
(36)弘治『呉江志』巻二、貢賦、秋粮「元」。
(37)至元『嘉禾志』巻六、賦税「松江府」。
(38)洪煥椿編著『浙江方志考』(浙江人民出版社、一九八四年)九八頁を参照。
(39)至元『嘉禾志』巻二、坊巷、録事司「甘泉坊」に「至元乙酉」とあるほか、同書巻七、学校「嘉興路」と「海塩県」にそれぞれ「至元丙戌」「至元乙酉」の情報が見られる。
(40)正徳『松江府志』巻六、田賦上、湯彌昌「上海県苗糧改科豆麦記」。同書同巻に載せる至正十五年(一三五五)の夏税の麦は九万八〇〇〇石以上を数えており、泰定年間(一三二四～一三二七)の改革の成果によるものと思われる。
(41)『水利集』巻五「大徳十一年十一月行都水監照到元料先合拯治江湖河閘等工程未了縁故乞添力」の澱山湖の囲田を論じた部

分に、「況諸人占湖為田、不下百有餘戸。官租主戸、該納米粮、至今徴納。唯独曹夢炎・王曄、回付上項湖田、免納官粮、為数不少」とあるほか、曹夢炎が納入すべき租米が免除されているとして、「曹夢炎一戸、毎年免粮一万一千三百八十五石四斗五升」と記されている。

(42) 高栄盛「元代江南官田」（同『元史浅識』鳳凰出版社、二〇一〇年、一九八二年の初出論文を修訂したもの）三八七～三九六頁は、至元後半以降、元朝が官田の拡大に力を入れたことを指摘している。松江府の税糧額の増大もそうした元朝の動きが反映された結果であろう。

(43)『水利集』巻四「大徳九年三月提調官江浙省平章政事徹里栄禄開復澱山湖」の澱山湖の囲田を論じた部分に、「財賦・僧寺所占数目」についての言及が見られる。

(44)『元史』巻一七五、張珪伝に、「天下官田歳入、所以贍衛士、給戍卒。自至元三十一年以後、累朝以是田分賜諸王・公主・駙馬、及百官・宦者・寺観之属、遂令中書酬直海漕、虚耗国儲。……臣等議、惟諸王・公主・駙馬・寺観、如所与公主桑哥剌吉及普安三寺之制、輸之公廩、計月直折支以鈔、令有司兼令輸之省部、給之大都。其所賜百官及宦者之田、悉拘還官、著為令」とある。これら有司所管となった諸王・公主らの撥賜田糧が、有司の所管税糧米にどう反映されたのかが定かではない。あるいは註（15）の孟論文が指摘する元代後半の平江路の税糧米の増大には、この撥賜田糧の有司所管化が関係したのかもしれない。

(45)『安雅堂集』巻九「王経歴恵政記」に「初越米之入海運者、歳為石十万有奇」とあるほか、至正『四明続志』巻九、祠祀「豊恵廟」に見える況逵の記に「皇元混一、首通漕運、衣食京師、連檣飛輓、風帆旬月而達。四明歳石不下十万、湖田居四之一」とあるので、浙東では少なくとも紹興路・慶元路で合わせて二〇万石以上の海運糧を供出していた。

(46) 註（8）宮澤論文二一頁を参照。

(47)『海道経』附録「海運以遠就近則例之図」に、「縁毎歳海船支装官糧、干渉浙東・浙西泊上江湖広・江西・河南四省地面」、「春運糧米、止於平江・常州・嘉興・松江四路支装」、「所拠夏運糧斛、跨渉淮東満浦・真州泊水湾、江東池州・寧国・太平・建康、浙東慶・紹・台州、浙西平江・常州・江陰・嘉興・松江・湖州・鎮江等路、凡是二十餘処」とそれぞれ記されている。

(48)『水利集』巻八「大徳二年十二月庸田司講究設置撩清軍夫事」に「至元廿四年・廿七年・二十九年、三被水災、渰没田禾、百姓流離、売妻鬻子、人不聊生、失陥係官銭粮」とある。

(49)『水利集』巻四「武略将軍前管領海舡上千戸任仁発窃謂」に、「但遇天雨霖霪、田疇多被水傷、即今大徳六年・大徳七年分、浙西数郡官民田土、淹没不知其数」とある。

(50)『水利集』巻五「大徳十一年十一月行都水監照到元料先合拯治江湖河閘等工程未了縁故乞添力」の大徳十年（一三〇六）のことを述べた部分に、「継時五月以後、霪雨大作、加以疾風昼夜不止、諸処山源灌注、水勢暴漲、比与大徳七年之水不殊。平江路地勢最低、被渰尤甚。常州・鎮江・江陰三処、行中書省元称不係水郷、往往亦多渰没」などとある。

(51)『水利集』巻三「至元三十年八月初十日行省准都省咨文該」に引用される浙西塩使沙的の回呈に、「浙西蘇・湖・常・秀等処、五六月間、驟雨大作、田野之水、一漫渰没。若非新開河口、数年不能退落」とある。

(52)『水利集』巻五「至大二年十一月浙東道宣慰使都元帥李中奉言呉松江利病」に「皆称、往年大水、惟大徳七年為最、今歳比大徳七年之水不殊」とあり、同書同巻「大徳十一年十一月行都水監照到元料先合拯治江湖河閘等工程未了縁故乞添力」に「比之至元二十四年・二十七年・大徳七年水勢、今歳最大」とあるほか、「常州・鎮江・江陰三処、行中書省元称、不係水郷、往往亦多渰没」と記されている。

(53)これらの情報は、『元史』巻十五、世祖本紀十二、至元二十五年四月癸酉条や、同書巻十八、成宗本紀一、元貞元年五月条のほか、同書巻十九、成宗本紀二、大徳二年二月条や、同書巻二十、成宗本紀三、大徳五年六月乙亥条、および同書巻二十二、武宗本紀一、大徳十一年七月癸酉と十一月丁亥条にそれぞれ見える。

(54)以上については、北田英人「中国江南三角州における感潮地域の変遷」（『東洋学報』六三―三、一九八二年）、北田英人「八―一三世紀江南の潮と水利・農業」（『東洋史研究』四七―四、一九八九年）、北田英人「中国江南の潮汐灌漑」（『史朋』二四、一九九一年）などを参照。

(55)池田静夫「宋代の松江とその変遷――揚子江下流三角洲生成史の一――」（岡崎文夫・池田静雄『江南文化開発史』弘文堂書房、一九四〇年）一六〇～一六七頁、鄭肇経主編『太湖水利技術史』（農業出版社、一九八七年）三七～四二頁、北田英人「宋

元江南デルタの灌漑農業と塢の産業」（『日中文化研究』一四、一九九九年）五二〜五三頁、註（11）謝著書九二頁などを参照。

(56)『水利集』巻五「大徳十一年六月初三日為開河置閘等事」に、「亡宋時、呉松一江、水勢浩渺、綿綿不息、伝送入海。狭処尚二里餘之寛、猶不能呑受太湖之巨浸」とある。

(57) 註（54）北田一九八二年論文一一六頁を参照。

(58) 註（55）池田論文一四六頁を参照。

(59) 西岡弘晃「秀州澱山湖の湖田問題」（同『中国近世の都市と水利』中国書店、二〇〇四年、初出は一九七四年）二八四〜二八九頁を参照。

(60) 高橋芳郎「宋代浙西デルタ地帯における水利慣行」（同『宋代中国の法制と社会』汲古書院、二〇〇二年、初出は一九八一年）を参照。

(61)『水利集』巻八「元貞二年六月潘応武於行省講究撩清軍事」には、公権力による浙西の水利事業について「亡宋初年廃弛、至理宗朝、帰之浙西発運司。有発運使趙与𥲅、招募流移農民、立魏江・江湾・福山水軍、三部三四千人、専一修浚江湖河塘。後因改除、以此軍籍帰隷枢密院、又為水災復至、又発運使呉淵拘収没官田米、責之州県、自行支用雇募百姓修浚」と述べられている。

(62) 註（1）拙稿七〜九頁を参照。

(63)『水利集』巻八「元貞二年六月潘応武於行省講究撩清軍事」に、「帰附後、軍散営廃、田米帰朝庭」とある。

(64)『水利集』巻三「至元三十年八月初十日行省准都省咨文該」に引用される至元三十年六月二十五日の上奏に、「亡宋之後、安置軍的、修理河道的、都不曽整理、則那般罷了来」とある。

(65)『水利集』巻二「水利問答」に、「答曰、……国家収附江南三十餘年、浙西河港囲岸牐竇、無官整治、遂致水利大壊」とある。

(66) 註（55）池田論文一八五頁や、池田静夫「クリークの発達——蘇州デルタの水利地理史研究——」（同『支那水利地理史研究』生活社、一九四〇年）四三頁を参照。具体的な状況については、『水利集』巻三「至元二十九年正月潘応武条陳水利事宜」に描かれている。

(67)『水利集』巻三「至元二十八年庸田司大徳八年行都水監集呉中之利」。

(68)『水利集』巻八「大徳三年六月都水庸田使麻合馬加議講議呉松江堙塞合拯治方略」の呉淞江の河幅を指摘した部分に、「其中雖有江洪水流、止濶三二十歩、水深不過三二尺」とある。

(69)『水利集』巻三「至元二十八年庸田司大徳八年行都水監集呉中之利」、および同書同巻「至元二十九年正月潘応武条陳水利事宜」。

(70)註(66)池田論文二〇～二一頁を参照。なお池田静夫氏は、新涇・上海浦をのちの黄浦江の前身と見なしている。

(71)『水利集』巻三「至元三十年八月初十日行省准都省咨文該」に引用される潘応武の上言に、「宋法、禁人占湖為田。帰附以来、権豪勢要之家、占拠為田」とある。「数十家の土豪勢要」などの文言は、それに続く都省の議論に見える。

(72)註(41)の引用史料を参照。

(73)註(55)池田論文一八四～一九一頁を参照。

(74)矢澤知行「元代長江デルタ地域における水路網の変化とその背景」(『中国水利史研究』四四、二〇一六年)二六～二八頁を参照。

(75)『元史』巻十四、世祖本紀十一、至元二十四年是歳条。

(76)註(3)植松論文二四～三二頁を参照。

(77)『元史』巻十七、世祖本紀十四、至元二十九年六月甲子条、および六月丁亥条。

(78)『水利集』巻三「至元二十九年正月潘応武条陳水利事宜」。

(79)『元史』巻二十一、成宗本紀四、大徳七年十月戊子条。

(80)『元典章』巻五十四、刑部十六、虚妄「虚報災傷田糧官吏断罪」。

(81)『水利集』巻二「水利問答」に、「議者又曰、毎歳所淤田土、官粮特多、民粮極少。行監官吏、亦曽問及否乎」とある。

(82)例えば『元史』巻二十二、武宗本紀一、大徳十一年十一月丁亥条に「杭州・平江等処大飢、発糧五十万一千二百石賑之」とあるほか、至大元年六月戊戌条には「江浙行省管内飢、賑米五十三万五千石・鈔十五万四千錠・麺四万斤。又流民戸百三十三

万九百五十有奇、賑米五十三万六千石・鈔十九万七千錠・塩折直為引五千」とある。

(83) 註(11)謝著書一二三頁は、元朝による江南水利の重視と、海運体制の確立との間には相関関係があるとするが、論証はなされておらず問題提起に止まっている。

(84) 『水利集』巻三「至元三十年八月初十日行省准都省咨文該」。

(85) 『水利集』巻三「至元二十八年潘応武決放湖水」、および同書同巻「至元二十九年正月潘応武条陳水利事宜」。

(86) 『水利集』巻三「至元三十年八月初十日行省准都省咨文該」。

(87) 『水利集』巻三「至元三十年八月初十日行省准都省咨文該」に引用される至元二十九年(一二九二)の燕公楠の咨文に「当職元奏開挑河道、今已開挑訖、三百一十九処」とある。

(88) 『水利集』巻三「至元三十年八月初十日行省准都省咨文該」に引用される潘応武の状呈に、「去冬・今春、開浚港浦三百餘処、並無一処通徹」とある。

(89) 『水利集』巻三「至元三十年八月初十日行省准都省咨文該」に見える都省の議に、「在先忙古台等行省官毎、做修理開挑的一般、却於曹総管小名的人根底、要了金子、不曽行来、則忙古台一遍要了的該十九定金有」とある。

(90) 『元史』巻六十五、河渠志二、澱山湖に、「昨本省官忙古䚟等、興言疏治、因受曹総管金而止」。

(91) 註(4)植松正論文三二一〜三三二頁を参照。

(92) 明・長谷真逸『農田餘話』巻上。

(93) 『元史』巻十五、世祖本紀十二、至元二十五年三月戊子条に、「淞江民曹夢炎、願歳以米万石輸官、乞免他徭、且求官職。桑哥以為請、遙授浙東道宣慰副使」とある。

(94) 『水利集』巻三「至元三十年八月初十日行省准都省咨文該」に引用される至元二十九年正月の潘応武の上言に「近年雖蒙省府差官相視、毎為勢力所沮」とある。

(95) 『水利集』巻三「至元三十年八月初十日行省准都省咨文該」の後ろに付された「至元三十年十一月二十一日准中書省咨」。

(96) 『水利集』巻八「至元三十一年江浙行省為已開河道合設刬除河道人夫事」に見える至元三十一年(一二九四)八月十一日の中

書省の上奏に「官人毎先皇帝根前奏了、百姓裏起了二十万夫、挑透通着海、成就了也」とある。

(97)『水利集』巻八「大徳三年六月都水庸田使麻合馬加議講議呉松江堙塞合拯治方略」に「且如至元三十一年、開挑河道内、如趙屯・大盈二浦、通引澱山湖水注達海」とあるほか、同書巻四「大徳八年前都水庸田司書吏呉執中言」には「至元三十一年、中書省奏准大興工役、開挑太湖・練湖・澱山等湖、幷通江達海、河港又加以修築囲岸。自此之後、歳獲豊収、官糧民食、咸得其済」とある。澱山湖の湖田については、同書巻四「大徳八年前都水庸田司書吏呉執中言」に、「至元三十一年、欽奉開挑之時、其上項湖田、嘗官為収係、定立界畔明白」とあるほか、練湖の湖田についても「至元三十一年、欽奉開挑之時、尽復為湖、官民得済」とする言及が見られる。ただし同書巻一「大徳二年都水庸田司条劃」に、「澱山・練湖、諸人占湖為田、頃畝所納租、已収入官」とあることからすると、練湖の田地は全て湖に戻されたわけではなく、没官された田地もあったようである。

(98)『水利集』巻四「武略将軍前管領海舡上千戸任仁発窃謂」に、「至元三十一年、大興工徒、奈、所用不得其人、不知地里水勢、当開者不開、合閉者不閉」とある。

(99)『水利集』巻八「至元三十一年江浙行省為已開河道合設刮除河道人夫事」において、都水防田使や都水巡防万戸府の設立が提言されていたことが確認できる。

(100)都水庸田使司の職掌や規定については、『水利集』巻一「大徳二年都水庸田司条劃」にまとめられている。

(101)『水利集』巻四「大徳八年前都水庸田司書吏呉執中言」に、「毎年勧率百姓、修築田囲、拯治河道、粗有成効」とある。

(102)『水利集』巻一「庸田司通管江東両浙」。

(103)『水利集』巻二、「水利問答」に、「答曰、浙西之田、半非土着之戸、往往寄産者多。皆是本処無頼之人、営求管領。間有近理上戸、毎春修囲浚河、自能給借佃戸口粮、秋成尚且一本一利拘収。其或為富不仁之家、唯事侵漁、靠損貧佃而已。至於修浚、痛惜小利、如抜脊筋。官司若不厳加督勒、誰肯発意、出粮接済。何以言之。富戸有田百頃、歳以収米万石為率、縦使一半無収、此年必荒歉。彼乃深蔵閉糴、米価決増一倍、増虧相補、何損於他。及有管荘猾幹、若主家田土渰没、未至一分、彼則花破太半、反益於己。所以不肯尽心於田疇水利之事」とある。

(104)『水利集』巻一「大徳二年都水庸田司条劃」に、「一、澱山・練湖、諸人占湖為田、頃畝所納租、已収入官。仰所在官司、另行収貯、若有合用修浚人工物料、従都水庸田使司募工支用、年終行省通行考較」とある。

(105)『水利集』巻五「大徳十一年十一月行都水監照到元料先合拯治江湖河閘等工程未了縁故乞添力」に、「是致元貞二年、曹夢炎・王曄、眘縁不曽明白題説、朦朧回付為主」とある。

(106)『水利集』巻五「大徳十一年十一月行都水監照到元料先合拯治江湖河閘等工程未了縁故乞添力」に、「況諸人占湖為田、不下百有餘戸。官租主戸、該納米粮、至今徴納。唯独曹夢炎・王曄、回付上項湖田、免納官粮、為数不少」とある。

(107)『水利集』巻四「大徳八年前都水庸田司書吏呉執中言」に、「富家嗜利、巧計瞞官、仍復回付」とある。

(108)『農田餘話』巻上、および明・宋濂『潜渓後集』巻八「元故栄禄大夫陝西等処行中書省平章政事康里公神道碑銘〈代黄侍講〉」（羅月霞主編『宋濂全集』浙江古籍出版社、一九九九年所収）。

(109)植松正「元代江南の地方官任用について」（註（3）植松著書、初出は一九八九年）二四二～二四六頁、同「元代江南の一高官の犯罪」（註（3）植松著書、初出は一九八六年）三五九～三六〇頁などを参照。

(110)註（4）植松論文三二六～三三〇頁を参照。

(111)『水利集』巻一「行都水監添気力」の一節に、「交閙挑旧河道的時分、干碍着官豪勢要・富戸毎的田地上頭、便《使?》見識、俺的勾当其間入来阻壊有、可憐見呵、添気力的聖旨」と見えるほか、『元典章』巻十八、戸部四、婚姻、楽人婚「楽人嫁女体例」に、「本管楽人戸計、倶於随路雲遊。今即随路一等官豪勢要・富戸之家、捨不痛資財、買不願之楽、強将応有成名・善歌舞・能粧扮・年少・堪以承応婦人、暗地捏合媒証、娶為妻妾」と見え、官豪勢要と富戸とが併称されている。

(112)『水利集』巻五「大徳十一年十一月行都水監照到元料先合拯治江湖河閘等工程未了縁故乞添力」の澱山湖ついて述べた部分に、「秖縁当時大興工役之際、所委官員、止議覜開新河、仍修旧港、将諸人占湖田蕩尽数拘収入官、不曽放水為湖」とある。

(113)『水利集』巻四「大徳九年三月提調官江浙省平章政事徹里栄禄開復澱山湖」に、「至元三十年、雖蒙都省奏准開浚、終被奸計、眘縁不能成就、止開新港三条、約闊三十餘丈。比之所占頃畝、千中不及其一」とある。

(114)『水利集』巻四「大徳八年前都水庸田司書吏呉執中言」に、「今則澱山之囲田愈広、太湖之流勢愈遅」とある。

(115)『水利集』巻八「大徳二年十二月庸田司講究設置撩清軍夫事」。

(116)『水利集』巻四「武略将軍前管領海舡上千戸任仁発啓謂」に、「大徳二年、創立都水庸田使司、有本司大使等官、行馬到来、再詢問、為某先言已有所験、今説必然可行。条挙数項事宜、已蒙備呈、省府了当、未見准行」とある。

(117)『水利集』巻四「大徳十年二月行都水監呈中書省為開挑呉松江乞添力成就」に、「浙西豪民、平昔恃其富強、恣意行事、傲慢官府、靡所不為。稍咈其意、唆使無籍之徒、撰造虚詞、捃摭官吏、阻壊公法、必欲得意而後已。略挙、前庸田司亦嘗相視到浙西堙塞河道、計料工程、呈奉中書省奏准、開挑数内平江路・福山・許浦河道、始於大徳二年相視開挑、有司妄構飾説、春云、農作将興、夏云、農事正殷、秋云、収成在邇、冬云、天寒地凍、農民納租、百端調発、直至衙門例革、遂寝其事。前後七年、竟未興工」とある。

(118)『水利集』巻八「大徳九年五月行都水監呈中書省乞陞正三品」に見える都水庸田使司の廃止理由を述べた部分に、「秖縁於公歛怨、以致騰謗、大徳七年、遂承例革」とある。

(119)『水利集』巻四「武略将軍前管領海舡上千戸任仁発啓謂」に、「合用工役、必須於有苗之家、上至百石、下至十石、戸内為率、僉撥夫匠一万名、毎夫除免税糧一十石幷雑泛差役」とある。

(120)行都水監の職務に関する規定は『水利集』巻一「立行都水監整治水利」に見える。

(121)『水利集』巻一「立行都水監整治水利」に、「一、行都水監、直隷中書省」とある。

(122)『水利集』巻一「大徳二年都水庸田司条劃」に、「一、若有該載不尽便宜事理、従行省与都水庸田使司、一同擬定咨省」とある。

(123)『水利集』巻一「立行都水監整治水利」に、「一、該載不尽、凡可以与除利害者、行都水監就便従長整治、事重者関部呈省」とある。

(124)『水利集』巻一「立行都水監整治水利」に、「其関碍水利、各路・府・州・司・県、不為奉行、及税戸合着夫役、擾而不辦、官吏因縁作弊、行都水監明白取招、受宣官議擬呈省、受勅以下就便治罪」とある。

(125)『水利集』巻八「大徳十年三月中書省咨行都水監陞随朝正三品衙門」。

(126)『水利集』巻一「立行都水監整治水利」に、「一、浙西苗粮戸内、起夫一万五千名、自備什物、毎名工役一年、免粮一十五石、其軍站除贍役地外、依上科着。僧道・也里可温・答失蛮、不分常住、幷権豪官員、不以是何投下、不納官粮之家、以地五頃、着夫一名、従行都水監選委廉幹官員、部夫督役」とある。

(127)『水利集』巻五「至大二年十一月浙東道宣慰使都元帥李中奉言呉松江利病」に見える大徳年間（一二九七～一三〇七）の水利事業に言及した部分に、「二次興工、西自趙屯、東至新華三汊口、又東至西浜、首尾総長七十六里一百四十三歩一寸」とある。

(128)『水利集』巻四「大徳十年六月行都水監照到大徳九年十月二次開挑呉松江故道工程」では当時の水利事業が実施された場所として、封家浜や趙屯浦・大盈浦・白鶴江などの地名が挙げられている。

(129)『水利集』巻二「水利問答」に、「答曰、……路・府・州・県官吏、部夫董役於荒野之中、一両月間、親任其労。倘工程遅慢、人夫在逃、或簽夫、放富差貧、或検田、以熟為荒、行監欽依已降条劃、板招断罪。彼謂、又添一監臨、糾治上司」とある。

(130)『水利集』巻四「大徳十年二月行都水監呈中書省為開挑呉松江乞添力成就」に、「又且開挑呉松江故道之初、万夫甫集、浮議沸騰、或以為江中淤洳不可施工、或以為流沙湧溢陥溺人命、或以為江河変遷、或以為地形難通。扇惑之言、非止一端」とある。

(131)『水利集』巻五「大徳十一年十一月行都水監照到元料先合拯治江湖河閘等工程未了縁故乞添力」に、水利工事のための召喚命令を無視した者として、知松江府周惟恵・知呉江州高慶仁の名前が挙げられている。

(132)『水利集』巻五「大徳十一年十一月行都水監照到元料先合拯治江湖河閘等工程未了縁故乞添力」に、財賦府・僧寺などの囲田を開浚せよとの中書省の箚付を受けながら、「本監非不厳加督責、奈、所司循情顧望、終是虚調、不肯興工」という状況であったと記されている。

(133)『水利集』巻四「大徳九年三月提調官江浙省平章政事徹里栄禄開復澱山湖」に、「行都水監、承奉箚付該、拠已委松江府判官南承務状申、准曹宣慰牒該、幷拠曹宣慰男曹日起等状告、将本戸元占澱山湖田合開挑為湖頃畝、情願自備口粮、頓募佃夫。管得、日近開挑完備、不致阻礙水利、申乞照詳。得此」とある。

(134) 註（6）植松二〇〇四年論文一三六～一四〇頁には朱清の部下で海運副万戸や海運千戸となった者たちが多数紹介されているものの、彼らの土地経営の実態は必ずしも明らかではない。しかし濱島敦俊『総管信仰――近世江南農村社会と民間信仰――』（研文出版、二〇〇一年）が、元代江南の大土地所有と海運との間の相関関係を指摘し、右の植松論文が海運への関与が大きな利益に直結したことを論じていることを踏まえれば、朱清・張瑄の部下たちも大土地所有を実現していた可能性はきわめて高い。

(135) 孔斉『至正直記』巻三「勢不可倚」には、溧陽県の民が朱清・張瑄に土地を献じて科役を逃れたことが紹介されている。類似の事例は他地域にも見られたであろう。

(136) 以上については註(4)植松論文を参照。朱清・張瑄が水利事業の妨げになった可能性については同論文三二〇頁において指摘されている。

(137)『水利集』巻五「大徳十一年六月初三日為開河置閘等事」に、「于大徳八年十一月内、根随提調官徹里平章与行都水監官・軍民官、到呉松江淤塞去処、此時皆曰、潮沙潰陷、不可施工。或曰、江水已高、不能流洩。如此百端阻惑、幸遇徹里平章力排浮議、聴従当職与行都水監官商議指分、於当月初八日興工」とある。

(138) 以上の経緯は『水利集』巻五「大徳十一年十一月行都水監照到元料先合拯治江湖河閘等工程未了縁故乞添力」に詳細に描かれている。

(139)『水利集』巻二「水利問答」に、「答曰、……大徳十年、有司以熟作荒、冒除官粮四十餘万石、官吏賍賄以千万計。都省委官、与行省追究未尽。欽遇詔赦釈免、雖不至痛革其弊、然亦可以鈐其口、而奪其気。謂行監無功可乎」とある。

(140)『元典章』巻五十四、刑部十六、虚妄「虚報災傷田粮官吏断罪」。

(141)『水利集』巻一「大徳二年都水庸田司条劃」に、「一、浙西官田数多、俱係是貧難佃戸種納。春首闕食、無田主借貸、囲岸缺壊、又自行修理。官司不為存恤、以致逼臨在逃、荒廃官田、深為未便。今後官田佃戸、若委無己業、亦無請射田主、貧難下戸、止種官田、自赴官倉、送納租者、管民官司、並不得将此等佃戸、差充里正・主首、雑当一切催甲等役、妨廃農事、失悞官租。如違仰都水庸田使司取招究治」とある。

(142)『水利集』巻二「水利問答」に、「答曰、……行監官吏、知此之弊、親臨点視、追問倚勢不伏出粮之人、彼則買嘱官吏郷胥人等、或住《在?》逃亡、或申事故。根勾到官厘勒督責、纔肯給借銭粮、農民方就耕作。最是官田佃戸、無人給付粮本、則束手無措、例成荒白。行監拘勒不分官民田土、須要一概均熟。有行監如此督促、尚猶頑慢。若無行監所管、其事蓋可知矣」とある。「倚勢不

伏出粮之人」は、同記事の引用部以外の部分では「為富不仁之家」や「豪民」「富豪」などと表現されており、官豪勢要と総称して大過ない存在であったことが分かる。

(143) 森正夫「元代浙西地方の官田の貧難佃戸に関する一検討」（註（2）森著書、初出は一九七二年）は、富裕な主戸が官田の第一次承佃者となった場合、自家の佃戸たる第二次承佃者だけでなく、同じ囲田に属する主戸の第一次承佃者が貧しければ、彼らに対してもその再生産を維持させるため、囲岸の修理や糧食の貸与を行う責務を負わされていたと推測している。

(144)『水利集』巻二「水利問答」に、「答曰、……行監拘勒、不分官民田土、須要一概均熟」とある。

(145) 正徳『松江府志』巻三、水下〈治績〉に、「至大初、江浙行省督治田囲〈行省以去歳水旱災傷、田禾不収、物価踴貴、百姓艱食、雖曰天災流行、亦因人力不至。……会集行都水監官李都水、講究得、修浚之際、田主出糧、佃戸出力、係官囲田、若無総佃、貧窮無力修浚者、量其所須、官為借貸、収成日、抵数還官……〉」とある。ただし行都水監は至大元年（一三〇八）一月に廃止されているため、右の記事はそれ以前に繋年されるべきであろう。

(146)『水利集』巻二「水利問答」に、「答曰、……官田有公・営・屯・囲諸色名項之夥、亡宋各有承佃・管領、県有籍冊及魚鱗図本、給付承佃。又有田畝字号、租額石斗、印信簿書。種田戸、毎歳又有由帖批銷、如遇承佃告替、官拘一応文籍、交付新佃執照。所以田地不致那換、新種之田、不敢荒蕪。今者膏腴之産、官司尽行撥賜、各投下官員及寺観僧道人等、供報数目、図籍既無稽攷、奸人従而作弊、移東換西、以熟作荒、有司官吏略不加省。遇有官粮多、而民糧少也。行監官吏知此之弊、不容捏合、従実検察、追粮問罪。此行都水監之所以罷也」とあるほか、同書同巻に「答曰、……大徳十年春、始行移路・府・州・県、攢報田土数目、毎春修築囲岸、分豁官民田土、須要一体成熟、纔一二年、漸次成緒」とある。

(147)『水利集』巻五「大徳十一年十一月行都水監照到元料先合拯治江湖河閘等工程未了縁故乞添力」に「伏慮、各州県豪猾官吏・郷胥・里正人等、狃習旧弊、幸災楽禍、乗其風水、並縁為奸、虚申田囲損壊、妄報災傷」とあるほか、同記事では地方官や胥吏が収賄して虚偽の災傷を認定した二例の事件のほか、里正・主首が地方官や胥吏と結託して虚偽の災傷を報告した四例の事件が紹介され、「其餘似此之類、不可枚数」と記されている。

(148) 里正・主首の就役原則については、梅原郁「元代差役法小論」（『東洋史研究』二三―四、一九六五年）や、陳高華「元代役法簡論」（同『元史研究論稿』中華書局、一九九一年、初出は一九八一年）、伊藤正彦「元代江南の義役・助役法とその歴史的帰結――糧長・里甲制体制成立の一側面――」（同『宋元郷村社会史論』汲古書院、二〇一〇年、初出は一九九三年）、伊藤正彦「明初里甲制体制の歴史的特質――宋元史研究の視角から――」（同上書、初出は二〇〇八年）などを参照。

(149)『水利集』巻五「大徳十一年十一月行都水監照到元料先合拯治江湖河閘等工程未了縁故乞添力」に引用されている任仁発の牒文に、「所言水利、須是用功三年、方可成就。今工役未及半年、止開得呉松江、置閘三座」とある。

(150)『水利集』巻二「水利問答」に、「答曰、……都省元行、毎地五頃、発夫一名。腹裏官員、撥賜田地、倶是江南。苟図之人、幹置管領、凡当夫者用鈔一両、彼則虚破十両、不説行監詐擾、則難花破帳目。腹裏官司、聞其蠹幹之言、亦難休《体？》問虚実、不知治水乃是田地之利。但見顧夫先有鈔米之費、従而毀説於省台、以為不便」とある。

(151)『水利集』巻二「水利問答」に、「議者又曰、行都水監、官吏泛濫、擾及富戸。又与行省及路・府・州・県官吏不和、以此諸事争差、有司因而放富差貧、欺詐不便。行監有失糾治之過也」とあるほか、同書巻五「行都水監丞為革行監伸冤」に、「今州県官吏、懼其部夫督役之労、又有遅悞不職之罪。豪富上戸、各於供給当夫之費、又有科差不均之冤、所以誑言扇惑朝廷、妄訴大逆不道者有之。或言開江禁忌不利者有之。夤縁譖毀、靡所不至。且行監官吏、既不詐要民財以為己贏、又不差占民力以作私第。又［不］与富戸有讎、又不与時《?》官争利、職分所守、合為也」とある。右史料中の［　］は筆者が補った。

(152)徐東『運使復斎郭公言行録』に、郭郁が江浙行省の幕僚を務めた際の事跡として、「至大元年、濬呉松江、役夫歳一名、除粮十五石。公視牘曰、役不過二月・三月耳。而除周歳之糧何也。於是追理十六万石、以完海運」とある。同年に行都水監が廃止され、その職務が江浙行省に移管された直後のことを述べた史料であろう。史料中に見える一六万石は九ヵ月から十ヵ月分の減免分であろうから、一年間では二〇万石近い税糧の減免がなされていたことになる。

(153)『元史』巻二十二、武宗本紀一、至大元年正月丙寅条。

(154)大徳十年（一三〇六）の水害については、『水利集』巻二「水利問答」に、「答曰、……以未開呉松江之前、比之大徳七年、亦遭水害、所収子粒分数、比大徳十年、不及三分之一」とあり、同十一年（一三〇七）の水害については、同書巻五「行都水監丞為革行監伸冤」に、「今歳約計、所収田禾已及三分之二。若非呉松江洩放潦水、秋成百無一二」とある。

(155)『水利集』巻一「泰定元年十月中書省箚付奏准開挑呉松江」、および同書同巻「泰定二年八月立都水庸田使司」。
(156) 註(134)濱島著書一六七頁は、「旧松江府(現上海市)青浦県朱家角は、デルタの中でも地勢が最も低い地域に属する」と述べ、松江府西部の澱山湖周辺を浙西デルタの最低地の一つとする。
(157)『水利集』巻一「泰定二年八月立都水庸田使司」、および清・文廷式輯『大元官制雑記』「都水庸田使司」。
(158)『元史』巻三十、泰定帝本紀二、泰定四年十月辛亥条。
(159) 正徳『松江府志』巻六、田賦上「江浙行省所委検校官王艮議免増科田糧案」。
(160)『元史』巻三十四、文宗本紀三、至順元年閏七月戊申条や、同書巻三十五、文宗本紀四、至順二年八月是月条、同書巻三十七、寧宗本紀、至順三年九月是月条、および同書巻三十八、順帝本紀一、元統二年三月庚子条。
(161)『元史』巻三十九、順帝本紀二、後至元二年正月是月条、および同書巻四十、順帝本紀三、後至元五年十二月辛卯条。
(162) 足立啓二「明清時代長江下流の水稲作発展——耕地と品種を中心として——」(同『明清時代の経済構造』汲古書院、二〇一二年、初出は一九八七年)一一六頁を参照。なお足立氏は、明代に浙西デルタの水利環境が安定化したもう一つの要因として、明朝が太湖に流入する胥渓河を工学的に遮断したことを重視している。

Ⅳ　文書史料と制度・運用

宋代における箚子の登場とその展開

伊藤一馬

はじめに

前近代中国王朝において、広大な領域の統治、国家意思の伝達などを担う文書行政は、人体では神経組織〔中村一九九一、四頁／赤木二〇一三、三二頁〕、あるいは循環器系〔小林二〇一三、七～八頁〕にも例えられるように、必要不可欠な支配装置であった。それゆえ、どのような文書の種類・書式が存在し、それらがどのような原理に基づき運用されていたのかという文書体系を解明することは、研究上極めて重要な課題であると言える。

宋代文書研究は、文書史料の乏しさの故に従来大幅に立ち遅れていたが、一九九〇年代頃から政治史の方面で文書制度に着目する研究が見え始め[1]、近年では国際関係への関心の高まりとともに〝外交文書〟が注目され[2]、外交史においても文書に着目する成果が発表されている[3]。また、文書史料についても、カラホト（黒水城）出土の「宋西北辺境軍政文書」（以下、「宋西北文書」）、『宋人佚簡』所収の「南宋舒州公牘」、南宋徐謂礼墓出土の「武義南宋徐謂礼文書」など、文書史料群の公開・発見が相次いでいる[4]。さらに、文書が碑石に刻されたもので、その原碑や拓本が伝来する、あるいは文章が石刻文献などに移録・抄写された「石刻文書」や、編纂史料に抄写された文書史料などにも注目が集まっている[5]。これらの文書史料群への注目と相俟って、政治史・外交史などの分野をはじめとして多くの宋代文書研究の成果が陸続と発表されており、いまや宋代文書研究は宋代史研究において最も活況を呈している分野の一つとなっている。

また、宋代文書研究における史料状況の好転は、前近代中国王朝における文書制度の展開を通時的に検討することを可能にしたと言える。すなわち、従来では先秦・秦漢時代の簡牘史料、元代の『元典章』文書、明清時代の檔案史料のほか、中央アジア出土文書としてトゥルファン出土文書（四～八世紀）、敦煌出土文書（五～十一世紀、十三～十四世紀）、コータン出土文書（七～八世紀）、カラホト出土文書（十三～十四世紀）がそれぞれ知られていたものの、宋代については史料上の空白があった。宋代文書研究の成果と、従来蓄積されてきた文書研究の成果とを併せることで、このような空白を埋めて中国文書制度の通史的展開・変遷を検討することができると言えよう。

しかしながら、宋代文書研究では、文書体系の全体像の復元やその変遷の解明という大きな課題が、依然として残されている。その要因としては、史料状況が好転したというものの、それぞれの文書史料群には文書の種類・時期・地域・内容などに偏りが見られ、個々の史料群のみからでは文書体系の全体像を描くことが極めて困難であること、ともすれば豊富な研究蓄積を有する唐代史・元代史（モンゴル時代史）の成果を援用し、例えば同一の文書名称が存在することから同一の機能であると見なしたり、あるいは文書体系そのものが同一であると見なしたりするなどの研究上の傾向が指摘できよう。

以上の問題意識を踏まえ、本稿では宋代に現れる文書名称である「箚（札）」「箚子（札子）」（以下、箚子に統一）に注目したい。宋代の箚子については多くの研究成果が発表されており、多様な場で用いられ、多様な機能を有していたことが知られている。また、箚子は唐代以前には見られない一方で、宋代以後にも金・元（モンゴル時代）・明・清代に至るまで頻見し、さらには周辺地域においても使用されていた。前近代中国における文書制度を通時的に俯瞰した場合、宋代の箚子は宋代文書制度の特徴の一つであり、前近代中国王朝における文書制度の展開のなかで、宋代がひとつの画期であったことを示唆するものと言えよう。しかしながら、従来の研究では、宋代箚子の様々な機能がいつ登場してどのように展開したのか、それぞれの関係は論じられていない。

本稿では、まず先行研究に依拠しつつ宋代箚子の機能・使用範囲を整理・抽出する。次に箚子の多様な機能がいつ、どのように出現・展開・変遷していくのかを跡付け、それぞれの機能の関係を検討する。そして、それぞれの書式や発出手続きを手掛かりとして宋代箚子に通底する本質を考察する。以上を通じて、宋代文書体系の特徴の一端を指摘できればと考えている。

一　宋代劄子の多様性

宋代の劄子については多くの研究が言及しているが、それらが指摘する劄子の機能を簡単に整理すれば、①臣僚の上奏の際の上殿劄子や軍機上の上奏、②宣勅を下さない際の中書門下・尚書省や枢密院からの下達、③路級あるいは路級以上の官司からの下達、④寺観などへの下達、⑤外交交渉時に使用される白劄子や臣僚の上奏時に見られる白劄子、⑥任命文書、⑦三省・枢密院から翰林学士院へ送られる平行文書（＝劄送）、となろう。(6) このほか、官僚同士でやり取りされる書信（手紙・私文書）としての劄子も頻見する。これだけでも宋代の劄子が備える多様性を窺うことができるが、以下では史料に基づきつつ具体的に確認しておく。

宋代劄子の機能や使用される場について述べた史料としては、例えば次の欧陽脩『帰田録』巻二の記述が多く引用されている。

唐人奏事、非表非状者謂之牓子、亦謂之録子、今謂之劄子。凡群臣百司上殿奏事、両制以上非時有所奏陳、皆用劄子、中書・枢密院事有不降宣勅者、亦用劄子、与両府自相往来亦然。

これに拠れば、宋代の劄子は、ひとつには群臣・百司による上殿奏事の際や両制以上が非時の上奏を行う際に、もうひとつには宣勅を下さない案件について中書・枢密院が文書を下す際に、それぞれ用いられていたという。また、両府すなわち中書と枢密院との間における文書伝達の際にも劄子が用いられていた［平田二〇一二（一九九四）、二七五頁］。

このうち、趙升『朝野類要』巻四、文書、奏劄に「又謂之殿劄、蓋上殿奏対所入文字也。凡知州以上見辞、皆有此」とあるように、上殿奏事の際に用いられる劄子は奏劄・殿劄とも称されていた。また、『慶元条法事類』巻十六、文書門一、文書令には「諸臣僚上殿、或前宰相・執政官及外官奏軍機密速、聴用劄子」とあり、やはり臣僚の上殿奏事と、さらには宰相・執政経験者の上奏や外官（地方官）による軍事上の急を要する上奏の際に、劄子を用いることが認められていたことが分かる。

一方、中書・尚書省や枢密院が下す劄子については、沈括『夢渓筆談』巻一、故事にも記述がある。

唐中書指揮事謂之堂帖。予曾見唐人堂帖、宰相籤押、格如今之堂劄子也。

本朝枢密院亦用劄子、但中書劄子宰相押字在上、次相及参政以次向下、枢密院劄子枢長押字在下、副弐以次向上、以此為別。

ここから、中書・枢密院の発出する劄子は、唐・五代期の堂帖と同様の性格であったことが窺われる。さらに、中書と枢密院のどちらの発出かによって、末尾の署名順が異なっていたことも知られる。また、『朝野類要』巻四、文書、省劄には「自尚書省施行事、以由拳山所造紙書押給降、下百司・監司・州軍去処是也」とあり、尚書省が百司・監司・州軍に対して劄子を下す際には「省劄」とも呼ばれていたことが分かる。このような劄子については、後述するように石刻文書や編纂史料にその「実例」を多く確認することができる。(7)

上殿奏事をはじめとする上奏の際に用いられる劄子と、中央の中書（中書門下）や尚書省、枢密院から下される劄子は、宋代の劄子における中心的な役割を果たしていたと考えられる。これらは中央における文書伝達、あるいは中央—地方間における文書伝達であったが、南宋期にはこれらに続く第三の用法として、地方官司間における劄子の使用が一般化していたことが指摘されている〔平田二〇一二（二〇〇七）、三〇九～三一二、三一六～三一七頁〕。

地方官司間において伝達される劄子については、南宋期に軍事の大権を有していた宣撫使・宣撫処置使が劄子を下す例がまず知られる。

宣撫処置使、旧無有、張魏公始為之、其行移於六曹・寺監・帥司、皆用劄子、而六曹於宣司用申状。……故事、大臣為宣撫使者、於三省・枢密院皆用申状、若建都督府、則止用関而已。……凡前両府及従官為宣撫使、於六部用申状、総領所用公牒、監・帥司及所部郡県得用劄子云。

（李心伝『建炎以来朝野雑記』甲集、巻十一、宣撫処置使）

同日（＝紹興二年五月十六日）、李綱又言、乞本司行移、除福建・江西・荊湖宣撫使司及諸路安撫大使用関牒外、本路帥臣・監司・州県、並用劄子、従官以上劄送、餘並劄付。従之。

（『宋会要輯稿』職官四一―二五、宣撫使、紹興二年〔一一三二〕五月十六日）

これらの史料に拠れば、張魏公（＝張俊）が宣撫処置使となると、尚書省の六曹や寺監、帥司に文書を伝達する際に劄子を用いており、一方で六曹などが宣撫処置使司へ文書を伝達する際には、申状を用いていたことが分かる。また、荊湖広南路宣撫使兼知潭州充湖南路安撫使の李綱が、文書を発出する際に荊湖・広南路の帥臣・監司という路官・路級官司および州県に対して、おしなべて劄子を用いることが認められている。

また、『朝野類要』巻四、文書、帥劄に「平時四川安撫制置司亦出給劄子、蓋其重権兼主銓量・差注・類試事也。其他安撫制置司便宜者、亦出給劄子」とあるように、宣撫使・宣撫処置使のみならず、やや特殊に権限を認められていた四川安撫制置司やその他の安撫制置司で「便宜行事」権を認められた場合にも劄子を下す権限があったことが分かる。

このほか、南宋期に各地に設置されて複数の路に跨って管轄地域を有していた制置使・都督府も、劄子を下すことが認められていた。

（紹興二年）閏四月二日、呂頤浩言、前路応有合行措置事務、不可少失期会、臣見帯左僕射職事、伏望許臣従便先作聖旨行訖、続具奏知。従之。……一、今来出師係都督諸路軍馬、其逐路見今応統兵大小将帥並許聴節制、若有行移並用箚子。

（『宋会要輯稿』職官三九―一、都督府、紹興二年閏四月二日）

隆興元年七月一日、新除兵部尚書虞允文言、被旨改差湖北京西路制置使、所有差破官吏・使臣・軍兵・人従・請給等、並欲依近除逐路宣諭使申画到前後指揮施行。乞以「湖北京西路制置使司」為名、下所属鋳印。縁起発日逼、乞且就用近関借到奉使印沿路行使、候給降到新印日繳納。其行移除朝廷具申外、所部総領・監司・諸軍幷州県、乞依例用箚子、内外官司並行関牒。従之。

（『宋会要輯稿』職官四〇―一二、制置使、隆興元年（一一六三）七月一日）

このように、南宋期には地方官司間において、複数の路を管轄下に置き軍事の大権を掌握した宣撫使・宣撫処置使・制置使・都督府などが下達する箚子が登場している。(8)

これらの事例からは、地方官司間で伝達される箚子は、基本的に軍事に関わる場合に限られていたことが窺える。以上が宋代箚子の基本的な機能と言えると思われるが、そのほかの箚子の機能・役割についても確認しておこう。まず、近年注目されている文書史料の一群である「石刻文書」には、官司ではなく寺観（寺院・道観）などの宗教施設に下された箚子も多く含まれている。小林隆道氏の収集・整理したデータに基づけば［小林二〇一三、第四章］、これらは主に中央の中書や尚書省から各地の寺観に下されており、その内容の多くは個々の寺観の権利などを保証・証明するものとなっている。

次に、任命文書として下される箚子も非常に多かったようである。史料中には「告箚」「宣箚」などとも表現され、後述のように例えば『宋会要輯稿』兵一八、軍賞に、多くの用例を確認することができる。このような箚子の実例と考えられているのが、山西省霊石県発見の「南宋抗金文書」に含まれる三件の文書である［丁明夷一九七二／陳振一九七三／孫継民・陳瑞青二〇〇七〕。

また、やや特殊な劄子として白劄子がある。白劄子の「白」とは、『朝野類要』巻四、文書、白劄子に「上利便之書也、与不顕名之義同」とあるように、名を顕さないことを意味しており、より具体的には「書押」がないことと考えられる〔毛利二〇一三、一八七頁／cf.徳永一九九八、二六頁〕(9)。白劄子は、臣僚による上奏の際に使用されていたことが確認され、例えば司馬光『温国文正司馬公文集』などの文集に散見し、通常の劄子や奏状とは区別されていたようである〔渡辺二〇〇七、一四五頁〕。一方で、白劄子は、北宋と契丹（遼）や西夏、南宋と金との外交交渉の際に使用されていたことも指摘され、枢密院が聖旨を奉じて館伴所に下していた〔毛利二〇一三、一九五頁〕。また、兵部が受領した「都省白劄子」〔『続資治通鑑長編』巻四七一、元祐七年三月辛丑〕なども見られ、上行・下行に拘わらず白劄子は使用されていたことが分かる。

最後に、平行文書としての機能を有していたと思しき劄送がある。これについては周必大『淳熙玉堂雑記』巻下に「又三省・密院於百司、例用劄付。惟学士院云劄送」とあるように、三省や枢密院から学士院に劄子を発出する際に、通常の百司に対する場合と異なり「劄送」という表現を使用して区別を図っていたことが分かる。前掲『帰田録』に見える両府間の文書伝達において用いられる劄子も、「劄送」と表現されていたようである(10)。また、前掲の『宋会要輯稿』職官四一―二五においても、宣撫使から劄子を発出する際、相手（＝宛先）が従官（侍従官）以上であれば、やはり「劄送」という表現を採るとしている。このように、劄送とは本来は下行文書である劄子が使用される際に、発信者と受信者の関係に応じて平行文書として劄子が使用される場合の表現と捉えられるだろう。

なお、宋代史料や宋代文書研究において、劄付・劄送はいずれも文書様式・名称としては定着していないが、本稿では劄付・劄送をそれぞれ下行文書としての劄子、平行文書としての劄子を意味するものとして便宜的に使用する(11)。

以上のように、宋代の劄子は上行（上申）・下行（下達）・平行という三つの機能（方向性）を備え、あるいは任命文書や証明書という役割も果たしていた。また中央・地方、皇帝・官僚・官司・寺観など、様々な授受関係の中でも使用されていた。劄子は多様な機能・役割を有し、広範囲に亙って使用されていたのである。それでは、このような宋代劄子のそれぞれの機能・役割は、いつごろから見られるようになり、またどのような共通点・相違点があり、いかなる関係を有していたのだろうか。

二　宋代劄子の登場と展開

本章では、多岐に亙る劄子の機能が、それぞれいつごろから出現し、どのような関係にあったのかを検討し、宋代劄子の展開を跡付けてみたい。なお、前章で確認したように劄子の機能は上行（上申）・下行（下達）・平行の全てに跨っているが、以下では便宜的に上行・下行・平行というベクトル別に確認する。

（1）　上行文書としての劄子

宋代劄子の中心的な機能である、上奏の際に使用される上殿劄子は、周佳氏に拠れば北宋の太宗期後半に出現し、続く真宗期・仁宗期にかけて定制化したという［周佳二〇一二、三九頁］。

このような上殿劄子は、平田氏が詳細に分析したように［平田二〇一二（一九九四）、二七一～二七八頁］、主として「対」の過程において進呈されていた。北宋中期ごろに整備された「対」の制度は南宋期には政治的な役割が変質したものの、そこでも劄子が用いられていたことは明らかである［藤本二〇一四］。また、宋代の文集には非常に多くの上殿劄子が収録されており、北宋期のみならず南宋期においても上殿箚子が広く使用されていたと言えるだろう。南宋期における上奏の際に用いられる箚子については、『宋会要輯稿』儀制七―三二、章奏、淳熙九年（一一八二）十一月三日の条で言及される淳熙六年（一一七九）七月二十九日の臣僚の上言に、次のように述べられているのも参考となる［青木二〇〇七、六四頁、注一四］。

窃見、旧制、章奏凡内外官登対者、許用箚子、其餘則前宰執・大両省官以上許用箚子、以下並用奏状。凡沿辺守臣与帥・漕臣拜（并）主兵官、許用箚子。

これより南宋期においても、内外の官僚が「対」を行う際、宰執経験者や大両省以上の官僚、沿辺地域の知州・帥臣・漕臣・主兵官が上奏の際に箚子を使用することが認められていたことが分かる。

次に、上奏の際の白箚子については、前述のように例えば司馬光『温国文正司馬公文集』に「白箚子」が多数収録されているなど、北宋後期から南宋期の文集には白箚子が散見する。このことから、上奏の際の白箚子は、遅くとも北宋神宗期には使用されており、その後南宋期にも使用され続けていたと考えられる。

（2）下行文書としての箚子

一方、下行文書としての箚子についてはどうであろうか。

まず中書・枢密院・尚書省の下す箚子について、太宗太平興国九年（九八四）に「中書箚子」が見え、すでに中書が箚子を使用していたことが知られる［張禕二〇一三、五一～五二頁］。この箚子が唐・五代期の堂帖と同様の性格を有していたことはすでに述べた通りであるが、この後まもなく、太宗は箚子を廃そうとする。

上又曰、「前代中書有堂帖指揮公事、乃是権臣仮此名以威服天下。太祖朝、趙普在中書、其堂帖勢重於勅命、尋亦令削去、今何為却置劄子、劄子与堂帖乃大同小異爾」。張洎対曰、「劄子蓋中書行遣小事、亦猶京百司有符・帖・関・刺、若廃之、則別無公式文字可以指揮」。上曰、「自今大事、須降勅命。合用劄子、亦当奏裁、亦方可施行也」。

（『続資治通鑑長編』巻四十、太宗至道二年〔九九六〕七月丙寅）(12)

この史料では、劄子とは唐代から北宋初期にかけて使用され勅よりも重視された堂帖と同様の性格を有すると太宗が認識しており、それ故に太宗が劄子を廃そうとしたことが分かる。これに対して、張洎は、劄子とは宰相が「小事」について下す文書であり、廃すれば他に中書から発出できる公文書（公式文字）がないことを指摘する。最終的に太宗が劄子を廃することはなかったが、この時点で劄子の堂帖的性格は失われたと考えてよく、文書発出に関しては「奏裁」、すなわち上奏と皇帝による裁可が必要となったことが分かる。中書や枢密院が下す劄子は皇帝の宣勅を下さない場合に発出されていたが、当然ながら皇帝の認可は必要であったのである。こうして、下達文書としての劄子は太宗期に「公式文字」として認められ、その後は廃されることなく継承されていくのである〔李全徳二〇一二／張禕二〇一三〕。

さて、太宗期に出現した下行文書としての劄子は、中書や枢密院から中央官司のみならず路級官司や州級官司のような地方官司に対しても発出されるようになる。その具体的な時期は明確ではないが、例えば小林隆道氏が蒐集・整理した宋代石刻文書のデータに基づけば、仁宗景祐二年（一〇三五）の「永興軍中書劄子」など、仁宗期には中書から地方官司へ劄子が下されていたことが確認できる〔小林二〇一三、一四五頁〕。無論、その時期が早まる可能性もあるが、現時点では中央―地方間における劄子の下達が、遅くとも仁宗期には一般化していたことは指摘できよう。

また、寺観などの宗教施設に下される劄子についても、石刻文書中から多く確認することができる。このような文書は、内容・性格的にはそれぞれに与えられる権益を保証する、一種の証明書・許可証のような役割を持っていたと言えるが、その発出元は中書や尚書省であった。また、後述するように、石刻文書から確認できる中央―地方間の下達箚子と、寺観への下達箚子とは、その書式が共通している。これらより、寺観への下達箚子は、中央―地方間の下達箚子から派生したものと捉えられよう。なお、その出現時期についても明確にはし得ないが、やはり石刻文書に手掛かりを求めれば、仁宗嘉祐三年（一〇五八）にはすでに見えていることが確認できる。[13]

また、下達文書の白箚子について、既述の通り哲宗元祐年間に「都省白箚子」が見えている。[14]また外交交渉時に用いられる白箚子は、慶暦二年（一〇四二）の宋遼増幣交渉の際には見えず、熙寧八年（一〇七五）および元符二年（一〇九九）の宋遼外交交渉時に確認できる［毛利二〇一三、一八八〜一九三頁］。宋夏関係においては元符二年には見えており、宋金関係においては当初から使用されていた［毛利二〇〇八、一六二頁、注九六／二〇一三、二〇三頁、注五］。これらに鑑みれば、尚書省や枢密院が下す白箚子は、仁宗期から神宗期にかけての間にしだいに使用されるようになり、哲宗期にはその使用が一般的になっていたと考えられよう。これらも中央から下される箚子から派生したものとして理解できる。

次に、地方官司間における下達文書について検討しよう。すでに指摘されるように、宣撫使・制置使・都督府など南宋期に設置された路級以上の官司が箚子を降す権限を有していたこと、南宋期には箚子が濫発されたたび禁令が出されていたことなどから、南宋期には地方官司による下達箚子の使用が常態化していたと言える。一方で、それがいつ頃から見られるのかという時期的な問題については、従来あまり関心が払われてこなかったようである。

平田氏によれば、南宋期以降に常態化した、軍事の大権を有する地方大官による箚子の使用は、南宋期の特殊性を反映したものと指摘される。すなわち、南宋期には宰執経験者や侍従官のような一部の高官が地方軍事大官を兼ねる例が続出し、文書伝達において複数の原理が働くようになったという［平田二〇一二（二〇〇七）、三一六〜三一八頁］。このような状況を端的に示しているのが、『宋会要輯稿』職官四一―三一、宣撫使、紹興四年（一一三四）六月十七日に見える唐輝の言である。

十七日、左諫議大夫唐輝言、自来内外官司移文或用符牒、各有定式、唯三省・枢密院用箚子、他官司不敢用、蓋以尊朝廷也。軍興以来、領宣撫使皆見在二府、故用箚子。向因主兵官輒援此例、臣僚以為言、乞講求事実、立為永法、已得旨統兵官行移文字輒用箚子者徒二年。今来韓世忠如不係見帯三省・枢密院職事、不合用箚子、即乞指揮改正施行。従之。

唐輝に拠れば、内外の官司における文書伝達において、三省・枢密院のみが箚子を使用していたのは朝廷を尊んでいたからであり、南宋期に入ると宣撫使に任ぜられる際に二府の職を帯びていたことで宣撫使にも箚子の使用が認められたという。一方で、南宋期には本来箚子を使用する権限のない主兵官・統兵官による箚子の濫発も見られ、それに対する禁令が下されていたことも知られる⑮。

このように、南宋期における地方軍事大官による下達箚子の使用は、南宋を取り巻く情勢と深く関わっていたと言えるが、実は地方官司間において使用される下達文書としての箚子自体は、北宋期においてすでに見えていた。

それを示すものは「宋西北文書」に含まれる、対西夏前線地域である鄜延路の軍事を統轄する鄜延路経略安撫使司あるいは鄜延路都総管司から、各路に編制された軍事単位「将」のひとつである鄜延路第七将に下された文書である。「宋西北文書」には、鄜延路経略安撫使司・都総管司から鄜延路第七将に宛てて下されたと確定できる箚子が五点存在する⑯［伊藤二〇一八、二二頁］。「宋西北文書」は、時期としては北宋末～南宋初期に属しており、その内容は鄜延路を中心とする対西夏前線地域の軍事情勢に関わり、また開封陥落や両宋交替という緊迫した状況における陝西地域の動向を伝える史料群であり⑰、「宋西北文書」中の箚子もこのような状況下で発出されたものである⑱。

また、靖康の変に際して、宗室で開封から唯一逃れていた康王・趙構が開いた大元帥府から劄子が下されていたことや京兆府安撫使や秦鳳路都総管司からも劄子が下されていたことが確認でき[19]、両宋交替期には地方文書行政において下達劄子が使用されていたようである。

このような地方文書行政における下達劄子の使用時期について、次の史料が参考となる。

徽宗建中靖国元年正月十八日、刑部状、永興軍路安撫都総管司奏、逐司契勘、久来行遣文字、除不係統摂及轄下州軍去処、並行公牒外、有管下県鎮・将領・訓練官司之類、並同劄子行下、近覩文書令内無劄子式。本部尋批送大理寺、参詳、経略安撫或都総管・鈐轄等司、事体稍重於管下県鎮・将分(領)・訓練之類官司、雖別無許用劄子条式、其逐司自来旧例用劄子去処、欲依旧施行。従之。

(『宋会要輯稿』儀制五―二〇、徽宗建中靖国元年(一一〇一)正月十八日)

この史料に拠れば、徽宗期の初めには路から県鎮・将領・訓練官などに対して劄子を下すことが一般化していたものの、文書令には「劄子式」の規定がなかったことが分かる。そして、結果として、劄子を使用する規定がなくとも、これ以前の慣例に従って劄子を使用することが認められている。遅くとも、徽宗期には地方文書行政における下達劄子の使用は一般化していたと考えてよいだろう。

任命文書としての劄子については、その実例と考えられる山西省霊石県「南宋抗金文書」中の三件は、建炎二年(一一二八)に鄜延路経略安撫使から発出されており、「宋西北文書」との関連も指摘されている〔孫継民・陳瑞青二〇〇七〕。このような任命文書は、軍事前線地域とりわけ対西夏前線地域における褒賞用として大量に頒布されていた。『宋会要輯稿』兵一八、軍賞に記される事例を時系列に抽出すると、次のような事例が確認できる。

二年正月、知慶州范仲淹請給枢密院空頭宣及宣徽院頭子各百道、以備賞戦功。従之。

八年正月、降空名告勅・宣頭子三百道下河北宣撫司、以備賞戦功。

（『宋会要輯稿』兵一八―二、軍賞、康定二年〔一〇四二〕正月）

二年二月十六日、詔、今後陝西諸路沿辺兵校、如有因与賊闘敵斫到人頭合該転補者、並可於奏到三日内、出給宣頭。

（『宋会要輯稿』兵一八―三、軍賞、慶暦八年〔一〇四八〕正月）

二十三日、詔、鄜延・環慶・涇原・熙河・麟府路各給諸司使至内殿崇班勅告百、東頭供奉官至三班奉職宣頭二百、鄜延路別給三班借職至殿侍軍大将劄子百。如軍前有効命奮力可以激励衆心者、随功大小補職、書塡給付。

（『宋会要輯稿』兵一八―四、軍賞、熙寧二年〔一〇六九〕二月二十六日）

（『宋会要輯稿』兵一八―六、軍賞、元豊四年〔一〇八一〕七月二十三日）

同日、降告七十五道、勅三十道、宣四百八十七道、劄子八十六道付沈括、賞曲珍出塞時立功将官、有軽重未当者以聞。

（『宋会要輯稿』兵一八―一〇、軍賞、元豊五年〔一〇八二〕四月二十七日）

これらの事例からは、神宗元豊年間（一〇七八～八五年）に、任命文書としての劄子が出現したことが窺えよう。以後、任命文書として下される劄子の事例は頻見するようになる。なお、宣劄・告勅なども表現される任命文書は、元豊五年の記事に拠れば、厳密には告・勅・宣・劄とそれぞれ区別されていたことも窺えるが、このような区別は元豊四年の記事に見えるように、授官される官職に応じたものであろう。

以上、下行文書としての劄子の諸機能の出現時期の検討によれば、その諸機能の関係や展開については以下のように想定できよう。太宗期に下行文書としての劄子が登場すると、恐らくはまずは中書や枢密院から中央官司に対して使用され、その後に地方官司に対しても劄子が下されるようになった。それに合わせるように、寺観に対しても中央から劄子が下され、さらには地方官司間においても劄子が下達され、劄子の使用範囲が拡大したと言えよう。すなわち、下行文書としての劄子の諸機能は、中央から降される劄子から順次派生し、北宋末には一般的に使用されるようになっていたと考えられる。また、すでに指摘されるように地方軍事大官による劄子は南宋期に濫発されるようになるが、その萌芽は北宋期にすでに見えていたと言えよう。

（3）平行文書としての劄子

平行文書としての劄送がいつ頃から使用されるようになったかは判然としないが、文書中の表現を「劄送」としている例は司馬光『伝家集』巻四十一や巻四十五、曽鞏『元豊類稾』巻三十二などに確認できる。また、中書・枢密院間の文書伝達が劄送と表現されていたことや、三省や枢密院が学士院へ劄子を送る際に、文書中で本来は「劄付」と表現する部分を「劄送」に改めていたことにも鑑みると、劄送は北宋期からある程度使用されていたと考えられよう。また、受領者の帯びる官職に応じて、文書中の表現が「劄付」・「劄送」と区別されていた例も実際に確認できる。

岳珂『金佗続編』巻五、権知潭州幷権荊湖東路安撫都総管省劄（紹興二年）

紹興二年正月二十九日、枢密院関奉聖旨、令岳飛除差出捉殺石陂群賊軍兵参阡人外、限指揮到、日下将帯見統全軍兵馬、起発前去、権知潭州、幷権荊湖東路安撫・都総管。候宣撫司到日、取朝廷指揮。如更合要兵馬、即勾収張中彦・呉全両軍、帯領前去、聴岳飛節制使喚。其合用銭糧、令韓球専一応副起発。仍劄下江南西路安撫大使司照会。内有合属尚書省事、今関送尚書省指揮。

右、劄付親衛大夫・神武右副軍統制・建州岳観察、依枢密院関子内、已得聖旨指揮、疾速施行。准此。

紹興二年正月二十九日　押押

岳珂『金佗続編』巻五、改充江南西路制置使省劄（紹興三年）

三省・枢密院同奉聖旨、岳飛落「沿江」弐字、充江南西路制置使、江州駐劄。其沿江興国・南康軍一帯江面、仰多方措置、防托隄備。及本路州軍緩急遇有賊馬侵犯去処、亦仰随宜分撥軍馬、前去応援、無致疏虞。餘並依已降指揮。

右、劄送神武副軍都統制・充江南西路制置使岳承宣、疾速施行。准此。

紹興三年九月二十一日　押押

これらはいずれも岳飛が受領した省劄であるが、「右」から始まる本文の表現が、紹興二年正月では「劄子」、紹興三年（一一三三）九月では「劄送」となっている。このような区別が何に基づくは詳らかではないが、『金佗続編』に収められる岳飛に宛てられた省劄を通覧すると、「劄付」となっている省劄では岳飛が帯びているのは武功大夫（正七品）・親衛大夫（従五品）、防禦使（従五品）・観察使（正五品）である。一方、「劄送」となっている省劄では承宣使（正四品）・節度使（正三品）・検校少保・太尉（正二品）・少保（正一品）・開府儀同三司（従一品）を帯びている。また、職事官について見ると、「劄付」の場合は統制官、「劄送」の場合には制置使・招討使・宣撫副使・宣撫使・枢密副使となっている。ここで想起されるのは、中書や枢密院が学士院に文書を発出する際、あるいは宣撫使が侍従官以上の相手に文書を発出する際に、それぞれ劄送が用いられていたこと、また二府すなわち中書・枢密院の間の文書伝達も劄送が用いられていたと考えられることである。侍従官は、館職中で待制以上を帯びる者、左右諫議大夫・給事中・中書舎人・尚書左右丞（いずれも元豊官制改革前の名称）なども指し〔梅原一九八五、六八頁〕、さらには翰林学士もここに含まれ、おおむね侍従官とは四品以上の官となる〔龔延明二〇一三、六六四～六六五頁〕。ここに、宣撫使や制置使が劄子を降す権限を認められていたことも併せ考えると、四品以上に相当する官の間柄、あるいは劄子を降す権限を有する間柄において、文書伝達の際に劄送を用いていたと考えられるのではないだろうか。無論、これらは完全に同格というわけではないが、文書の発信者あるいは受信者に特別な配慮がなされるような場合に、明確な上下関係をあらわす「劄付」ではなく、「劄送」という表現に改められていたのではないだろうか。

以上より、劄送は本来下行文書として使用される劄子が、特殊な授受関係において平行文書として使用されることで生じたと考えられ、下行文書としての劄子から派生したと言える。そして、北宋期から二府間での文書伝達や二府と学士院との文書伝達において使用されていたが、南宋期に入るとその使用範囲が拡大していったとみなすことができよう。

三　宋代劄子の本質

最後に、多様な機能を有し、様々な局面で使用されていた宋代劄子に通底する本質について、主に文書書式と発出手続きに着目して検討したい。上殿劄子による「対」の制度を詳細に分析した平田茂樹氏は、上殿劄子の書式や手続きにも着目しており、劄子とは利便性・緊急性を追求した文書であったと指摘する〔平田二〇一二(一九九四)、二七五頁〕。ここでは、氏の指摘した性格が、上殿劄子以外の劄子にも当てはまるのか、換言すれば利便性・緊急性を宋代劄子の本質として見なすことができるのかを確認することとしたい。

さて、従来宋代の文書書式については『司馬氏書儀』や『慶元条法事類』の記載に基づいて検討されてきた。しかしながら、本稿で確認してきたいずれの宋代劄子の機能についてもこれらの史料には書式が記載されておらず、「実例」や編纂史料中の記述から復元・帰納するほかない。

まず、平田氏や周佳氏も検討した上殿箚子を含む、上奏に用いられる箚子について確認しよう。

上殿箚子の書式については、『慶元条法事類』巻十六、文書門、文書式、奏状式の運用規程の中で次のように述べられており、参考となる。

其用箚子者、前不具官、不用「右」、不用年、改「状奏」為「箚子」、事末云「取進止」。〔割注〕在京官司例用箚子奏事者、前具司名。

ここから、上奏の際に箚子を用いる場合、通常の奏状との相違として、発信者の官名、「右」、発出年月日の年などを省略する、文末に「取進止」という定型句を入れる、といった点があったことが分かる。なお、『慶元条法事類』には奏状の書式は次のように記されている[20]。

某司〔自奏事則具官〕
　某事云云〔自奏事而無事因者、於此便云右臣〕
右、云云〔列数事即云右謹件如前、云云〕。謹録奏
聞。謹状〔取旨者云伏候勅旨〕。
　年月　日　具官〔止書官職差遣、餘状牒式、准此〕　臣姓　名状奏

この奏状式の書式と、前掲の相違点をもとにすれば、上殿箚子の書式は次のように想定される。

〔某司〕
　某事云云
云云。謹録奏
聞。謹状。取進止。

月　日　臣姓名　劄子

このような特徴は、宋代の文集に収められた劄子に広く確認することができ、例えば司馬光『温国文正司馬公文集』を見れば、「劄子」と分類されているものについては、概ね「右」の省略や文末の「取進止」を確認することができる。(21)
また、上奏に用いられる白劄子については、文集中で「白劄子」と定名・分類されているものから推測すれば、奏状における「伏候勅旨」などの文末定型表現や、劄子における「取進止」などが見られない。『朝野類要』に見える「名を顕さざる」という点や、徳永・毛利両氏が指摘する「書押（＝花押）」がなされていないという点は、そもそも文集中では上奏者の名前はしばしば省略されるため確認は難しいが、白劄子は劄子をさらに簡便化したものと考えてよいだろう〔毛利二〇一三、一八七頁〕。

次に、下行文書としての劄子の書式を確認する。張禕氏は、石刻文書や編纂史料中の事例から、中書や尚書省、枢密院から発出される下達劄子の書式を次のように復元する〔張禕二〇〇九、一二〇頁／二〇一三、六〇頁／小林二〇一三（二〇〇九）、三〇五頁〕。

発出主体＋劄（劄子）
云云。〔某月某日〕奉聖旨／御筆／御宝批：云云。
〔右〕、劄付宛先。
年月日　〇（押字）

氏の復元書式は、地方官司・寺観に宛てられた劄子の事例に基づいており、これに拠れば中央・地方官司や寺観に下される劄子は概ね共通の書式を備えていたと言える。
また、地方官司間における下達劄子の書式は、「宋西北文書」から次のように復元できる〔赤木二〇一二、六二頁／伊藤二〇一八、一三頁〕。

発出主体（墨印）

　事書

右、劄付(22)宛先……〔本文〕……准此。

　宛先

年月日　（押字）

なお、このような書式は、霊石県「南宋抗金文書」中の劄子にも共通している〔孫継民・陳瑞青二〇〇七〕。また、平行文書として使用される劄送は、すでに見たように文書中の表現を「劄付」から「劄送」に改めて使用されていたので、基本的に下達劄子の書式に則っていると言える。

以上の各下達劄子の書式から、中央の中書・尚書省や枢密院から発出される下達劄子と、地方の路級あるいはそれ以上の官司から発出される下達劄子は、多少の差異は認められるものの基本的な構造は共通していると見てよいだろう。先に確認したように、平行文書である劄送は、書式面においても劄付からの派生と考えられる。すなわち、中央・地方、下行・平行に拘わらず、劄子の書式は基本的には共通していたと言え、書式の面からも下行文書としての劄子の展開過程を裏付けることができよう。

次に、発出手続きについて確認してみよう。

上殿劄子をはじめとする上奏時の劄子については、先行研究ですでに指摘され、本稿でも確認したように、通常の奏状に比して書式上の省略が認められていた。

下達劄子については、「宋西北文書」や「南宋抗金文書」の実例から、複数種類の墨印の使用という特徴が認められる。例えば、「宋西北文書」「南宋抗金文書」ともに文書冒頭の発出主体を示す部分に、鄜延路経略安撫使司・鄜延路都総管司の墨印が捺され、「南宋抗金文書」では末尾の発出責任者の肩書も墨印で示されている。また、「宋西北文書」一〇九―一八文書と一〇九―三九文書には、文書の起草、文面の校閲などをおこなった吏員の名が記されるが、それにも墨印が使用されている。(23) また、「宋西北文書」の劄子では、末尾に発出責任者の肩書・姓は記されず名のみが押字として記されている。

これらの点からは、劄子の作成や発出に際してその手間を省こうとする意図が垣間見える。例えば唐代律令制下における文書発出の手続き（三判）(24) の複雑さなどと比較すれば、文書発出までの手続きが簡略化されていたと考えてよいだろう。

そのような背景としては、これまでにも指摘されていたとおり、劄子が主に軍事上の急を要する場合に使用される、という点がまず考えられる。可及的速やかな文書発出・伝達が求められる際、煩瑣な手続きを経ていては事態に対応できなかったはずである。

また、文書の大量発出という点も要因として考えられる。例えば、任命文書としての劄子は、前掲の『宋会要輯稿』軍賞の事例からも明らかなように、同時に数十・数百通が発出されることもあり得た。寺観に対する劄子についても、同様の内容を各地の寺観に通達するというケースは十分にあり得ただろう。「宋西北文書」の劄子の例では、他所から受け取った文書の内容を引用して、その内容通りに処理を行うようにとの通達となっているものが見られる。(25) これは、「宋西北文書」の受信者である鄜延路第七将だけではなく、ほかの「将」にも通達されたと考えられ、さらには府州軍に通達されることもあったはずである。地方において、劄子を下達する官司は路級もしくはそれ以上であり、自ずと管轄下にある（＝劄子の受信者となりうる）官司・機関も多くなる。このような状況を考慮すれば、大量の文書を同時に発出するために、その作成や手続きを簡略化することが求められていたと言えるだろう。

以上を踏まえれば、宋代劄子の本質とは、やはり利便性・簡便性にあると言え、その背景としては緊急性・大量性という点が考えられる。また、このような性格を有するがゆえに、劄子は「特別な」文書でもあり、一部の高官だけが使用可能な文書ともなっていた。そして、そのために南宋期における劄子の濫発やたびたびの禁令に見えるように、文書行政における「横着」の原因ともなっていたとも言えよう。

おわりに

本稿では、多様な場で用いられ、多様な機能を有していた宋代の劄子について、機能・授受関係や書式を整理するとともに、それぞれの機能の出現・展開の過程を跡付けることを試みた。

宋代の劄子は大きく二種類に分けて捉えることが可能であり、ひとつは上殿劄子・白劄子（上奏）・外官の劄子のような臣僚の上奏の際に用いられる上行文書としての劄子、もうひとつは中央官司（中書・尚書省・枢密院）や路級（以上）官司から下される下行文書としての劄子であり、さらに後者から、寺観への劄子、任命文書としての劄子、平行文書としての劄送などが派生したと考えられる。このような宋代劄子の諸機能の出現・展開の過程に基づけば、北宋の太宗期後半〜真宗期、神宗元豊年間、徽宗期初期、南宋成立以降など、いくつかの画期があったことが窺われる。また、宋代劄子の書式や発出手続きを手掛かりにその特徴・本質を考えれば、利便性・簡便性・緊急性・大量性といった点が浮かび上がってくる。

この点について最後に若干の見通しを述べておく。まず、元豊年間が宋代劄子の展開の上でひとつの画期と想定できることは先述の通りであるが、この時期には文書制度・文書体系全般に大きな変化があったと考えられる。元豊年間に文書制度に関わるいくつかの変化があったことはすでに指摘されており、例えば唐代から北宋元豊年間までは状式（申状式）文書の本文に「牒、件状如前。謹牒」と記す慣例があったものの、元豊年間には書式が改められたこと［赤木二〇〇三、一四〇～一四五頁／cf.伊藤二〇一八、三四～三五頁、注九］、元豊五年に告身式が制定され勅授告身・制授告身・奏授告身式が定められたこと［頼亮郡二〇一〇］などが知られる。また、三省六部を中心とする元豊官制改革とそれに伴う官司間の統属関係の変化により、官司間で使用される文書書式にも変化が生じたことも指摘されている［平田二〇一二（二〇〇九）、三一七～三三〇頁］。このような変化とともに、元豊官制改革以後には文書行政の煩雑さを批判する言説が見えることも興味深い(26)。北宋後期にかけての劄子の使用範囲の拡大は、官僚体系の変化や官僚組織の肥大化による文書行政の複雑化・煩雑化が進む中で見られたものとして捉えることも可能であろう。また、文書の大量発出を可能にした背景としては、印刷技術の発展も考えられる(27)。

また、はじめにも述べたように、劄子という文書名称・文書書式は、宋以後、金・元・明・清代にも頻見し、さらには高麗・朝鮮においても使用されていた。とりわけ、元・明・清代における下達文書として知られる劄付式文書は、宋代の下達劄子と書式上の類似も認められる(28)。また、明や高麗・朝鮮王朝における「任命劄付」、元代の石刻文書中の劄付や「鋪馬劄子」など、宋代劄子の証明書・任命文書としての機能も、後代・周辺地域への継承・伝播が想定される(29)。

本稿で検討した宋代劄子の性質が、宋代文書行政全体における特質として理解できるのか、あるいは宋代劄子の展開に見える画期やそこで生じた変化が文書制度や文書体系の全般に及ぶのか、それとも個々の文書に限定されるのか、そのような背景にはどのような要因が考えられるのか、どのように後代や周辺地域へ文書制度が継承・伝播されていくのか、などの点については、今後、宋代の他の文書書式との比較検討や、文書体系の全体像にも目を向けた考察がなされるべきであろう。

註

（1）日本の研究では、例えば平田一九九四（二〇一二）／久保田一九九八／徳永一九九八／梅原二〇〇〇などがあり、宋代政治史研究の動向を整理した平田二〇〇八（二〇一二）も参照。また、中国においても近年宋代文書研究の成果が陸続と発表されており、個々の論文は枚挙に暇がないが、鄧小南（主編）二〇〇八や鄧小南・曹家斉・平田（編）二〇一二などのまとまった成果もある。

（2）十一世紀初頭に契丹―北宋間で成立した澶淵の盟を契機として、「澶淵体制」や「盟約の時代」「盟誓体制」などと称される、ユーラシア東方の国際情勢における多国共存状況が現出する。契丹が優位に立つ契丹―北宋関係を主軸とし、それは金―南宋関係にも変化を伴いながら継承されていく。このような国際情勢をめぐる研究は非常に多いが、ここでは古松二〇〇七／二〇一一／毛利二〇〇八／井黒二〇一〇／金成奎二〇一五／山崎二〇一七を挙げるに留める。

（3）中西二〇〇五／古松二〇一〇／毛利二〇〇八／二〇〇九／二〇一三／二〇一六／井黒二〇一〇／二〇一三／豊島二〇一三／廣瀬二〇一三／山崎二〇一三など。また、宋代外交制度・外交文書をまとまって扱った研究として、呉暁萍二〇〇六や冒志祥二〇一二もある。

（4）これらの文書史料の簡潔な解説やこれらを扱った研究については、小林二〇一三、一四～一八頁に整理されている。

（5）「石刻文書」については、小林隆道氏による網羅的な調査・蒐集により約三〇〇点が紹介されている［小林二〇一三、一四〇～一八九頁］。編纂史料については、例えば入宋僧成尋の記した『参天台五臺山記』に多くの宋代官文書が抄写されている［遠藤二〇〇二／王麗萍二〇〇二／二〇一七］。また南宋・岳珂『金佗稡編』『金佗続編』も多くの文書史料を収録しており有用である。このほか、地方志にも抄写された文書を多く見出すことができる。ただし、いずれも原文書の形式をどこまで再現しているか、という点には常に注意を払う必要がある。

（6）①については平田二〇一二（一九九四）／周佳二〇一二、②については平田二〇一二（一九九四）／李全徳二〇一二／張禕二〇〇九／二〇一三、③については平田二〇一二（二〇〇七）／伊藤二〇一八、④については張禕二〇〇九／二〇一三／小林二〇一三（二〇〇九）、⑤については毛利二〇〇八／二〇一三、⑥については丁明夷一九七二／陳振一九七三／孫継民・陳瑞青二〇〇七、⑦については平田二〇一二（二〇〇九）などがそれぞれ指摘・検討している。

（7）堂帖については李全徳二〇一二を参照。

（8）平田氏はこのほかに総領所にも劄子を下す権限があったと述べる［平田二〇一二（二〇〇七）、三一五頁］。しかし、清水浩一郎氏が指摘したように、それを示す史料は挙げられておらず［清水二〇一四、一二四頁］、筆者もそのような史料を見出だすことはできなかった。

（9）このことを示す史料として、『宋会要輯稿』職官一―八〇、紹興三年九月二十一日や『建炎以来繫年要録』巻六十八、紹興三年九月壬申などを参照。

（10）枢密院から中書への文書伝達を「劄送」と表現することは、『続資治通鑑長編』巻八十二、大中祥符七年（一〇一四）六月乙亥に見える。

（11）後述するように、元・明・清代においては「劄付」という下達文書の名称・書式が定着している。

（12）『宋会要輯稿』職官一―七一、中書門下省、至道二年七月には「帝又曰、前代中書以堂帖旨《(指)》揮、乃是権臣仮此名以威福天下也。太祖朝、趙普在中書、其堂帖勢力重於勅命、朝廷尋令削去、今何却置劄子。劄子・堂帖大同小異耳。張洎対曰、劄子是中書行遣小事文字、亦如京百司有符・牒・関・刺、劄子廃之、則別無公式文字可旨《(指)》常事。帝曰、自今但干近上公事須降勅処分、其合用劄子亦当取旨後行」とある。また、「二年七月、詔自今中書所行劄子、並須具奏取旨、方可行下」ともあり、詔が下されたことも分かる。

（13）「興化寺牒」。「牒」とされているが形式は「劄子」である［小林二〇一三、一四六頁］。

（14）さらに南宋期に入ると、軍令の伝達などの緊急の際にあらかじめ白劄子を送り、その後に勅を降して追認する慣行が普及したようである［徳永一九九八、二六頁］。

(15) このような禁令は、『慶元条法事類』巻十六、文書門一、行移、勅、職制勅にも「諸帥司及統兵官行移輒用箚子者、徒二年」とある。

(16) 北宋神宗期（一〇六八〜八四年）に施行された将兵制により、各路に軍事単位「将」が複数編制された。鄜延路には第九将まで編制されたことが確認されていたが、「宋西北文書」には「鄜延路第十将」の名が見え、臨時的に編制されていたものと考えられる。将兵制に関する研究については、伊藤二〇一一／二〇一二cを参照されたい。

(17) 一〇九一一八、一〇九一三九、一〇九一四四＋三、一〇九一六三、一〇九一六五文書の五点。一〇九一二六文書は末尾のみ、一〇九一五五、一〇九一七四、一〇九一八六文書は冒頭が欠けているため発出主体は確定できないが同様の形式を備えており、鄜延路都総管司もしくは鄜延路経略安撫使司からの発出と考えてまず間違いないと思われる。

(18) 「宋西北文書」の概要については赤木二〇一二、三四〜三六、七二〜八一頁／伊藤二〇一二b／二〇一八、一〇〜一二頁などを参照。

(19) 兵馬大元帥府の箚子については伊藤二〇一八、二四〜二五頁に言及しているほか、例えば『三朝北盟会編』巻九十三、靖康二年（一一二七）四月十四日／巻九十四、靖康二年四月十五日／巻九十五、靖康二年四月二十一日などからも分かる。また、京兆府安撫使や秦鳳路都総管司の箚子については、『三朝北盟会編』巻九十五、靖康二年四月十七日に見える。

(20) 赤木二〇一二、六〇頁の奏状式の復元書式も参照。

(21) 一方で、「箚子」ではなく「状（＝奏状）」として分類されているものの中にも「右」の省略や文末の「取進止」を確認でき、本来は「箚子」として分類すべきと思われるものも多く見られる。

(22) 「宋西北文書」の箚子では、この部分はすべて朱筆で書かれているが、それが何を意味するのかについては判然としない。

(23) 一〇九一一八文書では「書吏楊誼写／職級馬裕対」、一〇九一三九文書では「書吏景彦写／職級田中対」「厳点検訖／使臣武澄」という墨印が捺されている。なお、筆者の実見調査に拠れば、吏員の姓名は墨印ではなく後から書き込まれたものであることが確認できた。

(24) 唐代の三判については吉川一九九八、二七～二八頁／赤木二〇〇八、七九～八〇頁／二〇一三、三六～三七頁などを参照。

(25) 例えば、一〇九―一八文書では陝西地域の軍事力を糾合した御前会合軍馬入援所の壊滅により生じた逃亡兵の処置について、御前会合軍馬入援所からの指示を引用した後、「右、箚付第七将。詳此及前去指揮、疾速□□□□施行。仍已施行、次第文状申来。准此」という本文が記されている。この文書が発出された背景などについては伊藤二〇一二aを参照。

(26) 司馬光の「乞合両省為一箚子」や「乞令六曹長官専達箚子」に、神宗期以降に文書行政が煩雑となり文書処理が長期化していることが指摘される。無論、元豊官制改革に対する批判であることを考慮する必要はあろう。

(27) 例えば久保田和男氏は各地に正確かつ大量に頒布する必要のある制書や敕書について、印刷技術がそれを支えていたことを指摘する［久保田二〇一一］。

(28) 元代（モンゴル時代）の箚付の書式はモンゴル時代カラホト出土文書に基づき赤木氏が復元している［赤木二〇一七、一〇二頁］。明代の箚付の書式は『洪武礼制』や『（正徳・万暦）大明会典』、清代の箚付の書式は『福恵全書』などから、それぞれ確認することができる。各書式については伊藤二〇一八、三一～三三頁において提示しているので、そちらも併せて参照されたい。なお、杜立暉氏がモンゴル時代カラホト文書から、従来知られていなかった上行文書としての元代箚子の存在を指摘し、宋代の上殿箚子との関連性にも言及している［杜立暉二〇一六、二六七～二七一頁］。しかしながら、氏の指摘するこの「新型箚子」は箚子ではないと思われる。

(29) 例えば明代の任命文書としての箚付は中国第一歴史檔案館・遼寧省檔案館（編）『中国明朝檔案総匯』（広西師範大学出版社、二〇〇一年）に兵部の任命に関わるものが収められ、また、日本の豊臣秀吉を日本国王に冊封する際にその諸将（陪臣）に宛てられたものなどが知られる［須田二〇一七］。高麗・朝鮮王朝の任命箚付については川西二〇一四、第四章、元代の鋪馬箚子については箭内一九三〇（一九二二）、八八九～八九一頁／羽田一九五七（一九〇九）、一四～一六頁／党宝海二〇〇六、二〇八～二三〇頁などを参照。

文献目録（著者五十音順）

青木敦　二〇〇七「監司と台諫：宋の地方官監察制度に見られる二つの型」『東方学』一一四、四八～六七頁。

赤木崇敏　二〇〇三「曹氏帰義軍時代の外交関係文書」森安孝夫・坂尻彰宏（共編）『シルクロードと世界史』（大阪大学二一世紀COEプログラム「インターフェイスの人文学」二〇〇二～二〇〇三年度報告書　第三巻）大阪大学大学院文学研究科、一三一～一五七頁。

二〇〇八「唐代前半期の地方文書行政：トゥルファン文書の検討を通じて」『史学雑誌』一一七―一一、七五～一〇二頁。

二〇一三「唐代官文書体系とその変遷：牒・帖・状を中心に」平田・遠藤（編）二〇一三、三一～七五頁。

二〇一二「宋代「検文書」攷：「宋西北辺境軍政文書」の性格」『大阪大学大学院文学研究科紀要』五二、三三～八九頁。

二〇一七「地方行政を仲介する文書たち：《賭博に関する賞金のこと》」高橋文治ほか『元典章が語ること：元代法令集の諸相』大阪大学出版会、七一～一一四頁。

井黒忍　二〇一〇「金初の外交史料に見るユーラシア東方の国際関係：『大金弔伐録』の検討を中心に」荒川慎太郎・高井康典行・渡辺健哉（編）『遼金西夏研究の現在』三、東京外国語大学アジア・アフリカ言語文化研究所、三一～四五頁。

二〇一三「受書礼に見る十二～十三世紀ユーラシア東方の国際秩序」平田・遠藤（編）二〇一三、二一一～二三六頁。

伊藤一馬　二〇一一「北宋における将兵制成立と陝西地域：対外情勢をめぐって」『史学雑誌』一二〇―六、三九～六一頁。

二〇一二a「南宋成立期の中央政府と陝西地域：「宋西北辺境軍政文書」所見の赦書をめぐって」『東方学』一二三、五四～六九頁。

二〇一二b「黒水城出土「宋西北辺境軍政文書」：概要と研究状況」『内陸アジア言語の研究』二七、一六一～一八〇頁。

二〇一二c「北宋陝西地域の将兵制と地方統治体制」『待兼山論叢（史学篇）』四六、一～二四頁。

二〇一八「「宋西北辺境軍政文書」に見える宋代文書書式とその伝達：宋代文書体系の復元に向けて」『大阪大学大学院文学研究科紀要』五八、一～四六頁。

梅原郁　一九八五『宋代官僚制度研究』同朋舎。
遠藤隆俊　二〇〇〇「進奏院をめぐって：宋代の文書伝達制度」『就実女子大学史学論集』一五、六九～一三〇頁。
王麗萍　二〇〇二「宋代中国のパスポート：日本僧成尋の巡礼」『史学研究』二三七、六〇～八六頁。
　二〇〇二『宋代の中日交流史研究』勉誠出版。
　二〇一七『成尋《参天台五臺山記》研究』上海人民出版社。
川西裕也　二〇一四『朝鮮中近世の公文書と国家：変革期の任命文書をめぐって』九州大学出版会。
龔延明　二〇一三『宋代官制辞典』中華書局（初版：一九九七年）。
金成奎　二〇一五「誓書：十～十三世紀東アジアの安全保障策」『史滴』三七、七～二八頁。
久保田和男　一九九八「宋代における制勅の伝達について：元豊以前を中心として」宋代史研究会（編）『宋代社会のネットワーク』汲古書院、一九七～二三二頁。
　二〇一一「宋朝における地方への赦書の伝達について」『史滴』三三、二五～四四頁。
呉暁萍　二〇〇六『宋代外交制度研究』安徽人民出版社。
小林隆道　二〇〇九「宋代「文書」の様式と機能：蘇州玄妙観「天慶観尚書省剳幷部符使帖」」『史滴』三一、一〇二～一三二頁（再録：小林二〇一三、二九七～三三八頁）。
　二〇一三『宋代中国の統治と文書』汲古書院。
清水浩一郎　二〇一四「書評：平田茂樹著『宋代政治構造研究』」『集刊東洋学』一一〇、一一一～一二五頁。
周佳　二〇一二「北宋上殿剳子探研」『史学月刊』二〇一二―四、三四～三九頁。
須田牧子　二〇一七「原本調査から見る豊臣秀吉の冊封と陪臣への授職」黒嶋敏・屋良健一郎（編）『琉球史料学の船出：いま、歴史情報の海へ』勉誠出版、二六一～三〇三頁。
孫継民・陳瑞青　二〇〇七「分蔵異国的宋代鄜延路経略安撫使司檔案」劉進宝・高田時雄（主編）『転型期的敦煌学』上海古籍出版社、三五三～三六四頁。

張禕　二〇〇九　「制詔勅札与北宋政令的頒行」北京大学博士論文。
　　二〇一三　「中書・尚書省劄子与宋代皇権運作」『歴史研究』二〇一三―五、五〇～六六頁。
陳振　一九七三　「有関宋代抗金義軍将領李宋臣的史料及其他」『文物』一九七三―一一、六八～六九、二〇頁。
丁明夷　一九七二　「霊石県発現的宋代抗金文件」『文物』一九七二―四、二二～二六頁。
鄧小南（主編）　二〇〇八　『政績考察与信息渠道：以宋代為重心』北京大学出版社。
鄧小南・曹家斉・平田茂樹（編）　二〇一二　『文書・政令・信息溝通：以唐宋時期為主』上下、北京大学出版社。
党宝海　二〇〇六　『蒙元駅站交通研究』崑崙出版社。
徳永洋介　一九九八　「宋代の御筆手詔」『東洋史研究』五七―三、一～三四頁。
杜立暉　二〇一六　「黒水城所出元代劄子考」『西夏学』第一二輯、二六七～二七八頁。
豊島悠果　二〇一三　「宋外交における高麗の位置付け：国書上の礼遇の検討と相対化」平田・遠藤（編）二〇一三、一五五～一八四頁。
中西朝美　二〇〇五　「五代北宋における国書の形式について：「致書」文書の使用状況を中心に」『九州大学東洋史論集』三三、九三～一一〇頁。
中村裕一　一九九一　『唐代官文書研究』中文出版社。
羽田亨　一九五七　「蒙古駅伝考」羽田亨『羽田博士史学論文集』上巻歴史篇、東洋史研究会、一～三二頁（初出：『東洋協会調査部学術報告』一、一九〇九年）。
平田茂樹　一九九四　「宋代政治構造試論：対と議を手掛かりにして」『東洋史研究』五二―四、八三～一一〇頁（再録：平田二〇一二、二六五～二九三頁）。
　　二〇〇七　「宋代地方政治管見：劄子、帖、牒、申状を手掛かりとして」『東北大学東洋史論集』一一、二〇七～二三〇頁（改題再録：平田二〇一二、二九五～三一八頁）。
　　二〇〇八　「日本の宋代政治史研究の新たな可能性：国家史・国制史研究との対話を求めて」『中国史学』一八、一四一

～一五八頁（改題再録：平田二〇一二、三～二一頁）。

二〇〇九「宋代文書制度研究的一個嘗試：以「牒」・「関」・「諮報」為線索」『漢学研究』二七―二、四三～六五頁（日本語訳再録：平田二〇一二、三一九～三四二頁）。

二〇一二『宋代政治構造研究』汲古書院。

平田茂樹・遠藤隆俊（編）二〇一三『外交史料から十～十四世紀を探る』汲古書院。

廣瀬憲雄　二〇一三「宋代東アジア地域の国際関係概観：唐代・日本の外交文書研究の成果から」平田・遠藤（編）二〇一三、五～二九頁。

藤本　猛　二〇一四「宋代の輪対・転対制度」藤本猛『風流天子と「君主独裁制」：北宋徽宗朝政治史の研究』京都大学学術出版会、三五五～四一七頁。

古松崇志　二〇〇七「契丹・宋間における国境」『史林』九〇―一、三一～六二頁。

二〇一〇「契丹・宋間における外交文書としての牒」『東方学報』八五、二七一～三〇一頁。

二〇一一「十～十三世紀多国並存時代のユーラシア（Eurasia）東方における国際関係」『中国史学』二一、一一三～一三〇頁。

冒志祥　二〇一二『宋朝的対外交往格局：論宋朝外交文書形態』広陵書社。

毛利英介　二〇〇八「一〇九九年における宋夏元符和議と遼宋事前交渉：遼宋並存期における国際秩序の研究」『東方学報』八二、一一九～一六七頁。

二〇〇九「十一世紀後半における北宋の国際的地位について：宋麗通交再開と契丹の存在を手がかりに」宋代史研究会（編）『『宋代中国』の相対化』汲古書院、二七一～三一四頁。

二〇一三「遼宋間における「白劄子」の使用について：遼宋間外交交渉の実態解明の手がかりとして」平田・遠藤（編）二〇一三、一八五～二一〇頁。

二〇一六「大定和議期における金・南宋間の国書について」『東洋史研究』七五―三、七一～一〇六頁。

箭内亙　一九三〇「元朝牌符考」箭内亙『蒙古史研究』刀江書院、八三九～八九八頁。（初出：『満鮮地理歴史研究報告』九、一九二二年）
山崎覚士　二〇一三「外交文書より見た宋代東アジア海域世界」平田・遠藤（編）二〇一三、一一七～一五三頁。
　　二〇一七「帝国の中世：中華帝国論のはざま」渡辺信一郎・西村成雄（編）『中国の国家体制をどうみるか：伝統と近代』汲古書院、一八七～二〇八頁。
吉川真司　一九九八『律令官僚制の研究』塙書房。
頼亮郡　二〇一〇「唐宋告身制度的変遷：従元豊五年〈告身式〉談起」『法制史研究』一八、三九～九一頁。
李全徳　二〇一二「従堂帖到省札：略論唐宋時期宰相処理政務的文書之演変」『北京大学学報』（哲学社会科学版）四九—二、一〇六～一一六頁。
渡辺紘良　二〇〇七『朝野類要の総合的研究』平成十七～十八年度科学研究費補助金　基盤研究（C）成果報告書、東洋文庫。

付記：本稿脱稿後、佐藤貴保「西夏の官文書の書式に関する基礎的研究：カラホト出土文書と法令規定との対応関係の考察を中心に」（『内陸アジア言語の研究』三三、二〇一八年）が発表された。西夏の官文書にも下達文書としての箚子（箚付）が存在していたことが指摘され、宋代箚子との共通点にも言及されている。

また、本稿は科学研究費補助金（17K03131）の成果を含むものである。

南宋末期理宗朝における執政の兼職とその序列

――『武義南宋徐謂礼文書』所収の告身を手掛かりに――

清水浩一郎

はじめに

本稿の目的は、『武義南宋徐謂礼文書』「録白告身」（以下『徐謂礼文書』と略称）の形式――特に繋銜の規則性と兼任の表記――に着目して、執政の三省・枢密院兼任事例について分析を行い、これを通じて南宋における執政の序列に考察を加えることにある。

『徐謂礼文書』は、婺州武義県（浙江省金華市武義県）の南宋人徐謂礼（一二〇二～五四：寧宗嘉泰二年～理宗宝祐二年）の墓に副葬されていた、告身（二巻）・勅黄（一巻）・印紙（十二巻）からなる史料である。(1) 同一人物に対して発給されたものであること、類似した種類の文書が一定数まとまって得られたことなどが当該史料の特性である。そのため、『徐謂礼文書』の発見と公表は、史料に多くの制約がある南宋政治制度史研究の進展に裨益するところ大であり、司馬伋・呂祖謙両告身などとともに、今後当該分野の研究をすすめるに当たって、多くの研究者によって活用されるものと予想される。(2)

従来の南宋政治制度史とりわけ宰輔制度に関する研究には、高宗建炎三年（一一二九）四月の制度改変（「三省合一」）を端緒として、南宋の体制が「三省制から一省制」へと変遷し、その結果、北宋神宗朝に施行された元豊官制改革以前の状態に回帰した、とする説が存在する。(3) おそらく、宋代の制度を後代の先駆形態と看做していたため、このような理解を受容する余地があったのであろう。しかし当該の制度改変において、門下省・中書省・尚書省のうち、門下省と中書省が中書門下省に統合されはしたが、尚書省は依然として存続しているため、「三省制から一省制」へ移行するとの見解には、首肯しがたいものがある。また、この制度改変に伴って宰相及び三省所属の執政の職事官も改廃されているが、この点に十分な目配りがなされているとは言えない。その上、職事官の改変と省庁の併合を明確に区別する意識が希薄で、制度改変後の三省制や大臣集団に対する具体的な検証を経ていない、といった問題もある。

このような説に対して、特に省庁と職事官の区別という点については、曹家斉「南宋〝三省合一〟問題補議」において既に指摘がある。また曹氏はこの論文で、該制度改変によって三省長弐が統合されたことによる制度の効率化や、胥吏の削減などについても論及している。(4) そして、「三省合一」以後南宋末期までの中央行政機構について、①元豊官制改革以後の趨勢を継承しながらも、新たな機構を作り出した。②制度の運用は、元豊官制以降北宋末年のものとも異なるが、官制改革以前のそれとも異なる。③南宋の中央行政機構は、宋初から元豊官制改革、元豊官制改革から北宋末に続く第三の段階である、とする。これら①～③は、注目すべき指摘ではあるものの、「三省合一」における制度の変更点から敷衍した推論であることもあって、具体的な検証を伴っていないという問題がある。例えば②は、南宋の宰輔制度が「三省合一」によって北宋前半期に回帰したとする既存の説に対する一応の反論にはなり得るものの、反証を提示することまではできていないため、説得力に欠けると言わざるを得ない。例えば省庁の機能面や宰相とその他執政の職能の側面、或いはその他の論拠となり得る現象について検証する必要があるのではないか。なお、宰執に関わる事項として、「三省合一」によって「三省長弐が統合された」とする見解が提示されてはいる。だがしかし、後述するように、宰相と三省所属の執政である参知政事は、職域こそ同一であるが、その職権は同一でないと考えられるため、筆者としてはこれに賛同することはできない。(5)

この他、賈玉英氏は「唐宋時期三省制度変遷論略」において、「三省合一」は「三省長官の機能の統一」であり、「三省は依然として存在」していると指摘する。その上で、唐宋期の三省制では、行政に関わる職権と軍事に関わる職権が分離され、それが元明清の制度に影響を与えたとの見通しを示している。(6) ただ賈氏の論考は、三省制の変容を時期ごとに分割して論じてはいるが、それらがどのような関係性にあるのかについて明示していないという問題がある。また、三省制の変遷過程を後代の制度の本源と看做しているが――例えば元朝の中書省――、これについては疑問なしとはし得ない。(7)

このような先行研究を踏まえると、南宋政治制度史の研究を進めていくためには、「三省合一」以後の官庁の問題と宰相とその他執政の問題を弁別した上で、実証的な論拠を積み上げていく必要がある。また、南宋三省制の位置付けを明確にするためには、少なくとも元豊官制改革以前・以後との連続性・非連続性に対する目配りが求められるであろう。

さて、北宋の宰相とその他執政に関わる研究についてであるが、これには熊本崇氏の研究成果がある。熊本氏によると、元豊官制改革以前の宰相（同中書門下平章事：以下同平章事と略称）と参知政事の間には、格差があるという意識と、同格であるとの意識が並存していたとされる。そして、時として参知政事は職務において宰相の実質さえ備え得たが、それは参知政事が斯くするのを阻害する、制度的裏付けがなかったためである、とする。また、熊本氏の元豊官制改革と哲宗元祐期を巡る研究によって、宰相とその他執政の階層化、執政の門下省・中書省・尚書省への分属、及び宰相権の突出などが指摘されている。(8)元豊官制以前は宰相と執政の格差が曖昧な側面もあったのに対して、元豊官制以後は制度によって両者の格差が明確化された、ということになるであろう。これらの事項を踏まえると、宰相と執政の関係性及び大臣集団における階層化の有無が、南宋三省制の性格を明らかにする上で、重要な論点になると考えられる。

筆者は前稿において、北宋末期徽宗朝の「公相制」について検討を加えた。公相制の導入により、「公相」である蔡京が「真相之任」とされ、旧来の宰相は「次相之任」と位置付けられる。そして、公相が三省に渉る権限を所有することにより、各省で旧宰相の上長となった結果、大臣集団は「公相‐旧宰相‐執政」の三階層を形成した。(9)このような現象が看取されることからすれば、公相制は大臣集団の階層化という側面において、元豊官制以後の趨勢を継承したものであると理解できよう。

では、時期的に公相制とほぼ連続する高宗朝、更にはそれ以降の南宋三省制をどのように考えるべきであろうか。以前筆者は、南宋高宗朝に発給された告身の書式について分析をおこなったことがある。その結果、建炎三年の制度改変を経た南宋では、宰相と執政の職域が同じであることがわかった。元豊官制によって生まれた大臣集団の階層化が外形上解消したかに見えるため、これを以て元豊官制改革以前への回帰と看做すことも或いは可能かもしれない。しかし、三省における宰相と執政は、その職域こそ同一であるものの、宰相とその他執政との間に差等がなかったとはいえない。なぜなら、例えば差除等において、参知政事が無条件に相職を代行できるわけではないからである。(10)

更に、現象面でも両者には差異がある。南宋では、宋初から元豊官制改革までの期間に比して、特定の人物が長期に渉って相位を独占する事例が多くみられる。例えば高宗朝の秦檜はその代表であるが、大臣集団の構成という観点から檜の秉政期をみた場合、執政の少人数化と兼職常態化をその特徴としてあげることができる。通常、宰相は一名乃至二名、執政は三省・枢密院あわせて複数名任命されるのに対して、この時期は宰相秦檜に加えて執政は一名、それも「簽書枢密院事兼権参知政事」（以下簽枢兼権参政と略称）ばかりが任命される。そして、これ以後南宋では殆どの時期において、このような、執政による三省・枢密院間の相互兼任事例を恒常的に確認できるようになる。(11)そのためこの現象は、秦檜擅権期を特徴付けるものであると同時に、南宋に一般的な執政のあり方の端緒を開いたものでもある、と看做すことも可能だろう。南宋を通じて看取できる執政の兼職は秦檜以後、特に理宗朝において頻見される。史料的制約により南宋の政治制度史は実証的研究手法を選択しにくいが、このような手法上の困難は『徐謂礼文書』

によって、ある程度解消できるのではないか。

そこで本稿では、『徐謂礼文書』所収の告身に着目し、南宋理宗朝の執政の兼職を手がかりとして、その序列について考察を加える。まず第一節では、『徐謂礼文書』所収の告身と南宋高宗朝の告身を対比してその特徴を明らかにする。次いで第二節では、繫銜の規則性と他官を兼領する際の表記である「某官〝兼某官〟」及び「某官〝兼権某官〟」について検討を行う。そして第三節では執政の兼職とその格差に分析を加え、続く第四節にて南宋三省制下における執政の序列について、卑見を提示することとしたい。

一　『徐謂礼文書』所収の告身の特徴

本節では、『徐謂礼文書』中の告身と高宗朝の告身を比較し、その書式について考察を加える。なお、書式の特徴については既に先行研究の論ずるところであるため、本稿の関心に即して要点を述べるにとどめたい[12]。また、各種文書（【文書０】・【文書Ａ～Ｆ】）については本稿末尾に一括して附してある。適宜参照されたい。

【文書０】は程敏政『新安文献志』巻九十三「孔右司端木伝」に附された「勅右（左？）迪功郎孔端朝」（高宗紹興二年〈一一三二〉十一月一日行下）を基に、筆者が書式を整備したものである[13]。

元豊官制施行下において勅を用いて人事を行う場合、文書には、中書省（中書令・尚書右僕射兼中書侍郎・中書侍郎・中書舎人）→門下省（侍中・尚書左僕射兼門下侍郎・門下侍郎・給事中）→尚書省（尚書令・尚書左僕射・尚書右僕射・尚書左丞・尚書右丞）の順序で各省所属の大臣の職事官と名が繫けられる（両令・侍中は虚設）。しかし建炎三年の制度改変で、門下省と中書省を合併し、中書門下省を置いた結果、それ以降の文書には中書門下省→尚書省の順で名銜が記入されるようになる。[14]また、省庁の合併に伴って職事官の改廃も行われ、それまで宰相であった尚書左僕射兼門下侍郎と尚書右僕射兼中書侍郎はそれぞれ、尚書左僕射・同平章事と尚書右僕射・同平章事、執政である門下侍郎と中書侍郎は参知政事とされ、尚書左右丞は廃止された。[15]

【文書О】はこの制度改変を反映した書式となっており、従来中書省と門下省に分けて書かれていた部分が中書門下省に一括され、侍中→中書令→左僕射・同平章事→右僕射・同平章事→参知政事→参知政事（簽枢兼権参政）→給事中→中書舎人の順に繋銜されるようになった。[16]尚書省の部分についても職事官改廃の結果が反映され、尚書令→尚書左僕射・同平章事→尚書右僕射・同平章事→参知政事→参知政事（簽枢・権参政）→六曹長弐の順に繋銜されている。元豊官制改革以降、例えば次相である尚書右僕射兼中書侍郎は中書省と尚書省の二省、執政である門下侍郎は門下省一省といった具合に、少なくとも形式上、宰相は門下省と中書省の何れかと尚書省、その他執政は門下省・中書省・尚書省の何れかに属する状態であった。[17]しかし、【文書О】の中書門下省と尚書省の部分を見ると、双方に宰相と参知政事が署名する形式となっている。このことから、南宋では宰相と執政が、共に中書門下省と尚書省に渉る職域を有するようになったと考えられる。

では【文書О】と『徐謂礼文書』所収の告身には、どのような差異があるのか。【文書О】と【文書A】を比較してみると、まず、中書門下省・尚書省における侍中・中書令・尚書令の有無、及び相職の職事官名が両者の違いとして認められる。【文書О】では中書門下省に侍中・中書令、尚書省に尚書令の職名を確認できるのに対して、【文書A】にはこれらがない。そして【文書О】では宰相の官銜が尚書左右僕射・同平章事であるのに対して、【文書A】ではこれが右丞相になっている。【文書О】と【文書A】にこのような違いがあるのは、孝宗乾道八年（一一七二）におこなわれた制度改変で、相職を尚書左右僕射・同平章事から、左丞相と右丞相に改め、両令・侍中を廃止して丞相を三省の長官としたためである。[18]このように【文書Ａ】の形式は、【文書０】の形式を基本として、乾道八年の制度改変を反映したものであることがわかる。

次いで宰相闕員時の表記について。【文書Ａ】八行目及び十六行目には右丞相の名銜があるが、この文書を作成した時点では、左丞相は闕員状態にあった。[19]元豊官制改革以後の文書（「勅」）で宰相闕員状態にあるものの場合、中書省と門下省の部分に官銜は記されないが、尚書省には「尚書左僕射　闕」或いは「尚書右僕射　闕」と明記される。[20]公相制が施行されていた時期も同様に、太宰兼門下侍郎が闕員の場合、門下省の官銜は省略され、尚書省には「太宰　闕」と記入されていた。[21]これに対して【文書Ａ】の場合は、中書門下省・尚書省ともに、「左丞相　闕」とは書かれない。これは『徐謂礼文書』所収の同種の文書、例えば【文書Ｂ】・【文書Ｃ】などをみても同じである。そのため「勅」を下す場合の表記についていえば、南宋では宰相不在時その官銜は、中書門下省・尚書省双方で表示されなかったものと考えてよいかに思われる。しかし、これに関しては反証も存在するため、書式として定められているか否かについては、今のところ断定できない。[22]

続いて、執政の表記について。【文書０】・【文書Ａ】から了解されるように、中書門下省・尚書省どちらの部分にも、参知政事の名銜が繋けられているが、参知政事を本務とする者と、別の職事官を本務として参知政事を兼務する者を確認できる。【文書０】の場合は正任の参知政事一名・兼任の参知政事一名が在任中で、正任のあとに兼任が繋けられる。【文書Ａ】の場合は、参知政事を本務とする者二名・参知政事を兼務とする者一名（知枢密院事兼参知政事：以下知枢兼参政と略称）が在任しており、知枢兼参政薛極に続いて参知政事葛洪・鄭清之の順で繋銜されている。【文書０】は正任の参知政事が先で兼任はそのあと、【文書Ａ】は兼任が先で正任はそのあと、となっている。このことからすると、正任の参知政事であるか兼任のそれであるかの別によって、繋銜順が決定されるわけではないようである。また、兼任には「某官〝兼某官〟」と表記されるものと、「某官〝兼権某官〟」と表記されるものがあること。【文書A】のように、枢密院所属の執政職を本務としていても、正任の参知政事よりも先に繫銜される場合があることも了解される。最後に、職事官名の省略についても述べておく。【文書A】の参知政事鄭清之の官歴を追跡したところ、参知政事を本務とするものが枢密院の職事を兼任する際、兼務を省略するケースもあることがわかった。鄭清之は理宗紹定三年（一二三〇）十二月に参知政事となり、同月に簽枢を兼任する。そして、翌四年四月以降は同知枢密院事（以後同知枢と略称）を兼任していたようである。そのため【文書A】が作成された段階の鄭清之の肩書きは、「参政兼同知枢」であった可能性が高い（『宋史』宰輔表）。【文書O】の簽枢・権参政権邦彦、【文書A】の知枢兼参政薛極が本務と兼務を併記されているのに対して、参政兼同知枢鄭清之は兼務を省略されている。丞相の〝兼枢密使〟も省略されていることを考慮すれば、この種の文書では、三省の職事を本務とする者については、兼任している枢密院の職事官を省略することがあると考えられる。ただ、類例に乏しいものの反証も存在するため、ここでは【文書A】から看取できる事項のひとつとするにとどめたい[23]。

以上、本節の内容をまとめると以下の通りである。南宋高宗期の告身と『徐謂礼文書』所収の告身は、孝宗乾道八年の制度改変による変更が反映されているという点で異なる。ただその形式について言えば、記載される職事官名に変更があるのみで、その他に大きな変化は確認できない。よって『徐謂礼文書』所収の告身史料の形式は、理宗朝特有のものではなく、南宋においては一定の通有性があるといえる。それでは以下、本節で検討した形式に関する事項を踏まえて、更に考察を進めよう。

二　文書からみた執政の序列（一）

本節では『徐謂礼文書』に収められている文書を対象に、官衙の排列と、兼職を表記する〝兼某官〟と〝兼権某官〟について考察を加え、その規則性の抽出を試みる。

（1）繋銜の規則性

元豊官制改革において、宰相とその他執政は、❶尚書左僕射兼門下侍郎（首相）・❷尚書右僕射兼中書侍郎（次相）・❸知枢密院事（以下知枢と略称）・❹門下侍郎・❺中書侍郎・❻尚書左丞・❼尚書右丞・❽同知枢、の順序で序列が定められた。❶と❷が宰相、❸〜❽までが執政として宰相の下位に位置付けられ、その序列も明確にされている。(24) 文書（勅）においても、中書省では❷尚書右僕射兼中書侍郎→❺中書侍郎、門下省では❶尚書左僕射兼門下侍郎→❹門下侍郎、そして尚書省では❶尚書左僕射→❷尚書右僕射→❻尚書左丞→❼尚書右丞と、上位者から順に繋銜されていく。(25)

これに対して南宋の場合は、上記のような序列を明示した史料がみあたらない。そのため、ひとつの指標として、立班序位を手がかりとして考察を進めてみよう。

『宋史』巻一二二職官八「合班之制」の「紹興以後合班之制」から、宰相とその他執政を抽出していくと、その班序は①左丞相・②右丞相・③枢密使・④知枢・⑤参知政事・⑥同知枢・⑦枢密副使・⑧簽枢となる。管見の限り、これと同様の班序を確認できるのは、孝宗乾道九年に定められた「百官雑圧次序」（『宰輔編年録』巻十七乾道九年「是歳」条）、『慶元条法事類』巻四職制門一「官品雑圧・職制令」などである。このような班序は、高宗朝から孝宗朝までに、徐々に形成されていったのであろうが、いつこのように固定化されるに至ったのかまではわからない。そして、右記の諸史料にはみられないが、大臣集団には場合によって⑨同簽書枢密院事（以下同簽枢と略称）が加えられる。[26]

　これらのなかで元豊官制所定の職事官と異なるものとしては、①左丞相・②右丞相・③枢密使・⑤参知政事・⑦枢密副使・⑧簽枢がある。先述したように三省の職事官は、宰相が乾道八年に左右丞相へと改められ、執政は高宗建炎三年四月の制度改変により、❹門下侍郎と❺中書侍郎を⑤参知政事に置換し、❻尚書左丞と❼尚書右丞を廃止した。ただ⑤の職域を見る限り、⑤は❹と❺だけではなく、❻と❼の代替物でもあった。そのため、⑤の復置は結果的に、❹・❺・❻・❼の四ポストをひとつに統合したものと理解できる。[27] 一方、枢密院所属の執政についてであるが、南宋では④知枢と⑥同知枢の二つのポスト以外に、③枢密使・⑦枢密副使・⑧簽枢（場合によっては⑨同簽枢）と、ポストが拡充されている。

　それでは次に班序を手がかりとしつつ、【文書A～F】にみられる繫銜の規則性について検証していこう。なお以下では表記の都合上、丸番号を「権」字の後ろにつける場合もあるが、それらは〝兼権〟を熟語と看做してのことではない。

【文書A】：④知枢兼⑤参政　薛極→⑤参知政事　葛洪→⑤参知政事　鄭清之
【文書B】：④知枢兼権（?）⑤参政　游似→⑧簽枢兼権⑤参政　李性伝
【文書C】：⑥同知枢兼⑤参政　宣繒→⑧簽枢兼権⑤参政　兪応符
【文書D】：④知枢兼⑤参政　薛極→⑤参知政事　葛洪
【文書E】：⑤参知政事　喬行簡→⑤参知政事　陳貴誼
【文書F】：④知枢兼⑤参政　游似→⑤参知政事　劉伯正

【文書A】から【文書F】は文官に対する告身ではあるが、【文書E】を除いて、枢密院所属の執政も繫銜されている。その順序も、三省所属の執政である⑤参知政事が優先的に排列されているわけではない。【文書E】以外の事例から推断すれば、繫銜の順序に関係するのは本務の班序であって、兼務は関わりないものと考えられる。

では【文書A】の葛洪・鄭清之や【文書E】の喬行簡・陳貴誼の事例のように、本務が同一の場合、どのような要素によって繫銜の先後を決定しているのであろうか。

まず、【文書A】の事例をみてみよう。葛洪は理宗嘉定十七年（一二二四）十一月二十六日戊子に端明殿学士・同簽枢とされ、宝慶元年（一二二五）十一月六日癸亥に同簽枢から簽枢へ、紹定元年（一二二八）十二月十二日辛亥に簽枢から参知政事に遷り、紹定四年七月二十六日庚戌に外任を命ぜられている。鄭清之は紹定元年十二月十二日辛亥に簽枢とされ、紹定三年十二月八日乙丑に簽枢から参政兼簽枢へ、紹定四年四月二十一日丁丑に参政兼同知枢となっている（『宋史』巻四十一・同宰輔表）。この場合はおそらく、先任の参知政事である葛洪が後任の鄭清之より前に繫銜されているのであろう。

次に【文書E】であるが、これは先任・後任の別がない事例である。喬行簡は紹定四年四月二十一日丁丑に簽枢とされ（前職不明）、紹定六年十月十六日丁亥に簽枢から参政兼同知枢となっている。陳貴誼は紹定五年七月十八日丁酉に礼部尚書から同簽枢へ、紹定六年十月十六日丁亥に同簽枢から参政兼簽枢となっている（『宋史』宰輔表）。両名は執政に昇進した時期こそ異なるものの、同日に参知政事に任命されている。ではなぜ両名のうち、喬行簡が陳貴誼の前に繫銜されるのか。管見ではこれに関する直接的な規定を検出できなかったが、以下の事例が参考となるだろう。

（紹興九年）九月十五日、新除給事中劉一止言「奉詔劉一止・馮檝並除給事中。依条同日除以寄禄官為序。今馮檝係朝散大夫、一止係朝奉郎、乞以官序繫銜」。詔劉一止係自中書舎人除授、序位合在馮檝之上。

（『会要』儀制三／四七～四八）

劉一止と馮檝が給事中に任命された紹興九年（一一三九）九月七日甲申の記事をみると、劉一止は左朝奉郎・試中書舎人、馮檝は左朝散大夫・権礼部侍郎から試給事中とされている（『要録』巻一三二）。朝奉郎は正七品・朝散大夫は従六品の寄禄階、中書舎人は正四品・権礼部侍郎は従四品である（『会要』職官八／三・同一六／二五・『職官分紀』巻七「舎人・知制誥」）。この事例の場合、法令に依拠すれば寄禄階によって排列が決定されるべきところ、前職の官序に従って両名の排列を決めている。喬行簡と陳貴誼の場合、両者の寄禄階が不明のため、どちらに従ったのかまでは確定できないが、前職の序位に従って先後を定めた可能性はある。[28]

（2）「某官〝兼某官〟」と「某官〝兼権某官〟」

次に執政の兼任の表記について、その規則性を考察する。以下は【文書A～D】・【文書F】中の、兼務を有する者を抽出したものである。

【文書A】：④知枢密院事**兼**⑤参知政事　薛極

【文書B】：九行目④知枢密院事**兼権**⑤参知政事　游似

十六行目④知枢密院事**兼**⑤参知政事　游似

⑧簽書枢密院事**兼権**⑤参知政事　李性伝

【文書C】：⑥同知枢密院事**兼**⑤参知政事　宣繒

⑧簽書枢密院事**兼権**⑤参知政事　兪応符

【文書D】：④知枢密院事**兼**⑤参知政事　薛極

【文書F】：④知枢密院事兼参知政事　游似

各人の官銜の、太字ゴシック体で表記した部分と丸番号を参照していただきたい。これらの事例をみると基本的に、本務よりも兼務の班序が下位の場合には「某官〝兼某官〟」、本務よりも兼務の班序が上位の場合には「某官〝兼権某官〟」となっていることがわかる。この「権」字は、梅原郁氏が指摘するように、例えば資歴の浅い者を高位の職事に就かせる場合など、「かりの」・「真より一級下」という意味で広義に使用される。(29)「権」字の意味については梅原氏の定義に従うこととし、本稿では、執政の兼職における「権：かりの」の運用について考察を加える。

さて、これらのなかには、右で述べたような例から外れる場合も存在する。それが【文書B】游似と【文書C】宣繒である。

まず【史料B】游似の事例であるが、九行目に「④知枢〝兼権〟⑤参政」とあり、また十六行目には「④知枢〝兼〟⑤参政」とあって、同一文書内において同一人物の官銜が異なっている。『宋史』宰輔表によれば、游似は淳祐四年（一二四四）十二月四日庚午に宮観差遣から「知枢〝兼〟参政」に再任されていることが確認できる。そのため、【文書B】游似の事例の九行目〝兼権〟は〝兼〟の誤記である可能性が高いと推測できる。この種の史料の常としてどちらか——或いは両方とも——が誤記であることを疑ってかかるべきではあるが、周辺史料や先述した「権」字の有無の規則性からすると、この場合は「④知枢〝兼〟⑤参政」であると考えてよいだろう。(30)

次に【文書C】宣繒の事例であるが、十行目・十七行目共に繒の官銜を「⑥同知枢〝兼〟⑤参政」としている。既述の諸例から推す限り、〝兼〟は〝兼権〟の誤記とも考えられるが、この場合おそらくそうではない。寧宗嘉定十四年（一二二一）八月十一日壬戌に、宣繒が兵部尚書から同知枢、給事中兪応符は簽枢に任命された。この時大臣として、右丞相兼枢密使史彌遠と知枢兼参政鄭昭先が在任中であった。それが、嘉定十四年十二月十日庚申に先任の執政である鄭昭先が罷免されてしまう。すると、その翌月閏十二月辛巳朔に宣繒が「同知枢〝兼権参政〟」、兪応符は「簽枢〝兼権参政〟」とされる。これが鄭昭先の罷免をうけて、参知政事の闕を兼職で補うための措置であったことはわかる。ただ、⑥同知枢を本務として⑤参知政事を兼務する場合、「⑥同知枢〝兼権〟⑤参政」とされるはずである。そこを敢えて〝兼権〟ではなく、「⑥同知枢〝兼〟⑤参政」とするからには、「権」字を用いないことに何らかの必然性があったと考えるべきであろう。

なお、宣繒の事例について、管見の限りこれを「同知枢〝兼権〟参政」とする記事はみあたらない。そして、この事例が孤例というわけでもない[31]。さらに、理宗朝では簽枢を〝兼参政〟とし、同知枢を〝兼権参政〟とした例もある。陸増祥『八瓊室金石補正』巻一一九／一二四〜一二五【遺徳廟加封霊徳牒】（行下の日付不詳、淳祐九年二月一日以降と推定）には、「⑥同知枢〝兼権〟⑤参政」応繇と「⑧簽枢〝兼〟⑤参政」謝方叔の名銜を確認できる[32]。【文書C】宣繒・【遺徳廟加封霊徳牒】謝方叔の事例などのように、大多数の傾向とは異なる用例が複数見て取れることからすると、少なくともこれは偶然の産物ではないと考えてよいのではないか。

三　文書からみた執政の序列（二）

本節では、前述した宣繒の「⑥同知枢〝兼〟⑤参政」を念頭に、「某官〝兼参政〟」と「某官〝兼権参政〟」に何らかの格差が設定されているのか否か、文書から看取できる案件執行に際して参知政事が行うべき事項、【文書B】・【文書F】作成と人事異動に関する問題など、いくつかの視点から考察を加える。

（1）中書門下省における手続き――「審」・「省」・「読」――

まず「審」・「省」・「読」についてであるが、元豊五年（一〇八二）二月癸丑朔詔に依れば、中書省から門下省、門下省から尚書省へと案件を送る際に、門下省において侍中（実際は左僕射兼門下侍郎）が「審」、門下侍郎が「省」、給事中が「読」することになっていた（『長編』巻三二三・『会要』職官二／二所引『神宗正史』職官志）。南宋では門下・中書両省が統合されているが、この「審」・「省」・「読」は中書門下省に引き継がれているようである。[33] 今のところ筆者は、「勅」を用いた文書で、門下省或いは中書門下省の部分に「審」・「省」・「読」と表記されているものを実見したことがない。一方吏部から案件が上げられて作成される文書については、この「審」・「省」・「読」が表記される。そのため本稿では、【文書D】・【文書E】・【文書F】及び補足として【淳祐七年十月四日転朝奉郎告】（『徐謂礼文書』「録白告身」第二巻図四～六）を参照し、中書門下省で求められる手続きについて考察する。

【文書D】十三行目～十六行目

給事中「読」・参知政事「省」・知枢〝兼参政〟「審」・右丞相「免書」

【文書E】十三行目～十六行目

〝兼〟給事中「読」・参知政事「省」・参知政事「審」・右丞相「免書」

【文書F】十四行目～十八行目

〝兼〟給事中「読」・参知政事「省審」・知枢〝兼参政〟「未上」[34]・右丞相「免書」・左丞相「免書」

【淳祐七年十月四日転朝奉郎告】該当部分

〝兼権〟給事中「読」・簽枢〝兼権参政〟「省」・参知政事「審」・枢密使〝兼参政〟「督視」・右丞相「免書」

これらの事例から、参知政事・〝兼参政〟・〝兼権参政〟の行った手続きを確認していく。すると、【文書D】十四行目・【文書E】十四及び十五行目・【文書F】十五行目から参知政事による「審」・「省」、【文書D】十五行目から〝兼参政〟による「審」、【淳祐七年十月四日転朝奉郎告】から〝兼権参政〟による「省」を確認できる。給事中については、専任の給事中・〝兼〟・〝兼権〟が何れも「読」可能であった。これらの諸事例からする限り、吏部から上げられた案件を中書門下省で処理するにあたって、少なくとも形式上、参知政事・〝兼参政〟・〝兼権参政〟共に、決裁に携わることができたようである。なお、何れの文書も宰相である丞相は「免書」とされており、「審」と「省」は参知政事によって行われることも了解される。また、【淳祐七年十月四日転朝奉郎告】からは、枢密使も参知政事を兼任することを確認できる。

次に、書式具備に必要とされる参知政事の員数について。右の諸例からすると、正任の参知政事と〝兼参政〟各一名の場合（【文書D】）、複数の正任参知政事の場合（【文書E】）、一名の正任参知政事の場合（【文書F】）、そして正任参知政事と〝兼権参政〟各一名の場合（【淳祐七年十月四日転朝奉郎告】）は、各案件を決裁するために必要な員数を満たしていると考えてよいだろう。すると、残るケースは、〝兼参政〟と〝兼権参政〟の組み合わせと、〝兼権参政〟一名乃至二名の場合である。

〝兼参政〟と〝兼権参政〟の場合であるが、同様の書式の文書で「審」・「省」を表記しているものは、管見の限り見当たらない。他の書式の文書である【文書B】（知枢兼参政游似・簽枢兼権参政李性伝）と【文書C】（同知枢兼参政宣繒・簽枢兼権参政兪応符）が行政文書として効果を有していることからすれば、吏部から案件が上げられて作成される書式の文書であっても、知枢兼参政游似・簽枢兼権参政李性伝もしくは同知枢兼参政宣繒・簽枢兼権参政兪応符が在任している状況においては、処理可能であったと予想される。仮にそうであるならば、〝兼参政〟と〝兼権参政〟一名ずつでも、「審」・「省」は行われたと考えてよいだろう。

では、〝兼権参政〟一名乃至二名の場合はどうであろうか。李遇孫『栝蒼金石志』巻八／二十六〜二十八【縉雲県顕応廟牒碑】（度宗咸淳十年〈一二七四〉正月二日行下）には、「平章軍国重事」・「丞相」・「簽枢〝兼権参政〟」の順に官銜が刻されている。平章軍国重事は賈似道、丞相は当時闕員、簽枢兼権参政は章鑑である。[35] 先掲の【淳祐七年十月四日転朝奉郎告】から、〝兼権参政〟が「省」した事例を確認できたが、「審」については不明であった。この【縉雲県顕応廟牒碑】からも直接はわからない。だが丞相は「免書」とされ、参知政事が「審」・「省」する形式の文書において、平章軍国重事に敢えて「審」させるとは、些か考えにくい。【文書F】で参知政事劉伯正が「審」・「省」したのと同じく、簽枢兼権参政章鑑も、この種の文書には「審」・「省」していたのではないかと推測できる。つまり場合によっては正任参知政事及び〝兼参政〟不在であっても、〝兼権参政〟によってその不在を補完できる可能性があるということになる。

しかし、形式上問題ないことが即、大臣集団の望ましい状態であることには直結しないものと思しい。なぜなら【文書B】作成当時の人事異動から、執政が簽枢兼権参政一名のみになる事態を忌避した形跡を看取できるからである。

（2）　知枢密院事兼参知政事游似

【文書B】に記入された日付を確認すると、七行目に淳祐五年（一二四五）十二月十七日、十三・二十七行目に淳祐五年十二月二十六日とある。当該の期間は、左丞相范鐘・知枢兼参政游似・簽枢兼権参政李性伝、及び同知枢趙葵・同簽枢陳韡が在任中であった。彼らの官歴を調査すると、淳祐五年十二月十八日己卯、游似を知枢兼参政から右丞相兼枢密使、李性伝を簽枢兼権参政から同知枢、趙葵を同知枢から知枢兼参政、陳韡を同簽枢から同簽枢兼（権？）参政へと、以下にまとめたように、范鐘を除く全員に人事異動が発令されている（『宋史』宰輔表）。

范鐘　：左丞相
游似　：知枢兼参政　→右丞相兼枢密使
李性伝：簽枢兼権参政→同知枢
趙葵　：同知枢　　　→知枢兼参政
陳韡　：同簽枢　　　→同簽枢兼（権？）参政

しかし、【文書B】尚書省の部分をみると、游似・李性伝が十二月二十六日段階でも、旧職に留まったままの状態で繋銜されていることから、新人事は未だ執行されていないことがわかる。では、なぜ游似らを新たな職位に異動させず、旧職に留めておく必要があったのだろうか。

筆者は以前、北宋元祐三年（一〇八八）四月五日から六日にかけて作成・行下された【范純仁告身】について、考察を加えたことがある[36]。該文書は同知枢范純仁を右僕射兼中書侍郎に任じたものであるが、この告身と【文書B】とには、文書を作成している時期に殆どの大臣に対する新人事が発令されている、という共通点がある。以下【范純仁告身】の門下省と尚書省の名銜と、当該期の人事を掲げる。

門下省（五日）：左僕射兼門下侍郎呂大防・給事中顧臨
尚書省（六日）：左僕射呂大防（「未謝」）・右僕射范純仁（「未謝」）
　尚書左丞劉摯・尚書右丞王存

五日辛巳　呂公著：右僕射兼中書侍郎　→平章軍国事

呂大防：中書侍郎　　　　　　　↓左僕射兼門下侍郎
范純仁：同知枢　　　　　　　　↓右僕射兼中書侍郎
六日壬午　孫固　：観文殿学士・正議大夫兼侍読↓門下侍郎
劉摯　：尚書左丞　　　　　　↓中書侍郎
王存　：尚書右丞　　　　　　↓尚書左丞
胡宗愈：御史中丞　　　　　　↓尚書右丞

【范純仁告身】は元祐三年四月五日に宣「制」、門下省を経て、「制可」されたのち、翌六日に尚書省へと文書が送られ、同日のうちに発給されている。当該の文書には中書省の部分が欠けているが、門下省には左僕射兼門下侍郎呂大防と給事中顧臨、尚書省には「未謝」と但し書き付きで呂大防と告身の被受者である右僕射范純仁、及び左右丞として劉摯・王存の名銜が繋けられている。なお『長編』では、この人事を五日辛巳と六日壬午に分けて載せているが、『劉摯日記』によれば、既に五日に全員に対する「制」が宣されていたようである（『長編』巻四〇九元祐三年四月五日辛巳・六日壬午及び同条李燾注所引『劉摯日記』）。

【文書B】との関連性において注目すべき事項としては、第一に、新たに宰相に任命された呂大防が、即日異動しているということ。そして第二に、執政は既に宣「制」されていたが、すぐに昇進先に異動するのではなく、みな旧職に留め置かれているということである。筆者は旧稿においてその理由を、宰相は「未謝」のままでも案件を決裁可能であるが、その他執政は就任手続き未了のままでは案件の決裁に与れなかったためである、と推測した(37)。

文書の書式や運用されていた制度に違いはあるものの、【范純仁告身】のように、就任手続き未了の執政が文書を決裁できない場合、人事発令後すぐに游似と李性伝を昇進させてしまうと、趙葵・陳韡に参知政事を兼任させる予定であったとはいえ、彼らの就任手続き完了までの期間、参知政事不在の状況を招来することになる。このような状況を回避するために、【文書B】では游似と李性伝が旧職に留まったままなのであろう。

では執政から執政に遷る李性伝はともかく、宰相に昇進する予定であった游似が、なぜ【文書B】で旧職の知枢兼参政に留め置かれたままなのか。これについては、次の【文書F】の范鐘と游似の事例が手がかりとなろう。

【文書F】の場合もまた、文書の作成期間と大臣の新人事発令が重複している場合である。この文書は淳祐四年（一二四四）十二月某日から翌年正月十九日にかけて作成・行下された。その四～七行目には、左丞相范鐘・右丞相杜範・知枢兼参政游似・参知政事劉伯正の名銜があるが、右丞相杜範と知枢兼参政游似は就任手続き未了の状態にある。また、中書門下省の十四～十八行目に、兼給事中李性伝「読」・参知政事劉伯正「省・審」・知枢兼参政游似「未上」・右丞相杜範「免書」・左丞相范鐘「免書」とあるように、ここでも游似は「未上」のままである。

范鐘以下各人の官歴について調査してみると、淳祐四年（一二四四）十二月四日庚午に、范鐘を知枢兼参政から左丞相兼枢密使、杜範を提挙万寿観兼侍読から右丞相兼枢密使、游似を提挙万寿観兼侍読から知枢兼参政、劉伯正を簽枢兼権参政から参政兼簽枢へと異動させる記事がある。そして、淳祐五年正月十九日乙卯には、劉伯正が参知政事を罷免され、李性伝を権礼部尚書（侍郎？）兼給事中から簽枢兼権参政へと昇進させている（以上『宋史』巻四十三及び同宰輔表）。

【文書F】は淳祐四年十二月某日に吏部から尚書省、尚書省から中書門下省に案件が送られ、翌年正月十九日までの何れかの日に、また吏部へと案件を送っている。知枢兼参政游似は淳祐四年十二月四日庚午の新人事発令から、淳祐五年正月十九日以前までの一定期間、就任手続き未了の状態にあった。そのため、この期間尚書省と中書門下省において游似は「未上」とされ、中書門下省の十五～十六行目で参知政事劉伯正が「省」・「審」しているのである。(38)

さて、ではなぜ【文書B】で知枢兼参政游似は、旧職にとどまったまま文書を決裁したのであろうか。【范純仁告身】・【文書F】両事例を踏まえつつ、游似以外の参知政事に目を向けてみると、【文書F】は参知政事劉伯正、【文書B】は簽枢兼権参政李性伝がその任にある。【文書F】の場合は、范鐘が知枢兼参政から左丞相に昇進しており、游似も新たな職位である知枢兼参政として繋銜されている。この場合、游似が「未上」であったとしても、案件を処理するうえで瑕疵が生じていないことは、参知政事劉伯正によって「省・審」されていることから了解される。これに対して【文書B】の場合、趙葵の就任手続きを待たず、すぐに知枢兼参政游似を宰相に異動させてしまうと、後に残るのは「簽枢〝兼権参政〟」李性伝のみとなる。その場合はおそらく、〝兼権参政〟李性伝が執政として案件の処理を行うことになった筈である。このように状況を整理していくと、【文書B】の状況で游似がただちに右丞相に遷れなかった理由は、簽枢兼権参政李性伝のみで案件を決裁せざるをえない状況を回避しようとしたためであろう、と推測される。

ではどうして、〝兼権参政〟一名の状態が望ましくなかったと考えられるのか。これについて考察の一助となるのが、次に示す哲宗朝の〝兼権給事中〟王巖叟と、高宗朝の簽枢兼権参政徐俯の事例である。

元祐元年（一〇八六）閏二月二十七日乙卯に、同知枢安燾を知枢、試吏部尚書兼侍講范純仁を同知枢とする人事があった。これに対して左司諫兼権給事中王巖叟は封駁をおこなっている。

又言「左司諫之職、其属門下省、近蒙本省批状、差権給事中。給事中職当論駁、臣雖暫権、義難苟且。今日伏覩画黄、除安燾知枢密院、公議不允、臣不敢放過門下。縁過門之後、即是施行、既已施行、益難追改……」。

（『長編』巻三七〇）

右のように、王巖叟が〝権給事中〟として封駁をおこなっていることから、給事中の場合「権」字の有無で、封駁権に制限はかからないということがわかる。[39] また「書読」については、【文書B】〝兼権給事中〟林（?）希逸の事例から、「権」字の有無がこれを制限しないということも了解される。[40] しかしそれでもなお、修辞上のこととはいえ、王巌叟に「臣暫権といえども、義として苟且しがたし」との言辞を用いさせたこと自体が、給事中を兼摂する場合、正規のそれに対して一定の不等が存在していることを示しているのではないか。

では、執政の場合はどうであろうか。徐俯は、高宗紹興三年（一一三三）二月二十五日辛亥に新除翰林学士兼侍読から端明殿学士・簽枢とされ、翌年二月五日乙卯に簽枢兼権参政とされている（『要録』巻六十三・七十三）。

簽書枢密院事兼権参知政事徐俯以疾告、上命即其府視事。俯言「三省文書、最為叢委、平時尽日力可了。臣係暫権、実不知首尾、占位書名而已。臣既以衰病、方且療治、筋力心志、実不能支。欲乞且止治臣本院事、所有三省職事、自有宰相。伏望聖恩、免臣暫権、事務既簡、可得専心。既獲治養賤軀、亦免乖誤大計」。詔不許。
（『要録』巻七十三紹興四年二月十六日丙申条）

徐俯の上言で注目したいのは、「臣暫権に係れば、実に首尾を知らず、占位書名する而已」と「その三省の職事は自ら宰相あり」前後の部分である。前者の部分に依拠すれば、簽枢兼権参政であった徐俯は、三省で取り扱う案件について、これを知悉しないままに簽書するのみであったという。枢密院所属の執政が「権：かりに」参知政事を兼務する場合、決定事項を承認するだけであるならば、形式的な事務手続きはともかく、実質的な権限には疑問符がつく。また「その三省の職事は自ら宰相あり」前後にあるように、三省の政務については宰相がいるのだから、自分の参知政事兼任をやめて枢密院の職務だけにしてほしい、というのが徐俯の要求である。この上奏当時の宰相及びその他執政で、行在に在ったものは宰相朱勝非と徐俯のみであった。[41] そのため、仮に徐俯の要請が聴許されるとするならば、三省の事務を朱勝非一人で処理することになるわけだが、俯の認識に従えば、三省所轄の案件は宰相単独で決裁しても瑕疵なしということになる。これが単なる措辞に過ぎないのか否か、ということまでは今のところ分からない。だがこれらのことから推せば、簽枢兼権参政であった徐俯は「三省文書」に関して、例えば前例のない案件について、宰相と対等の関係で、主体的に何らかの判断を下すといったようなことができるとは考えにくい――そもそも参知政事にそれが可能なのか否かについて、別途考察を要するが。ルーティンワークをおこなうのみであった可能性を考慮すべきであろう。

四　『徐謂礼文書』所収告身からみた執政の兼職

既にみたように、兼職を示す〝兼某官〟と〝兼権某官〟は基本的に、本務とする職事官の班序が兼任する職事官よりも高い場合は「某官〝兼某官〟」、そして、本務の班序が兼務よりも低い場合は「某官〝兼権某官〟」と表記される。しかし〝兼〟と〝兼権〟からは、如上の規則性を看取できるものの、機械的にこれを用いていたわけではないようである。【文書C】同知枢兼参政宣繒と簽枢兼権参政兪応符の事例のように、選択的にこれを用いる場合が存在する。ただ、これは例外的事例に属するのであろうし、その上、全ての事例に都合よく当てはまるとも限らないため、誤記である可能性も含めて事例ごとに慎重に検討すべきではある。しかし、これを単なる稀少例として切り捨てるのは早計である。むしろ通常〝兼権参政〟とされるべきところを敢えて〝兼参政〟としたからには、斯くせねばならない、何らかの意図が存在すると考えて然るべきであろう。

既述の如く、「権」字は「かりに」などの意味で、資歴の浅い者が高位の職事官に就く場合や、今回取り上げたような兼職の事例で頻見される。前節の王巖叟の例のように、「左司諫〝兼権給事中〟」の場合であれば、封駁・書読に制限があったとはみなせない以上、「権」字の有無でもって職権に差等ありとは即断できない。執政についても給事中と同じく、【淳祐七年十月四日転朝奉郎告】・【縉雲県顕応廟牒碑】や徐俯のように、〝兼権参政〟一名のみで正規の参知政事の業務を代行したと思しき事例も皆無ではない。

しかし、業務を代行できるからといって、それが望ましい状態か否か、ということはまた別の問題である。このことは、【文書B】知枢兼参政游似の事例に対する一連の検討から推断できるだろう。そして、それを否とする明確な規定こそ見当たらないものの、【文書B】の場合のように簽枢兼権参政一名によって参知政事の闕を補うことが望ましくなかったため、【文書C】同知枢宣繒・簽枢俞応符等の如く、〝兼参政〟と〝兼権参政〟を一名ずつ当時に任命する事例を確認できるのであろう。

ではなぜ【文書C】の場合は、同知枢兼参政宣繒一名だけではいけなかったのか。先に述べたように、「審」・「省」といった、案件を処理する際の手続きという観点からすれば、〝兼参政〟一名であっても、案件の決裁に際して、何らかの制限が設けられていた形跡は見当たらない。にもかかわらず、同知枢宣繒のみを〝兼参政〟とするのではなく、同時に簽枢俞応符を〝兼権参政〟としたのである。この事実から、ふたつの事柄を想定できる。まず、同時に二名兼任の参知政事を置いていることから、同知枢以下に参知政事を兼務させる場合、これを一名のみ置くことが望ましくないこと。そして、片一方が〝兼参政〟とされていることからして、同知枢以下の〝兼権参政〟を二名置くこともまた望ましくないということである。

【文書C】宣繒・俞応符のケースは、参知政事の不在を補完するために同知枢宣繒を〝兼権参政〟ではなく敢えて〝兼参政〟とした。そればかりか、同時に簽枢俞応符にも「権に参知政事を兼ね」させている。どちらか一方が単独で参知政事の闕を埋められないこと自体が、両者のその他執政に対する劣位を証明するであろう。そして、状況証拠からすれば〝兼権参政〟一名乃至二名で参知政事を代替するのは望ましくないようであるが、この「権に参知政事を兼」

ねる者とは、基本的に同知枢以下の枢密院所属の執政以外ではあり得ない。このように、『徐謂礼文書』所収の告身に対する分析から、当該期の大臣集団内部において、参知政事以上と同知枢以下を差別化する傾向を看取できるのである。

では、参知政事と同知枢の間に一線が画されるとして、南宋理宗朝の執政集団をどのように理解すべきであろうか。元豊官制改革以降の大臣集団は、宰相とその他執政による二階層、北宋徽宗朝の「公相制」施行期は、公相-旧宰相-執政の三階層に分かたれていた(42)。その後欽宗靖康初年（一一二六）に元豊官制への復帰が命じられたが(43)、その三年後の南宋高宗朝建炎三年四月に、またもや制度改変が行われている。そしてその結果、宰相である尚書左右僕射・同平章事と執政である参知政事は同一の職域を有するようになった。宰相とその他執政の上下関係を直接的に明確化した規定もないことから、これによって宰相と参知政事を同等の存在になったと考えることも一応可能ではある。しかし両者には、「はじめに」で言及した差除をめぐる不等が存在する。更に、宰相不在の場合、特に命令が下されて、そこで初めて参知政事が相職を摂行することもままみられる。建炎四年（一一三〇）四月二十五日丙申の右僕射・同平章事呂頤浩罷免と、これに伴う参知政事范宗尹の「摂行相事」（『要録』巻三十二）、理宗淳祐四年（一二四四）九月五日癸卯の右丞相史嵩之の謁告と、これに伴う知枢兼参政范鐘と簽枢兼権参政劉伯正による「暫領相事」（『宋史』巻四十三及び同宰輔表）などがそれである。

宰相と参知政事の間に、このような差等を看取できる一方で(44)、その他執政同士の関係性については、不明な点が多い。ただ、本稿で考察した事項を踏まえれば執政は、枢密使・知枢・参知政事の上位集団、同知枢・枢密副使・簽枢（・同簽枢）の下位集団といった具合に、二段階に分割できるものと予想される。宰相も含めて考えれば、宰相-執政上位集団-執政下位集団の三段階に大別できるであろう。

しかし執政の兼職に関しては、理宗朝のみの特徴というより、南宋初代高宗朝以降継続的にみられる特徴であることは、『宋史』宰輔表などを瞥見すれば諒解できる。高宗紹興十四年（一一四四）二月から二十五年十月までの間頻繁に、宰相である秦檜と簽枢兼権参政一名のみで大臣集団を構成していたことは、その極端な発露であるといえよう。秦檜以降、露骨な大臣集団の少人数化こそ滅多にみられなくなる一方、参知政事による枢密院兼領・枢密院所属の執政による参知政事兼任はほぼ常態化する。理宗朝における執政の兼任事例は、このような経緯をふまえたものであると理解できる。

おわりに

本稿では『徐謂礼文書』所収の告身を中心に、南宋理宗朝の執政の兼職について検討を加えた。その結果得られた知見を以下にまとめる。

まず、『徐謂礼文書』の文書形式について、これと高宗朝の告身と比較検討した。その結果、『徐謂礼文書』は紹興二年の告身と形式上大きな違いがなく、その上、高宗朝・孝宗朝の制度改変を反映していることから、南宋を通じた検討に堪えうる史料であることがわかった。

次に【文書A】から【文書F】を中心として、記載されている職事官名について幾つかの観点から分析を加えた。第一に繋銜の規則性について。官銜と名が繋けられる順序は、中書門下省・尚書省の部分共に、本務の班序に従っており、兼務は記載順序に関わりない。第二に記入される官銜について。文官に発給する告身は三省所管の案件であるためか、今回取り上げた文書の場合、参知政事の兼務する枢密院の肩書きが省略されているものもある。反対に枢密院所属の執政が参知政事を兼任する場合、その兼職は明記されている。「はじめに」でふれたように、執政の他官兼領は南宋を通じて確認できる現象である。これに対して北宋では、参知政事が枢密院所属の執政を、枢密院所属の執政が参知政事を兼務するなどといった事態は、まず見られない。(45) 宰相とその他執政の職域が重複する一方で、例えば差除における差等のように、執政と宰相には格差が設定されており、その上、現象面でも兼職の頻出という差異を看取できる。そのため筆者としては、南宋の宰輔制度が北宋前半期のそれに回帰したとする見解に対して、否定的にならざるを得ない。

そして執政が他官を兼領する際の表記である、「某官〝兼参政〟」と「某官〝兼権参政〟」について、枢密院所属の執政による参知政事兼任を中心に、「権：かりに」の有無を手掛かりとして考察を加えた。その結果、通則的な表記としては、参知政事よりも班序が上位の枢密使と知枢の場合、〝兼参政〟とされる。他方、参知政事よりも班序が下の同知枢以下の場合は、〝兼権参政〟と表記される。そして、文書を決裁する際になされる「審」・「省」から、正任と兼任の違いを瞥見したところ、正任の参知政事と〝兼参政〟には、特に差が無いことを確認できた。〝兼権参政〟については、「審」した証左を検出できなかったものの、〝兼権参政〟以外に参知政事がいない場合には、「省」だけでなく「審」も可能だったのではないかと推測した。

更にこの検証過程において、同知枢以下の場合、「権：かりに」の有無を選択的に用いる場合があることもわかった。既述の如く、同知枢以下が参知政事を兼摂する場合、基本的には〝兼権参政〟とされる。しかし、大臣集団に参知政事が在任していない状態で、同知枢と簽枢に同時に参政を兼務させる場合、片一方を〝兼参政〟、もう片一方を〝兼権参政〟とする事例が存在する。【文書C】同知枢宣繒の〝兼参政〟と、簽枢兪応符の〝兼権参政〟がそれである。通則的理解からすればこの場合、宣繒・兪応符共に〝兼権参政〟とされるはずである。しかし敢えて宣繒を「同知枢〝兼参政〟」としたことからは、〝兼権参政〟二名を置くことを避けようとする故意が見て取れるであろう。

　そして、正任の参知政事と「某官〝兼参政〟」は、文書を決裁する上で差異が認められないことを踏まえると、〝兼参政〟一名のみを置けば手続き上瑕疵は生じないはずである。そのため、【文書C】の場合は、「同知枢〝兼参政〟」宣繒一名のみでも、理屈の上では問題ない。にもかかわらずこのケースでは、〝兼参政〟宣繒に加えて兪応符を〝兼権参政〟としている。このことから、〝兼参政〟であっても本務が同知枢の場合、単独で参知政事の闕を補うのは好ましくなかったということになる。

　なおこの種の史料には誤脱がつきものである。よって、本文で示した宣繒の例を「同知枢〝兼権参政〟」の誤りである、との指摘が今後なされるかもしれない。しかし、この場合についていえば、宣繒・兪応符両名が〝兼権参政〟とされていても、同知枢以下が参知政事以上に対して一等劣る存在であることを示しているのに変わりはない。例えば知枢兼参政や正任の参知政事であれば、それが一名のみであっても、案件の処理において特段問題は生じない。これに対して、同知枢と簽枢の場合、何れか一名のみに参知政事を兼任させるのではなく、二名同時に兼任させたことそれ自体が、両者の参知政事以上に対する劣位を証明するであろう。そしてこのことは、単に同知枢以下と参知政事における序列の上下如何ということだけではなく、例えば高宗朝の簽枢兼権参政徐俯の場合のように、〝兼権参政〟は行政上必要とされる形式を整えるための存在であることを示唆している。よって、執政における「権」字は、資歴の浅さなどを示す記号であるばかりではなく、実質的な差異をも表示する可能性を考慮すべきであろう。

　最後に、「はじめに」で言及した南宋三省制の特性と、今後の課題について述べておきたい。

　高宗朝において、同平章事及び参知政事が復置され、宰相と参知政事が三省に渉る権限を得たことと、門下省と中書省が中書門下省へと合併されたこと。そして、これらを端緒として南宋三省制が、「元豊官制改革以前へ回帰」・「三省制から〝一省制〟へ変遷したとする見方が存在していることは、「はじめに」で述べた通りである。しかし、建炎三年の制度改変で、同平章事と参知政事が復置されはしたものの、省庁の併合は門下省と中書省のみにとどまり、尚書省と中書門下省は並立したままである。本稿で論じた兼職の問題も加味すれば、南宋の制度が元豊官制改革以前へ回帰しているとは考えにくい上に、「三省制から〝一省制〟への変遷過程にあるとも看做し難い。また、「はじめに」に掲げた曹家斉氏の議論についても、宰執間の差除に関する不等や、執政の宰相代行時の手続きを踏まえると、少なくとも職権において、三省長弍が統合されているとは考えにくい。

高宗建炎三年の制度改変を経て、宰相と参知政事は共に、中書門下省と尚書省に渉る職域を有するようになった。それが、理宗朝まで維持されていたであろうことは、『徐謂礼文書』所収の文書からも推測できる。そして南宋では、約半分の期間宰相が枢密院の長官を兼務しており、参知政事による枢密院の職事兼任と枢密院所属の執政による参知政事兼任が常態化していた。だとすれば、事は「三省合一」によって招来された宰相と参知政事の職域共有には留まらない。宰相やその他執政が三省・枢密院の職事を兼務することによって、三省と枢密院の職事を峻別する意識が、大臣集団内部で希薄化した可能性がある。

本稿で述べたように、宰相以外の執政が上位集団と下位集団に分化していたのであれば、この側面において南宋三省制は、元豊官制以後から公相制に至る趨勢を後継したものと考えるべきである。他方、宰相以下その他執政も含めた、三省・枢密院における兼職恒常化は、北宋と南宋の非連続的側面であると言えるだろう。兼職によって執政の職事は、比較的容易に代替可能となった。唯一他官によって代替不能な職事として残されたのが、相職である。このように考えられるのであれば、今後課題となるのは宰相の位置付けである。例えば史彌遠の独員宰相期は、複数の執政を在任させる一方で、ほぼ一貫して首相を空位とした。そして、彌遠自身は次相の位を占めることにより、執政の昇進を防遏する手法を採った。これは首相に加えて簽枢兼権参政一名のみを置く秦檜擅権期、平章軍国重事に加えて少数の下位執政を置いた賈似道後期とは様相を異にする。とりわけ史彌遠擅権期の様態からは、執政は宰相を脅かし得ないという前提があるように思われる。よって今後は、このような観点から大臣集団における宰相とその他の関係性を考察していきたい。

註

（1）包偉民・鄭嘉励編『武義南宋徐謂礼文書』（中華書局、二〇一二年）。

（2）以下に主だった徐謂礼文書研究をあげる。周佳「南宋基層文官履歴文書考釈――以浙江武義県南宋徐謂礼墓出土文書為例」・魏峰「宋代印紙批書試論――以新発現〝徐謂礼文書〟為例」・王宇「『武義南宋徐謂礼文書』与南宋地方官員管理制度的再認識――以知州的薦挙和考課為例」（以上、『文史』二〇一三―四）。龔延明「南宋文官徐謂礼仕履繋年考釈」・張禕「徐謂礼『淳祐七年十月四日転朝請郎告』釈読」（以上『中国史研究』二〇一五―一）。なお、史料の紹介や基礎的研究は、包偉民氏による『徐謂礼文書』「前言」に詳しい。その他、司馬伋告身と呂祖謙告身を扱った研究としては、楊芹『宋代制誥文書研究』第三章第三節―二「外制告身」（上海古籍出版社、二〇一四年）、龔延明「宋代真跡官告文書的解読与研究――以首次面世的司馬伋呂祖謙真跡官告為中心」（『中華文史論叢』二〇一六―一）、小島浩之「南宋告身二種管見――併論：インターネット情報と歴史学研究」（漢字文献情報処理研究会編『論集：中国学と情報化』好文出版、二〇一六年）、同氏編『東アジア古文書学の構築――現状と課題――』（東京大学経済学部資料室発行、二〇一八年）がある。

（3）諸葛憶兵『宋代宰輔制度研究』（中国社会科学出版社、二〇〇〇年）一二～一八頁、四〇～四五頁参照。この他、朱瑞熙『中国政治制度通史』第六巻「宋代」（人民出版社、一九九六年）一九九～二〇〇頁など。

（4）曹家斉「南宋〝三省合一〟問題補議」（『宋学研究』一、二〇一七年）参照。なお曹氏は、「三省合一」以後も給事中の封駁が廃されていないことや、給舍の列銜同奏、参知政事が尚書左右丞の代替物とみなされることも指摘しているが、これらについては拙稿「南宋高宗朝の給事中と中書舎人――呂中『皇朝中興大事記』「再除給舎」をてがかりに」（『歴史』一〇六、二〇〇六年）、及び「南宋告身の文書形式について」（『歴史』一〇九、二〇〇七年）にて既述である。

（5）前掲註（4）清水〇七、二一一～二一二頁参照。

（6）賈玉英「唐宋時期三省制度変遷論略」（『中州学刊』二〇〇八―六）一九〇～一九一頁参照。

（7）元朝の中書省については、金朝の中書省との類似性が指摘されている。張帆『元代宰相制度研究』（北京大学出版社、一九九七年）二二頁を参照。

（8）熊本崇「宋元祐三省攷――「調停」と聚議をめぐって」（『東北大学東洋史論集』九、二〇〇三年）三九六～四〇一頁、「宋執政攷――元豊以前と以後」（同第十一輯、二〇〇七年）一〇八頁・一四二～一四四頁及び一八一頁参照。また、「『宋会要輯稿』点校本簡介」では元豊官制改革以前の官制と、南宋建炎三年以降の官制とが異質である、と述べる（『東方』四二九、二〇一六年、二一一～二一二頁）。

（9）清水浩一郎「北宋徽宗朝の「公相制」についての一考察――尚書令廃止とその意図」（『集刊東洋学』一一六、二〇一七年）二七～三〇頁・三九～四一頁参照。

（10）前掲註（4）清水〇七参照。宰相の死去・罷免により、宰相となるべき適任者がいない場合に限り、一定期間参知政事によって相職は代行されるが、宰相が病気療養中の場合は参知政事に差除案件を進擬する権限は与えられていない。これについては清水〇七、二一一～二一二頁を参照されたい。なお拙稿については、前掲註（2）小島一六において、以下に示したように二点ご指摘をうけた。まずは指正の労を執られた小島氏にお礼申し上げたい。

さて、一点目は小島一六、六四頁に「清水浩一郎氏は、南宋の勅授告身の『発日』を『奉勅如右牒到奉行』の後の日付（二十行目）だとする。しかし、……それに続く日付は、勅の内容が中書門下省の牒として尚書省へ送達される牒文の発行日である」という部分である。清水〇七、一八頁に制授・奏授・勅授告身の要件に照らして、消去法的に告身（本文の【文書〇】）の形式を勅授告身のものであると推定したあとに続く、「勅授の場合、勅の直後に『発日』が記入されるが、D（本論文における【文書〇】のこと。筆者注記）は『勅を〈中略〉奉行せよ』のあとに日付を付している。些細な問題ではあるけれども、単なる誤りなのか、或いは制度改変に因って生じた書式上の変化なのか、残念ながら判然としない」という部分であろうか。しかし筆者はこの「日付」を「発日」と考えているわけではない。もし仮にこの「日付」を「発日」と断定しているのならば、「日付」ではなく「発日」と明記するであろう。抑もここでは、この「日付」が何なのかということを述べているわけではなく、北宋の文書と南宋の文書がどのように異なっているのか、文書の右から左へ順を追って記述しているのである。ではなぜ筆者はこの日付を何の日付か明記しなかったのか。その理由としては、第一に対照すべき同種の文書が僅少だったこともあって、史料側の誤記や脱文をおそれて用心深くならざるを得なかったため。第二に、例えば張孝祥『于湖集』附録「宋官誥八道」「初補承事郎授鎮東簽判誥」には、「『勅賜進士及第張孝祥……』。奉勅如右、牒到奉行。紹興二十四年十一月十日」などとある。『于湖集』以外にも、「『勅……』。奉勅如右、牒到奉行」或いはこれに年月日がつけられたものも、少数ではあるが認められる。『于湖集』附録のように、これを文集に載録した者が、なぜ敢えて日付を含め「奉勅如右」以降の部分を採録したのか、断定的に解釈できなかったため。そして第三に、【文書0】の当該部分が外形的に、唐の勅授告身の門下省の部分と似通っていることは了解される。しかし、だからといって【文書0】が、唐の書式に準拠して作成されたものである、と判断するだけの証拠が得られなかったため、などの理由がある。なお、前掲註（2）楊芹一四は、日付以前の部分を「制命形成（或云中書取旨）之日期」（第三章第二節―二「外制告身」、一四〇頁）、龔延明一六は件の「日付」を、司馬伋が総領淮西・江東軍馬銭糧・専一報発御前軍馬文字兼提領措置屯田を除授された日としている（一七五頁）。

第二点目は、小島一六、六七頁に「呂祖謙の文集附載の年譜に移録された告身には、『中書舎人某行』という表現が散見される。ここから『宣奉行』という役割表示が有名無実化したとまでは言い切れず、三省制度の変遷に伴って単に表示されなくなったと解しておくべきであろう」という部分、及び七一頁で中書舎人の「行」字が告身に見当たらないことを述べた部分に、「中書門下の統合で『宣奉』は廃止され、『行』だけが残ったとする見解もあるが、司馬伋告身の項でも述べたように、南宋の告身は実態と様式が乖離している上に、実態に合わせた微調整も入り込んでいることから、『宣奉行』についても文書様式上の表記と、官僚制の実質・実態の双方から改めて検討する余地があるだろう」とする部分である。この「見解」とは清水〇七の一八〜一九頁で、「宣」・「奉」・「行」が【文書0】（勅授告身）に表記されない理由を、門下省と中書省の併合と元豊五年二月一日詔にみられる文書行移を踏まえて考察した部分に続けて、「元豊官制以後のように、門下・中書両省に属する宰執が、各省に分属せしめられ、各々の職守が定められていた状況は建炎三年四月以降解消されている。それに伴って、『宣奉』及び『省審』は省かれたのであろう。なお、給事中の『読』と中書舎人の『行』については両後省が統合されなかったため、形式上行われていたようである」という部分を指すのであろう。旧稿は、元豊官制以後の三省制と南宋の三省制の差異を、文書形式を通じて明らかにしようと試みたものである。説得力を伴ってそれに成功しているか否かについてはともかく、上記の部分について筆者は、孔端朝告身に「宣奉行」が表記されていないからこれを廃止したという筋立てで論じているのではない。「文書様式上の表記」から生じた疑問を解決すべく、参照すべき周辺史料と併せて考察することで、当該の形式の文書において、なぜそれらがなくなったのかということについて、検証可能な仮説を提示したつもりである。「なお」以下給舎の「読」・「行」について書き添えたのが誤解を招いたのかもしれないが、小島氏のいわれる「文書様式上の表記と、官僚制の実質・実態」を混同したつもりはないし、その擦り合わせを放棄したつもりもない。

そのように「文書様式上の表記と、官僚制の実質・実態」をふまえた検討というのであれば、小島氏の論考にみられる、①「熙寧二年司馬光告身が、唐告身と同じ中書、門下、尚書の三省を通過する階梯を経て発行されている」という部分、②元豊官制改革以後の告身である元祐元年司馬光告身と元祐三年范純仁告身が「南宋告身と同様に中書門下併合の形式をとる」という部分、③「南宋の辞令書は、形式的に唐代の文書様式であることを優先したため……」という三つの部分にこそ、それが求められるのではないか（以上小島一六、六五頁）。

まず①について。元豊官制改革以前の文書が、どのようにして「三省を通過する階梯を経て発行」されるのであろうか。文書の体裁だけをそれらしく整えた北宋前半期のものと、元豊官制改革以後の実質を伴うものを、弁別して論ずる必要があるのではないか。

次に②について。范純仁・司馬光両告身は、中書省と門下省が併合した形式をとらないものと思しい。范純仁告身の作成時、中書省には「未謝」ではあるが尚書右僕射兼中書侍郎范純仁が在り、司馬光告身の作成時、中書省には尚書右僕射兼中書侍郎韓縝と中書侍郎張璪が在る（『宋史』宰輔表）。これらの告身が、「南宋告身と同様に中書門下併合の形式をとる」のだとしたら、中書省所属の大臣の名銜が当該の部分に記入されていないことを、どのように理解すべきであろうか。また、元豊官制施行下の元祐年間に発給された制授告身が「南宋告身と同様に中書門下合併」した体裁をとっているのだとしたら、司馬光所奏やそれを建前として用いた建炎三年四月の制度改変をどのように解釈すべきであろうか。なお、小島氏の論考全体をみれば誤解はないものと思われるが、中書門下省を「中書門下」と省略するのは、やはり違和感を禁じ得ない。中書門下と中書門下省の誤認を避けるためにも、判別しやすい表記にしたほうがよいのではないか。

そして③について。前掲註（2）小島一六、六一頁に「南宋の告身について、その文書様式は残されていないが、司馬伋告身と後掲の呂祖謙告身を一瞥する限り、唐代の様式を色濃く残しつつ、制度、とくに官制の変化に伴って修正が施されている」というのが論拠であろうか。元豊官制改革では、施行に際して唐代の告身を参照して告身の書式を定めた。そして元豊官制改革以降の告身と南宋の告身は、差異もあるが基本的には形式が似ている。しかしだからといって、どうして南宋の告身が「形式的に唐代の文書様式であることを優先した」と考えられるのか、筆者にはわからない。南宋の文書が外形的に唐代のものと似通っていることと、「唐代の様式であることを優先」するのとは、全く別のことではなかろうか。南宋にとって規範とすべきものがあるとすれば、それは元豊官制改革以後の北宋後半期の経緯であって、唐代の様式ではないと考えられる。

以上の都合五点の問題は総じて、小島氏が唐の書式をある種の依拠すべきものと理解するのに対して、筆者は唐のそれを南宋人がさほど重要視していない――あるいはできなかった――のではないか、と考えていることに起因するものと思しい。

（11）　宰相とその他執政の兼職について。宰相の枢長兼任期間はおおよそ、建炎四年（一一三〇）から紹興二十六年（一一五六）、紹興三十二年末から乾道八年（一一七二）ごろ、開禧三年（一二〇七）以降の三期に渉っており、孝宗朝後半・光宗朝・寧宗朝初期の宰相は枢密使を兼任していない（『宋史』宰輔表及び同巻三十一・三十三・三十四・三十八、『文献通考』巻五十八職官考十二「宰相兼枢密使」）。ただ、『宋史』巻三十四「孝宗二」に依拠すれば、淳熙元年（一一七四）十一月二十五日戊申、淳熙八年八月九日癸丑など、右の期間以外にも丞相が枢長を兼任していた事例を確認できる。宰相を除くその他執政については、以下に示す時期以外、殆どの期間において兼職が確認できる。一年以上兼任者を確認できない時期を列挙すると、淳熙元年十一月から同八年七月、光宗紹熙四年（一一九三）四月から同五年六月、寧宗慶元元年（一一九五）五月から同二年十二月、そして開禧二年八月から同三年十月までである（『宋史』巻三十三～四十七、同宰輔表、『宋宰輔編年録校補』〈以下『宰輔編年録』と略称〉巻十七～二十）。

(12)　これについては、前掲註（1）所引の包偉民氏による『徐謂礼文書』「前言」を参考されたい。

(13)　詳細については前掲註（4）清水〇七、一五～二三頁及び二九頁を参照されたい。

(14)　前掲註（4）所掲の曹一七は、中書省と門下省の合併を建炎三年四月ではなく、紹興元年あるいはそのやや前に措定している（五一頁）。しかし、『宋会要輯稿』（以下〈『会要』と略称〉職官三／三〇建炎三年四月二十九日条に「中書門下省言『已降旨揮、中書・門下省併為一省。……』。従之」とあることから、両省の併合を建炎三年四月のこととしてもよいであろう。ただ、省庁の機能などの実質的側面については別途考察する必要がある。

(15)　『建炎以来繫年要録』〈以下『要録』と略称〉巻二十二建炎三年四月十三日庚申。建炎三年四月当初の参知政事は門下・中書両侍郎を代替するものであったと予測されるため、当初その職権は中書門下省に限定されていたと思われる。しかし告身についていえば、建炎三年八月十日の尚書省上言を契機として、以後は参知政事も尚書省の事務にも関与できるようになった（『会要』職官一一／六八「官告院」、建炎三年八月十日条参照）。おそらくはこれ以降、参知政事が両省侍郎と尚書左右丞を代替する存在になっていたと考えられる。これについては前掲註（4）清水〇七、二〇頁参照。

(16)　給事中と中書舎人は、建炎三年四月以降も従来通り前者は門下後省、後者は中書後省に属する。これについては前掲註（4）清水〇六、三九頁及び清水〇七、一九頁を参照されたい。

(17)　前掲註（8）所掲の熊本〇三を参照されたい。

(18)　『皇宋中興両朝聖政』巻五十一乾道八年二月六日乙巳条、『宰輔編年録』巻十七乾道八年三月二十日戊子条、『宋史』巻三十四乾道八年二月六日乙巳・十二日辛亥、三月二十日戊子参照。

(19)　左丞相は嘉定元年（一二〇八）十二月丙寅朔（三日戊辰?）の銭象祖罷免から、紹定六年（一二三三）十月十五日丙戌に史彌遠が任命されるまで不在であった（『宋史』巻三十九・同宰輔表・『宰輔編年録』巻二十）。

(20)　これについては前掲註（4）清水〇七を参照されたい。具体例として、卞永誉『式古堂書画彙考』巻九「又勅王伯虎等」・劉墺『水雲村稿』巻七「宣徳郎・致仕劉公転通直郎誥跋」がある。

(21) これについては前掲註(9)清水一七を参照されたい。具体例として、熊象階『濬県金石録』巻上、徽宗政和八年(一一一八)閏九月十三日行下「豊沢廟封康顕侯勅幷記」がある。

(22) 闕員を明記する事例としては、淳熙五年(一一七八)九月二十八日に行下された【呂祖謙告身】が挙げられる。これには「左丞相　闕↓少保・右丞相(史)浩」と繋銜される(乾道八年九月〜淳熙九年〈一一八二〉八月まで左丞相闕員。『宋史』宰輔表)。また、『徐謂礼文書』に収められている「奏授告身」(【文書D】・【文書E】)も、不在の丞相は尚書省の部分では「闕」と明記され、中書門下省の部分では省略される。なぜこのような違いが生じるのか不明であるが、いまのところは、各文書の差異として理解するにとどめたい。

(23) 『徐謂礼文書』録白告身第二巻「淳祐七年四月五日転朝散郎告(録白告身第二巻図一至図三)」の場合、参政兼同知枢趙葵の〝兼同知枢〟は省略されていない。もちろん、【文書A】作成時、鄭清之の同知枢兼任が解除されている可能性も考慮すべきではあるが、それについては確証を得るに至らなかった。

(24) 『長編』巻三三三元豊五年(一〇八二)二月癸丑朔・二十一日癸酉条、同巻三三七元豊六年七月十七日庚申、章如愚『群書考索』続集巻三十「宋三省之制」及び、前掲註(8)熊本〇七、一〇一〜一〇七頁、一三五頁を参照。

(25) 前掲註(20)参照。

(26) 南宋で文官が同簽枢に任命された例は、高宗建炎三年(一一二九)二月十一日庚申に資政殿大学士・江淮制置使呂頤浩が、資政殿学士・同簽書枢密院事・江淮両浙制置使とされたのを嚆矢とする。その後、孝宗隆興二年(一一六四)十一月に虞允文が任命されたのち、理宗嘉定十七年(一二二四)十一月の葛洪まで置かれていないようであるが、それ以後は不定期に置かれるようになる(『要録』巻二十及び『宋史』宰輔表)。

(27) 前掲註(4)清水〇七、二〇〜二一頁参照。

(28) 同じ日に叙任された事例ではないが、類例として『金石萃編』巻一四九/三〇〜三三「四十二章経」(紹興己卯〈二十九年、一一五九〉十一月題跋)に記されている執政の名銜には、「左中大夫・知枢密院事陳誠之、左中大夫・参知政事陳康伯、左太中大夫・同知枢密院事王綸」とある。中大夫は正五品、太中大夫は従四品であるから（『会要』職官八／三）、この「四十二章経」の場合からすれば、基本的に排列には寄祿階よりも職事官の序列を優先していることがわかる。

(29) 梅原郁『宋代官僚制度研究』（同朋舎、一九八五年）二一八～二二〇頁参照。

(30) 〝兼某官〟と〝兼権某官〟の表記には、一定の注意が必要である。例えば淳祐十二年（一二五二）十月から宝祐二年（一二五四）五月まで同知枢であった董槐は、宝祐元年七月に参知政事を兼任することとなるが、これについて『宋史』巻四十三は「同知枢〝兼参政〟」、『宋史』宰輔表と【邵武県恵応廟神増封勅】（『閩中金石略』巻十／七～八）は「同知枢〝兼権参政〟」とするように、必ずしも「権」字が表記されるとは限らない。よって、「権」字が付くと思しき事例であるにも関わらず〝兼某官〟と記されている場合については、その他の史料を参照するべきである。ただ管見の限り、本務よりも下位の職事を兼務する場合に「権」字の有無に留意する必要はあるものの、その反対の例はあまり見られない。

(31) 宣繒の事例は寧宗朝のものであるが、理宗朝にも同様の事例がある。理宗淳祐九年（一二四九）十二月乙巳から同十一年三月戊寅まで同知枢であった呉潜は、同知枢に任ぜられた日に〝兼参政〟とされている（『宋史』宰輔表）。この場合通則的には「同知枢〝兼権〟参政」となる筈であるが、陸増祥『八瓊室金石補正』巻一一九／二九～三〇【渠渡廟封崇福公告】に記された潜の官銜は「同知枢〝兼〟参政」となっている（行下の日付不詳、淳祐十年三月以降と推定）。他の例としては、簽枢〝兼参政〟王伯大と同簽枢〝兼権参政〟呉潜の例がある。王伯大は淳祐七年四月十四日庚子に刑部尚書から簽枢、同日に呉潜は翰林学士から同簽枢となり、同十五日辛丑の参政兼同知枢陳韡の知枢・湖南安撫大使兼知潭州への異動人事をうけて、同五月五日丁巳に王伯大が簽枢〝兼参政〟、同十六日壬申に呉潜が同簽枢〝兼権参政〟とされた（『宋史』巻四十三・同宰輔表）。

(32) 応繇と謝方叔の官歴について。淳祐八年七月六日辛亥に応繇は翰林学士から同知枢、謝方叔は給事中から端明殿学士・簽枢となり、同年十月二日乙亥に両名とも参知政事を兼任している。彼らの参知政事兼任は、参知政事別之傑（淳祐七年七月十六日丁卯～翌年十月甲戌朔）の外任人事に伴う措置であった（以上『宋史』巻四十三・同宰輔表）。なお、『宋史』巻四十三と宰輔表双方共に、「並兼参知政事」とするが、【遺徳廟加封霊徳牒】にあるように、応繇は「同知枢〝兼権参政〟」、謝方叔は「簽枢〝兼参政〟」と、区別されていたものと思しい。

(33) なお、給事中の所属する門下後省は、建炎三年の制度改変後も併合されずに存続している。これについては、前掲註（4）清水〇六、三九頁を参照されたい。

(34) 「未上」について、筆者の管見ではそれを直接説明する史料を見出すことができなかった。ただ、理宗端平三年（一二三六）正月十四日に行下された「宋封太学霊通廟勅牒碑」における参知政事崔与之は解釈の手がかりとなるであろう（『両浙金石志』巻十一／三十一～三十三）。この碑文の尚書省牒（端平二年十二月某日）、中書門下省（三年正月九日）及び尚書省（三年正月十四日）の部分にある大臣の名銜は、何れも左丞相鄭清之・右丞相喬行簡・参知政事崔与之・同知枢兼権参政鄭性之の四名であるが、崔与之については、「下有未上二小字」と附記されている。崔与之は端平二年六月二十一日壬午、広南東路経略安撫使・馬歩軍都総管兼知広州から参知政事に任命され、三年九月二十一日乙亥に右丞相となっている（『宋史』巻四十二及び同宰輔表）。しかし、人事が発令されてはいるものの、「崔清献公行状」や「墓誌銘」をみる限り、崔与之は参知政事に就任しない（『宋丞相崔清献公全録』巻三・附録巻二）。よって、この事例から推せば「未上」は、就任手続き未了の状態を指すと考えられる。

(35) 宰相は咸淳九年（一二七三）三月七日庚申の右丞相葉夢鼎罷免から、恭宗咸淳十年十一月十四日丙戌に王爚と章鑑がそれぞれ左丞相・右丞相になるまで闕員状態にあった。また章鑑は咸淳九年九月二日辛巳に簽枢となって参知政事を兼ね、同十年十月二十三日乙丑に同知枢兼権参政に昇進している（『宋史』巻四十六・四十七）。

(36) 前掲註（4）清水〇七、六～七頁・一四～一五頁及び二九頁参照。

(37) 前掲註（4）清水〇七、一四～一五頁参照。

(38) 【文書F】には劉伯正の「審」・「省」があるが、伯正は淳祐五年（一二四五）正月十九日乙卯に罷免されている（『宋史』宰輔表）。この措置は知枢兼権参政游似の就任手続き完了を待って行われたとも考えられるが、確証を得るには至らなかった。

(39) なお南宋でも、〝兼権給事中〟による封駁は確認できる。孝宗乾道八年（一一七二）二月十四日癸丑、安慶軍節度使張説の簽枢再任に反対した、〝権給事中〟莫済による封還録黄がそれである（『宋史』巻三十四、『皇宋中興両朝聖政』巻五十一乾道八年二月六日乙巳条）。当時莫済は「起居郎」であったことが確認できるため、「起居郎〝兼権給事中〟」だったものと思しい（『宋

史』巻四七〇張説伝、『宋史全文』巻二十五下乾道八年二月六日乙巳条）。

(40) なお中書舎人の場合、外制の起草については、正任の中書舎人と〝兼権〟との間に明確な区別があったとまでは言えないようである。これに関しては、前掲註（4）清水〇六、六九～七〇頁の秘書省正字兼権中書舎人周麟之の例を参照されたい。

(41) この当時在任していた宰相は、右僕射・同平章事に朱勝非（紹興二年〈一一三二〉九月八日乙丑～紹興四年九月二十五日庚午、『要録』巻五十八・八十）、その他執政として、知枢密院事張浚（建炎三年〈一一二九〉四月三日庚戌〈『宋史』宰輔表は五日壬子〉～紹興四年三月二十五日乙丑、『要録』巻二十二・七十四）、参知政事孟庾がいた（紹興元年十月七日庚午～紹興五年五月十六日己丑、同巻四十八・八十九）。ただし、張浚は紹興四年二月二十六日丙午、孟庾は紹興四年三月十二日壬戌まで出使していた（同巻七十三・七十四）。

(42) 前掲註（9）清水一七、二七～三〇、三九～四一頁参照。

(43) 『会要』職官一／四五～四六、靖康元年（一一二六）正月七日詔及び同年十一月七日詔参照。

(44) 枢密使は宰相の兼職であることに加え、高宗朝の秦檜、孝宗朝の張浚など前宰相が任命されることもあってか、常朝の際の称名やその他待遇の面で宰相と枢密使が同様に扱われ、知枢以下と一線を画することがある。『宋史』巻三十五淳熙七年九月二日辛亥・十六日甲子、『群書考索』後集巻二十官制門外命婦類「執政以上封夫人」、『文献通考』巻六十五職官考十九「禄秩」等参照。

(45) 宰相の場合について言えば、例えば北宋仁宗朝の西夏戦争期間中のように、軍事的緊張感が高まる時期、ごく短期間はあるが枢密院長官を兼務する例をみてとれる。『長編』巻一三七慶暦二年（一〇四二）七月十一日戊午及び同巻一五七慶暦五年十月二十八日庚辰参照。

【文書０】『新安文献志』巻九十三「孔右司端木伝」附「勅右（左？）迪功郎孔端朝」

「勅右（左？）迪功郎孔端朝……可特授左承事郎」
奉
勅如右、牒到奉行。
紹興二年十月二十七日
侍中　闕
令　闕
尚書左僕射・同中書門下平章事　（呂）頤浩
尚書右僕射・同中書門下平章事　（朱）勝非
参知政事　（孟）庾
簽書枢密院兼権参知政事　（権）邦彦
給事中　（賈）安宅
中書舎人　（陳）与義
十月二十七日戌時、都事胡洞受
権右司（左司？）員外郎周聳付吏部
令　闕
尚書左僕射・同中書門下平章事　（呂）頤浩
尚書右僕射・同中書門下平章事　（朱）勝非
参知政事　（孟）庾
簽書枢密院・権参知政事　（権）邦彦
吏部尚書　（沈）与求
吏部侍郎　（席）益
告左承事郎孔端朝奉
勅如右、符到奉行。
主事　王渭
（考功）員外郎兼権（朱？）異　（令史？）
（書令史？）
紹興二年十一月一日下

【文書Ａ】紹定四年（理宗：一二三一年）六月二十六日授宣教郎告（録白告身第一巻図十八至図二十一）

1 宣義郎・知平府（平江府？）呉県丞徐謂礼、
2 右可特授宣教郎、差遣如故。
3 「勅……
5 可依前件」。奉
6 勅如右、牒到奉行。
7 紹定四年六月十五日
8 少師・右丞相・魯国公　（史）彌遠
9 知枢密院事兼参知政事　（薛）極
10 参知政事　（葛）洪
11 参知政事　（鄭）清之
12 兼給事中　（陳）貴誼
13 兼中書舎人
14 六月二十六日午時都事郭　俣　受
15 司農卿兼左司陳　付吏部
16 少師・右丞相・魯国公
17 知枢密院事兼参知政事
18 参知政事
19 参知政事
20 吏部尚書
21 吏部侍郎
22 告宣教郎・知平江府呉県丞徐謂礼、奉
23 勅如右、符到奉行。
24 主事　王　佺
25 権員外郎　剛中　令史　楊　克勤
26 書令史王　処義
28 主管院
29 紹定四年六月二十六日下

【文書B】
淳祐五年（理宗：一二四五年）十二月二十六日授朝奉郎告
（録白告身第一巻図十四至図十七）

1 「勅承議郎　特改差両淮・浙西発運副使司主管文字徐謂礼……
4 可特授朝奉郎、差遣如故」
5 奉
6 勅如右、牒到奉行。
7 淳祐五年十二月十七日
8 左丞相　（范）鍾
9 知枢密院事兼権参知政事　（游）似
10 簽書枢密院事兼権参知政事　（李）性伝
11 兼権給事中　（林？）希逸
12 兼権中書舎人　公許
13 十二月二十六日午時都事趙　煥　受
14 刑部郎中兼左司陳　昉　付吏部
15 左丞相　鍾
16 知枢密院事兼参知政事　似
17 簽書枢密院事兼権参知政事　性伝
18 吏部尚書　闕
19 戸部尚書兼　与籌
20 吏部侍郎
21 告朝奉郎　両淮・浙西発運副使司主管文字徐謂礼、奉
22 勅如右、符到奉行。
23 主事　全　文炳
24 員外郎　令史　任　聞礼
25 書令史　陳　継先
26 主管院　同孫
27 淳祐五年十二月二十六日下

【文書C】
嘉定十五年（寧宗：一二二二年）五月二十三日授承奉郎告
（録白告身第一巻図一至図三）

1 承務郎・新監臨安府糧料院兼装卸綱運兼監鎮城倉徐謂礼、
2 右可特授承奉郎、差遣如故。
3 「勅……
5 可依前件」
6 奉
7 勅如右、牒到奉行。
8 嘉定十五年五月十五日
9 少傅・右丞相兼枢密使・魯国公　（史）彌遠
10 同知枢密院事兼参知政事　（宣）繒
11 簽書枢密院事兼権参知政事　（兪）応符
12 給事中　卓
13 中書舎人　衛
14 五月二十三日午時都事張　令徳　受
15 左司郎中趙　付吏部
16 少傅・右丞相兼枢密使・魯国公　（史）彌遠
17 同知枢密院事兼参知政事　繒
18 簽書枢密院事兼権参知政事　応符
19 吏部尚書　極
20 吏部侍郎　章
21 告承奉郎・監臨安府糧料院兼装卸綱運兼監鎮城倉徐謂礼、奉
22 勅如右、符到奉行。
23 主事　祈　世栄
24 権員外郎　令史　周　守忠
25 書令史　孫　顕祖
26 主管院　有大
27 嘉定十五年五月二十三日下

【文書D】紹定二年（理宗：一二二九年）七月二十六日転宣義郎告
（録白告身第一巻図七・図八・図十七）

尚書吏部
磨勘到承事郎・新差知平江府呉県丞徐謂礼、
右壱人、擬転宣義郎、差遣如故。
左丞相　闕
少師・右丞相・魯国公　臣（史）彌遠
知枢密院事兼参知政事　臣（薛）極
参知政事　臣（葛）洪　分書
尚書　臣燁等言
謹件張鎰等弐人、擬官如右、謹以申
聞謹奏。
紹定二年七月　日金部郎中兼権臣司馬　述　（上？）
郎中　闕
給事中　臣陳卓　読
参知政事　臣葛洪　省
知枢密院事兼参知政事　臣薛極　審
少師・右丞相・魯国公　臣彌遠　免書
聞
七月二十六日午時都事王　受
司農少卿兼左司林　介　付吏部
吏部尚書
吏部侍郎
告宣義郎・知平江府呉県丞徐謂礼、計奏被
旨如右、符到奉行。
主事　王　佺
金部郎中兼　述　令史　楊　克勤
書令史王　処義
主管院
紹定二年七月二十六日下

【文書E】紹定六年（理宗：一二三三年）十一月八日転通直郎告
（録白告身第一巻図二十二至図二十四）

尚書吏部
磨勘到宣教郎徐謂礼、
右壱人、擬転通直郎。
左丞相　闕
右丞相　臣（鄭）清之
参知政事　臣（喬）行簡
参知政事　臣（陳）貴誼
尚書　臣燁等言
謹件呉澄等弐人、擬官如右、謹以申
聞謹奏。
紹定六年十月　日　秘書省著作佐郎兼権臣王　会龍　上
郎中　闕
兼給事中　臣莫　沢　読
参知政事　臣陳　貴誼　省
参知政事　臣喬　行簡　審
右丞相　臣　清之　免書
聞
十一月八日午時都事郭　受
中書舎人兼左司　余　鋳　付吏部
吏部尚書
吏部侍郎
告通直郎徐謂礼、計奏被
旨如右、符到奉行。
主事　王　佺
権員外郎　令史　楊　克勤
書令史王　処義
主管院
紹定六年十一月八日下

【文書F】
淳祐五年（理宗：一二四五年）正月十九日転承議郎告
（録白告身第一巻図十一至図十三）

尚書吏部
磨勘到奉議郎　新改差充浙西・両淮発運副使司主管文字徐謂礼、
右壱人、擬転承議郎、差遣如故。
左丞相　臣（范）鍾　免書
右丞相　臣（杜）範　未上
知枢密院事兼参知政事　臣（游）似　未上
参知政事　臣（劉）伯正
尚書　闕
刑部尚書兼　臣杲等言
謹件銭難老等弐人、擬官如右、謹以申
聞謹奏。
淳祐四年十二月　日　戸部郎中兼臣江湛　上
郎中　闕
兼給事中　臣李　性伝　読
参知政事　臣劉　伯正　省審
知枢密院事兼参知政事　臣游　似　未上
右丞相　臣範　免書
左丞相　臣鍾　免書
聞
正月十九日午時都事趙　受
刑部郎中兼左司陳　付吏部
吏部尚書　闕
吏部侍郎　伯大　未上
兵部侍郎兼
告承議郎　充浙西・両淮発運副使司主管文字徐謂礼、計奏被
旨如右、符到奉行。
戸部侍郎兼
主管院
淳祐五年正月十九日下
主事　全　文炳
令史　任　聞礼
書令史　陳　継先

南宋淳祐九年における茅山加封文書の発出過程

――『道蔵』所収『三茅真君加封事典』を分析対象として――

小林隆道

はじめに

南宋淳祐九年（一二四九）三月、道教の名山の一つである茅山の主神三茅真君が政府から加封された。その際に発出された公文書（官誥）は、原文書は残存していないものの、その文字は『茅山志』に「淳祐加封三茅真君誥」として収録されている。(1) また、その文書は石碑に刻まれ伝世し、『句容金石記』や『江蘇通志稿』にも「宋加封三茅真君」「加封三茅真君誥」として移録されている。(2) なお、その拓本は現在「加封三茅真君誥」として北京大学図書館に所蔵されている。(3)

宋代の賜額勅牒・賜号勅牒・加封官誥などの公文書は、これまで政治、宗教や文書研究などの各方面から研究が進められ、そこから多くの知見が出されている。しかし、それら考察で利用できる史料はみな既に石碑に刻まれた状態の石刻「文書」であった。(4) そのため、当該公文書が発出されるまでどのような過程を経たのかについては、刻石された当該公文書中の記述や石碑の由来を示す「記」の記述に依拠せざるをえなかった。それらの記述からのみでは、文書伝達の大まかな経路や規定を知り得ても、具体的な各種手続きやそれに使用された文書までは判明しない。当時の公文書がそれ以前に発出された文書を節略・引用しながら作成されることが多いことに鑑みれば、最終的に発出された文書は文書発出に関わる一連の過程の中で理解する必要がある。また、刻石された文書が発出されるまでにどのような具体的な過程を経たのかは、その石刻「文書」自体が立石地で果たした役割と関連するだろう。

近年須江隆氏は、南宋淳祐年間における祠廟への加封を申請する際に用いられた列状の「オリジナル」の記録を発見し検討することを通し、地域社会を論じる際の当該史料の価値と特性を指摘している。(5) それは当時の文書行政を明らかにする上でも重要な研究である。なぜなら、須江氏も指摘しているように、賜額・賜号の公文書が発出される以前の段階で用いられた文書の記録は極めて希少だからである。

そのような研究状況の中で、本稿では『正統道蔵』[6]所収の『三茅真君加封事典』[7]（以下『事典』と略称）に注目する。『正統道蔵』に収録される大部分は道教経典であり、一般的には思想方面の研究で使用されることは多くとも、歴史学で史料として利用されることは少ない。しかし、『事典』には冒頭に記した「淳祐加封三茅真君誥」の発出に至るまでに政府と茅山の間で交わされた各種文書が収録されている。それらは、最終的に発出された「淳祐加封三茅真君誥」の背後に一体どのような具体的な過程があったのかを知り得る貴重な史料群と言える。本稿では、まず政府と茅山とのやりとりで使用された文書を整理し、その上でそれらの文書手続きを考察し、「淳祐加封三茅真君誥」が発出された具体的過程を明らかにする。[8]

一　『三茅真君加封事典』

（1）　編纂縁起

『事典』は、加封から十八年後の咸淳三年（一二六七）に張大淳により編纂され、淳祐九年（一二四九）の加封に関連する各種文書を収録する。その冒頭には張大淳による序文「三茅真君加封事典序」が付され、淳祐九年に加封された際の状況について以下のように記している。

……（前略）……洎理宗朝、我虚白高士司徒道録以為国為民禱祈響応、特俾以左街洞微之命、先生曰「嘻、是皆三君之霊也。何敢私有其所有。願以是寵光帰之三君、以崇報本之義」。理宗允之。芝泥炳煥、照耀林泉。維時大淳実執弟子列、目撃斯事。司徒君屢期以『加封事典』載之金石、未及為而君已仙去。大淳承乏下館、久思継志、冗未遑也。丁卯春、『内伝』・『続伝』幸甫就緒、同班諸友復以『事典』未刊為疑、謂『事典』不刊則不惟不足以彰三君之霊異、聖朝之尊崇、且不足以見我空山之能弘斯道之脉而闡斯道之伝也。余於是乎奉承惟謹、謹書此以識。歳月丁卯三月望日。

特賜冲靖明真微妙大師・特差充茅山山門道正・権知御前崇禧観兼管領本山諸宮観事・賜紫張大淳謹書

文中傍線部の「虚白高士司徒道録」とは道士・司徒師坦を指し、彼は『事典』編纂者・張大淳の師であった。この司徒師坦が茅山を代表して加封の件について政府との交渉に当たった。『事典』所収の各種文書に拠れば、加封当時の彼の肩書は「特賜洞微先生、右街鑒義、主管教門公事、佑聖観虚白斎高士」である。ここで注目すべきは、彼は実際において茅山を代表しながらも、当時は茅山に関連する肩書を持っていなかったことである。酒井規史氏の研究に拠れば、司徒師坦はもともとは茅山で修行し、後に佑聖観虚白斎高士に抜擢された(9)。この点は文書伝達上の問題と大きな関係を有しており、第二節で具体的に論じる。

序に拠れば、司徒師坦は国のため民のために祈禱をして霊験があったことにより「左街洞微」に任命されるが辞して受けず、そのかわりに三茅君への加封を願い出て理宗に許された。そのような過程を経て行われた加封儀式を『事典』編纂者・張大淳は弟子として目撃したのだった。司徒師坦は「『加封事典』を以て之を金石に載せる」ことを企図していたが、その前に亡くなってしまった。茅山の関係者は三茅君の霊異と宋王朝の尊崇を表彰するためには『事典』の刊行が必要不可欠だと考え、そこで張大淳は師の志を継いで咸淳三年三月に『事典』を刊行した。

（2）『事典』の構成

『事典』は上述の序の後に上・下巻が続く。上巻には公文書・賜物目録・儀式祝文等、下巻には儀式関連文書や公文書などが基本的に時系列順に収録されている。それら内容を示した題目がそれぞれに三字下げで附され記されている。(10)それらの題目を参照しながら、本文を【表】のように三十件に分類・整理した。

『事典』には収録・書写の際に生じたと考えられる混乱が散見される。そのため、この分類・整理に関して、説明を必要とする点がいくつかある。

①No.4「辞免道録表」とNo.9「繳進勅黄辞免第三表」の最後部分には「奉旨、不許再有辞免」や「奉旨：不允、不許再有辞免」という文があるが、それらは「表」式文書中のもともとの文ではありえず、編纂者が付加したものと考えられる。

②No.8「内省公文」は、No.7「元封告勅」の最後部分に連続して記されているが、書式から考えて告勅の部分とは考えられず、そのために独立させた。また、この部分は「三月初一日、再準内省公文「得旨。宣諭高士……（後略）」」のように、部分的に編纂者が付加したと考えられる文字も記されている。

③No.20「四月二十三日甲子」は加封儀式当日の経過を編纂者が叙述した部分である。『事典』では特に題目を設けていないが、この部分全体が一字下げで記されている。ここでは、その部分の冒頭に記述される日付を題目とした。

『事典』所収の三十件は、大きく四つの群に分けられる。第一群、茅山と宋朝政府の間でやりとりされた文書（No.2-17, 28-30）。第二群、賜物目録（No.18, 19）。第三群、加封儀式関連の文書（No.20-27）。第四群、編纂者の記述（No.1, 18）。本稿では、「はじめに」で提起した問題意識に基づき、主に第一・四群の記載を主に考察し、儀式自体に関連する第二・三群はその考察の補助として利用する。

【表】

No.	巻	題　目	発出年月日	受領年月日
1	序	三茅真君加封事典序	丁卯（咸淳三年）三月望日	
2	上	尚書省劄	淳祐九年正月	
3	上	勅黄	淳祐九年二月	
4	上	辞免道録表	淳祐九年二月	
5	上	内省公文		（淳祐九年）閏二月初七日
6	上	乞加封表	（淳祐九年）二月日	
7	上	元封告勅	崇寧元年四月	
8	上	内省公文	（淳祐九年）閏二月	（淳祐九年）三月初一日
9	上	繳進勅黄辞免第三表	（淳祐九年）三月	
10	上	申内省繳進状		
11	上	省劄二道一付建康府一付本山	淳祐九年三月	
12	上	繳省劄申建康府状	淳祐九年三月	
13	上	再準内省宣諭公文	（淳祐九年）三月	
14	上	交領加封省劄表	淳祐九年三月日	
15	上	謝転道録表	淳祐九年三月日	
16	上	内省伝到加封真君告勅三道及宣賜儀物公文	（淳祐九年）三月	
17	上	告勅三道	淳祐九年三月十五日	
18	上	賜儀物		
19	上	威儀一十四事		
20	上	【四月二十三日甲子】		
21	上	大峰祝文	大宋淳祐九年歳次己酉四月壬寅朔二十三日甲子	
22	上	二峰祝文		
23	上	三峰祝文		
24	下	進封三茅真君聖号慶礼醮科儀		
25	下	皇帝設醮青詞		
26	下	内省張都知醮詞		
27	下	崇禧観醮詞		
28	下	奏謝加封祖師真君恩礼表	淳祐九年六月日	
29	下	繳状	淳祐九年六月	
30	下	進加封告碑表	淳祐九年十二月	

二　淳祐九年の三茅真君への加封

（1）　加封過程

本節では、『事典』所収の各種文書を利用し、淳祐九年（一二四九）に行われた三茅真君への加封の具体的な過程を明らかにする。行論の便宜上、先にその過程の概略を再度述べておく。まず司徒師坦に対する昇進の命令があったが彼は辞退し（A）、その替わりに三茅真君への加封を願い許可される（B）。その後、加封される聖号の通知があり（C）、告勅が茅山に到着すると司徒師坦はそれを出迎え受領して加封儀式を挙行し（D）、その後に告勅を刻石した（E）。このような宋朝政府と茅山とのそれぞれの動きを時系列に従って整理すると以下のようになる。なお、［　］内は【表】の文書番号に対応する。

A【加封の発端：司徒師坦への特転賜与】

①淳祐九年正月：政府は「特賜洞微先生、右街鑒義、主管教門公事、佑聖観虚白斎高士」であった司徒師坦に対し尚書省箚を発出し、「左街道録、主管教門公事」に特転することを伝達する。［No.2］

②二月：政府は司徒師坦に対し「左街道録、主管教門公事」に特転する勅黄を発出する。［No.3］

③二月：司徒師坦は政府に上表し特転の辞退を申し出る。［No.4］

④閏二月初七日：司徒師坦は、聖旨に基づき司徒師坦の辞退を許さないとする入内内侍省の公文を受け取る。なお、この時すでに勅黄と省箚が発出されていたが、司徒師坦が受け取らないために、その二件の文書は句容県に寄留さ

れていた。[No.5]

B【加封の申請】

⑤閏二月十五日：司徒師坦は再び辞退を申し出て、かわりに三茅真君への加封を願い出る。その際、司徒師坦は、三茅君が受けた北宋崇寧四年勅牒（＝No.7）の録白を提出し、且つ自身が受けた「高士」・「鑒義」・「道録」の勅黄を繳納した。[No.5, 6, 7]

⑥閏二月二十八日：聖旨があり、三茅真君への加封が決定する。[No.10, 11]

⑦三月初一日：司徒師坦は、勅黄と省劄を受け取るようにとの命令と昇進辞退を許さないとする入内内侍省の公文を再び受け取る。同時に三茅真君への加封が許された旨が伝達される。[No.8]

⑧三月：司徒師坦は三度目の辞退を申し出る。[No.9] その際、「都知提挙太尉」（入内内侍省）に申状を提出し、「高士」・「鑒義」・「道録」の勅黄を繳納した。[No.10]

C【加封聖号決定の通知】

⑨三月：政府（枢密院）は建康府と茅山に対し省劄をそれぞれ送り、加封聖号が「聖祐」・「徳祐」・「仁祐」と決定したことが伝達される。[No.11]

⑩三月：入内内侍省（都提挙都知太尉）が公文を発出し、司徒師坦が加封省劄二道（＝No.11）を「交管」することを命令し、その報告を求める。[No.13]

⑪三月：茅山崇禧観（住持：葉晞彭）が省劄を建康府に繳申する。[No.12]

⑫三月：司徒師坦が上奏し、加封省劄二道を「交管」し、命令に従い処理したことを報告する。同時に、謝辞を述べ、茅山で加封儀式を挙行する計画があることを報告する。[No.14]

D【加封告勅の到着と儀式】

⑬三月：司徒師坦は三度辞退していた「左街道録、主管教門公事」への特転を承諾する。[No.15]

⑭三月十五日：加封告勅三道が発出される。[No.17]

⑮三月：入内内侍省が、告勅三道と儀式を挙行する際に使用する儀物を発送したことを伝達する公文を発出する。[No.16, 18, 19]

⑯四月二十一日：茅山が入内内侍省の公文を受け取る。[No.29]

⑰四月二十二日：長雨をとめるために、司徒師坦が登壇して祈禱をする。[No.20]

⑱四月二十三日：告勅が茅山に到着する。司徒師坦は大茅峰・中茅峰・小茅峰の各所で儀式を挙行する。[No.20-27]

E【加封儀式終了の後】

⑲六月：司徒師坦は表を具し、三茅真君への加封に対する謝意を示す。[No.28]

⑳六月：司徒師坦は状を具し、「崇禧観開具交管版冊一本、三峰交領誥命宝旛状三本」を繳進する。[No.29]

㉑十二月：司徒師坦は表を具し、加封告勅を刻石したことを報告する。[No.30]

（2）加封過程の各段階

次に、先に整理した淳祐九年加封の過程中の文書伝達に関わるA～Cの各段階について、それらが持つ問題について詳細に検討する。

A【加封の発端：司徒師坦への特転賜与】

（a）省劄・勅黄の発出者と受領者

淳祐九年正月、朝廷は司徒師坦を「左街道録、主管教門公事」に任命した。道教を管理する機構は中央の道録院と地方の道正司とに分かれており、中央の道録院に所属する道官には、序列順に上から左右街都道録、左右街副都道録、左・右街道録、左・右街副道録、左・右街都監、左・右街鑒義がいる（左が上位、右が下位）[11]。つまり、今回の司徒師坦に対する人事は、道録院の序列中最下位の「右街鑒義」から序列第三位の「左街道録」に任命する昇進人事であった。この決定を受け、尚書省は正月にNo.2「尚書省劄」を彼に発出し、任命の事を告知した。

No.2「尚書省劄」

正月初一日、恭奉聖旨、頒降勅黄一道、虚白斎高士洞微先生司徒師坦、特転左街道録主管教門公事。右劄司徒師坦。準此。淳祐九年正月　日

これは、「右劄」などの定型句、発出者の署名が必要無いなど、たしかに劄式[12]に従った文書である。

そして、尚書省は更に二月には正式な任命文書であるNo.3「勅黄」を発出した。

No.3「勅黄」

尚書省牒　特賜洞微先生右街鑒義主管教門公事佑聖観虚白斎高士司徒師坦

牒。奉勅：「宜特転左街道録主管教門公事」。牒至準勅。故牒。　淳祐九年二月　日

簽書枢密院事兼権参知政事謝　押

同知枢密院事兼権参知政事応　押

枢密使兼参知政事趙　督視

太傅右丞相越国公　押

こちらは「尚書省牒発出先」、「牒。奉勅：勅の内容。牒至準勅。故牒。年月日」、発出責任者である尚書省構成員の署名といった書式を持つ勅牒形式の文書である。[13]

この「勅黄」最後部分に記された発出者である尚書省構成員は四名で、「簽書枢密院事兼権参知政事謝」は即ち謝方叔、「同知枢密院事兼権参知政事応」は即ち応繇、「枢密使兼参知政事趙」は即ち趙葵、「太傅右丞相越国公」は即ち鄭清之のことである。また、趙葵以外は、それぞれに花押があったことを示す「押」字が記されている。趙葵はこの時に督視江淮京西湖北軍馬を任じており、当時は朝廷に不在であった。[14]そのため、文書中、花押が記される箇所には「督視」の語が記されている。

この任命に対し、司徒師坦はNo.4「辞免道録表」を提出し辞退する。だが、彼の辞退は許されなかった。彼は後にも辞退し、それは合計三回に及ぶが、全て許されなかった。この三回辞退するという形式と辞免表の文書書式は、一般官僚のそれと同様である。[15]このような辞退はみな形式上の行為ではあるが、その中にも文書伝達に関する注目すべき情報が存在する。

昇進人事に関するNo.2「尚書省劄」とNo.3「勅黄」は既に発出されていたが、司徒師坦は昇進を辞退してそれら

二つの文書を受け取らなかった。では、その二つの文書はどこに取り置かれていたのか。この問題について、No.5「内省公文」の後に「勅黄省劄各一道、寄留句容県」と編者注があり、二つの文書は句容県にとどめ置かれていたことが分かる（また、後掲No.6「乞加封表」でも司徒師坦の言として直接言及される）。つまり、司徒師坦個人宛に発出された省劄と勅黄は句容県管轄下にある茅山へ向けて運搬されていることが判明する。

第一節で述べたように、司徒師坦は当時「佑聖観虚白斎高士」であった。佑聖観は宋朝皇帝のために祭祀を挙行する「御前道観」の一つであり、臨安興礼坊内にあり、その観内に虚白斎があった。[16] 司徒師坦は、その肩書からすれば、「高士」として臨安の佑聖観虚白斎に住んでいると見なされるはずである。[17] しかし、前述したように、彼個人に宛てたNo.2「尚書省劄」とNo.3「勅黄」は茅山に向けて発出されている。そのため、少なくとも淳祐九年当時においては司徒師坦は臨安ではなく茅山に居たと判断できる。[18] 彼は茅山関連の肩書は有していなかったが、もともと修行していた茅山との深い繋がりを当時も継続して有していたと言えるだろう。

（b）入内内侍省都知・張延慶

司徒師坦が昇進を辞退した後に、それを許可しない旨を彼に伝えてきたのは尚書省ではなく、『事典』内の文書において「内省」と記される入内内侍省である。入内内侍省はその後も「公文」を発出して司徒師坦と交渉を続けている。それが、No.5「内省公文」、No.8「内省公文」、No.13「再準内省宣諭公文」、No.16「内省伝到加封真君告勅三道及宣賜儀物公文」である。

この加封に入内内侍省が密接に関係していることが窺えるが、加封儀式に使用された文書にも内省都知張氏による醮詞（No.26「内省張都知醮詞」）が存在している。この入内内侍省（内省）都知の張氏の名は、『茅山志』巻四「淳祐加封三茅真君誥」に対する編者注にも、司徒師坦の名とともに「協忠大夫・保康軍承宣使・入内内侍省都知・提点佑聖観　張（傍線は筆者が付加）」と記される[19]。これより、入内内侍省でも特に都知の張氏が加封に関係していたことがわかる。彼に関して関連史料は少ないが、次の史料からその諱が「延慶」だと判明する。

まず、『正統道蔵』所収の『廬山太平興国宮採訪真君事実』巻三「宋朝崇奉類・聖旨文字」には、「嘉熙四年閏十二月日、協中《ママ》大夫・保康軍承宣使・入内内侍省副都知張延慶恭準（傍点は筆者が付加）」とある。ここに出てくる張延慶の帯する官銜と嘉熙四年（一二四〇）と淳祐九年（一二四九）の時間差を考慮すれば、彼が入内内侍省「副都知」から「都知」に昇進したと想定できる。次に、『宋会要』礼五八―九五には「入内内侍省都知・贈保康軍節度張延慶、謚忠敏（傍点は筆者が付加）」とあり、入内内侍省都知に張慶延という名の者がいたことが分かり、先の想定は正しいと判断できる。更に、死後に贈られている「贈保康軍節度」も、生前に帯していた「保康軍承宣使」と整合性がつく。これらにより、『事典』内に出てくる入内内侍省都知の張氏の姓名は張延慶と判明する。

この点を明らかにした上で先の四件の入内内侍省文書を見ると、No.8, 13, 16の最後部分に「延慶恭準」の四字が記されているのに気づく。それにより、それら入内内侍省から発出された文書は、より具体的には都知・張延慶が発出主体であったことが判明する。また、張延慶の肩書について、先に挙げた『茅山志』の記事を改めて見ると、「提点佑聖観」とあるのが注目される。佑聖観とは先述したように司徒師坦が「高士」として居住していた臨安の御前道観である。つまり、司徒師坦と張延慶との間には、淳祐九年の加封以前から佑聖観において密接な関係があったと考えられる。

これらの状況に鑑みれば、以下のような状況を想定するのが妥当であろう。三茅真君へ加封することは淳祐九年以前に司徒師坦と張延慶との間で既に話がついており、司徒師坦への昇進命令とその辞退・加封申請も、加封のために彼ら二人の間で事前に決めた一種の「儀式」であった。このように解釈すれば、司徒師坦がなぜ淳祐九年にちょうどよく臨安を離れ茅山に居住していたのか説明がつく。

たとえ加封が既定のことであり、その申請が一種の「儀式」であったとしても、「儀式」としての体裁を整える必要があった故に当時の文書行政の特徴が却って浮き彫りになる部分もある。次にその加封の申請を巡る具体的状況を分析していく。

B【加封の申請】

（a）証拠文書の実物と録白

閏二月十五日、司徒師坦は二度目の辞退をし、同時に三茅真君への加封を申請する。その際に提出したのが次のNo.6「乞加封表」である。

臣不避厳誅、輒瀝忱悃、上干天鑒。臣正月初一恭奉聖恩臣左街道録主管教門公事。臣嘗具表、控辞弗獲。今来復蒙給降勅黄一道、令臣祇受前件職事、不得再有辞免者。臣承命慚惶、……（中略）……欲乞以前後所賜臣高士、鑒義幷今来所賜道録勅命、回降聖恩、照正一天師佑聖真君近例、加封本山祖師三茅真君徽号、特頒一札、各賁三峰。……（中略）……臣照得、三茅君初受上帝封号、職任洞天、先朝嘗即其霊跡進加封爵、臣謹具于後。伏願陛下俯従愚請、収所賜臣恩命、特加祖師徽称、式彰三君護国之霊休、昭示皇朝報功之盛典、亦臣反本報祖之職分也。……（中略）……臣謹録白三茅真君元封勅命三道随表進呈。所有賜臣勅黄恩命、未敢望闕祇受、已具公状、寄留句容県庫、拱俟指揮。容臣併将前後蒙賜勅黄三道具表繳進。臣干冒天威。伏取進止。

二月日[20]　特賜洞微先生・右街鑒義・主管教門公事・虚白斎高士臣司徒師坦上表

ここで注目すべきは、加封を申請する際の文書処理の具体的方法である。

まず、傍線部には、司徒師坦が以前に賜った「高士」と「（右街）鑒義」、及び今回の昇任で賜った「（左街）道録」それぞれの勅命が言及される。司徒師坦はそれらを朝廷に返還して昇進を辞退し、そのかわりに三茅真君への加封を求めている。また、それら三つの勅命は二重傍線部のように「前後蒙賜勅黄三道」とも記されていることからも分かるように、それら勅命の文書種類はより具体的に言えば「勅黄」である。なお、この時に「（左街）道録」の勅命（＝No.3「勅黄」）は司徒師坦の手元にはなく句容県庫に留め置かれていることが点線部によって分かる。

司徒師坦が「（左街）道録」への昇進を断る際に、その勅黄を返還することは理解できる。しかし、なぜ現に任じている「高士」と「（右街）鑒義」の勅黄の現物を返還する必要があったのだろうか。その行為の理解には、当時の官僚の告身のあり方が参考となる。官僚にとって、告身は官を具体化したモノであり、それは決して単なる通知書や身分証ではなかった。そのため、官僚が官僚であるためには告身をモノとして所持していることが重要であった。また、自身の意見を主張する際に告身を返還し待罪し、自己の官を賭していることを表現する政治上の作法も存在した。[21] そのような当時の作法から考えれば、司徒師坦の行為は、彼の昇進固辞の決心が固いこと示すとともに、三茅真君への加封請求を真摯に行っていることを表現しているといえる。

その一方で、波線部では、三茅真君が以前に受けた封号告勅である「元封告勅三道」の録白を提出している。この「元封告勅三道」とは北宋崇寧元年（一一〇二）四月に下された告勅のことであり、『事典』に載るNo.7「元封告勅」である。[22] 三道とあるのは、その時に大茅君・中茅君・小茅君それぞれに封号が下されたためである。司徒師坦自身への勅黄の扱いとは異なり、三茅真君に対して発出された公文に関しては、現物ではなく録白を提出している。これは、加封、すなわち現在有している聖号の上に号を加えることを要求しているためである。加封を受ける際には、以前にたしかに封号を受けたことを証拠文書（「元封文字」）を提出して主張しなければならない。[23] しかし、さきほどの告身をめぐる作法からすれば、加封を受ける前提となる現有の聖号を保持しておくためにはNo.7「元封告勅」の実物は三茅真君がモノとして所持していなければならない。そのために告勅の写しである録白を提出していると解釈できる。

（b）交渉の二つの経路

この司徒師坦による閏二月十五日付けの二度目の辞退は許されず、その事は入内内侍省都知張延慶から同月中に発出されたNo.8「内省公文」によって伝達される。そのNo.8を茅山側は三月初一日に受け取っている。

その後、司徒師坦は三度目の辞退を申し出るNo.9「繳進勅黄辞免第三表」を三月に発出する。その中で彼は辞退の意志を伝えるとともに、「所有臣前蒙賜高士・鑒義・道録勅黄共三道、具状繳進（傍点は筆者が付加）」と自己が受けた三つの勅黄を返還する旨を再度申し出ている。このNo.9の「表」の発出先は文書中の文面に直接記されてはいないが、勅黄を返還していることに鑑みれば、その勅黄を発出した尚書省であろう。だが、「具状繳進」と記されているように、三つの勅黄はNo.9の「表」ではなく、「状」に添付して返還するとある。その「状」とは、入内内侍省に発出したNo.10「申内省繳進状」であり、その文中でも昇任を辞退することと加封の申請が述べられている。その状の具体的な発出対象は文中では「都知提挙太尉」と記されており、状は入内内侍省都知張延慶に宛てたものである。

この件を巡る交渉には、「司徒師坦―尚書省」という経路の他に「司徒師坦―入内内侍省（都知・張延慶）」というもう一つの経路があった。現在参照し得る史料には省箚や勅黄（勅牒）しか残らず、そこからのみ文書行政を復元し分析している。しかし、この司徒師坦の事例から、それら省箚や勅黄（勅牒）の背後には別の文書と伝達経路があったことが具体的に明らかになる。

C【加封聖号決定の通知】

（a）文書書式から見た文書伝達経路

三茅真君への加封は、淳祐九年閏二月十八日に聖旨があり決定した。その後、朝廷は加封告勅を発出する前に、加封される聖号の名称がそれぞれ「聖祐」・「徳祐」・「仁祐」となったことを茅山と茅山を管轄区域として有する建康府に通知している。この通知に使用されたのが次のNo.11「省箚二道一付建康府一付本山」である。

No.11「省箚二道一付建康府一付本山」

閏二月二十八日、奉聖旨、已降指揮、三茅真君加封。

太元妙道沖虚真君東嶽上卿司命神君

　可加封聖祐二字

定録右禁至道沖静真君

　可加封徳祐二字

三官保命微妙沖慧真君

　可加封仁祐二字

右箚付建康府、照応準此。（一付崇禧観）[24]

淳祐九年三月日

「右箚付建康府」（傍線部）の書式で分かるように、No.11は建康府に対して発出された箚式文書である。編者注と考えられる（ ）内の「一付崇禧観」という情報から、同一内容の省箚がもう一通、崇禧観に対して発出されていたこと

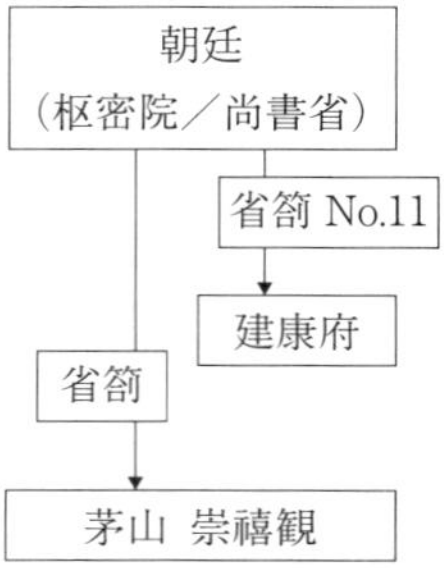

図1

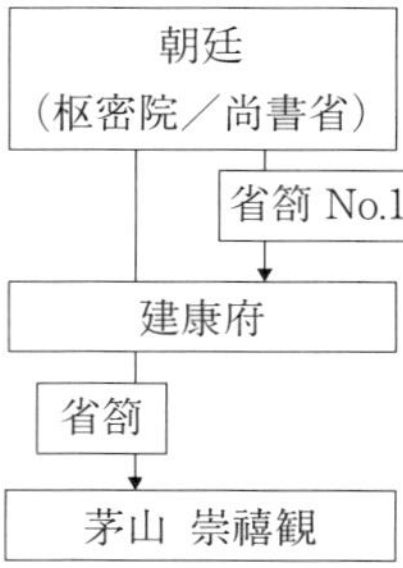

図2

が分かる。その省箚は、No.11傍線部を「右箚付崇禧観」に変えただけで他は同内容のものであっただろう。茅山には多くの宮観が存在したが、この崇禧観はそれら茅山の諸宮観を統べる位置にあった道観である。[25]

この時の二通の省箚の伝達経路は、文書書式から分析すれば、「朝廷→建康府」と「朝廷→崇禧観」（或いは「朝廷→建康府→崇禧観」）となり、図示すれば【図1】或いは【図2】となる。

この文書内容と伝達経路はけっして複雑ではない。しかし、ここに大きな問題が存在する。なぜ建康府に対して発出した省箚を茅山側が『事典』に収録できたのだろうか。

（b）実際上の文書伝達経路

その問題を解決する際、次のNo.12「繳省箚申建康府状」は有用な情報を提供してくれる。

No.12「繳省箚申建康府状」

茅山崇禧観
今月十五日、準枢密院省箚二道、一付本観、一付使府。照応、係閏二月二十八日恭奉聖旨、特降指揮、加封本山
三茅司命真君聖号事、須至申繳者
右具省箚一道、随状繳申建康使府。伏乞照応行下管内道正司、告示在処宮観庵院、各令通知。未敢専輒、伏候鈞
旨。

淳祐九年三月日　霊宝大師・勅差茅山都道正・知崇禧観管轄本山諸宮観葉晞彭状

文書書式から分析するに、この文書は茅山崇禧観が建康府に提出した状式文書である。注目すべきは、その文中の「準枢密院省箚二道、[26]一付本観、一付使府」（傍線部）と「右具省箚一道、随状繳申建康使府」（二重傍線部）の二箇所である。一つは崇禧観（「本観」）、もう一つは建康府（「使府」）に送達される「省箚二道」とは、まさに前掲No.11とそれと同内容の茅山崇禧観に対して発出された省箚である。茅山崇禧観はその二つの省箚を受領し、その内の建康府宛の省箚をNo.12の状式文書に添付して建康府に送った。その経路は【図3】のようになるだろう。

建康府への省箚は「朝廷→茅山崇禧観→建康府」と一旦茅山を経由した。茅山から建康府へは上行文書「状」が用いられ、それに省箚を添付する形式をとっているため、文書行政全体においては整合性がとれ問題はない。しかし、省箚（No.11）自体の伝達経路は文書に記された伝達経路を越えて下行し茅山に至り、そこから上行しており、その経路は「朝廷→建康府」という省箚の書式から析出される文書伝達経路と大きく異なる。

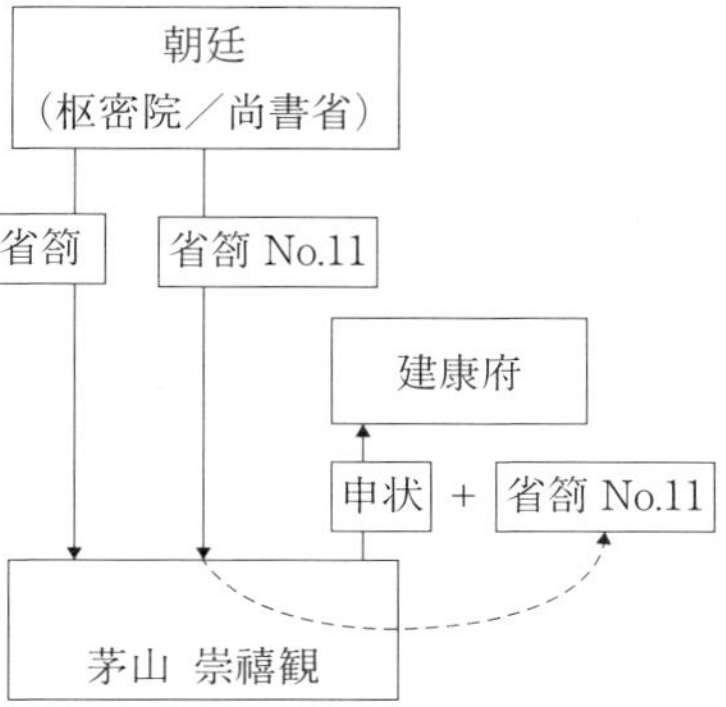

図３

以上のようなNo.11の文書の伝達経路を確認すれば、『事典』にNo.11が収録されていることにも一定の理解が生まれる。茅山側は一旦受け取ったNo.11の文字を書写しておけば、後に『事典』に収録することが可能であろう。

（c）司徒師坦の位置

それでは、なぜNo.11の伝達では先に確認したような経路をとったのだろうか。この問題には司徒師坦の空間上及び組織上における位置が大きく関わ

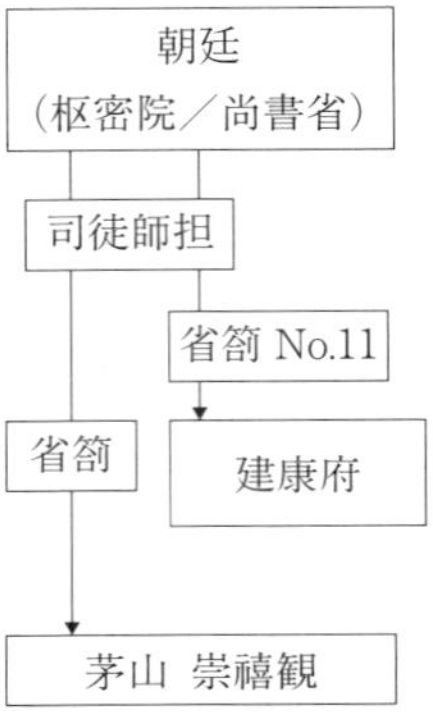

図４

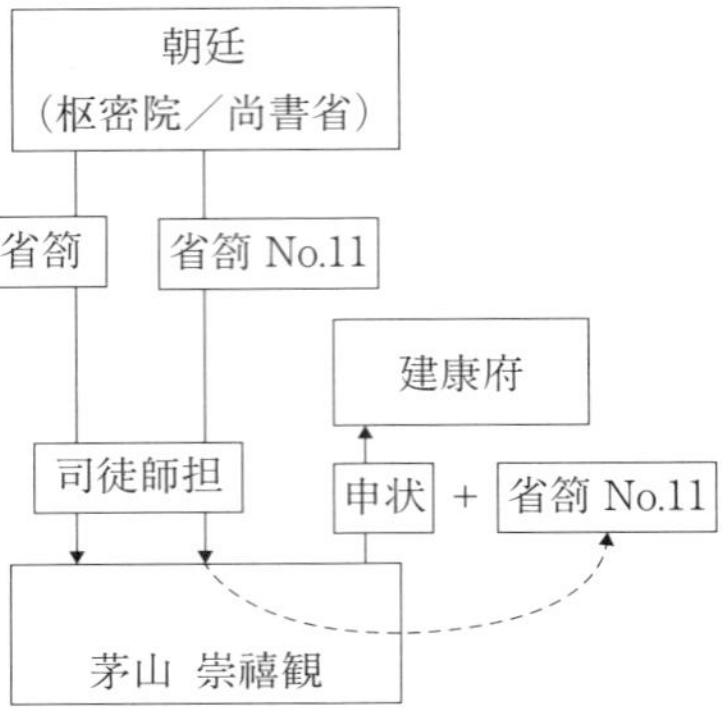

図５

る。実は、「省劄二道」は茅山崇禧観に伝達される前に一旦司徒師坦へと渡されていたからである。内省から司徒師坦へ発出された文書であるNo.13「再準内省宣諭公文」には以下のようにある。

No.13「再準内省宣諭公文」

得旨、宣諭高士、降賜加封三茅真君省劄二道。請先次交管、仍具已交領奏回。

三月日延慶恭準

文中傍線部の「省劄二道」とは、上述してきた建康府宛の省劄（No.11）と茅山崇禧観宛の省劄のことである。入内内侍省は、司徒師坦を茅山代表者としてではなく、あくまで佑聖観虚白斎の「高士」として扱い、彼に二つの省劄を渡し「先次交管」[27]（二重傍線部）させ、建康府と茅山崇禧観に発出し、その後に報告するように命じている。この命令を受け実行した司徒師坦はその報告書としてNo.14「交領加封省劄表」を提出した。

No.14「交領加封省劄表」

臣師坦上言、今月二十日準都提挙都知太尉恭伝聖旨宣諭、已蒙聖恩加封三茅司命真君聖祐徳祐仁祐六字聖号、頒到省劄二道、令臣先次交管。臣已即祇領、内一道付崇禧観布告本山諸宮観咸使聞知、外一道一面申納使府。臣上感聖恩（……中略……）臣惶懼惶懼、頓首頓首。謹先具表以聞。謹奏。

淳祐九年三月日

この報告書の中でも、司徒師坦は、二つの省箚を受け取り、一つは茅山崇禧観に送り茅山の諸宮観に加封の事を告知し、もう一つは「使府」すなわち建康府に送ったとする。

一般的に、「高士」を授与された者の多くは「鑒義」以上の道録院道官を担っていた。[28] 実際に高士・司徒師坦も右街鑒義を任じていた。つまり、司徒師坦を通して文書を伝達することは、道教を管理する中央機構である道録院を通して文書を伝達することを意味しており、それは行政上において正当な文書処理方式である（【図4】を参照）。

しかし、司徒師坦は実際上は茅山側の人物である。第二節で考察したように、この時に彼は茅山に居住しており、そのために受け取った二つの省箚を茅山崇禧観の正式な代表者である葉晞彭（「茅山都道正知崇禧観管轄本山諸宮観」の肩書を持つ）に直接渡して処置させたのであろう。そのために、建康府宛の省箚は茅山崇禧観を代表する葉晞彭からの状に添付されて建康府に送られた（【図5】を参照）。このような二重の位置を司徒師坦が占めていたために、先述したような文書伝達経路上の問題が起きたと考えられる。

茅山への加封は司徒師坦と入内内侍省都知張延慶との間で事前に話がつけられていた。また、司徒師坦は実質的には茅山を代表していても、名義上は茅山に所属してはおらず、行政上において司徒師坦と茅山は異なる主体として扱われた。これらの特殊性が文書伝達経路に影響を及ぼしたと言えるだろう。

三　モノとしての文書

前節で分析したような形で加封聖号の決定が通知された後、司徒師坦はNo.15「謝転道録表」を提出し、自身の「左街道録、主管教門公事」への任命を承諾する。そして、三月十五日に加封告勅であるNo.17「告勅三道」が発出される。

No.17「告勅三道」

勅：朕聞真人馭風騎炁(29)、神游八極之表、而一念在生霊、則猶数数然也。太元妙道冲虚真君東嶽上卿司命神君、成道於茅山、登籍於仙府、三君之首者也。奇験見于歴代、遠近以為司命。朕為黎元慕尚不已、特命有司亟衍嘉号、以彰欽崇。可特封太元妙道冲虚聖祐真君東嶽上卿司命神君。

勅：朕聞句容三峰神君顕甚、遂有金壇洞天之名、歴代所慕尚、豈独於今乎。定録右禁至道冲静真君、修真得道、是謂中茅。雨暘応禱、遠近徳之。亟命衍号、以答洪休(30)。其体朕意、益陰隲于下民。可特封定録右禁至道冲静徳祐真君。

勅：朕聞漢武帝祀神君於禁中、其祝甚秘、蓋以徼福。朕不為也。三官保命微妙冲慧真君。真風道炁(31)、号小茅君。祈毗敬事、祭典褒崇、蓋非一日矣。茲命衍号、以昭朕拳拳慕尚之意、益閎(32)況施以慧生霊。可特封三官保命微妙冲慧仁祐真君。

奉勅如右牒到奉行。

　淳祐九年三月日

太傅左丞相魏国公清之　右丞相葵

参知政事方叔　参知政事繇

兼権給事中壮父　兼権中書舎人

　三月十五日午時都事趙煥受

兵部郎中兼左司饒　付吏部

太傅左丞相魏国公清之　右丞相葵
参知政事方叔　　参知政事傜
吏部尚書闕　　　権兵部尚書清叟
吏部侍郎闕　　　起居兼権□
主事趙顥叔　令史金必遇　令史傅汝霖
郎中　　主管院
淳祐九年三月十五日下

ここに記された「太傅左丞相魏国公清之」は鄭清之、「右丞相葵」は趙葵、「参知政事方叔」は謝方叔、「参知政事傜」は応傜を指す。これら四名は正月に発出されたNo.3「勅黄」の発出主体と同じであるが、彼らは閏二月に昇進しているため[33]、その肩書はみな異なっている。

また、この『事典』に掲載された告勅は、大茅君・中茅君・小茅君のそれぞれに「聖祐」「徳祐」「仁祐」の聖号を加封する内容が一つの文書として記されている。しかし、文書タイトルが「告勅三道」と付けられていることを考慮すれば、もともとはそれぞれが別個の文書としてあったのだろう。しかし、勅の部分以外は同内容であるため、『事典』はその部分を省略して収録したと推測できる。

この加封告勅が茅山に到着したのは四月二十三日である。その様子を『事典』は次のように描述している。

No.20「四月二十三日甲子」

四月二十三日甲子、集諸山市民、恭迎告勅、昭告三峰。時値連日風雨、二十二日、高士登壇、上急奏章借晴、次早五更、鳴鼓集衆、宿雨即止、霽色開明、躬率本山諸宮観主首、道衆、庵寮道人、同鎮市士庶父老出山祗迎、亭卓香花、旛幢旌旗、鑼鼓鐃鈸、清楽仙仗、儀従及本山。常寧鎮官領兵、率旗隊、金鼓、衛護約千餘人。遠近山居来観者如堵。是日天気清和、祥煙如画、仙鶴鳴於晴空、白免現於峰頂。先迎告勅、至崇禧観門、高士率諸山主首道俗、望闕謝恩、歓呼万歳。次登大茅峰、奉行典礼、宣揚告命、敷献宝器。次登中茅峰、小茅峰。儀献如前。

これによれば、加封告勅到着直前までは連日風雨が強かったが、前日二十二日に司徒師坦が祈禱をして雨を止めたという。その上で彼は茅山諸宮観に所属する道士たちを自ら引き連れて告勅を出迎えている。その際、鎮市の士庶父老とともに出山している（傍線部）。一方、告勅の運搬を担当したのは茅山を管轄区域内にもつ常寧鎮の官であり、旗隊、楽隊や護衛など約千人を率いて来た（二重傍線部）。そして、旗旛を翻し打楽器を打ち鳴らす派手な儀仗兵の行列を見物するために、数多くの人が集まっていた（点線部）。告勅を出迎えた司徒師坦は、崇禧観の門まで至るとそこで引き連れていた者たちと宮闕のある方角に向き感謝を述べ、万歳を歓呼した。その上で、日を選び大茅峰・中茅峰・小茅峰のぞれぞれで告勅を読み上げ儀式（醮）を挙行した。

この一連の儀式を終えたことを報告し、用いた旗旛などを返却するために、司徒師坦は六月にNo. 29「繳状」を提出している。その報告には「謹已恭遵聖訓、逐一交領前件告命、宣賜宝器物件、関集闔山道俗、出山恭迎、望闕謝恩、徧詣三峰、敷揚君命、以次択日設醮、昭告天地仙真、事竟」とある。先述した出迎えをも含めた行為が儀式として意識されていたことがわかるだろう。ここで注目すべきは、告勅を迎える儀式はただ茅山のみの活動ではなく、すでに管轄官庁や周辺地域の住民を巻き込んだ活動となっていることであろう。加封告勅は三茅真君への加封を記したその内容だけでなく、そのモノとしての存在自体も重要であった。

なお、司徒師坦は告勅が四月二十三日に到着することを事前に知っていた。これはおそらく告勅の運搬を担った常寧鎮から事前に連絡があったためと考えられるが、その他にもNo. 29「繳状」冒頭に「四月二十一日、恭準公文備奉聖旨：宣諭。降賜到加封真君誥命三道、宣賜如意玉圭・錦旛威儀・沉香脳子・新茶銀両、令師坦択日設醮昭告者」とあるように、告勅や儀物を下賜して司徒師坦に儀式を挙行させる旨の公文を告勅到着の二日前の二十一日に受けていたからである。(34)

おわりに

これまで考察した三茅真君への加封は淳祐九年に行われた。その年の十二月、司徒師坦はNo.30「進加封告碑表」を提出し、その中で「謹鑱諸石以惟深、期与此山而不朽」或いは「臣去天易久、承命惟新、爰鏤堅珉、永作羣峰之鎮、摹成徹御、敢祈乙覧之垂」と述べ、加封告勅を刻石した旨を報告している。その石碑こそが本文冒頭で取り上げた「加封三茅真君誥」である。

『事典』はこのNo.30「進加封告碑表」を以て終える。つまり、『事典』では加封に関する一連の手続きや儀式が刻石で完了すると位置付けられている。刻石が加封儀式の一環であったことに鑑みれば、当時の人々が石刻「文書」を見る際には、その背後に存在した多くの手続きや儀式を思い起こしたことを想定できる。石刻「文書」は王朝権威或いは統治行為を具現化したモノとして存在し、立石地で一種の地域秩序を造成した。茅山は、公文書を受領した際には情報受信者であるが、刻石し立石する際には情報発信者へと変化する。石刻「文書」はそのような解釈の多層性を有し、それらの層が緊密に関係し合っている。そこに当時の制度と社会を考察する可能性が秘められているだろう。

本稿では『事典』の分析を通して、その加封の申請から、封号決定の通知、告勅の迎接、そして刻石一連の過程を明らかにした。その中で、封号決定通知における省劄の伝達経路に関する事例は、文書研究に深刻な課題を提起するだろう。文書研究においては、通常は文書書式の示す伝達経路と実際の伝達経路が一致することを前提に研究が進められる。しかし、この事例で明らかになったとおり、その二者が一致しない場合もある。文書書式の観点からの分析で明らかにできることは制度設計であり、実際の運用では決してない。今回分析した三茅真君への加封においては、制度設計と実際運用との間に齟齬が生じた原因は司徒師坦の特殊な立ち位置にあった。当時の普遍的な秩序を表現した公文書は、それが利用された具体的な場の中で考察する必要がある。そのような考察を通してこそ、「活きた」制度を描くことができるだろう。

註

（1）『茅山志』巻四・誥副墨・宋詔誥を参照。『茅山志』は巻二十〜二十七まで「録金石篇」となっており梁碑から元碑を収録しているが、その中に「淳祐加封三茅真君誥」は収録されていない。また、『茅山志』巻四「淳祐加封三茅真君誥」は、石碑には刻まれることのない下賜された儀物の情報（本論文が分析する『三茅真君加封事典』中のNo.18「賜儀物」、No.19「威儀一十四事」及びNo.29「繳状」冒頭部分に相当する部分）を載せ、且つ編者注として「協忠大夫、保康軍承宣使、入内内侍省都知、提点佑聖観張　左街道録、洞微真応先生、佑聖観虚白斎高士、主管教門公事司徒師坦上表、以臣三年祈禱感応微労、乞回降恩命加封三茅真君。奏可」という『三茅真君加封事典』に沿った情報を載せている。そのため、『茅山志』は石碑ではなく、『三茅真君加封事典』（或いは文書実物）を参照している可能性が高いと考えられる。

（2）『句容金石記』巻五、『江蘇通志稿』芸文志三・金石十七・南宋を参照。

（3）北京大学図書館・典蔵号24437。なお、拙著『宋代中国の統治と文書』（汲古書院、二〇一三）附録の「宋金石刻「文書」一覧」ID250を参照。

（4）本稿では、刻石された公文書を石刻「文書」と呼称する。石刻「文書」の特質については、前掲拙著二〇一三を参照。

（5）須江隆「宋代列状小考——祠廟の賜額・賜号の申請を中心に——」（『桜文論叢』九十六［長沼宗昭先生古稀記念号］、二〇一八）を参照。

（6）万暦『正統道蔵』（中華民国十二年十月上海涵芬楼影印）を参照。『正統道蔵』に関しては、陳国符『道蔵源流考（新修訂版）』（中華書局、二〇一四）・朱越利「『道蔵』的編纂、研究和整理」（『中国道教』一九九〇年第二期）等を参照。

（7）『三茅真君加封事典』を利用した道教研究の観点からの考察は、酒井規史氏が既に行っており（酒井規史「南宋道教的加封儀式――以『三茅真君加封事典』為考察中心」、「比較視野中的道教儀式」国際学術研討会、香港中文大学、二〇一五年十二月七～九日）、本稿の作成に際して酒井氏の助力を得ることができた。謹んでここに謝意を記す。

（8）宋代の道教管理制度に関して、主に、唐代剣『宋代道教管理制度研究』（線装書局、二〇〇三）・汪聖鐸『宋代政教研究』（人民出版社、二〇一〇）を参照。

（9）前掲酒井二〇一五を参照。

（10）ただし、No.16, 17の題目は二字下げで記されている。

（11）前掲唐代剣二〇〇三、一五〇～一六七頁、及び前掲汪聖鐸二〇一〇、四六二～四七四頁を参照。

（12）張禕『制詔勅劄与北宋的政令頒行』（北京大学歴史系博士論文、二〇〇九）一二〇頁を参照。

（13）拙稿「宋代賜額勅牒と刻石」（前掲拙著二〇一三）を参照。

（14）『宋史』巻二一四、表第五、宰輔五を参照。

（15）たとえば、No.4中にある「聞命自天、措躬無地」の表現は、李曽伯『可斎雑藁』巻十六「辞免除待制幷賜金帯奏」や方大琮『鉄菴集』巻五「辞免御筆除起居舎人申省状」にも用いられている。

（16）『咸淳臨安志』巻十三「行在所録・公観・佑聖観」、「在興礼坊内。孝宗皇帝旧邸。……（中略）……有道紀堂、虚白斎」。また、前掲汪聖鐸二〇一〇、四四六頁を参照。

（17）前掲酒井規史二〇一五を参照。

（18）汪聖鐸氏は、高士の称号授与は被授与者が入住する高士斎と関係するが、彼らがその高士斎に居住しているかどうかに関わらず、彼らの高士称号は長く保持されることを、司徒師坦も事例の一つに挙げながら述べている。前掲汪聖鐸二〇一〇、四五四〜四六一頁を参照。

(19) 前掲註（1）を参照。

(20) 閏二月初七日に受領したNo.5中に「是月十五日再辞、乞回降恩命加封三茅司命真君聖号」の一文があることから、このNo.6の日付は「閏二月」の誤りであろう。

(21) 前掲拙著二〇一三、三一〜五六頁を参照。

(22) No.7「元封告勅」には発出主体として四名の名が記されており、「中大夫守右丞温」は温益を指し、「中大夫守左丞陸」は陸佃、「右銀青光禄大夫守右僕射」は曽布、「左光禄大夫左僕射」は韓忠彦を指し、それぞれの下に花押があったことを記す「押」字が記されている。『宋史』巻二一二、表第三、宰輔三を参照。また、このNo.7によれば、崇寧元年に賜与された封号は、大茅君・中茅君・小茅君それぞれ「太元妙道冲虚真人」・「定録右禁至道冲静真人」・「三官保命冲慧真人」である。

(23) 加封に際しもとの封号を証明する書類（「元封文字」）が必要であることに関しては、前掲須江隆二〇一八が考察した「王侯名爵封廟額」（民国四明叢書本『四明它山水利備覧』巻上、第十六葉）に引用された省牒の文として「在唐已封善政侯、歴年既久、元封文字不存、難以於侯爵上加封」とあるのを参照。また、宋王朝における封号賜与の規定に関しては、前掲須江隆二〇一八、注一七を参照。

(24) 原文中に小文字で記されている文字は、本文では（ ）を用いて表記する。

(25) 『茅山志』巻二十五、録金石篇「江寧府茅山崇禧観碑銘」（紹聖三年十月八日）で「宮観十二、崇禧総之」とされている。

(26) これに従えば省劄は枢密院から発出されたことになる。しかし、枢密院から発出される劄式文書は通常「密劄」と呼ばれ、「省劄」と呼称される場合は尚書省から発出されたと考えるのが妥当であろう。尚書省が発出した勅牒であるNo.3「勅黄」を見ると、その発出主体として記された官員はみな枢密院関連の差遣を兼帯しており、そのために枢密院が発出したと考えられたとも推測できるかもしれない。ここでは発出元を「朝廷」としておく。

(27) 「交管」の語義に関し、梁太済・包偉民『宋史食貨志補正』（杭州大学出版社。一九九四年、三四二頁）では「交割主管之省」とする。また、『宋史』巻一七六、食貨上四、常平・義倉には「元祐元年、詔「提挙官累年積蓄銭穀財物、尽椿作常平銭物、委提点刑獄交管、依旧常平倉法行之。罷各県専置主簿」とあり、この詔と同内容を記す『長編』巻三七六、元祐元年四月癸丑の条と『宋会要』食貨五三之一四には、それぞれ「又言「提挙官累年積貯銭物、委提点刑獄司主之、拠旧常平倉法」」「(元祐元年四月)二十六日、三省言「提挙官累年積貯銭物、委提点刑獄司主之、拠旧常平倉法」」とある。また、司徒師坦の「交管」に関する論点について、二〇一六年十一月に上海師範大学で開催された「文本・儀式・権利：多元視角下的宋代研究」学術研討会暨第十届江瀘宋史青年学者沙龍において筆者の発表の評議を担当していただいた上海師範大学哲学与法政学院の曹凌氏に指摘していただき、大いに啓発を受けた。謹んでここに謝意を記す。

(28) 前掲汪聖鐸二〇一〇、四六〇頁を参照。

(29) 『句容金石志』、『江蘇通志稿』、『茅山志』はみな「気」に作る。

(30) 『句容金石志』、『江蘇通志稿』、『茅山志』はみな「鴻」に作る。

(31) 『句容金石志』、『江蘇通志稿』、『茅山志』はみな「気」に作る。

(32) 『句容金石志』、『江蘇通志稿』は「問覎」に作り、『茅山志』は「問既」に作る。

(33) 『宋史』巻四十三、理宗本紀「(淳祐九年)閏二月甲辰、以鄭清之為太師、左丞相兼枢密使、進封魏国公。趙葵為右丞相兼枢密使。応繇、謝方叔並参知政事」。

(34) その公文とは内省都知張延慶が発出したNo.16「内省伝到加封真君告勅三道及宣賜儀物公文」と推測されるが、その内容は「得旨。宣諭司徒高士降去告命幷設醮香茶等、列具賜目。請具収領奏回」となっており、No.29「繳状」冒頭の内容と少しく異なる。

回	発表者	報告内容	日時・場所
41	横山博俊	北宋徽宗即位（1100）直後の政局——蔡京当国前史——	15・8・27～29 休暇村志賀島 （福岡県福岡市）
	李宗翰	宋代地方志的転型：以《呉郡図経続記》与《呉郡志》為例	
	津坂貢政	朱熹の伝記題跋をめぐって	
	李如鈞	宋末地方学者之献力：歐陽守道的関懐郷里作為	
	市來津由彦	「朱子学」の形成に関する問題群の考察	
	楊俊峰	呉曦事変後安丙的活動与蜀帥的措置	
	胡耀飛	旧時王孫：楊呉、南唐対亡国子孫的安置	
	方震華	復仇大義与晩宋対外政策的改変	
	久保田和男	11から13世紀における東アジア都城史の可能性——御街・御廊の広がり	
	小林晃	南宋寧宗朝における史彌遠政権の変質過程	
42	洪性珉	遼中後期における燕雲地域漢人のアイデンティティについて——特に盧龍劉氏一族の事例を中心に——	16・8・8～10 箱根高原ホテル （神奈川県足柄下郡）
	榎並岳史	南宋における太上皇帝の出現について	
	胡耀飛	北宋統一南方進程中的州級行政組織	
	田志光	宋代経筵官俸祿与待遇考論	
		〔宋代史研究会・明清史夏合宿合同企画 シンポジウム「空間的統合のダイナミズム—「中国」近世再考」〕	

42

梅村尚樹　史料分布から考える地域史と断代史

飯山知保　山西代県「楊家祠堂」碑刻群からみたモンゴル支配の終焉と明代華北社会

杉山清彦　マンジュ＝大清グルンの歴史的位置——「近世国家」と「中央ユーラシア国家」と

豊岡康史　「緑営廃弛」と「近世」のおわりかた：言説と実態のあいだ

43

17・8・9～11　かんぽの宿奈良（奈良県奈良市）

〔11集関連報告〕

中林広一　濾過された存在としての農業・農民

林　雅清　史料としての中国近世通俗文芸作品について——元雑劇に描かれた社会・人物・思想を例に——

松浦智子　明代内府で受容された宋の武人の絵物語

清水浩一郎　南宋における執政の三省・枢密院兼任事例とその意義についての考察——『武義南宋徐謂禮文書』「録白告身」の書式を手がかりに——

津坂貢政　題跋に書き残された党争の記録と記憶——『朱文公文集』巻八四「跋山谷草書千文」からみる「紹聖の史禍」渦中の黄庭堅とその評価

榎並岳史　王倫神道碑建立の背景——南宋対金戦略を巡る政局と或る一族の繁栄戦略——

〔台湾研究者報告〕

童　永昌　如何申請理想的官職？宋代待闕官員的生存策略与政府人事資料的商業化

43

許　凱翔　宋代成都玉局観薬市的成立

邱　佳慧　馬永卿研究：涑水学派伝承之動態様貌

呉　修安　唐宋時期鄱陽湖流域森林植被的分布与演変

〔若手研究者報告〕

金　甲鉉　鶴山書院の例にみえる南宋士人ネットワーク

王　燕萍　宋代福建沿海部の信仰空間
——泉州における清水祖師信仰を手掛かりとする

森本　創　南宋四川の統制構造——「四司角立」の検討を中心に——

遠藤総史　南宋における外交儀礼の再編と復興
——南宋の国際秩序と東南アジア——

44

18・8・6~8　山喜旅館（静岡県伊東市）

朱　銘堅　宋代士人的社交網絡如何演変？以孫覿的書信為中心作初歩考察

張　曉宇　「程門」的建構与分工——従程頤第一代弟子書信談起

藤本　猛　北宋末の神霄玉清万寿宮

劉　光臨　天下之慮与今世実謀——葉適思想的歴史分析方法特色

植松瑞希　曲がり竹をえがく——文同・李衎・呉鎮・夏昶を中心に

〔ワークショップ「宋代の手紙資料の可能性」〕

浅見洋二　テクストの公と私——蘇軾の書簡から

東　英寿　新発見の歐陽脩書簡について
——周必大の『歐陽文忠公集』編纂との関連から——

平田茂樹　南宋社會の士大夫の複合的且つ多層的ネットワーク
——手紙史料を手がかりとして——

44

〔若手報告〕

横山博俊　北宋哲宗朝親政期の政局
　　——紹聖年間（1094-1097）を中心として——

庄涵淇　宋代園林の空間と交遊——湖州園林を手がかりとして——

王華震　宋代における海賊の空間分布と変化の趨勢

洪性珉　遼宋海上交流に関する試論

編集後記

二〇一四年宋代史研究夏合宿（京都・大原山荘）の最終日に、当時研究会世話人であった平田茂樹先生から、十集がそろそろ刊行されるので、その次の報告集を始動させましょうという打診があり、その場で十一集の編集を引き受けた。まずは一緒に編集を担当してくれる方を探すところから始め、幸いにも梅村尚樹・小林晃・藤本猛の三氏が快諾してくれた。ただし、十集という大きな節目を迎えた直後の十一集で何を主題とすべきか、当初は全く見当もつかなかった。次の節目への第一歩をどの方向に踏み出すべきか、編集委員一同かなり悩んだが、遠出をする前にまずは自分たちの足元を確認しようということで、史料を本報告集の主題とすることにした。

主題を史料としたのには、国際的な学術動向も反映してもいる。新出の出土史料の『徐謂礼文書』が二〇一二年に刊行された。一方で、既に宋代史の基本史料となっている『宋会要輯稿』も、二〇一四年に点校本が刊行され、更に中国社会科学院で研究プロジェクト「『宋会要』的復原・校勘与研究」が進められている。また、二〇一四年にオックスフォード大学で開催された「Letters and Notebooks as Sources for Elite Communication in Chinese History, 900-1300」に代表されるように、各種データベースの構築と利用が本格的に進められてもいる。史料或いはその利用に対する意識の高まりは国際的に共有されていると言えるだろう。

そのような中で、日本の研究者が史料をめぐりどのような知見を発信できるのか。本報告集はその挑戦とも言える。比較的若い世代に属する執筆者・編集者がどのような足場を築き新たな視野を得ようとしているのかを、本報告集で読み取っていただければ幸いである。

本報告集の各論文は、宋代史研究会夏合宿などでの報告・検討を経た上で収録した。報告を引き受けてくれた執筆者はもとより、その場で貴重なご意見を提示していただいた参加者の方々にも、感謝を申し上げたい。また、本報告集の刊行もこれまでに引き続き全面的に汲古書院のお世話になった。とくに担当の小林詔子さんには、私の杜撰な編集作業にも関わらず寛容に対応していただいた。心から感謝申し上げる。

二〇一九年六月十四日

小林　隆道

編者・執筆者紹介

梅村尚樹（うめむら　なおき）一九八二年生。日本学術振興会特別研究員（ＰＤ）。『宋代の学校――祭祀空間の変容と地域意識』（山川出版社、二〇一八）。

小林　晃（こばやし　あきら）一九七九年生。熊本大学大学院准教授。「南宋寧宗朝後期における史彌遠政権の変質過程――対外危機下の強権政治――」（『史朋』五〇、二〇一八）、「南宋四明史氏の斜陽――南宋後期政治史の一断面――」（三木聰編『宋‐清代の政治と社会』汲古書院、二〇一七）。

小林隆道（こばやし　たかみち）一九七八年生。神戸女学院大学准教授。『宋代中国の統治と文書』（汲古書院、二〇一三）、「顕隠相交：宋末元初的陵陽牟氏与《玄妙観重修三門記》」（『十至十三世紀東亜史的新可能性』中西書局、二〇一八）。

藤本　猛（ふじもと　たけし）一九七七年生。清泉女子大学准教授。『風流天子と「君主独裁制」――北宋徽宗朝政治史の研究』（京都大学学術出版会、二〇一四）、「宦官官職としての宋代御薬院」（『清泉女子大学人文科学研究所紀要』三九、二〇一八）。

市村導人（いちむら　みちと）一九七八年生。佛教大学非常勤講師。「（書評）大澤正昭・中林広一編『春耕のとき：中国農業史研究からの出発』」（『上智史学』六一、二〇一六）、「地力概念から見た中国水稲作の実態――宋元明清時代を中心に――」（『東方学報（京都）』八九、二〇一四）。

植松瑞希（うえまつ　みずき）一九八二年生。東京国立博物館研究員。『特別展　蘇州の見る夢――明・清時代の都市と絵画』（大和文華館、二〇一五）、「仇英筆『金谷園・桃李園図』と明代蘇州の庭園雅集文化」（井戸美里編『東アジアの庭園表象と建築・美術』昭和堂、二〇一九）。

林　雅清（はやし　まさきよ）一九七九年生。京都文教大学准教授。『中国近世通俗文学研究』（汲古書院、二〇一一）、『中国古典名劇選』（共編訳、東方書店、二〇一六）、「元代の才子佳人劇に見られる男女の倫理観について――元雑劇「瀟湘雨」・「鴛鴦被」の描写を例に――」（『人間学研究』一七、京都文教大学人間学研究所、二〇一七）。

松浦智子（まつうら　さとこ）一九七八年生。神奈川大学准教授。「楊家将の系譜と石碑――楊家将故事発展との関わりから」（『日本中国学会報』六三、二〇一一）、『完訳　楊家将演義』上下巻（勉誠出版、二〇一五）、「東洋文庫蔵『出像楊文広征蛮伝』について」（『中国古籍文化研究　稲畑耕一郎教授退休記念論集』東方書店、二〇一八）。

榎並岳史（えなみ　たけし）一九七七年生。長岡工業高等専門学校職員。「孟少保神道碑の成立をめぐって」（『東洋学報』八九―四、二〇〇八）、「〝湖州之変〟再考――以南宋後期済王事件的応対為中心」（『宋史会議論文集　二〇一四』、中国社会科学出版社、二〇一四）。

伊藤一馬（いとう　かずま）一九八四年生。大阪大学招へい研究員。「北宋における将兵制成立と陝西地域」（『史学雑誌』一二〇―六、二〇一一）、「「宋西北辺境軍政文書」に見える宋代文書書式とその伝達」（『大阪大学大学院文学研究科紀要』五八、二〇一八）。

清水浩一郎（しみず　こういちろう）一九七五年生。東北生活文化大学非常勤講師。「北宋徽宗朝の「公相制」についての一考察」（『集刊東洋学』一一六、二〇一七）、「南宋告身の文書形式について」（『歴史』一〇九、二〇〇七）。

宋代史研究会研究報告第十一集

宋代史料への回帰と展開

令和元年七月二十六日発行

編　者　宋代史研究会©
　　　　梅村　尚樹・小林　晃
　　　　小林　隆道・藤本　猛

発行者　三　井　久　人

発行所　株式会社　汲　古　書　院
〒102-0072東京都千代田区飯田橋二-五-四
電　話〇三-三二六五-九七六四
FAX〇三-三二二二-一八四五

日本フィニッシュ／富士リプロ

ISBN978-4-7629-6632-3　C3322
KYUKO-SHOIN,CO.,Ltd. Tokyo. 2019

宋代史料的回帰及其研究的展開

宋代史研究会研究报告第十一集

Returning to the Historical Materials of the Song Dynasty and New Research Development

(Research Report of the Song History Research Group: No,11)

编集委员　梅村尚树・小林晃・小林隆道・藤本猛
edited by UMEMURA Naoki, KOBAYASHI Akira,
KOBAYASHI Takamichi, FUJIMOTO Takeshi

Sec. I : Historical Materials and Perspective

从文集史料分布看宋元时代的地方史与断代史

(Regional history and dynastic history of Song-Yuan period; a statistical analysis from the distribution of collected works)

by UMEMURA Naoki 梅村尚树

历史学据史料立学，其研究動向不可避免地受可供使用史料的不平衡分布情况所左右。在宋史及其相邻领域，原本就存在显著的史料分布不平衡，这可以说对研究动向以及目前为止积累的研究成果有不小影响。本论文围绕宋史研究，着眼地方史叙述隆盛这一侧面，将其与重视文集史料倾向的问题结合起来进行分析，考察地方史与断代史的关系，以及整合地方史来描绘時代面貌時面临的课题等问

题。

从韓明士（Robert P. Hymes）以来，迄今在欧美地区的宋元地方史研究的主流手法仍以利用文集史料为主，要说今日地方史研究的荣景全靠文集史料的支持也不为过。然而，由于文集史料的数量过于庞大，恐怕谁都难以正确地把握其全貌，而这也导致无法深入理解地方史内部所潜在的问题。因此，本论文将以自总体来把握宋元时期的文集史料为目标，并于初步阶段先试图对数量作宏观的分析。

具体而言，首先从史料的情况指出，北宋史与南宋史在研究方法上存在着差异，特别是南宋史和元史的研究因文集史料内容相当丰富而具有很大可能性，且因史料环境的变化也为我们带来了研究方法上的变化。其次，为了把握宋元文集史料的全貌和分布情况，本文将以《全宋文》、《全元文》为材料，梳理其全体构成的概略并进行数量分析。具体的做法是将《全宋文》、《全元文》所收录的作者据其生年和活动地点进行分类，并从时间与空间来看史料分布的情况。

据本文的研究结果可知，自南宋至元代，江西、浙江二地在史料上占了很重要的位置，入元以后，四川、福建、江苏等地域的史料则出现明显急剧减少的现象。据此，也将能理解目前为止在欧美地区的主流地方史叙述与文集史料的高度相关性。本论文通过上述分析，也指出了那些研究的可能问题，以及将来在方法论上的可能性。

中国农书和知识分子

(Chinese Agricultural Manual and Intellectuals)

by ICHIMURA Michito 市村导人

中国农书是进行中国史研究时必不可缺的史料。然而，近代以前的人们和现代的我们对于农书究竟是怎样的书的理解是不同的。对于近代以前的人们而言，

农书的范围不仅包括农业技术书，也包括和农业相关的书。此外，尽管有针对农书中记载的内容的研究，但是对于该内容实际上普及并实际利用到何种程度的探讨还是不足的。

本文的研究目的主要有两个，分别是农书的知识体系究竟注重哪些内容以及农书究竟普及到何种程度。探讨方法是聚焦在在近代以前身兼读书人和藏书家这两种角色的知识分子，从汉籍分类的角度对这些知识分子对于农书的理解进行分析，从而讨论农书的出版情况、藏书倾向以及普及情况。

在汉籍分类中，农书被分在“农家类”，然而其分类标准在不同的时代或不同的藏书目录中却大有不同。最早占主导地位的是基于儒教思想体系的“劝课农桑”精神。然而只要是跟农业有关的就被分到农家类，或者只重视其作为书籍的体裁，分类标准变得形式化。所以这可能导致农书远比想象的还要不被重视。

有人认为宋代木版印刷兴盛所以农书的出版数量也增加了。然而对于出版数量的增加到了明末清初的时候才能被正确评估。尽管可以确认宋代确有农书的出版，但是能看到的机会很少。到了元明两代也不能说农书的出版数量变多了，对于农书的轻视可见一斑。关于农书的藏书倾向，之前的研究不仅评估了国家编纂的农书，还确认存在包含迷信在内的民间农书。官方和民间对于农书需求的认识存在差别。

以上分析表明在明末清初以前很难判断农书中记载的内容是否普及到了农业活动中。笔者认为需要重新审视是否可以仅凭农书来对农业技术的知识体系进行探讨。

4

Sec. Ⅱ: Diverse Applications of Song Historical Materials

异形竹的绘画史：以文同为主

(The History of Painting "Unusually Shaped Bamboo": With a Focus on Wen Tong)

by UEMATSU Mizuki 植松瑞希

文同（1018-1079）是画竹历史上最著名的文人画家。他的好友苏轼（1036-1101）理解其艺术，并用名文将之留传给后世。研究者认为文同的重要性如下：他的画竹否定仅仅形似，重视诗画一致，应用书法表现；通过这样的美学贡献，北宋时代作为文人专门艺术的“墨竹”得以确立。然而，迄今为止的研究者从来没注意到他经常描绘异形竹的史实。

如白居易（772-846）所说竹性直因此似贤，历代画家基本上都描绘笔直形态的竹子。但文同喜欢描绘像龙蛇一样弯曲的“紆竹”、“偃竹”、“横竹”等赠给朋友。本文引用苏轼《书晁补之所藏与可画竹三首》、《文与可画篔簹谷偃竹记》以及文同《紆竹记》等文章来介绍文同描绘的内容，并且讨论其异形竹受到唐代松石画奇怪表现的影响，寓意在困境中奋斗的高士。另外，由黄庭坚（1045-1105）、米芾（1051-1107）的文章可知，文同的后辈模仿他画异形竹，这些下一代文人大概理解其特异的形态反映了作者的胸怀。徽宗朝（1100-1126）排斥苏轼等旧法党，因当时文同异形竹被理解为是对于新法党不满的表现，因而《宣和画谱》批评所有的异形竹。到了元代，李衎（1245-1320）、赵孟頫（1254-1322）和杨维桢（1296-1370）等重新评价了文同的异形竹。

与前代相比，元代文人画竹留存较多，在这些绘画资料之中可以发现异形竹图样的典型。吴镇（1280-1354）临摹李衎画的《玄妙观竹图页（墨竹谱册之一）》（台北：国立故宫博物院藏）描绘从悬崖伸出、呈 S 字状弯曲的竹子。这

件作品有可能采用当时流通的熙宁二年款的文同画竹图样，这也是表现断崖曲竹。柯九思（1290-1343）临摹熙宁二年款的文同画竹（大都会美术馆藏），有文同印章的《墨竹图轴》（台北：国立故宫博物院藏）也采用类似的图样。王绂（1362-1416）、夏昶（1388-1470）等明代文人也采用这个典型继续描绘断崖曲竹。

元杂剧作品中描写的宋代社会形象

(The Image of Song Dynasty Society Described on Yuan Dramas)

by HAYASHI Masakiyo 林　雅清

中国近代初期创作的小说戏剧等通俗文学作品，俱将各级人民的生活和风俗习惯描绘得惟妙惟肖。即使在作品中的故事基本上都是虚构的，但被描写的人物形象、价值观和习俗等等不可能是完全虚构的。通俗文学就是已被人们“通俗”接受的作品。因此，在这些作品中描写的内容都是成书当时的作者和一般市民共有的。再说，这些特征是被一般市民广泛接受的戏曲作品比以士人为中心接受的小说作品更明显的。

元杂剧是从唐代的“参军戏”经宋代的“杂剧”、金代的“院本”和讲唱形式的“诸宫调”发展过来的；内涵包括“唱、念、做、打”；综合对白、音乐、歌唱、舞蹈、滑稽、武术和杂技等多种表演方式的，中国最早的一大戏剧。当时，元杂剧当然也被市民们受欢迎的。所以，元杂剧作品应该反应了市民感觉和理想。

于是，本文首先从主要描写宋代和唐末的元杂剧中，选择公案剧《勘头巾》、才子佳人剧《潇湘雨》《鸳鸯被》、水浒戏《李逵负荆》《双献功》、世态剧《东堂老》、神仙道化剧《忍字记》等比较通俗的作品，把这些作品从“史料”的角度来阅读和进行研究，同时考虑将描写不一定是史实的作品作为一种“史料”来阅读理解的意义。

本文主要分析《东堂老》描写的官吏形象、《潇湘雨》和《鸳鸯被》描写的

佳人形象、《李逵负荆》和《双献功》描写的社会背景和百姓生活、《东堂老》描写的商人世界、《忍字记》描写的宗教要素等，再加上证明了从这些元杂剧作品的描写中也可以看出当时的民众意识。

总之，元杂剧作品是一种很有文学性、艺术性的戏曲，不管作品描写的故事是否史实，也可以说能看出当时作者概念、民众意识和百姓愿望的一种“史料”。

明代内府受容的宋代武人绘本故事——以岳飞故事为中心

(Illustrated Story of the Song Dynasty Warriors Received

in the Ming Imperial Court:

From the Story of General Yue Fei in particular)

by MATSUURA Satoko 松浦智子

明代中后期，随着出版文化的勃兴，过往位于非识字阶层的大众文艺也逐渐书籍化，出現了大量的通俗文学作品。当中，也有以如杨家将、岳飞等“宋代英雄武人為主角，高揭“忠义・忠国”的名义与外忧内患战斗”为共同主题的“宋代型通俗文学”，此类作品在民间大受欢迎。

另一方面，部分文献显示在与民间有着一定距离的宫廷里也存在“宋代型通俗文学”的需求。例如：以彩色绘图描写杨文广等杨家将之南蛮征伐等故事的《出像杨文广征蛮传》(东洋文库藏)、同样以彩色插图描写岳飞与金国战斗的《大宋中兴演义》(中国国家图书馆藏)。这两部作品，虽然描写与基层文化距离较近的杨家将和岳飞等宋代武人通俗故事，却具有如白棉纸上手抄红色格线、彩色绘图等明代内府（宫廷）制作的手抄本特有体裁。

本稿着重於此，藉由以下程序分析两部宋代武人之绘图故事，探讨明代中后期“宋代型通俗文学”在离国家枢要较近的宫廷里被需求之现象是基于怎样的社会脉络及背景而发生的。

首先在第一章整理分析与两部作品相关的明代小说版本和彩绘抄本之信息，然后在第二章考察绘图本和通俗文艺在明代宫廷里制作・接受的经纬和背景。接着在第三章，以前述分析浮現的宦官的存在为基础，探讨宋代武人的绘图故事在明代宫廷被制作・接受的社会背景和因素。据此，本稿指出以杨家将和岳飞等宋代武人为题材的彩绘本制作・接受与宦官、宫中女人和儿童等中下级识字阶层人们相关，並受到明代社会因北虏南倭等外忧侵扰而弥漫的“宋代尊重”气氛所影响。

Sec. Ⅲ: Perspective of Political History and Various Historical Materials

徽宗朝的神霄玉清万寿宫

(Divine Empyrean jade clarity longevity temple 神霄玉清万寿宫
During the Reign of Huizong 徽宗)

by FUJIMOTO Takeshi 藤本　猛

北宋的《神霄玉清万寿宫碑》，出自艺术家皇帝徽宗之手，是他以自己独具一格的汉字字体瘦金体所作的御书碑，因其极高的艺术价值而闻名。然而与此同时，其内容被当做“盲目崇信道教的证明”，历来饱受批判。政和年间，御笔诏令改天下所有天宁万寿观为神霄玉清万寿宫。两年后的宣和元年，开封的神霄玉清万寿宫应当也已落成。徽宗亲笔书写了此事经过，并命于全国范围内将其刻石立碑，这就是《神霄玉清万寿宫碑》。于全国各州大举兴建的神霄玉清万寿宫，从建成之初开始，便与世俗世界的官职有诸多联系，而出巡地方的奉使、监司，每过一州军则必须赴当地的神霄宫朝拜。

天宁万寿观曾是神霄宫的前身。其名称中的“天宁”二字，从“天宁节”而来，指的是徽宗生日的十月十日。自重和元年起，开始在徽宗生辰当日于天宁万寿观举行统一的仪式，朝廷甚至为此编成了《仪注》。这就意味着，天宁万寿观原本就是为了尊崇徽宗之目的而存在的。天宁万寿观的前身则是被称为“崇宁观”的设施。而这崇宁观，正是为了庆祝徽宗的天宁节，同时也为方便监司、州官每月举行尊崇徽宗的仪典而兴建的。参诣崇宁观的命令，与其摇身变为神霄宫之后的参诣命令相比，其实如出一辙。这也即是说，并不是到了徽宗朝后半期，神霄玉清万寿宫才突然被赋予了特殊含义的。后来的天宁万寿寺观，神霄宫，也是由崇宁寺观演变而来。

另外，还有一点更加值得注目，在将天宁万寿观改建为神霄玉清万寿宫的工程竣工之时，长生大帝君之像已作为主神，置于了神霄宫中。长生大帝君既被认为是徽宗的前身、也即是他的本性，那么很可能其像乃是以徽宗御容为原型而制作的。这也即是说神霄玉清万寿宫中的徽宗之像，乃是作为他的真身神明之像而安置的。当时，监司必须亲至当地神霄玉清万寿宫参诣。而此时他们俯身叩拜的不是别人，正是被道教庄严化了的徽宗本人。这样看来，虽然神霄玉清万寿宫是宗教设施这一点毋庸置疑，但于此同时，它也是自我神圣化的皇帝接受顶礼膜拜的场所。

关于王伦神道碑的建立与其背景

(On the origins and background of the Monument dedicated to Wang Lun)

by ENAMI Takeshi 榎並岳史

王伦是在南宋初期与金交涉的南宋外交使节。据宋史等史料记载，他在南宋和金之间的和议协定的成立过程中作出贡献，然后在金地被扣留六年。金要他出任平滦三路都转运使，但他拒绝金的劝诱，选择守节而被杀。从上述表现来看，

他不愧于外交使节的龟鉴。

但是，南宋对他的表彰活动太缓慢。连他的神道碑也是他去世了六十八年后才可以建立的。并且，王伦神道碑也是跟其它一般的神道碑有所不同。楼鑰写作王伦神道碑文时明确表示，他根据个人编辑史书，个人笔记等史料编写王伦神道碑。可是，这种史料被没使用过在宋代的其他神道碑里面。换句话说，在王伦神道碑的建立过程中，有两个必须探讨的问题。一个是，王伦神道碑的参考史料问题。另外一个是，建立王伦神道碑的政治背景的问题。

本文对这两个问题进行探讨，结论如下。

关于王伦神道碑的参考史料问题，楼鑰利用了『中兴小暦』等对宋金和平活动偏袒的史料，而进行表彰王伦的外交功绩。还有，楼鑰为了强调王伦和北宋名族三槐王氏，特别北宋名臣王旦之间的关联，挑选符合这个目的的史料，比如记载王伦是「（王）旦之孙」（『中兴小暦』），「三槐之裔」（『挥麈录』）等等。他以三槐王氏文集的『槐庭済美集』为参考史料之一而铭记在神道碑文中，也是为了让读者印象到王伦和三槐王氏之间的紧密关系，而且用有权威性的媒体神道碑对世人宣传这个事实。

关于建立王伦神道碑的政治背景，关联于南宋政治风波，特别从南宋的对金外交政策受到了强烈影响。自王伦生前到孝宗时代隆兴和议之前，对金和平派受到了舆论的强烈批评和攻击，所以王伦子孙不敢建议王伦神道碑的建立。隆兴和议之后，他们与楼鑰联手合作，进行恢复王伦的名誉。但是韩侂胄专权体制成立后，对金方针又改变了。韩侂胄采用对金强硬政策，导致发动所谓「开禧用兵」。因此，王伦的表彰活动也再次受到了困难。

「开禧用兵」失败后，王伦之孙王柟被任命为对金和平使节，从事协定第三次宋金和议的谈判。与此同时，史弥远暗杀了韩侂胄，改变南宋的外交政策。利用这样的情况，楼鑰和王伦子孙终于成功了王伦神道碑的建立。

从王伦神道碑的建立，王伦子孙享受了荣誉和利益。他的子孙受到了南宋朝

廷的官位，王伦的功绩也正式记录在南宋的国史上。这个记录被引用宋史等史书，形成了王伦的贡献和平，守节殉国等好形象。这个王伦的形象影响到后世的王伦评价，现代的历史学者也不例外。我们从这个情况可以看出，神道碑形式的石刻史料拥有超过时代性的强大影响力。

元代浙西的财政地位及水利政策的开展

（The financial status of Zhe-xi 浙西 District in Yuan 元 Period and the implementation of flood control policies）

by KOBAYASHI Akira 小林　晃

本稿在探讨元代中国浙西地区的财政究竟具有怎样的重要性及当时的浙西水利环境处于怎样的状态的基础上来揭晓当时浙西的水利政策在怎样的意图下被推进的。

至今为止的研究表明，元代江浙行省一年的税粮达到450万石，傲居全国第一。但是当时作为最大粮仓地带的浙西占其中的多少比重以及450万石这个数字仅限定于有司所管的税粮还是包含财赋总管府所管的税粮，这一点却被忽略了。因此在第一章里根据现存的元代，明代地方志所记载的数字试算，得出元代浙西从数据上至少有了225万石的税粮，这个数字没包含在450万石财赋府所管税粮之中，另外还有120万石以上（仅浙西就有100万石以上）纳入财赋府所管税粮中。元朝每年都从江南海运粮米到大都，其海运粮的供货源被设置在浙西的有司所管的官田。但是随着海运粮的需求增多，那里已经无法应付，于是实行了财赋府所管的官田税粮也分担供给的改革。由此元朝虽然完善了将近300万石的海运粮由江浙行省供出去的体制，但并没有要毁掉江浙以外的江西、湖広、河南行江北三省也参与海运的体制。其理由在第二章里阐述。

第二章主要阐述元代浙西地区的水利环境有着严重的不安定性。浙西本来就

是个水害多发的地区，元代前期的浙西，由于政府对疏浚事业的怠慢及有势阶层的无秩序的围田开发等，使吴淞江的淤泥堵塞比宋末还要严重。因此元代前期的浙西几年内就会发生一次大规模的水灾，每次都会有几十万石到 120 万石以上的税粮被减免。即使元代中央桌面上的数字能供出依据浙西的海运粮，但其实质上也要一直维持应对浙西不时之水灾的必要。元朝维持随时向其他地区摊派海运粮体制的理由就在于此。

元代在浙西实施的水利政策正是在上述情况下开展推进的。第三章是分析其具体状况。元代浙西的水利政策有两个部分，一个是大规模疏浚事业的开展，另一个是设置特设省厅，专管水路、围田的修整。所谓特设官厅就是都水庸田使司和行都水监，并在这两个官署内授予了修整水利设施以外的职权。也就是说庸田使司和行都水监起着帮助官佃户再生产的作用之外，行都水监还发挥着检察灾害损伤虚假申报的职权。官田的税粮比民田要偏重，水灾后的浙西地区盛行官田税粮不正当的减免申报的倾向，试图实施这一措施使之得以制止。从官田税粮米是海运粮的主要供源来看，我认为尽可能地安定浙西海运粮的供给才是当时水利政策的主要目的。

但是，在浙西元朝水利政策的进展并不是那么一帆风顺的。那是因为疏浚事业的推进及灾伤申报的严厉检察有损“官豪勢要”及“富戸”等有势阶层的权益。“官豪勢要、富戸”他们反抗元朝的水利政策，他们唆使中央高官及地方官经常妨碍疏浚事业之外，还企图废止庸田使司、行都水监。因此元代的水利政策以不彻底而告终。攻克浙西水利环境不安定的这一重任就落在了下个朝代明朝身上了。

在宋代劄子的出现和展开

(The Emergence of *Zhazi*（劄子） and its Transition during the Song Dynasty)

by ITO Kazuma 伊藤一马

“劄子”文书的名称出现于宋代。这种文书在宋代具有多种功能，不仅在各种场合和上下关系中使用，到了金、元、明、清或者高丽、朝鲜时代也被广泛使用。

至今，先行研究皆以劄子的各种功能为着眼点继续研究了。拙稿根据先行的成果，重新梳理宋代劄子的诸功能。比如劄子的诸功能是何时何地产生的？ 互相之间具有怎样的关联性？ 尝试追溯劄子的发展过程。并且以劄子书式与发放程序为线索，研讨宋代劄子共有的本质和劄子到底是怎样的一种文书。

通过考察，宋代劄子具有上申（上行）、下达（下行）、平行这三个功能，由书式特征及其发展过程来看，可以划会为上申的劄子和下达、平行的劄子两种。进一步说，下达、平行范围逐渐扩大到中央和地方之间，进而被地方官司之间使用，即证实了使用范围逐渐扩大。这种情况基本出现在北宋末期。另外，关于劄子本质，可以窥视出其便利性、简便性、紧急性、广泛性、正因为有这样的特征，劄子可以在各种场合使用。

The Concurrency of Posts and Order of Rank of Consuls during the Reign of Lizong in the Closing Years of the Southern Song: Taking the Government-Official Appointment Certificates in the Xu Weili Documents as a Key

（南宋后期理宗时期执政的兼职及其序列——以《武义南宋徐谓礼文书》所收告身为线索）

by SHIMIZU Kōichirō 清水浩一郎

Examining the government-official appointment certificates in the Xu Weili documents, this study aims to clarify the order of rank of the consuls within the cabinet of Ministers—composed of the Prime Minister and other members of the administration during the Reign of Lizong in the closing years of the Southern Song—through the analysis of example cases of concurrency of professional posts. In this context, particular focus is placed on case examples of members of the administration affiliated to the Shumiyuan concurrently serving in posts of other members of the administration, and how disparities were set up between the members of the administration.

The analytical method is as follows: attention is first given to the job titles of members of the administration in government-official appointment certificates, and the regularity that can be grasped from the job titles is clarified. Next, having clarified the kinds of basis on which such regularity depends, further analysis is made of selected exceptional cases. Finally, consideration is given to how such exceptional cases came about.

This consideration has established a number of points. Firstly, when

members of the administration were concurrently appointed to other professional duties, the character "quan" [権] was sometimes appended to their job title. Secondly, in cases where officials concurrently served in posts of higher ranking than their main post, the character "quan" was appended to the title of the secondary post in which they were concurrently serving. Thirdly, while the decision on the appending of the character "quan" was basically made in a mechanical manner, there are cases in which this suffix was being used voluntarily. And fourthly, limiting our discussion to the case examples, we see that in cases where the character "quan" was appended to the title of the post, limitations were placed on its authority.

On the basis of the discussion outlined above, we can see that the cabinet of Ministers of the Southern Song in the reign of Lizong was being resolved into a tripartite order of rank consisting of the Prime Minister, higher-ranking members of the administration, and lower-ranking members of the administration. The yardstick to distinguish between higher-ranking and lower-ranking members of the administration is whether or not the character "quan" was appended to the title of the post, which is seen in example cases where different posts involving different professional duties were held concurrently; it can be said that this directly serves as index of disparities between members of the administration. Also, in the conventional academic consensus, the political configuration of the Southern Song is held to be a revival of that of the early Northern Song. However, the political configuration of the early Northern Song had no disparities within the cabinet of Ministers. Therefore, we can conclude that the political configuration of the early Northern Song and that of the Southern Song, in which the cabinet of Ministers

were being split into three tiers, cannot be regarded as one and the same.

南宋淳祐九年茅山加封文书的发出过程：以《道藏》所收《三茅真君加封事典》为分析对象

(The Process of Issuing the Documents Conferring of Additional Titles to Maoshan in 1249)

by KOBAYASHI Takamichi 小林隆道

南宋淳祐九年（1249）三月，茅山主神的三茅君被政府加封，收到加封官诰。其公文被刻石，以后作为石刻“文书”流传，后代的地方文献收录；《句容金石记》卷五《宋加封三茅真君诰》，《江苏通志稿》艺文志三・金石十七・南宋《加封三茅真君诰》。又，其拓片《加封三茅真君诰》藏于北京大学图书馆（典藏号: 24437）。

学界从政治、宗教、文书研究等各种各样的方面关注宋代的赐额敕牒、赐号敕牒、加封官诰等的公文，已经得到很丰富的成果。但是，目前研究可以利用的大部分都是刻石状态的文书。换言之，我们可以利用的文书就是文书发出手续中的最后阶段的。其最后阶段之前应该有很多手续阶段。不过，以史料环境为主要理由，以前研究没有利用那些中间手续时使用的文书。以致目前没有十分弄清，为了将公文发出或者获得，政府和诸多寺观花了什么程度的时间和劳力。其问题关联到公文在当时政治，社会上发挥的作用。

于是，本论将给《道藏》收录的《三茅真君加封事典》注目。虽然《道藏》一般收录道教的经典，但是《三茅真君加封事典》不是登载经典的文献，而是收录与上述淳祐九年加封三茅真君关联的文书群。据其可知，上述的《加封三茅真君诰》发出之前后到底有如何具体手续。本论，首先将政府与茅山发出的各种文书整理，再考察那些文书手续中的问题，以弄清公文发出者与收到者在一系列的手续上按照如何秩序或者通过其手续过程形成了如何秩序。